中国邮币封收藏与鉴赏

上册

王美忠◎著

學苑出版社

图书在版编目（CIP）数据

中国邮币封收藏与鉴赏 / 王美忠著. -- 北京 : 学苑出版社, 2024.1

ISBN 978-7-5077-6880-0

Ⅰ. ①中… Ⅱ. ①王… Ⅲ. ①邮票—收藏—中国②纪念币—收藏—中国③邮票—鉴赏—中国④纪念币—鉴赏—中国 Ⅳ. ①G262.2

中国国家版本馆CIP数据核字(2024)第035564号

出 版 人：洪文雄
责任编辑：周 鼎
出版发行：学苑出版社
社　　址：北京市丰台区南方庄2号院1号楼
邮政编码：100079
网　　址：www.book001.com
电子邮箱：xueyuanpress@163.com
联系电话：010-67601101（销售部）、010-67603091（总编室）
印 刷 厂：水印书香（唐山）印务有限公司
开本尺寸：710 mm×1000 mm　1/16
印　　张：35
字　　数：449千字（图1092幅）
版　　次：2024年7月第 1 版
印　　次：2024年7月第 1 次印刷
定　　价：360.00元（全二册）

作者简介

王美忠，笔名奉天收藏。中国国民党革命委员会党员，山东人，律师，毕业于南京大学和中国政法大学。中国现代钱币收藏鉴赏家，中国钱币学会专家库成员，山东省钱币学会理事，全联民间文物艺术品商会钱币专业委员会理士和专家组成员，中国收藏家协会钱币收藏委员会委员，首届全国钱币收藏博览会主席团成员，中藏协长城币 · 硬币专委会学术委员会主任；兼任北京公博钱币鉴定评级公司专家顾问，中国投资资讯网（一尘网）流通硬币首席鉴定员等。潜心于中国现代流通硬币、流通纪念币、贵金属币、纸币、连体钞、纪念钞、邮票、中国历代钱币镶嵌邮币封等的收藏与研究三十余载，已在《中国钱币》《齐鲁钱币》《钱币报》等专业报纸杂志发表钱币学术研究文章和收藏鉴赏文章数十篇，并著有《硬币收藏十讲》（著者）、《硬币收藏与鉴赏》（著者）和《人民币收藏知识宝典——流通硬币及纪念币篇》（主要作者）等泉邮收藏类专著。

引言

中华收藏文化博大精深、源远流长。作为曾经贵族专属的钱币收藏，现已广泛走入寻常百姓家，且位列中国三大传统收藏门类之首。相对于其他收藏门类而言，钱币收藏因具有最广博的群众基础而独领风骚、如火如荼；邮票集藏也在20世纪80年代开始 ，成为普罗大众最喜闻乐见的收藏活动之一，直至今日。

汇集钱币、邮票和纪念封三位一体的邮币封就在这一时期发展壮大起来，作为融合中华钱币文化和邮票艺术的完美载体，其美学冲击力和泉邮文化的和谐统一性无与伦比，成为我国收藏史上朵朵灿烂的泉邮奇葩，具有很高的收藏鉴赏价值和文化艺术价值。邮币封作为一项高端专项收藏，其泉韵邮芳历久弥香，必将散发出永恒的艺术魅力。

作者融合多年收藏、研究、赏玩、鉴定和交易中国历代钱币镶嵌邮币封的研究成果和实战经验而倾心撰写本书，就国内外发行的各种类别的中国邮币封，包括中国古代钱币、近代机制币、现代流通硬币、普通纪念币、贵金属纪念币、纸币邮币封，以及港、澳、台地区钱币邮币封等，对其背景知识、技术参数、科学命名、实物图片、版别版式、标准编码、趣味品种、发行数量、珍稀分级、欣赏鉴别和市场价格等，均作了全面系统的阐述。

作为填补国内该领域研究的空白之作，本书兼中国邮币封的版别研究、收藏鉴赏与标准图录三位一体，对于金融系统、邮政系统和文博系统的工作人员，钱币邮票的研究、收藏和爱好者等均具有重要的参考价值，是系统收藏研究邮币封的必备参考工具书与理论指南。

凡例

一、本书所收录中国历代钱币镶嵌邮币封（含港澳台地区），上自1966年首枚镶嵌台湾省钱币的《恭祝蒋中正八秩华诞》纪念币封和1972年首套镶嵌中国钱币的《尼克松总统访华纪念》分币邮币封，包括中国集邮总公司、各地方集邮公司或机构和外国发行的中国钱币镶嵌邮币封，下至2024年中之前邮总发行的PNC系列之五《敦煌藏经洞发现123周年》纪念币封止，凡59载囊括175个品种和系列、389种版别、66款趣味品，总计邮币封455品，1092张实物图片。凡国内外邮政系统、金融系统以及文博系统等正规机构正式发行的中国历代钱币邮币封，迄今为止发现的所有品种和版别均尽当纳入。

二、本书对中国邮币封按照其主题、题材和图文以及钱币和邮票种类进行标准化命名，并进行科学分类编码（简称“王谱编码”）。正式发行的邮币封每个品种和版别均有独立编码，均统一采用中国汉语拼音编排。统一编码格式为：钱币种类汉语拼音缩写+品种或系列编码+版别编号，如中国古代钱币邮币封中第二种邮币封第三种版别编码为GB2-3，

GB为“古币”首拼字母；流通硬币邮币封中硬分币封第五种邮币封第七种版别编码为LYF5-7，LYF为“流通硬币、分币”的首拼字母；依次类推，以方便收藏爱好者、鉴定评级机构查询和进行藏品标准化标注与归类。

三、本书所列邮币封图片均为高清实物图片，根据读者便于欣赏以及版面因素而按比例适当缩小，实际规格尺寸均已标注，按照“长×宽（高）”以毫米（mm）计。

四、本书对录入的所有中国邮币封品种和版别的珍稀度加以评级，按一星级至五星级由低到高标注珍稀度，并可有半星级的加级。即：五星级（大珍品），发行量一般在1000枚以内，或市场极为罕见者；四星级（珍稀品），发行量一般在3000枚以内（邮总官封在6000枚以内），或市场甚为稀少者；三星级（精品），发行量一般在6000枚以内（邮总官封在2万枚以内），或者市场较为少见者；二星级（常见品），发行量一般在2万枚以内（邮总官封在4万枚以内），或者市场常见者；一星级（多泛品），市场多泛者。如文中表述“三星级+”即为三星级半（★★★☆），半星的加级以“+”或“☆”表示。

五、本书录入的所有种类和版别的中国邮币封，首先以其本身收藏价值与学术地位为根据，并参考2023年至2024年各大钱币邮票交易市场、各大专业钱币邮票交易网站报价和实际成交价，以及各专业微信群的成交价，珍稀品种参考近期拍卖成交记录，由此列出各种邮币封目前的参考价格，故相对比较严谨和确切，但因其具有时效性，仅供广大邮币封爱好者参考和查询；各邮品标价均以极美品（九品至十品之间）为标准，品相绝美或较次者则可酌情增减。标价以人民币“元”为计价单位。

六、本书各类技术参数均采用我国通用度量衡计量单位，规格尺寸用毫米（mm），硬币质量用克（g），金属配比采用百分比（%），材质以汉字标注，如金、银、铜、镍、铝及合金等。

目 录

上册

第一章 总论

中华收藏文化博大精深、源远流长。钱币收藏作为中国传统收藏的三大门类之一，相对于其他收藏门类而言具有最广博的群众基础。现在，随着我国国力的飞速提升和国家实现中华民族伟大复兴战略的积极推进，包括艺术品收藏业在内的文化产业也越来越蓬勃发展起来。跨过新世纪之后的华夏大地，各类文化收藏业可谓风起云涌、波澜壮阔，钱币收藏更是独领风骚、如火如荼。邮票集藏也在20世纪80年代至21世纪前十年的时期里，成为普罗大众最喜爱的收藏活动之一而非常火爆，邮币封就是在这一时期发展壮大起来，成为融合中华钱币文化和邮票艺术最完美的载体，其美学冲击力和泉邮文化的和谐统一性无与伦比，绽放出一朵朵灿烂的泉邮奇葩，具有很高的收藏鉴赏价值和历史文化价值。遗憾的是，由于各种历史因素的制约，在之后的十数年里邮币封再没有受到重视和继续广泛发行，而是渐渐淡出了泉邮收藏爱好者的视野，大多数品种已在收藏市场踪迹难觅。但近年来随着收藏爱好者的研究和挖掘，由于邮币封的珍稀性、艺术性和历史价值越发凸显，其收藏鉴赏价值现在愈来愈得到泉邮爱好者的青睐，这朵朵泉邮奇葩必将盛开而更加灿烂。

第一节　中国钱币的装帧类型

讲述邮币封的收藏鉴赏知识，必须要把它放到一个更广阔的视野里来认识。在集邮领域，邮币封是镶嵌钱币的特殊纪念封，对于纪念封而言可谓众所周知，在此不再赘述；而在钱币收藏领域，邮币封又是原装套币的一种特殊装帧形态。

我们首先要明确钱币收藏中经常遇到的两个概念：钱币的包装与装帧。二者既有区别又有联系。包装泛指钱币从印钞造币厂印制完成之后，从官方金库一直流入民间进行流通或收藏，中间各个环节的钱币包装形式，包括箱、卷、册、盒等；而装帧则是包装的一种特殊形态，是印钞造币厂，各金融、邮政和钱币收藏组织，或币商以及坊间，面向全世界钱币收藏爱好者，为了进一步保护钱币并使之更具有文化内涵而特制的包装，包括册、本、封、卡、折等诸多形式；可见钱币的装帧属于一种特殊的包装。

在我国真正意义上的铸行货币——青铜贝化伊始至民国末年的三千余年的钱币史册上，中国钱币只有一些简单的包装，包括极少的上呈皇家及官方样币的特殊形式包装，以及零星的钱币收藏者和币商自制的钱币包装，而面向钱币收藏爱好者的官方钱币装帧少之又少。直到20世纪70年代末，国家为了实现“四化”积累资金而出口创汇进行官方装帧钱币，随着人行版1979年“五大天王”小蓝本套装《中国硬币》的问世（图ZL1），中国钱币的各种装帧形式开始涌现并蓬勃发展起来。

从目前收藏市场来看，中国钱币的装帧套币形式多种多样，按照装帧单位的不同和收藏价值的高低分为五个类型和等级，其中有少部分交叉融合的情况。

第一类是人行版装帧套币，就是收藏界所说的官方装帧套币，是最具收藏价值的装帧形式。由中国人民银行总行指令或授权印钞造币及相关单位，包括中国印钞造币总公司、各印钞造币厂、金币总公司、康银阁以及长城公司等单位装帧发行；因系官方特制，人行版套币里往往包括一部分未公开发行、未进入流通领域的特殊年号或版别的钱币，这些特殊年号、特殊版别或特殊冠号的币钞甚是珍稀，涌现出很多珍品和名誉品，最值得泉友珍藏，因而系最具有收藏价值的装帧形式。如人行版礼品装1983年精制长城套币红皮本（图ZL2），被钱币收藏界誉为“中国硬币之王”的人行版1986年精制长城套币（图ZL3），被誉为“双花天王”的人行版2000年套装硬币（图ZL4）。

图ZL1-1 人行版1979年四枚装分币精装册封面

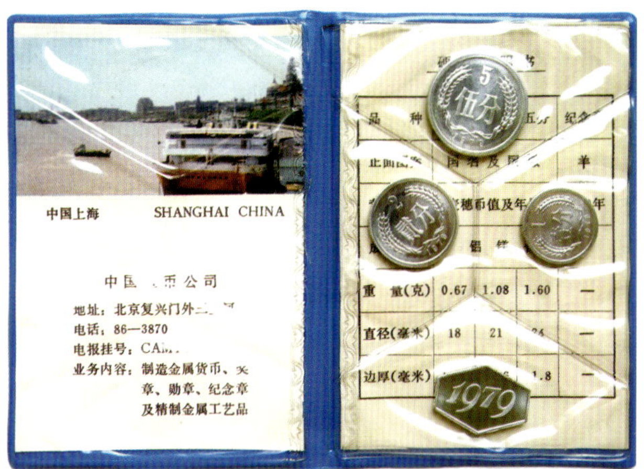

图ZL1-2 人行版1979年四枚装分币精装册内页
规格：150 mm×105 mm；珍稀度：★★★★★

图ZL2-1 人行版1983年七枚装长城币精装册红皮本封面

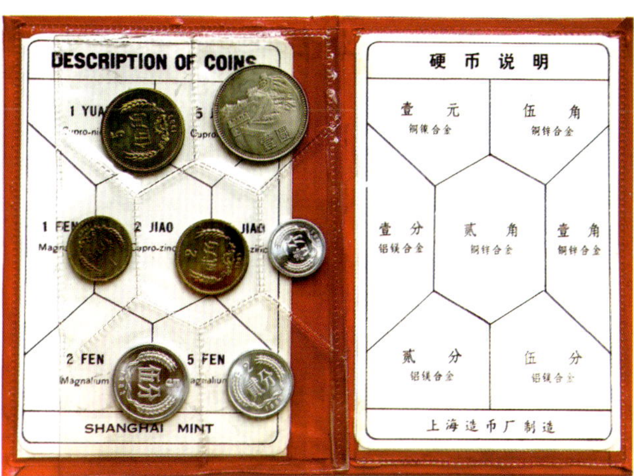

图ZL2-2 人行版1983年七枚装长城币精装册红皮本内页
规格：196 mm×140 mm；珍稀度：★★★★★☆

图ZL3-1 人行版1986年八枚装长城币精装卡 外册
规格：165 mm×110 mm

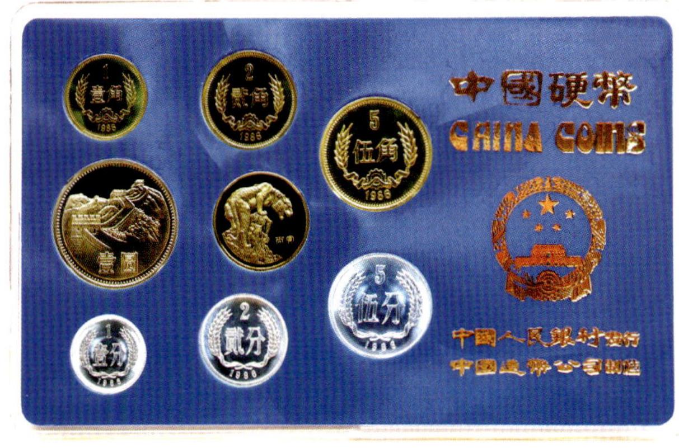

图ZL3-2 人行版1986年八枚装长城币精装卡 内卡
珍稀度：★★★★★★

第二类是印钞造币厂版装帧套币，就是收藏界所说的半官方装帧套币，由印钞造币厂、金币总公司及其他相关单位自行装帧发行；此种装帧套币大多装帧正宗精美，富有中国钱币传统文化性，一部分还特别装帧了一枚限量版纪念章，收藏价值亦颇高，深得泉友们珍视和厚爱。如上海造币厂装帧的透明塑卡装1983年普制长城套币，尚有一枚珍稀的马年紫铜精制纪念章（“中国硬币”版）（图ZL5）。上海造币厂装帧的1980年普制长城套币，也含有一枚罕见珍贵的狗年紫铜精制纪念章（孔雀版）（图ZL6）。

第三类是邮币封，属于邮票、钱币和纪念封三位一体相结合的装帧形式，由国内外邮政系统、金融系统、文博系统各单位或机构（或与有关印钞造币及相关单位联合）装帧发行。其中中国集邮总公司发行的邮币封系官方邮币封（以下简称“官封”），和第一类属于同一层级；地方集邮公司和机构发行的邮币封系地方版邮币封，大多属于半官方性质，和第二类属于一个层级。邮币封融合了钱币文化和邮票艺术，集二者为一体，具有更高的收藏鉴赏价值和

图ZL4-1 人行版2000年六枚装三花币精装卡 外册
规格：138 mm×90 mm

图ZL4-2 人行版2000年六枚装三花币精装卡 内卡
珍稀度：★★★★

图ZL5-1 造币厂版1983年八枚装长城币精装卡　正面

规格：155 mm×68 mm；珍稀度：★★★★

图ZL5-2 造币厂版1983年八枚装长城币精装卡　背面

图ZL6-1 造币厂版1980年八枚装长城币精装册　外册

规格：145 mm×95 mm

图ZL6-2 造币厂版1980年八枚装长城币精装册　内卡

紫铜精制狗章（正面孔雀）；珍稀度：★★★★☆

历史文化价值，而越来越得到广大泉友和邮友的青睐。如中国集邮总公司发行的《第一届中国-东盟商务与投资峰会》古币封，系唯一镶嵌有中国古币真币的官封（图ZL7）；中国艺术学会发行的《香港回归祖国纪念》木简明信片则是我国目前为止发行的唯一一款木简明信片（图ZL8）。

图ZL7《第一届中国-东盟商务与投资峰会》乾隆通宝邮币封（甲种）
规格：230 mm×120 mm；珍稀度：★★★★

图ZL8《香港回归祖国纪念》古币、牡丹币和港币木简明信片
规格：150 mm×100 mm；珍稀度：★★★★☆

第四类是地方版装帧套币，由人民银行或其他银行的各地方机构或者由印钞造币厂的下属三产企业等机构或组织装帧，因其具有浓厚的时代气息和地方特色，并兼具中华传统文化性和地域多样性，往往体现了那个时代和地区的烙印，也得到了很多泉友的赏识和喜爱。如1980年版长城币江西本深受长城币爱好者推崇（图ZL9）。地方版目前已出现大量温州产假冒仿制册，伪品主要表现为册子全新、长城币及铜币清洗过，具火候气而无氧化包浆和岁月感，封面烫金和字体与真册都有区别，需要注意鉴别。

第五类是商业版装帧套币，由币商及坊间装帧；特点是面向大众收藏及礼品需求，因而装帧多杂而量大，装帧一般较为商业化和简单化，并具备随时复制性，其形式基本就是一个包装，收藏价值较低。如俗称“红旗本”的商业

图ZL9-1 地方版1980年四枚装长城币精装册　封面
规格：100 mm×58 mm；珍稀度：★★★

图ZL9-2 地方版1980年四枚装长城币精装册　内页

版1981年混装长城套币，是人行版礼品装83精制长城套币的仿品，为20世纪90年代币商制作，现在又出现大量新品，其中角币大都是经电镀的流通品（图ZL10）。

综上所述，中国钱币的装帧套装币共有五种类型，其珍稀度和收藏价值虽各不相同，但均体现了原汁原味的钱币文化，尤其是前四种原装套币，是钱币收藏爱好者最喜爱的钱币收藏形态。

图ZL10-1 商业版1981-1983年七枚装长城币混装精装册　封面

图ZL10-2 商业版1981-1983年七枚装长城币混装精装册　内页
规格：196 mm×140 mm；珍稀度：★★

第二节　中国邮币封的概念

邮币封又称钱币镶嵌纪念封，系由邮政系统（邮政局、集邮公司、集邮协会等）、金融系统（人民银行、印钞造币厂、钱币学会等），以及文博系统各单位和机构为纪念某一历史事件或文化主题，独立立项、设计、审批、印制而公开发行的钱币镶嵌纪念封。

邮币封的三要素是：钱币、邮票和纪念封，三者统一协调、缺一不可。邮币封是纪念信封上贴有邮票并镶嵌着与邮票或纪念封主题相同或相关的钱币的纪念封，因此相较于单独的钱币、邮票或纪念封具有更高的收藏鉴赏和历史文化价值（图ZL7、图ZL8）。这与个人或单位自制邮币封（图ZL11），或单位用纪念封或邮资封再二次加印制作的加印邮币封（图ZL12）具有本质的区别，后两者系用已发行的纪念封二次加工制作而成，或者把邮资封加印后再加工制作而成，因而不是正宗邮币封，只属于趣味性，商业性或私藏性币封，仅具有私下鉴赏交流价值而收藏价值较低，大家在收藏邮币封时一定注意鉴别。

图ZL11 《戊戌（狗）年》纪念币美术封　个人自制

图ZL12 《诏安县钱币学会成立纪念》牡丹币加印封　单位加印

中国邮币封系指国内外各机构制作发行的镶嵌有中国历代钱币的邮币封，包括历代中国政府官方发行的钱币，如中国古代钱币、近代机制币、现代流通硬币、普通纪念币、贵金属纪念币、纸币等，镶嵌中国钱币的邮币明信片或邮币卡、折则是邮币封的特殊形态；广义的中国邮币封尚包括港、澳、台地区发行的地方钱币镶嵌邮币封；一些具有中国元素但没有镶嵌中国钱币的邮币封，如纪念封主题和中国有关或贴有中国邮票但没有镶嵌中国钱币者，是具有中国元素的邮币封，而不是中国邮币封，不属于本书所研究的中国邮币封的范畴；镶嵌纪念章的邮章封、镶嵌金属邮票和瓷片等的镶嵌纪念封亦不属于邮币封之列。

第三节　邮币封的品种、版别和趣味品

邮币封的品种，是指相同发行方发行的具有相同或相近纪念主题或题材、纪念封图文相同或相近，或者主题自成独立系列的邮币封，如《中国—东盟商务与投资峰会》系列古币邮币封、《迎接香港回归祖国纪念》古币、港币邮币封和《T119邮政储蓄邮票发行纪念》三枚分币封就是三种邮币封，是不同品种的邮币封（图ZL7、图ZL13、图ZL14）；同一品种的邮币封又有版别之分，相同品种或系列的邮币封因镶嵌不同品种或版别的钱币，或者贴有不同邮票而形成的邮币封，即形成不同版别的邮币封，如邮总发行的贴有不同邮票的《第一届中国—东盟商务与投资峰会》邮币封就有甲种和乙种两种不同版别（图ZL7、图ZL15）。可见邮币封的品种主要由纪念封决定，而各品种的版别差异则是由钱币或邮票不同所形成的；本书编排邮币封的统一编号即是根据邮币封的品种和版别不同而独立编号。每

图ZL13 《迎接香港回归祖国纪念》古币、港币封
规格：220 mm×110 mm；珍稀度：★★★★

种版别的邮币封有的又出现一些特殊趣味品，如加盖不同邮政日戳或纪念邮戳款、实寄款、设计者签名款、内塑卡颜色差异以及纪念封印刷套色差异等（图ZL16、图ZL17），构成了邮币封的不同趣味品，增加了诸多收藏鉴赏乐趣。

图ZL14 《T119邮政储蓄邮票发行纪念》三枚分币封（乙种）

规格：180 mm×106 mm； 珍稀度：★★★★★

图ZL15《第一届中国-东盟商务与投资峰会》乾隆通宝邮币封（乙种）

规格：230 mm×120 mm； 珍稀度：★★★★☆

图ZL16《北京首日封邮折展览》1981年长城币封 牡丹花纪念戳

规格：180 mm×105 mm； 珍稀度：★★★☆

图ZL17《北京首日封邮折展览》1981年长城币封　红色天坛纪念戳
规格：180 mm×105 mm；　珍稀度：★★★☆

第四节　邮币封的收藏鉴赏价值

钱币被誉为“国家名片”，是世界各个国家的主权象征，伴随着每个国家的兴衰史。任何时代任何国家的钱币均是其国家的“官窑”，均有其特有的国家历史和民族文化性。中国钱币伴随着我国商周之后三千余载漫漫历史的所有历程，铭刻记录着我国的沧海桑田变化，是我国历史、政治、经济与文化的缩影，一部中国钱币史见证了我国的历史、政治、经济和文化史；邮票亦被誉为“国家名片”，是是邮票诞生180年来人类历史上信息业、物流业初级发展时期的阶段性产物，虽然它必将随着人类社会信息业、物流业的高度发展而逐渐退出历史舞台，但也见证了近两个世纪的社会历史变迁，是这一历史时期世界各国历史、政治、经济和文化的写照。纪念封则是邮政部门为了纪念一定历史事件或文化主题而特别发行的纪念性信封。众所周知，钱币和邮票均有“国家名片”的美誉，而邮币封作为钱币、邮票和纪念封三位一体的完美结合体，更是“国家名片”上的璀璨明珠，较之单独的钱币或邮票具有更高的历史文化价值和收藏鉴赏价值。由此可见，融合钱币、邮票和纪念封三位一体的邮币封，其收藏鉴赏价值更是不言而喻。

邮币封的收藏鉴赏价值主要体现在以下几个方面：

1. 邮币封的历史价值

钱币和邮票均被誉为“国家名片”，是泉邮发行时期一个国家的历史、政治、经济和文化的缩影。尤其是钱币中的纪念币，是国家正式发行的用于纪念重大历史事件或文化主题的钱币，而纪念封也是为纪念某一重要历史事件或文化主题而发行的，邮币封把钱币、邮票和纪念封三者有机结合起来，更能全面记录和表征当时的历史事件，因此具有更高的历史价值。一些老精稀邮币封品种已经具有历史文物价值和属性，更是弥足珍贵。

2. 邮币封的文化价值

钱币和邮票本身就是国家的文化符号，弘扬中华民族优秀的传统文化是我们国家钱币、邮票及纪念封设计的重要理念和原则之一。一般来说，钱币，邮票、纪念封的设计者都很注重中华民族的传统文化，在设计中大都会体现我们民族丰富多彩的文化元素，爱好者在鉴赏邮币封的同时，更能增加文化底蕴，感受文化熏陶，这也是很多泉邮爱好者一旦接触和集藏邮币封便越来越喜爱的原因之一。

3. 邮币封的艺术价值

钱币、邮票和纪念封大都是国家级艺术设计大师的经典之作，一枚小小的泉币和方寸之间的邮票就是一件件精美的艺术品。中国古泉的书法艺术、近代机制币的雕刻艺术、普通及贵金属纪念币以及邮票的绘画艺术，无一不体现了中华优秀传统艺术的典范之作。爱好者在欣赏邮币封的同时，更能享受艺术之美，使心灵得以净化和升华。

4. 邮币封的美学价值

既然中国邮币封大都具有较高的文化价值和艺术价值，自然而然也具有较高的美学价值。中华民族的传统文化和艺术最能体现我们民族的和谐审美观，邮币封优美的图案、绘画和书法，能够让爱好者深切感受到美的享受，修身养性，涤荡心灵。

5. 邮币封的经济价值

邮币封既然是钱币、邮票和纪念封的集合体，当然和钱币、邮票一样具有一定的经济价值。一般来说，邮币封的经济价值在所镶嵌的钱币、邮票和纪念封基础上得到较大提升，一般是数倍到十几倍甚至几十倍的价值提升。另外，收藏与投资密不可分，世上几乎没有不参与交易的收藏家，收藏邮币封也会带来较好的价值提升和经济收益。

6. 邮币封的珍稀性

“物以稀为贵”是收藏铁律，而珍稀性系邮币封最重要的特征。邮币封与单独的钱币、邮票和纪念封相比，最大的特点就是珍稀性。通过遴选重要历史事件或文化主题，进行独创的设计，再进行完美的制作而成的邮币封，成为超越三者相加的全新综合艺术品。总体而言，和钱币、邮票的发行量相比，邮币封的发行量大都很少，如邮总发行的《毛泽东同志诞生一百周年》丝织金币封只有150枚，可谓珍罕之品；再如《T119邮政储蓄邮票发行纪念》分币邮币封发行量也只有500枚，亦属珍品（图ZL14）；邮币封的多数品种发行量在1000至数千之间，最多的也就几万枚，可谓凤毛麟角，因此邮币封最典型的特征是具有无可比拟的珍稀性，注定具有更高的收藏价值。

第五节　中国邮币封的发行历史

最早镶嵌中国钱币的邮币封是1972年2月21日美国99公司为纪念美国总

统尼克松先生对中国进行为期七天的历史性访问而发行的邮币封，铭记着中美两个大国的“破冰之旅”。一枚邮币封贴普《古田会议会址》3分邮票，镶嵌1964年版1分和10美分流通硬币各一枚，加盖“广东—宝安1972.2.21”邮政日戳（图ZL18）；另一枚邮币封贴香港《1972壬子（鼠）年》10分邮票、中国纪4（4-1）《开国纪念》800圆邮票各一枚，和编号邮票21-24《亚非乒乓球友好邀请赛》全套4枚，镶嵌1956年新中国首枚2分流通硬币一枚，加盖英文“香港1972.2.21”邮政日戳（图ZL19）。

图ZL18 《尼克松总统访华纪念》分币、美分邮币封

规格：125 mm×90 mm；珍稀度：★★★★☆

图ZL19 《尼克松总统访华纪念》贰分邮币封（甲种）

规格：242 mm×164 mm；珍稀度：★★★★★

最早镶嵌中国台湾省钱币的邮币封是美国99公司于1966年10月31日为庆祝蒋中正先生八秩华诞而特别制作发行的《恭祝蒋中正八秩华诞》纪念币封，（图ZL20）。

我国首次与国外联合发行的邮币封是1980年中国邮票公司（现中国集邮总公司）与美国公司联合发行的《第十三届冬季奥林匹克运动会》铜质纪念

图ZL20《恭祝蒋中正八秩华诞》台湾纪念币封
规格：125 mm×90 mm；珍稀度：★★★★☆

图ZL21《第十三届冬季奥林匹克运动会》1980年冬奥精制纪念币封
规格：160 mm×95 mm；珍稀度：★★★★★

图ZL22 《中国古代钱币》邮币首日封
规格：190 mm×100 mm；珍稀度：★★★

币邮币封一套四枚，分别贴J45《第十三届冬奥会》邮票一枚，镶嵌同题材铜质精制纪念币一枚，并盖有邮票发行纪念邮戳，该套邮币封由美国公司在美国出售（图ZL21）。

中国集邮总公司发行的邮币封是官方邮币封，而各地方邮票公司或集邮公司、集邮协会、钱币学会等机构发行的邮币封是地方版邮币封。于1982年1月至5月发行的《中国古代钱币》邮币首日封，是中国邮票总公司PFB编号系列首发镶嵌封，编号为PFB1，一套十六枚，镶嵌仿古钱币，是由邮总官方制作并在国内外公开发行的第一套邮币封。所镶嵌仿古钱币虽是仿制品，但因这些为发行邮币封而专门特制的仿古钱币系官方复制而成，加之所镶嵌的很多古币品种在民间甚是珍稀而很难获得，因此也属于广义上的邮币封（图ZL22）。

图ZL23《珠联璧合》心形银币封

规格：230 mm×160 mm；珍稀度：★★★★★

从《中国古代钱币》邮币首日封开始，中国集邮总公司发行了“PFB镶嵌币（章）封系列”“PFBJ金币封系列”和“PFBY银币封系列”等邮币封。同时期各地邮票或集邮公司和有关机构组织也先后发行了一些镶嵌邮币封。2000年后邮总基本停止发行邮币封，但从2017年9月起至今，又以PNC为编号发行了称之为“票币封”的四种银币邮币封（图ZL23）和一种普通纪念币封。这一时期也发行过两款非常特殊的邮币封——钱币镶嵌木简明信片和明信片（图ZL8、图ZL24）。

我国港澳台地区和外国也有一些公司或机构发行了镶嵌中国钱币的邮币封，如美国发行的《世界伟大的历史银币》系列民国二十三年孙中山像银币封（图ZL25）。

图ZL24-1《93’中华全国集邮展览——纪念毛泽东同志诞辰100周年》1981年长城币明信片（甲种） 背面

规格：150 mm×100 mm；珍稀度：★★★☆

综上所述，在我国中国邮币封的发行历经三个阶段，即20世纪

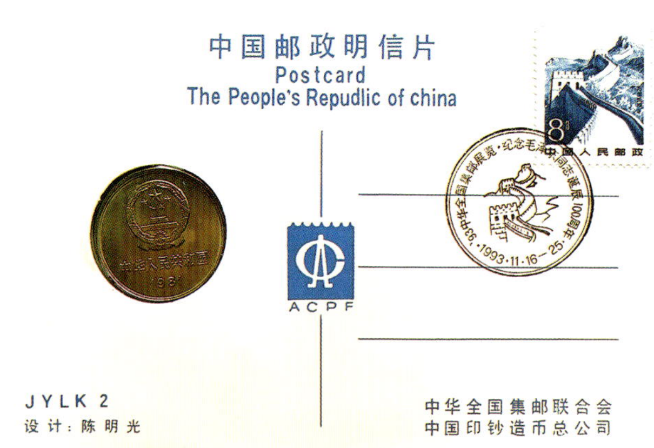

图ZL24-2 《93’中华全国集邮展览——纪念毛泽东同志诞辰100周年》1981年长城币明信片（甲种） 正面

图ZL25 《世界伟大的历史银币》民国二十三年孙中山像壹圆银币封

规格：195 mm×100 mm；珍稀度：★★★★★

60年代伊始到80年代之前只有外国发行很少品种的初级阶段；到20世纪80年代国内邮总开始发行官方邮币封，各地方也竞相发行地方版邮币封，而达到鼎盛阶段；而进入21世纪至2023年的20多年间邮币封的发行又因各种历史因素而呈现萎缩消退的阶段。

根据目前的实物资料统计，截至2024年底中国历代钱币邮币封已发行了170余个品种或系列，380余种版别，从古币、近代机制币、流通硬币、普通纪念币、贵金属纪念币，到纸币邮币封和港澳台地区邮币封等，构成了门类齐全、系列众多而又丰富多彩的邮币封收藏体系。

第六节　邮币封的收藏研究概况

在20世纪80年代我国开始发行邮币封时，收藏邮票的人群多而收藏钱币的人群相对较少，开始主要是集邮爱好者收藏邮币封，随着流通纪念币及贵金属纪念币的发行，收藏钱币的人群越来越大，一些钱币爱好者也加入收藏邮

图ZL26《中国集邮总公司集邮品目录》1979-1991

图ZL27《中国集邮总公司集邮品目录》1992-1997

图ZL28《中国集邮总公司集邮品目录》1998-2006

币封的行列。到了20世纪90年代中期伴随着邮票钱币的收藏热潮，邮币封的收藏也很火热。但随着邮币封收藏市场的发展，利益分配和市场运作问题日益突出，邮总逐渐停止了邮币封的发行工作；加之集邮界部分人对邮币封的文化历史价值认识不足，竟然宣称邮币封不是正宗邮品，邮币封的集藏逐渐冷却而进入低谷。

从20世纪90年代末到21世纪初的20多年里，虽经几次大的钱币和邮票收藏热潮，但邮币封的收藏则长期处于徘徊和低迷状态，邮币封的学术研究也较少，发表的学术和鉴赏文章很少，文献著录方面则只有人民邮电出版社出版的中国集邮总公司的三部《集邮品目录》（图ZL26、图ZL27、图ZL28），书里简单罗列了1982年至1999年邮总发行的有编号的古钱币、普通纪念币和贵金属币邮币封的图录。邮总发行的其他无编号邮币封，各地方、中外联合和外国发行的大量中国邮币封则未见有著录，仅在网络上有几位收藏家发表过相关鉴赏文章。可见邮币封爱好者的收藏活动长期处于几乎无著录、无文献、无资料可参考的盲目状态，客观上急需一部系统的邮币封收藏鉴赏著作，作为大家收藏研究邮币封的理论指南和参考工具书。

笔者在收藏研究现代钱币的同时，十几年前一次偶然的机会在北京马甸邮币卡市场购买了几枚邮币封，顿时深为邮币封泉邮艺术之美而震撼，自此一发不可收，一直坚持集藏各种门类的中国邮币封，花了很大精力，现终有所成，包括港澳台地方钱币邮币封在内至今已收集到360余种版别，几十款趣味品，为集结一部中国邮币封收藏鉴赏书籍积累了较为丰富的实物素材。现笔者就自己力所能及收集和征集到的中国邮币封，分中国古币机制币、现代流通硬币、普通纪念币、贵金属纪念币、纸币和港澳台地区钱币邮币封六个部分做一系统的图文介绍和展示鉴赏，以飨广大泉友、邮友和读者，亦算抛砖引玉，但错误疏漏在所难免，恳望大家指正。同时借助本书，希望推动中国邮币封的收藏和研究，让中国邮币封这一中国钱币文化和邮票艺术界的泉邮奇葩能重新绽放，更加绚丽多彩。

第二章

古币机制币邮币封收藏与鉴赏

第一节　概述

中国古代钱币和近代机制币系我国两种类型的历史货币，具有完全不同的制作工艺，前者采用的是延续中国三千年的传统浇铸铸造法，包括范铸和翻砂；后者采用的是近代开始引进西方工业技术的机器压印法（即机制法）。在中国钱币史中有三千多年都是浇铸工艺铸造的古币，只是到了近代以后至今短短一百多年才是机制币，其中包括现代钱币。

中国古代钱币可谓名珍荟萃、灿若星辰，但发行的古币邮币封并不多，目前笔者仅发现13个品种或系列共计76种版别；其中中国集邮总公司的官方古币封仅有一套十六枚的《中国古代钱币》邮币首日封，和一套五枚的《中国-东盟商务与投资峰会》五周年纪念古币封（包括10种版别）；其他均由地方集邮公司、机构以及中国香港或外国发行。

近代机制币邮币封更是出现了一边倒的情况，目前发现的11个品种或系列共计31种版别，几乎均为外国发行，只有《长江三峡库区大溪文化遗址》铜币邮币封1个品种系列系我国地方邮电局发行。

第二节　古代钱币邮币封（GB）

截至目前，国内外发行的中国古币邮币封共发现13个品种或系列，76种版别，现分述如下。

1. GB1《中国古代钱币》系列邮币首日封（GB1-1—GB1-16）

《中国古代钱币》邮币首日封是中国邮票总公司（现中国集邮总公司，简称“邮总”）1982年开始发行的编号PFB系列镶嵌封中，首发编号为PFB1的一套十六枚镶嵌仿古钱币封，是邮总官方在国内制作并公开发行的第一套邮币封，因镶嵌的仿古钱币亦系官方铸造，因此属于广义上的邮币封。全套两组共十六枚邮币封装帧在《中国古代钱币》邮币首日封多种原装册中。这套邮币封曾获美国集邮爱好者及钱币收藏协会颁发的“一九八二年国家年度奖”。

规格：190 mm × 100 mm；发行量：9715套；发行日期：1982年1月和5月；发行者：中国邮票总公司；设计者：卢天骄；发行定价：269元/套。此套古钱币邮币封装帧精美、古朴典雅，由于其是官方在国内公开发行的第一套邮币封，收藏地位特别重要，是所有邮币封爱好者必藏的品种，加之历经四十年的消耗沉淀，市场少见，珍稀度三星级，目前带邮总原装册的全套十六枚古币封参考价2300元，折合单枚150元。

收藏市场上所见有8种邮总装帧的全套十六枚的原装册（图GB1-16-3—图GB1-16-10）和1种单枚原装册（图GB1-16-11）。

《中国古代钱币》系列邮币首日封第一组，全套八枚，1982年1月发行，分别贴T65中国古代钱币（第一组）全套八枚不同的邮票各一枚，镶嵌与邮票同题材官铸仿古钱币一枚。

GB1-1《中国古代钱币》邮币首日封（第一组）第一枚

封面贴《中国古代钱币》T65（8-1）“货贝、铜贝”邮票1枚，加盖古钱币出土地河南安阳1981年10月29日邮政日戳，镶嵌仿制商代铜贝币1枚。镶嵌的仿制古钱币，是经钱

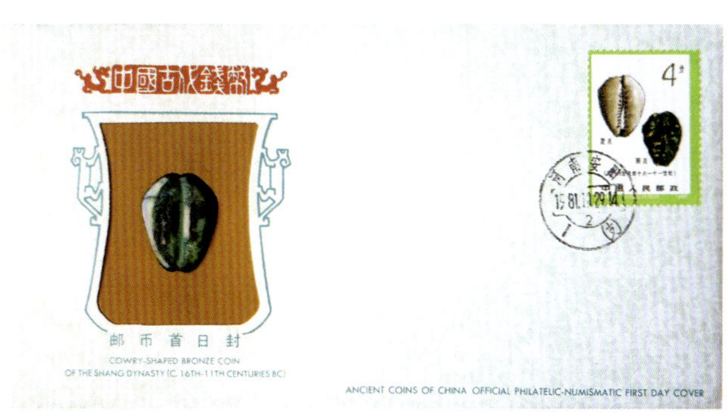

图GB1-1-1《中国古代钱币》商代铜贝币封

规格：190 mm×100 mm； 珍稀度：★★★

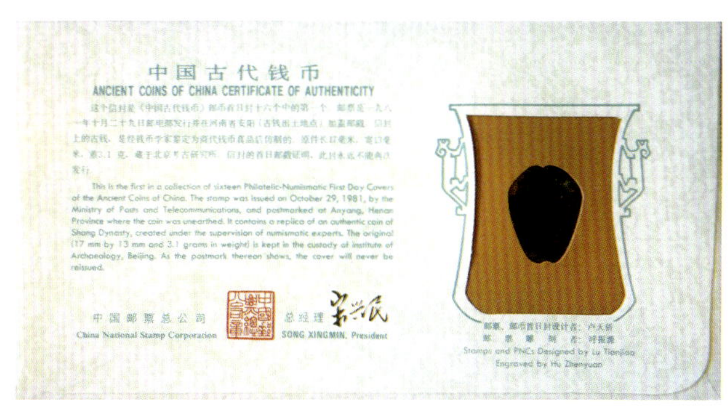

中国古代钱币

ANCIENT COINS OF CHINA CERTIFICATE OF AUTHENTICITY

This is the first in a collection of sixteen Philatelic-Numismatic First Day Covers of the Ancient Coins of China. The stamp was issued on October 29, 1981, by the Ministry of Posts and Telecommunications, and postmarked at Anyang, Henan Province where the coin was unearthed. It contains a replica of an authentic coin of Shang Dynasty, created under the supervision of numismatic experts. The original (17 mm by 13 mm and 3.1 grams in weight) is kept in the custody of institute of Archaeology, Beijing. As the postmark thereon shows, the cover will never be reissued.

中国邮票总公司 China National Stamp Corporation

总经理 SONG XINGMIN, President

图GB1-1-2《中国古代钱币》商代铜贝币封 背面

图GB1-2-1《中国古代钱币》晋国空首布币封

规格：190 mm×100 mm； 珍稀度：★★★

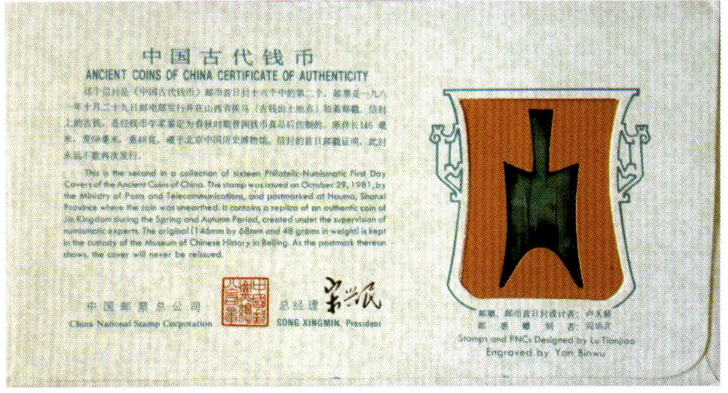

图GB1-2-2《中国古代钱币》晋国空首布币封　背面

图GB1-3-1《中国古代钱币》东周布币封

规格：190 mm×100 mm； 珍稀度：★★★

币学家鉴定为商代钱币真品后仿制的。原件长17毫米，宽13毫米，重3.1克，藏于北京考古研究所。其他描述同上。

GB1-2《中国古代钱币》邮币首日封（第一组）第二枚

封面贴《中国古代钱币》T65（8-2）“空首布”邮票1枚，加盖古钱币出土地山西侯马1981年10月29日邮政日戳，镶嵌仿制春秋晋国空首布币1枚。镶嵌的仿制古钱币，是经钱币学家鉴定为春秋时期晋国钱币真品后仿制的。原件长146毫米，宽68毫米，重48克，藏于北京中国历史博物馆（现国家博物馆）。其他描述同上。

GB1-3《中国古代钱币》邮币首日封（第一组）第三枚

封面贴《中国古

代钱币》T65（8-3）“‘高’空首布”邮票1枚，加盖古钱币出土地河南伊川1981年10月29日邮政日戳，镶嵌仿制春秋东周布币1枚。镶嵌的古钱币是经钱币学家鉴定为春秋时期东周钱币真品后仿制的。原件长99毫米，宽54毫米，重34克，藏于中国国家博物馆。其他描述同上。

图GB1-3-2《中国古代钱币》东周布币封 背面

GB1-4《中国古代钱币》邮币首日封（第一组）第四枚

封面贴《中国古代钱币》T65（8-4）“‘安邑二釿’布”邮票1枚，加盖古钱币出土地山西夏县（古魏国夏邑）1981年10月29日邮政日戳，镶嵌仿制魏国布币1枚。镶嵌的古钱币，是经钱币学家鉴定为战国时期魏国钱币真品后仿制的。原件

图GB1-4-1《中国古代钱币》魏国布币封

规格：190 mm×100 mm； 珍稀度：★★★

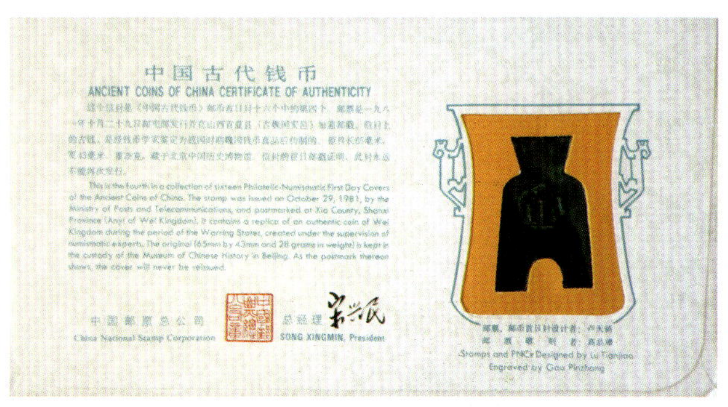

图GB1-4-2《中国古代钱币》魏国布币封 背面

长65毫米，宽43毫米，重28克，藏于中国国家博物馆。其他描述同上。

GB1-5《中国古代钱币》邮币首日封（第一组）第五枚

封面贴《中国古代钱币》T65（8-5）“‘齐法化’刀”邮票1枚，加盖古钱币出土地山东淄博临淄区（古齐城临淄）1981年10月29日邮政日戳，镶嵌仿制齐国三字刀币1枚。镶嵌的古钱币，是经钱币学家鉴定为战国时期齐国钱币真品后仿制的。原件长184毫米，宽31毫米，重50克，藏于中国国家博物馆。其他描述同上。

图GB1-5-1《中国古代钱币》齐国刀币封（三字）

规格：190 mm×100 mm； 珍稀度：★★★

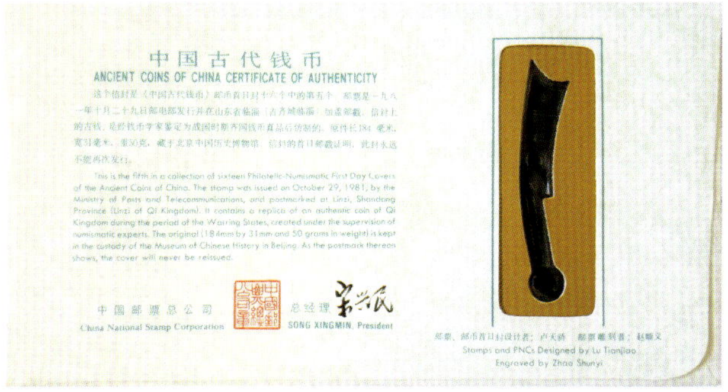
中国古代钱币

ANCIENT COINS OF CHINA CERTIFICATE OF AUTHENTICITY

这个信封是《中国古代钱币》邮币首日封十六个中的第五个。邮票是一九八一年十月二十九日邮电部发行并在山东省临淄（古齐城临淄）加盖邮戳。信封上的古钱，是经钱币学家鉴定为战国时期齐国钱币真品后仿制的。原件长184毫米，宽31毫米，重50克，藏于北京中国历史博物馆。信封的首日邮戳证明，此封永远不能再次发行。

This is the fifth in a collection of sixteen Philatelic-Numismatic First Day Covers of the Ancient Coins of China. The stamp was issued on October 29, 1981, by the Ministry of Posts and Telecommunications, and postmarked at Linzi, Shandong Province (Linzi of Qi Kingdom). It contains a replica of an authentic coin of Qi Kingdom during the period of the Warring States, created under the supervision of numismatic experts. The original (184mm by 31mm and 50 grams in weight) is kept in the custody of the Museum of Chinese History in Beijing. As the postmark thereon shows, the cover will never be reissued.

中国邮票总公司 China National Stamp Corporation

总经理 SONG XINGMIN, President

Stamps and PNCs Designed by Lu Tianjiao

Engraved by Zhao Shunyi

图GB1-5-2《中国古代钱币》齐国刀币封（三字） 背面

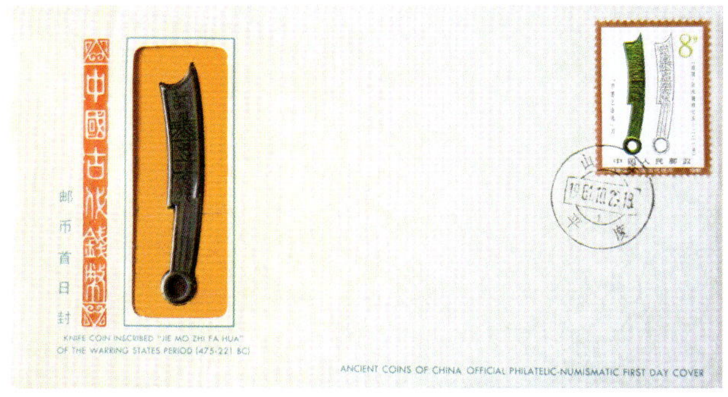

图GB1-6-1《中国古代钱币》齐国刀币封（五字）

规格：190 mm×100 mm； 珍稀度：★★★

GB1-6《中国古代钱币》邮币首日封（第一组）第六枚

封面贴《中国古代钱币》T65（8-6）

“‘节墨之法化’刀”邮票1枚，加盖古钱币出土地山东平度（古齐国节墨）1981年10月29日邮政日戳，镶嵌仿制齐国五字刀币1枚。镶嵌的古钱币，是经钱币学家鉴定为战国时期齐国钱币真品后仿制的。原件长181毫米，宽29毫米，重47克，藏于中国国家博物馆。其他描述同上。

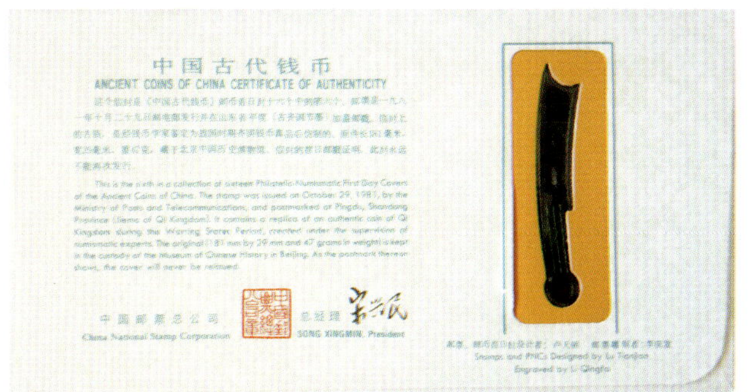

图GB1-6-2《中国古代钱币》齐国刀币封（五字） 背面

GB1-7《中国古代钱币》邮币首日封（第一组）第七枚

封面贴《中国古代钱币》T65（8-7）“‘成白’刀”邮票1枚，加盖古钱币出土地河北邯郸（古赵国邯郸）1981年10月29日邮政日戳，镶嵌仿制赵国刀币1枚。镶嵌的古钱币，是经钱币学家鉴定为战国时期赵国钱币真品后仿制的。原件

图GB1-7-1《中国古代钱币》赵国刀币封（成白刀）

规格：190 mm×100 mm； 珍稀度：★★★

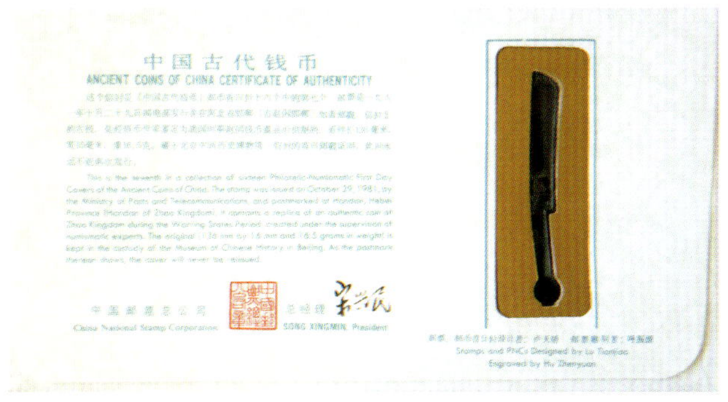

图GB1-7-2《中国古代钱币》赵国刀币封（成白刀） 背面

图GB1-8-1《中国古代钱币》魏国圜钱币封

规格：190 mm×100 mm； 珍稀度：★★★

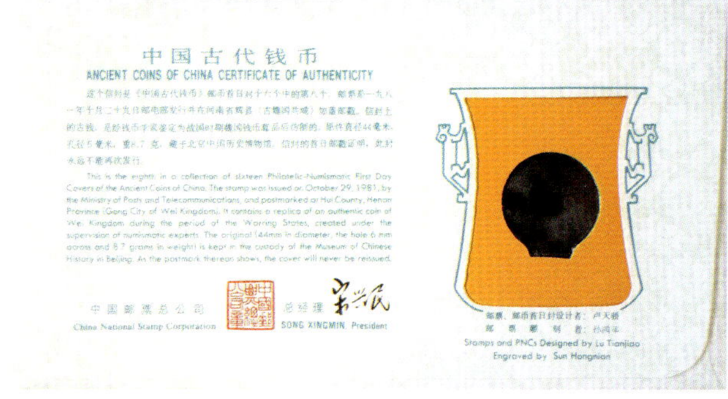

图GB1-8-2《中国古代钱币》魏国圜钱币封　背面

图GB1-9-1《中国古代钱币》楚国鬼脸钱币封

规格：190 mm×100 mm； 珍稀度：★★★

长136毫米，宽16毫米，重16.5克，藏于中国国家博物馆。其他描述同上。

GB1-8《中国古代钱币》邮币首日封（第一组）第八枚

封面贴《中国古代钱币》T65（8-8）“‘共’圜钱”邮票1枚，加盖古钱币出土地河南辉县（古魏国共城）1981年10月29日邮政日戳，镶嵌仿制魏国圜钱1枚。镶嵌的古钱币，是经钱币学家鉴定为战国时期魏国钱币真品后仿制的。原件直径44毫米，孔径6毫米，重8.7克，藏于中国国家博物馆。其他描述同上。

《中国古代钱币》邮币首日封第二组，全套八枚，1982年5月发行，分别贴T71《中国古代钱币（第二组）》

全套8枚不同的邮票各1枚，镶嵌邮票同题材仿古钱币一枚。

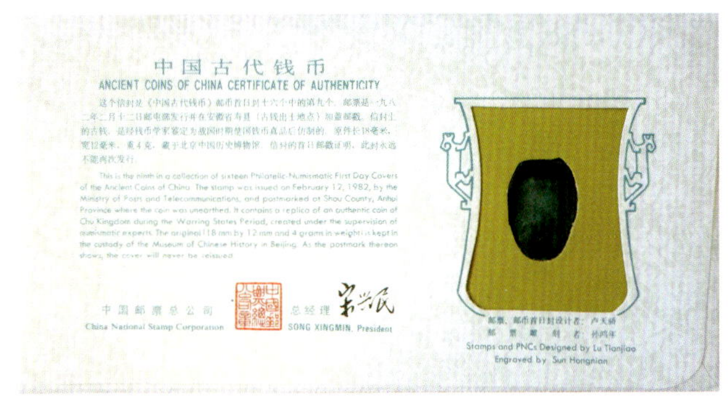

图GB1-9-2《中国古代钱币》楚国鬼脸钱币封 背面

GB1-9《中国古代钱币》邮币首日封（第二组）第九枚

封面贴《中国古代钱币》T71（8-1）“鬼脸钱”邮票1枚，加盖古钱币出土地安徽寿县1982年2月12日邮政日戳，镶嵌仿制楚国鬼脸钱1枚。镶嵌的古钱币，是经钱币学家鉴定为战国时期楚国钱币真品后仿制的。原件长18毫米，宽12毫米，重4克，藏于中国国家博物馆。其他描述同上。

图GB1-10-1《中国古代钱币》楚国布币封

规格：190 mm×100 mm； 珍稀度：★★★

GB1-10《中国古代钱币》邮币首日封（第二组）第十枚

封面贴《中国古代钱币》T71（8-2）“‘殊’布”邮票1枚，加盖古钱币出土地

图GB1-10-2《中国古代钱币》楚国布币封 背面

图GB1-11-1《中国古代钱币》秦国布币封

规格：190 mm×100 mm； 珍稀度：★★★

图GB1-11-2《中国古代钱币》秦国布币封 背面

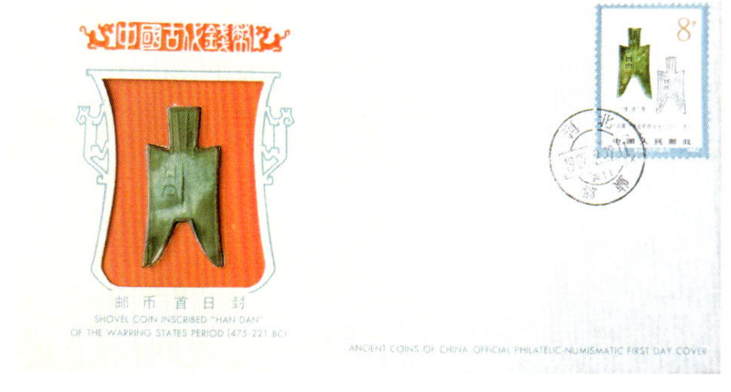

图GB1-12-1《中国古代钱币》赵国布币封

规格：190 mm×100 mm； 珍稀度：★★★

盖安徽宿县1982年2月12日邮政日戳，镶嵌仿制楚国布币1枚。镶嵌的古钱币，是经钱币学家鉴定为战国时期楚国钱币真品后仿制的。原件长102毫米，宽40毫米，重33克，藏于中国国家博物馆。其他描述同上。

GB1-11《中国古代钱币》邮币首日封（第二组）第十一枚

封面贴《中国古代钱币》T71（8-3）“‘下专’布”邮票1枚，加盖古钱币出土地陕西咸阳（古秦国咸阳）1982年2月12日邮政日戳，镶嵌仿制秦国布币1枚。镶嵌的古钱币，是经钱币学家鉴定为战国时期秦国钱币真品后仿制的。原件长74毫米，宽38毫米，重16.9克，藏于中国国家博物馆。其他描述同上。

GB1-12《中国古代钱币》邮币首日封（第二组）第十二枚

封面贴《中国古代钱币》T71（8-4）“‘甘丹’布”邮票1枚，加盖古钱币出土地河北邯郸（古赵国邯郸）1982年2月12日邮政日戳，镶嵌仿制赵国布币1枚。镶嵌的古钱币，是经钱币学家鉴定为战国时期赵国钱币真品后仿制的。原件长82毫米，宽43毫米，重11.9克，藏于中国国家博物馆。其他描述同上。

图GB1-12-2《中国古代钱币》赵国布币封 背面

GB1-13《中国古代钱币》邮币首日封（第二组）第十三枚

封面贴《中国古代钱币》T71（8-5）“尖首刀”邮票1枚，加盖古钱币出土地河北保定1982年2月12日

图GB1-13-1《中国古代钱币》燕国刀币封（尖首刀）

规格：190 mm×100 mm； 珍稀度：★★★

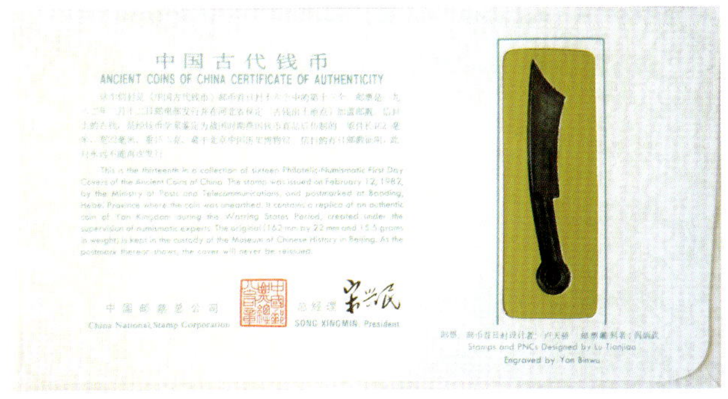

图GB1-13-2《中国古代钱币》燕国刀币封（尖首刀） 背面

图GB1-14-1《中国古代钱币》燕国刀币封（明刀）

规格：190 mm×100 mm； 珍稀度：★★★

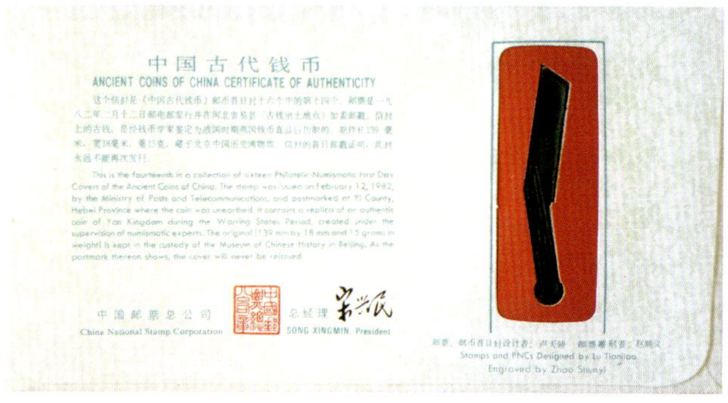

图GB1-14-2《中国古代钱币》燕国刀币封（明刀） 背面

图GB1-15-1《中国古代钱币》赵国刀币封（晋化刀）

规格：190 mm×100 mm； 珍稀度：★★★

邮政日戳，镶嵌仿制燕国刀币1枚。镶嵌的仿制古钱币，是经钱币学家鉴定为战国时期燕国钱币真品后仿制的。原件长162毫米，宽22毫米，重15.5克，藏于中国国家博物馆。其他描述同上。

GB1-14《中国古代钱币》邮币首日封（第二组）第十四枚

封面贴《中国古代钱币》T71（8-6）"'明'刀"邮票1枚，加盖古钱币出土地河北易县1982年2月12日邮政日戳，嵌仿制燕国刀币1枚。镶嵌的古钱币，是经钱币学家鉴定为战国时期燕国钱币真品后仿制的。原件长139毫米，宽18毫米，重15克，藏于中国国家博物馆。其他描述同上。

GB1-15《中国古代钱币》邮币首日封（第二组）第十五枚

封面贴《中国古代钱币》T71（8-7）“‘晋化’刀”邮票1枚，加盖古钱币出土地山西太原（古赵国晋阳）1982年2月12日邮政日戳，镶嵌仿制赵国刀币1枚。镶嵌的仿制古钱币，是经钱币学家鉴定为战国时期赵国钱币真品后仿制的。原件长92毫米，宽12毫米，重8.5克，藏于中国国家博物馆。其他描述同上。

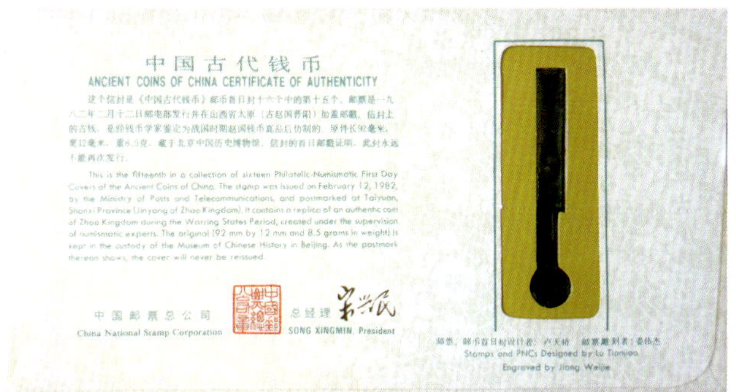

图GB1-15-2《中国古代钱币》赵国刀币封（晋化刀） 背面

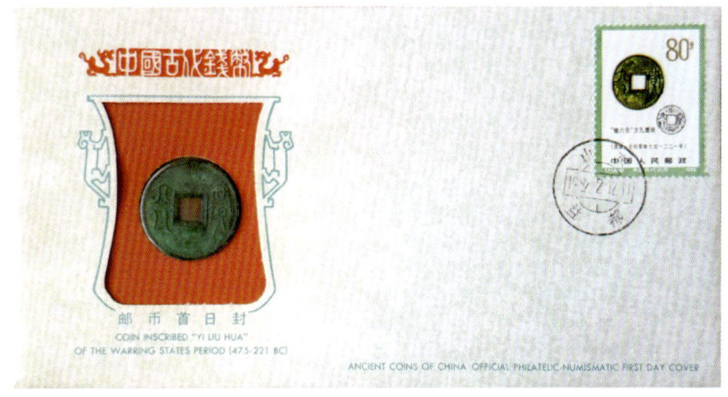

图GB1-16-1《中国古代钱币》齐国方孔圜钱币封（賹六化）

规格：190 mm×100 mm； 珍稀度：★★★

GB1-16《中国古代钱币》邮币首日封（第二组）第十六枚

封面贴《中国古代钱币》T71（8-8）“‘賹六化’方孔圜钱”邮票1枚，加盖古钱币出土地山东益都

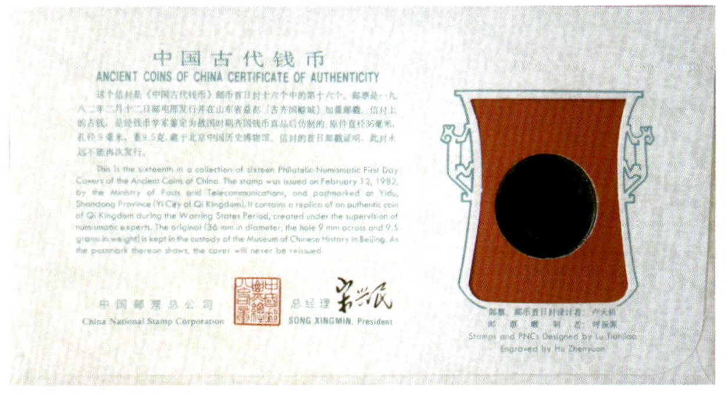

图GB1-16-2《中国古代钱币》齐国方孔圜钱币封（賹六化） 背面

图GB1-16-3-1中国邮票总公司《中国古代钱币》原装册（甲种） 外盒

图GB1-16-3-2中国邮票总公司《中国古代钱币》原装册（甲种） 内册

中國古代錢幣 邮币首日封证书

CERTIFICATE OF AUTHENTICITY

中国邮电部于1981及1982年发行两套《中国古代钱币》特种邮票，我公司特请专家，按照邮票图案用纯铜仿铸各式古钱，镶嵌在信封上，制成古雅精致的邮币首日封，全套16枚，装帧成册，供集邮家、钱币收藏家和各界人士鉴赏珍藏，这种邮币首日封，限定数量，只发行这一次。

"Ancient Coins of China", two sets of sixteen special stamps, were issued by the Ministry of Posts and Telecommunications of China in 1981 and 1982 respectively. The China National Stamp Corporation commissioned the minting of sixteen replicas of ancient coins according to designs on these stamps and the mounting of these coins on covers. A corresponding stamp is featured on each of these Philatelic-Numismatic First Day Covers. Protected and displayed in an album, it is an ideal collection for stamp and coin collectors. This collection of classically elegant PNCs is offered in limited edition only.

中国邮票总公司
China National Stamp Corporation

图GB1-16-3-3中国邮票总公司《中国古代钱币》原装册（甲种）证书

（古齐国賹城）1982年2月12日邮政日戳，镶嵌仿制齐国方孔圜钱1枚。镶嵌的仿制古钱币，是经钱币学家鉴定为战国时期齐国钱币真品后仿制的。原件直径36毫米，孔径9毫米，重9.5克，藏于中国国家博物馆。其他描述同上。

图GB1-16-3-4中国邮票总公司《中国古代钱币》原装册（甲种） 内页

图GB1-16-4-1 中国邮票总公司《中国古代钱币》原装册（乙种） 外盒

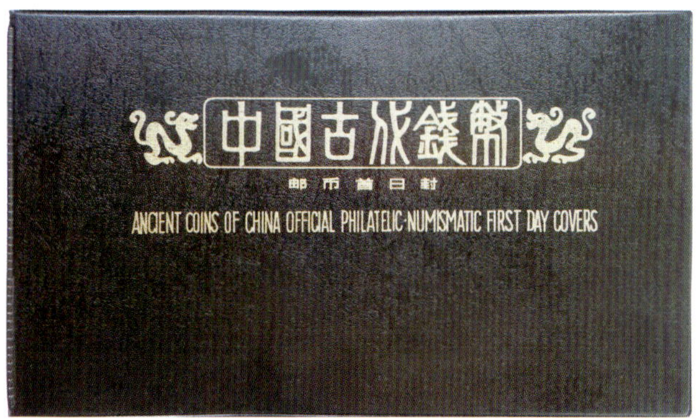

图GB1-16-4-2 中国邮票总公司《中国古代钱币》原装册（乙种） 内册

证书、内页同图GB1-16-3-3、图GB1-16-3-4

图GB1-16-5-1中国邮票总公司《中国古代钱币》原装册（丙种） 外盒

图GB1-16-5-2中国邮票总公司《中国古代钱币》原装册（丙种） 内册
证书、内页同图GB1-16-3-3、图GB1-16-3-4

图GB1-16-6-1中国邮票总公司《中国古代钱币》原装册（丁种） 外套

图GB1-16-6-2中国邮票总公司《中国古代钱币》原装册（丁种） 内册
证书、内页同图GB1-16-3-3、图GB1-16-3-4

图GB1-16-7-1中国邮票总公司《中国古代钱币》原装册（戊种） 外盒

图GB1-16-7-2中国邮票总公司《中国古代钱币》原装册（戊种） 内册

图GB1-16-7-3中国邮票总公司《中国古代钱币》原装册（戊种） 内页

图GB1-16-8-1 中国邮票总公司《中国古代钱币》原装册（己种） 内册 外盒、内页同图GB1-16-7-1、图GB1-16-7-3

图GB1-16-9-1中国邮票总公司《中国古代钱币》原装册（庚种） 外册

图GB1-16-9-2中国邮票总公司《中国古代钱币》原装册（庚种） 内页1

图GB1-16-9-3中国邮票总公司《中国古代钱币》原装册（庚种） 内页2

图GB1-16-9-4中国邮票总公司《中国古代钱币》原装册（庚种） 内页3

图GB1-16-10-1中国邮票总公司《中国古代钱币》原装册（辛种） 外盒

图GB1-16-10-2中国邮票总公司《中国古代钱币》原装册（辛种）说明书

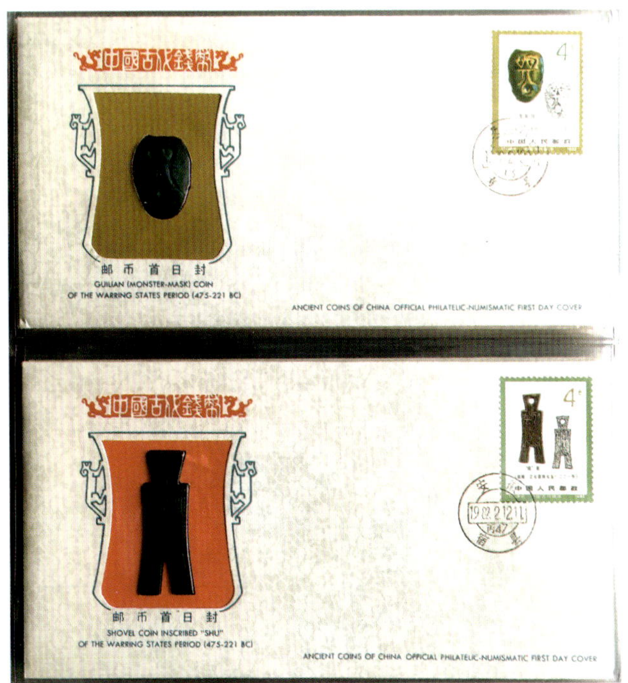

图GB1-16-10-3中国邮票总公司《中国古代钱币》原装册（辛种） 内页

图GB1-16-11-1中国邮票总公司《中国古代钱币》原装册（壬种） 外册

图GB1-16-11-2中国邮票总公司《中国古代钱币》原装册（壬种第1种） 内页1

图GB1-16-11-3中国邮票总公司《中国古代钱币》原装册（壬种第1种） 内页2

图GB1-16-11-4中国邮票总公司《中国古代钱币》原装册（王种第2种）内页

图GB1-16-11-5中国邮票总公司《中国古代钱币》原装册（王种第3种）内页

图GB1-16-11-6中国邮票总公司《中国古代钱币》原装册（王种第4种）内页

图GB1-16-11-7中国邮票总公司《中国古代钱币》原装册（王种第5种）内页

图GB1-16-11-8中国邮票总公司《中国古代钱币》原装册（王种第6种）内页

2. GB2《世界伟大的历史硬币》系列古币封（GB2-1—GB2-2）

该系列邮币封简称“伟大系列”古币封，由美国富兰克林造币厂制作，国际钱币学会发行，是外国早期发行的中国钱币镶嵌邮币封经典品种之一。本书收录贴有《贵州民居》和《宪法》邮票的甲、乙两种版别，每种版别又因镶嵌不同古钱币而形成多种细分版别。镶嵌古币大都是宋钱，少数为明或清钱。其中尚见有铁钱者，甚稀少。

古币封规格：195 mm×100 mm；发行者：国际钱币学会；发行量：不详，根据市场情况估算应在数千枚以内，目前市场甚稀见，珍稀度为四星级，市场参考价450— 550元。

图GB2-1-1-1《世界伟大的历史硬币》元祐通宝邮币封（篆书铁钱） 正面

规格：195 mm×100 mm；珍稀度：★★★★☆

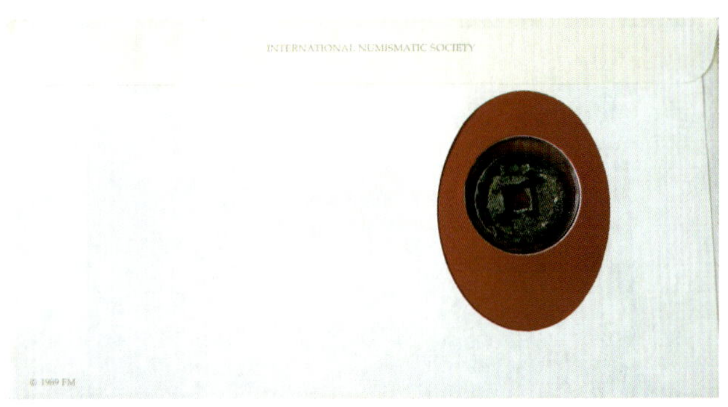

图GB2-1-1-2《世界伟大的历史硬币》元祐通宝邮币封（篆书铁钱） 背面

China　　GREAT HISTORIC COINS OF THE WORLD

Cash Coin

When ancient coins are discussed, there is a tendency among many to recall the glories of ancient Greece, Rome and the Mideast, ignoring the fact that the Far East had flourishing civilizations that are equally noteworthy.

The money of China spans more than 3000 years. Much of it is in the form of coins with a square center hole and devoid of any design except four characters on the obverse which usually read from top to bottom (reign title) and from left to right ("Circulating treasure" or other words). Emperor followed emperor without interrupting the basic design of these coins which are commonly called cash.

Although some earlier round coins are known, the type with square holes owns the record for longevity. Fairly regular coinage began in the 3rd century B.C. These coins, which were usually of copper or brass, were standardized on a decimal basis during the reign of Emperor Kao Tzu (618–627 A.D.) and continued to be made until the last Emperor, Hsuan T'ung (1908–1911) of the Manchu (Ch'ing) Dynasty. The coins were cast in molds and then broken from a center rod or "tree" which left a rough edge that had to be filed down. This was done by placing a row of coins on a square rod which kept them from revolving.

The coin in this collection is from the Sung Dynasty (960–1279) and was recovered during the 1970s from a ship that had sunk in the Gulf of Thailand. During the Sung Dynasty, the Chinese were quite active in trading with adjoining countries and large quantities of cash coins were shipped to Southeast Asia, Japan, Indonesia and as far away as East Africa.

Printed in U.S.A.

图GB2-1-1-3《世界伟大的历史硬币》元祐通宝邮币封（篆书铁钱） 英文说明卡

图GB2-1-2-1《世界伟大的历史硬币》元祐通宝邮币封（行书） 正面

规格：195 mm×100 mm；珍稀度：★★★★

图GB2-1-2-2《世界伟大的历史硬币》元祐通宝邮币封（行书） 背面

China HISTORISCHE MÜNZEN AUS ALLER WELT

Käsch-Münze

图GB2-1-2-3《世界伟大的历史硬币》元祐通宝邮币封（行书） 德文说明卡

GB2-1-1《世界伟大的历史硬币》元祐通宝邮币封（篆书铁钱）

此邮币封镶嵌宋代元祐通宝古币一枚，铁钱，书体为篆书，封面贴《贵州民居》160分邮票一枚，加盖“1990.4.9北京”邮政日戳，带一张英文说明卡。市场甚稀少，珍稀度为四星级+，参考价550元。其他描述同上。

GB2-1-2《世界伟大的历史硬币》元祐通宝邮币封（行书）

此邮币封镶嵌宋代元祐通宝古币一枚，书体为行书，封面贴《贵州民居》160分邮票一枚，加盖“1990.4.9北京”邮政日戳，带一张德文说明卡，珍稀度为四星级。其他描述同上。

GB2-1-3《世界伟大的历史硬币》元祐通宝邮币封（篆书）

此邮币封镶嵌宋代元祐通宝古币一枚，书体为篆书，封面贴《贵州民居》160分邮票一枚，加盖“1990.1.9北京”邮政日戳，封面上加盖有“集邮品PHLATELIE”红戳。其他描述同上。

图GB2-1-3-1《世界伟大的历史硬币》元祐通宝邮币封（篆书）

规格：195 mm×100 mm；珍稀度：★★★★

图GB2-1-3-2《世界伟大的历史硬币》元祐通宝邮币封（篆书） 背面

GB2-1-4《世界伟大的历史硬币》景祐元宝邮币封

此邮币封镶嵌宋代景祐元宝古币一枚，封面贴《贵州民居》160分邮票一枚，加盖“1990.4.9北京”邮政日戳。其他描述同上。

图GB2-1-4-1《世界伟大的历史硬币》景祐元宝邮币封

规格：195 mm×100 mm； 珍稀度：★★★★

GB2-1-5《世界伟大的历史硬币》咸平元宝邮币封

此邮币封镶嵌宋代咸平元宝古币一枚，封面贴《贵州民居》

图GB2-1-4-2《世界伟大的历史硬币》景祐元宝邮币封　背面

图GB2-1-5-1《世界伟大的历史硬币》咸平元宝邮币封

规格：195 mm×100 mm；珍稀度：★★★★

图GB2-1-5-2《世界伟大的历史硬币》咸平元宝邮币封　背面

160分邮票一枚，加盖“1990.5.28北京”邮政日戳，带一张日文说明卡。其他描述同上。

GB2-1-6《世界伟大的历史硬币》洪武通宝邮币封

此邮币封镶嵌宋代洪武通宝古币一枚，封面贴《贵州民居》160分邮票一枚，加盖“1990.1.9北京”邮政日戳。其他描述同上。

GB2-2-1《世界伟大的历史硬币》元丰通宝邮币封

此邮币封镶嵌宋代元丰通宝古币一枚，封面贴《宪法》20分邮票一枚，加盖“中华人民共和国宪法1992.12.4北京”纪念戳一枚。市场甚稀少，珍稀度四星级+，参考价550元。其他描述同上。

图GB2-1-5-3《世界伟大的历史硬币》咸平元宝邮币封　日文说明卡

图GB2-1-6-1《世界伟大的历史硬币》洪武通宝邮币封

规格：195 mm×100 mm；珍稀度：★★★★

图GB2-1-6-2《世界伟大的历史硬币》洪武通宝邮币封　背面

图GB2-2-1-1《世界伟大的历史硬币》元丰通宝邮币封
规格：195 mm×100 mm；珍稀度：★★★★☆

图GB2-2-1-2《世界伟大的历史硬币》元丰通宝邮币封 背面

3. GB3《西夏文古钱币》系列古币封（GB3-1—GB3-4）

公元1038年，党项族首领李元昊自称皇帝，史称“西夏”，1227年为成吉思汗所灭。所传独特的方块字“西夏文”被后人称为“天书”。西夏钱币轮廓规整，字体庄重，铸造精良，制作精美，受到中外钱币学家的称赞。西夏钱币分为西夏文字和汉字两种，但西夏文古钱币存世量极少，十分珍贵。

国家邮电部于1996年8月22日发行《西夏陵》邮票一套四枚。宁夏回族自治区票品管理局和银川集邮公司特仿制西夏文古币（福圣宝钱、大安宝钱、乾祐宝钱、天庆宝钱），联合发行了《西夏文古钱币》纪念封一套四枚，带外纸盒封套（图GB3-4-3）。纪念封贴1996-21（4-2）《西夏陵》

邮票一枚，加盖银川“银川-西夏陵（临）1996.8.22”邮政日戳，分别镶嵌四种仿制的西夏文古钱币。由于该套仿古钱币系官方铸造，所以亦系广义的古币邮币封。

规格：230 mm×120 mm，设计者：邹建军；发行者：宁夏回族自治区票品管理局和银川集邮公司；发行量：不详；市场稀少，珍稀度为四星级，参考价：单枚200元，一套四枚800元。

图GB3-1-1《西夏文古钱币》福圣宝钱邮币封

规格：230 mm×120 mm；珍稀度：★★★★

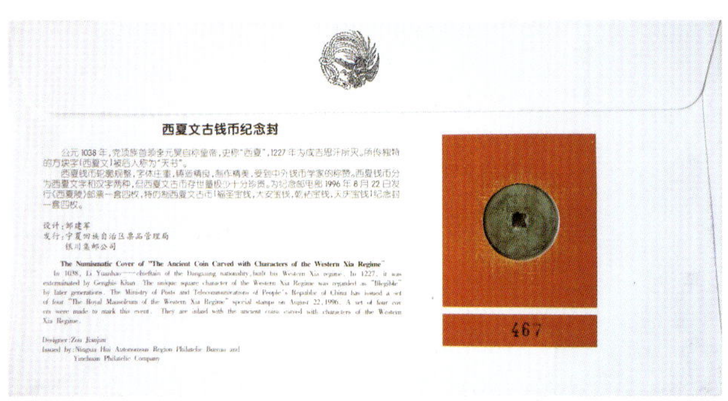

图GB3-1-2《西夏文古钱币》福圣宝钱邮币封 背面

GB3-1《西夏文古钱币》福圣宝钱邮币封

此邮币封贴1996-21（4-2）《西夏陵》邮票一枚，加盖“银川-西夏陵（临）1996.8.22”邮政日戳，镶嵌仿制的“福圣宝钱”西夏文古钱币一枚。其他描述同上。

图GB3-2-1《西夏文古钱币》大安宝钱邮币封

规格：230 mm×120 mm；珍稀度：★★★★

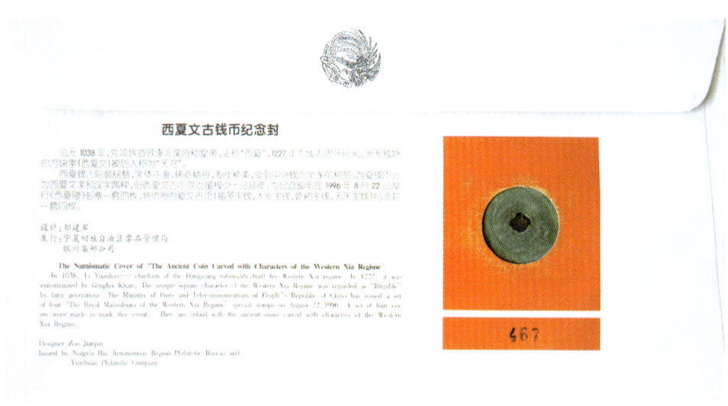

图GB3-2-2《西夏文古钱币》大安宝钱邮币封　背面

GB3-2《西夏文古钱币》大安宝钱邮币封

此邮币封镶嵌仿制的“大安宝钱”西夏文古钱币一枚。其他描述同上。

图GB3-3-1《西夏文古钱币》乾祐宝钱邮币封

规格：230 mm×120 mm；珍稀度：★★★★

GB3-3《西夏文古钱币》乾祐宝钱邮币封

此邮币封镶嵌仿制的“乾祐宝钱”西夏文古钱币一枚。其他描述同上。

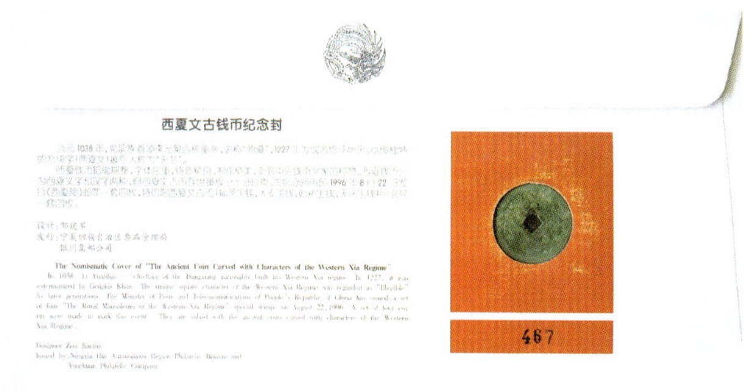

图GB3-3-2《西夏文古钱币》乾祐宝钱邮币封　背面

GB3-4《西夏文古钱币》天庆宝钱邮币封

此邮币封镶嵌仿制的“天庆宝钱”西夏文古钱币一枚。其他描述同上。

图GB3-4-1《西夏文古钱币》天庆宝钱邮币封

规格：230 mm×120 mm；珍稀度：★★★★

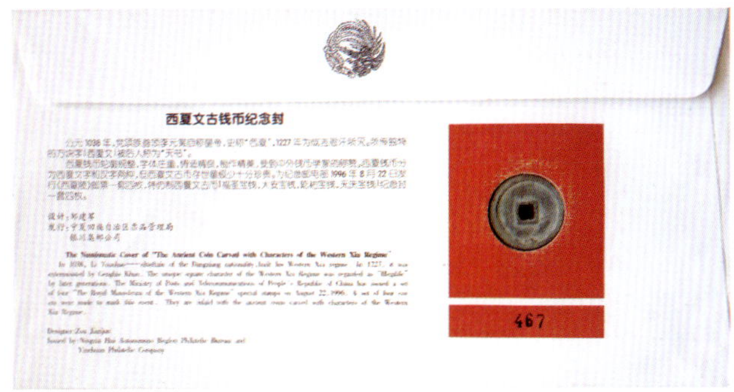

图GB3-4-2《西夏文古钱币》天庆宝钱邮币封　背面

图GB3-4-3《西夏文古钱币》邮币封　原装外纸套

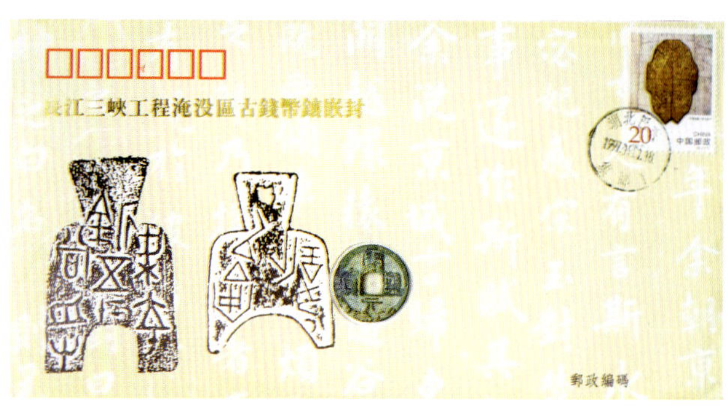

图GB4-1-1-1《长江三峡工程淹没区》古钱币镶嵌封（甲种）

规格：230 mm×120 mm；珍稀度：★★★★

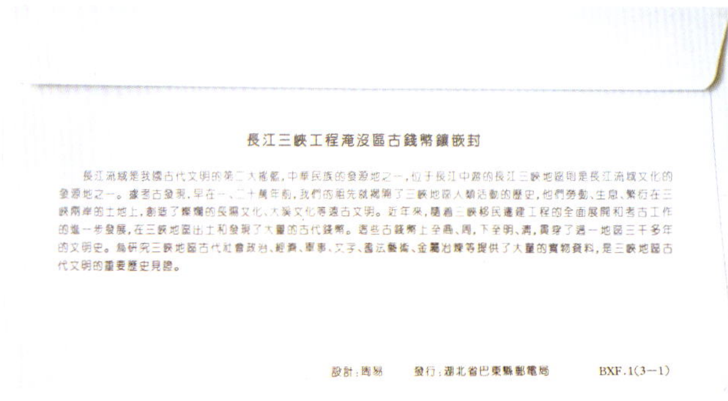

長江三峽工程淹沒區古錢幣鑲嵌封

長江流域是我國古代文明的第二大搖籃，中華民族的發源地之一，位于長江中游的長江三峽地區則是長江流域文化的發源地之一。據考古發現，早在一、二十萬年前，我們的祖先就揭開了三峽地區人類活動的歷史，他們勞動、生息、繁衍在三峽兩岸的土地上，創造了燦爛的長陽文化、大溪文化等遠古文明。近年來，隨着三峽移民遷建工程的全面展開和考古工作的進一步發展，在三峽地區出土和發現了大量的古代錢幣。這些古錢幣上至商、周，下至明、清，貫穿了這一地區三千多年的文明史。為研究三峽地區古代社會政治、經濟、軍事、文字、書法藝術、金屬冶煉等提供了大量的實物資料，是三峽地區古代文明的重要歷史見證。

設計：周易　發行：湖北省巴東縣郵電局　BXF.1(3—1)

图GB4-1-1-2《长江三峡工程淹没区》古钱币镶嵌封（甲种）　背面

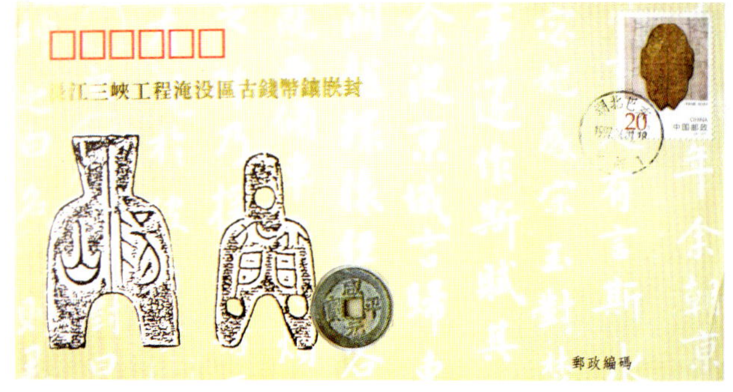

图GB4-2-1-1《长江三峡工程淹没区》古钱币镶嵌封（乙种之一）

规格：230 mm×120 mm；珍稀度：★★★★

4. GB4《长江三峡工程淹没区》系列古钱币镶嵌封（GB4-1—GB4-3）

长江流域与黄河流域一样，是我国古代文明的摇篮，是中华民族的发源地之一，位于长江中游的长江三峡地区则是长江流域文化的发祥地之一。据考古发现，早在10万到20万年前，我们的祖先就揭开了三峡地区人类活动的历史，他们劳动、生息、繁衍在三峡两岸的土地上，创造了灿烂的长阳文化、大溪文化等远古文明。20世纪90年代，随着三峡移民迁建工程的全面展开和考古工作的进一步发展，在三峡地区出土和发现了大量的古钱币。这些古钱币上至商、周，下至明、清，贯穿了这一地区三千多年的文明史，为研究三峡地区古代社会政治、经济、军事、文化、书法艺术、金属冶炼等提供了大量的实物资料，是三峡地区古代文明的重要历史物证。

为此，湖北省巴东县邮电局1997年发行《长江三峡工程淹没区》古钱币镶嵌封一套三枚，并荣获1997年度湖北省邮品最佳设计奖。此套古钱币镶嵌封因纪念封图文和编号不同分为三种版别，而每一种纪念封又发现镶嵌多种钱币一枚（如汉五铢、开元通宝、咸平元宝、天禧通宝、祥符通宝、熙宁通宝等），贴1996-23（4-1）《甲骨档案·商代龟甲》邮票一枚，加盖“湖北巴东-集邮1-1997.4.1”邮政日戳，编号为BXF.1（3-1、3-2、

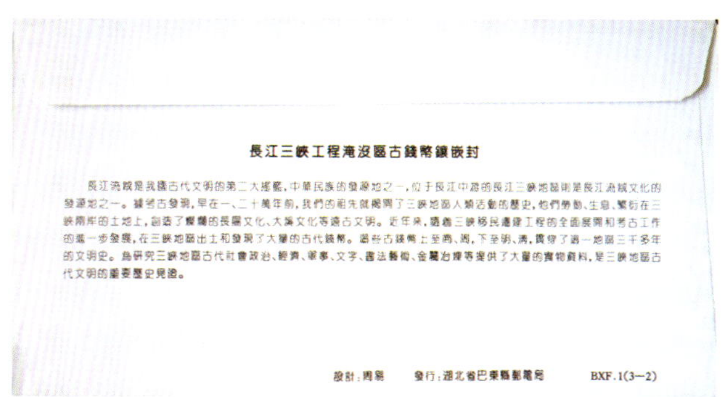

图GB4-2-1-2《长江三峡工程淹没区》古钱币镶嵌封（乙种之一） 背面

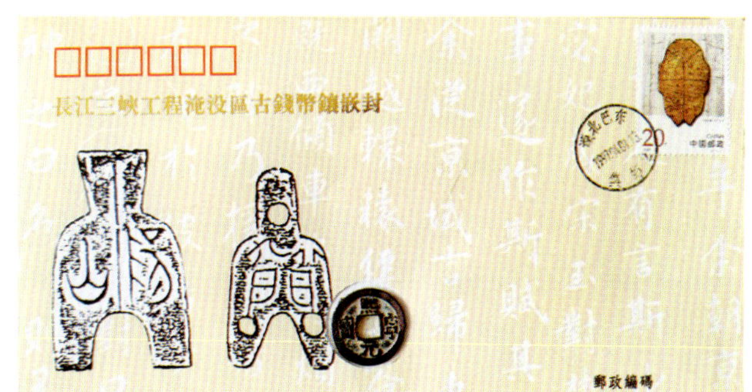

图GB4-2-2-1《长江三峡工程淹没区》古钱币镶嵌封（乙种之二） 背同图GB4-2-1-2

规格：230 mm×120 mm；珍稀度：★★★★

图GB4-3-1-1《长江三峡工程淹没区》古钱币镶嵌封（丙种之一）

规格：230 mm×120 mm；珍稀度：★★★★

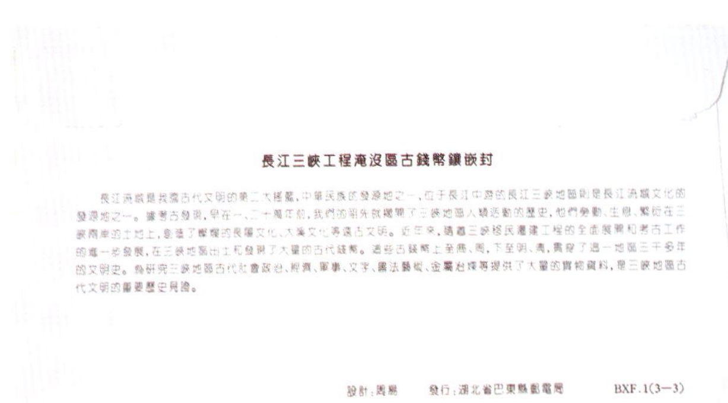

長江三峽工程淹沒區古錢幣鑲嵌封

長江流域是我國古代文明的第二大搖籃，中華民族的發源地之一，位于長江中游的長江三峽地區則是長江流域文化的發源地之一。據考古發現，早在一、二十萬年前，我們的祖先就揭開了三峽地區人類活動的歷史，他們勞動、生息、繁衍在三峽兩岸的土地上，創造了輝煌的巴蜀文化、大溪文化等遠古文明。近年來，隨著三峽移民遷建工程的全面展開和考古工作的進一步發展，在三峽地區出土和發現了大量的古代錢幣。這些古錢幣上至商、周，下至明、清，貫穿了這一地區三千多年的文明史。為研究三峽地區古代社會政治、經濟、軍事、文字、書法藝術、金屬冶煉等提供了大量的實物資料，是三峽地區古代文明的重要歷史見證。

設計：周易　發行：湖北省巴東縣郵電局　BXF.1(3—3)

图GB4-3-1-2《长江三峡工程淹没区》古钱币镶嵌封（丙种之一）　背面

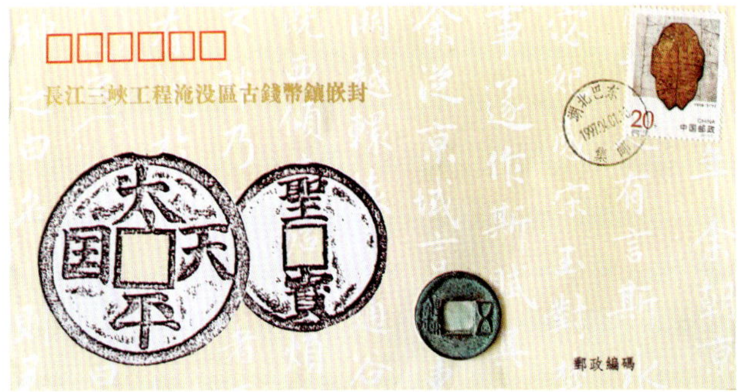

图GB4-3-2-1《长江三峡工程淹没区》古钱币镶嵌封（丙种之二）　背同图GB4-3-1-2

规格：230 mm×120 mm；珍稀度：★★★★

图GB4-3-2-2《长江三峡淹没景区邮品珍藏册》　封面

3-3）。市场所见除了裸封，尚见装帧于《长江三峡淹没景区邮品珍藏册》（图GB4-3-2-2、图GB4-3-2-3）。

币封规格：230 mm ×120 mm；设计者：周易；发行者：湖北省巴东县邮电局；发行量：不详。市场甚为少见，珍稀度为四星级，参考价：450元一枚，1300元一套。

GB4-1《长江三峡工程淹没区》古钱币镶嵌封（甲种）

此邮币封镶嵌唐代开元通宝等古钱币一枚，贴1996-23（4-1）《甲骨档案·商代龟甲》20分邮票一枚，加盖湖北巴东1997年4月1日“集邮1”邮戳，编号为BXF·1（3-1）；或有镶嵌其他古币者，其他描述同上。

GB4-2《长江三峡工程淹没区》古钱币镶嵌封（乙种）

此邮币封镶嵌宋代咸平通宝或熙宁元宝等古钱币一枚，编号为BXF·1（3-2）。或有镶嵌其他古币者，其他描述同上。

图GB4-3-2-3《长江三峡淹没景区邮品珍藏册》 说明书

GB4-3《长江三峡工程淹没区》古钱币镶嵌封（丙种）

此邮币封镶嵌宋代天禧通宝或汉五铢一枚，编号为BXF·1（3-3）。或有镶嵌其他古币者，其他描述同上。

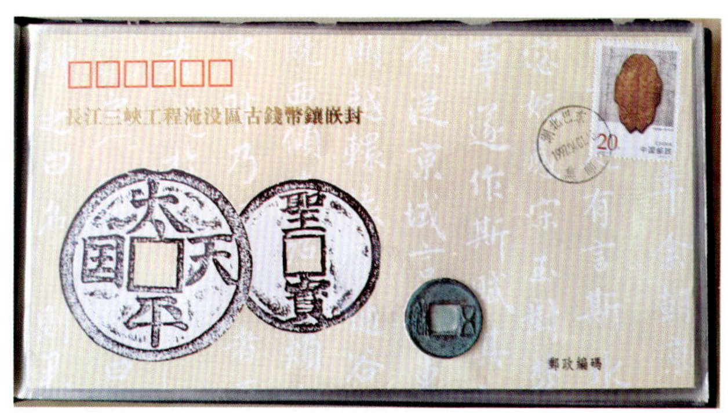

图GB4-3-2-4《长江三峡淹没景区邮品珍藏册》 内页

5. GB5《香港回归祖国》系列邮币封（GB5-1）

自1997年7月1日起，中国对香港恢复行使主权，这一伟大的历史事件，将深深镌刻在中国乃至世界的史册上。为了迎接、庆祝与纪念这一振奋人心的历史时刻，中国国家博物馆、故宫博物院、中国邮票博物馆、商务印书馆（香港）有限公司合作，于北京、香港两地同时联合发行邮政局实地销戳系列集邮钱币镶嵌纪念封，计划发行一套五枚，实际仅发行一种一枚。

图GB5-1-1《香港回归祖国-历史屈辱》道光通宝邮币封　正面

规格：220 mm×110 mm；珍稀度：★★★★☆

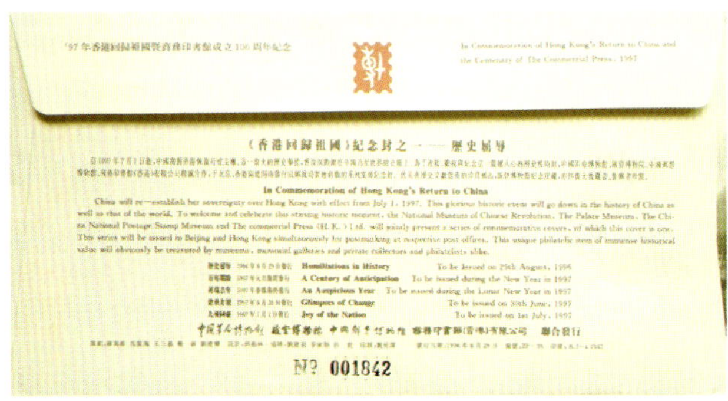

图GB5-1-2《香港回归祖国-历史屈辱》道光通宝邮币封　编号1842　背面

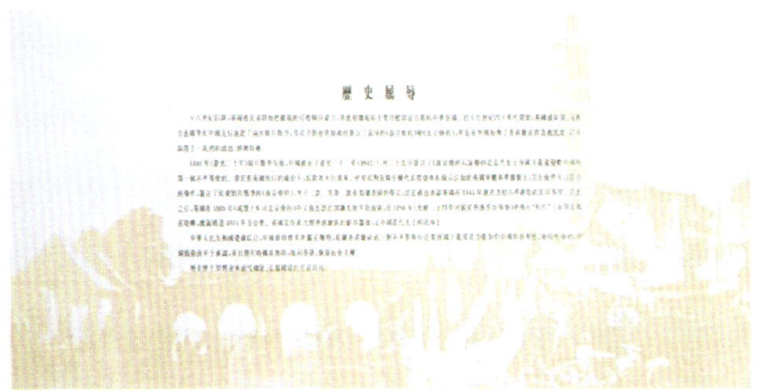

图GB5-1-3《香港回归祖国-历史屈辱》道光通宝邮币封　纪念卡折图1

GB5-1《〈香港回归祖国〉纪念封之一——历史屈辱》道光通宝邮币封

道光年间，清政府发行的主要钱币即包括“道光通宝”。此时，清朝在鸦片战争中战败，于1842年8月29日与列强签订了中国近代史上第一个丧权辱国的不平等条约《南京条约》，香港被英帝国主义者强占，中国从此开始逐渐沦为半殖民地半封建国家。1997年7月1日，香港回归祖国，洗雪了中华百年之耻。

在这种历史背景下，1996年8月29日，由中国国家博物馆、故宫博物院、中国邮票博物馆、商务印书馆（香港）有限公司联合发行了此枚古币邮币封。编号ZF-28，贴1995-T25《香港风光名胜》1-4邮票一套，加盖“北京-中国邮票博物馆1996.8.29”纪念邮戳，镶嵌清代道光通宝古币一枚，邮币封内含有一枚对折卡片，介绍了香港回归前的一些历史背景知识和资料。印量B.J-a1842，即发行量为1842枚，每一枚有流水编号。另外，尚发行了相同题材、相同设计、贴相同邮票的《香港回归祖国-历史屈辱》纪念封一枚，发行量为18420枚，由此可见邮币封发行量仅为纪念封的十分之一。此封由我国第一位邮票总设计师邵柏林大师亲自设计，古朴典雅，图文精奇，具有重要的历史见证和史料价值。

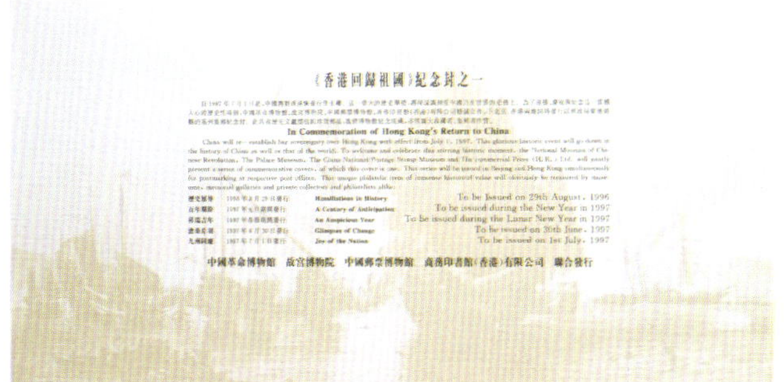

图GB5-1-4《香港回归祖国-历史屈辱》道光通宝邮币封 纪念卡折图2

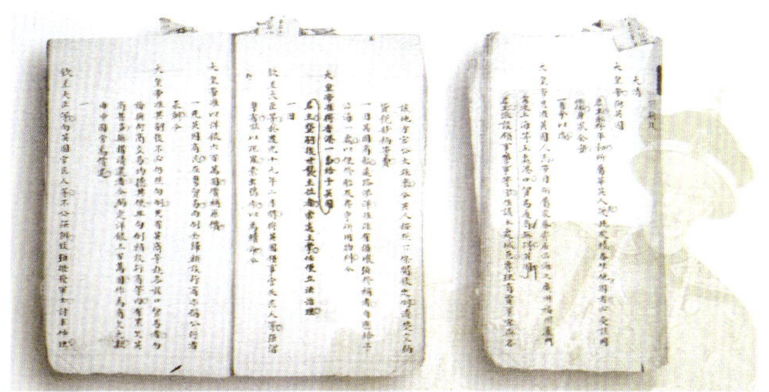
图GB5-1-5《香港回归祖国-历史屈辱》道光通宝邮币封 纪念卡折图3

图GB5-1-6《香港回归祖国-历史屈辱》道光通宝邮币封 纪念卡折图4

币封规格：220 mm×110 mm；设计者：邵柏林；发行日期：1996年8月29日；发行量：邮币封发行量1842枚，纪念封记载发行量为19970枚；发行者：中国国家博物馆、故宫博物院、中国邮票博物馆、商务印书馆（香港）有限公司联合发行；目前市场甚为稀少，珍稀度为四星级+，参考价900元。

当时发行计划中尚包括：计划于1997年元旦期间发行的纪念封之二——《香港回归祖国一百年期盼》钱币镶嵌纪念封；于1997年春节期间发行的纪

念封之三——《香港回归祖国一祥瑞吉年》钱币镶嵌纪念封；于1997年6月30日发行的纪念封之四——《香港回归祖国一沧桑片羽》钱币镶嵌纪念封；于1997年7月1日发行的纪念封之五——《香港回归祖国一九州同庆》钱币镶嵌纪念封。但历经几十年，至今尚未发现以上四种邮币封的任何实物与图片资料，因此笔者推断后面四种邮币封因故未发行，本书暂不列入目录。

图上这枚邮币封流水编号为1842，系此种古币邮币封的最大号即关门号，封面主题图文中镶嵌道光通宝古钱币的大写年号“1842”和币封背面的币封编号“1842”互相印证，铭记着我国在1842年签订《南京条约》时那段屈辱历史，时刻警示中华仁人志士，牢记使命，砥砺前行，具有很高的历史纪念意义和收藏鉴赏价值。

6. GB6《迎接香港回归祖国纪念》古币、港币邮币封（GB6-1）

图GB6-1-1《迎接香港回归祖国纪念》古币、港币封 正面

规格：220×110 mm；珍稀度：★★★★

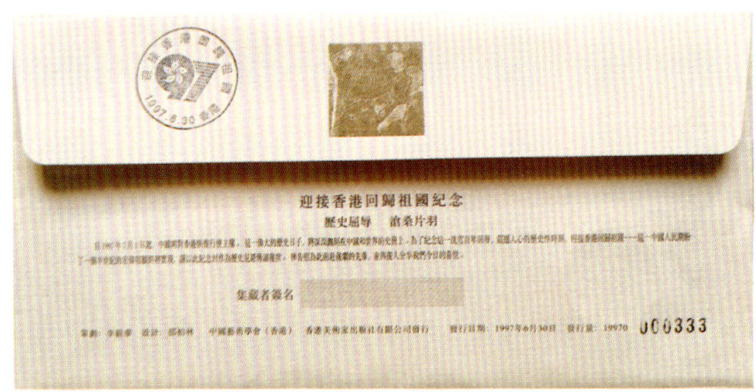

图GB6-1-2《迎接香港回归祖国纪念》古币、港币封 背面 编号333

1997年7月1日，中国对香港恢复行使主权。这一伟大的历史时刻，将深深镌刻在中国和世界的史册上。为了纪念这一普天同庆、激动人心的历史事件，庆祝香港回归祖国——这一中国人民期盼了一个半世纪的宏伟宿愿终得实现，中国艺术学会（香港）和香港美术家

出版社有限公司联合发行纪念封一套三枚，谨以此纪念封作为历史见证传诸后世。俾告慰为此前赴后继的先辈，并与后人分享我们今日的喜悦。

图GB6-1-3《迎接香港回归祖国纪念》古币、港币封 明信片 正面

此邮币封系此套邮币封（含有三枚邮币封）的第一枚，镶嵌清代道光通宝古钱币和1991年香港壹圆硬币各一枚，贴有三枚香港邮票，加盖“迎接香港回归祖国”纪念邮戳和“香港1997.6.30”邮政日戳；邮币封内含有一枚“十九世纪晚期香港维多利亚海港风光油画”邮政明信片一枚。此邮币封一套三枚，带有外纸套（图GB6-1-5）；此封亦系我国第一位邮票总设计师邵柏林大师亲自设计，古朴典雅，图文精奇，具有重要的历史见证和史料价值。

图GB6-1-4《迎接香港回归祖国纪念》古币、港币封 明信片背面

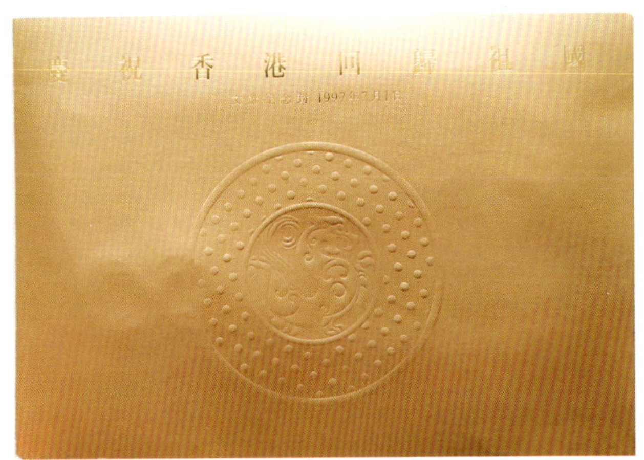

图GB6-1-5《迎接香港回归祖国纪念》系列邮币封 原装外册

币封规格：220 mm × 110 mm；发行日期：1997年6月30日；发行者：中国艺术学会（香港）和香港美术家出版社有限公司联合发行；设计者：邵柏林；发行量：纪念封记载发行量为19970枚，此处应为纪念封和邮币封的发行总量，纪念封没有流水编码，邮币封特别印有流水编码，但市场上此种单独的纪念封多见，而邮币封却很少见，加之市场上所见邮币封编码均在1997以内，这种情况和上述GB5《香港回归祖国》道光通宝邮币封类似，因此笔者判断此种邮币封实际发行量应为1997枚。市场甚少见，珍稀度为四星级，参考价450元。

图GB7-1-1《香港回归祖国纪念》古币、牡丹币和港币木简明信片
规格：150 mm×100 mm；珍稀度：★★★★☆

图GB7-1-2《香港回归祖国纪念》古币、牡丹币和港币木简明信片 背面

7. GB7《香港回归祖国纪念》古币、牡丹币和港币木简明信片（GB7-1）

1997年7月1日香港特别行政区成立。为了纪念这一历史时刻，1997年7月1日由香港美术家出版社有限公司发行钱币镶嵌木质明信片一枚，分别镶嵌清代“道光通宝”古币、1997年版“牡丹”1元和港币“紫荆花”50分、10分硬币两枚，贴香港《维多利亚湾风光》邮票一枚，加盖“庆祝中华人民共和国香港特别行政区成立纪

念-1991.7.1”北京和香港纪念戳。

截至目前此木简明信片为唯一的中国钱币镶嵌木质明信片，也是唯一一款木简明信片。由中国第一位邮票总设计师邵柏林大师精心设计，创造性地采用木质镂雕工艺，将香港风光雕刻于木简之内，古朴典雅、大器精美，具有很高的收藏鉴赏价值。

明信片规格：150 mm×100 mm；设计者：邵柏林；发行总量1997枚，其中2007年和金银纪念章装帧成高档水晶礼盒（图GB7-1-5、图GB7-1-6）销往收藏圈外者1380枚，原装带外纸套者仅余617枚；市场甚为少见，珍稀度为四星级+，参考价1000元。

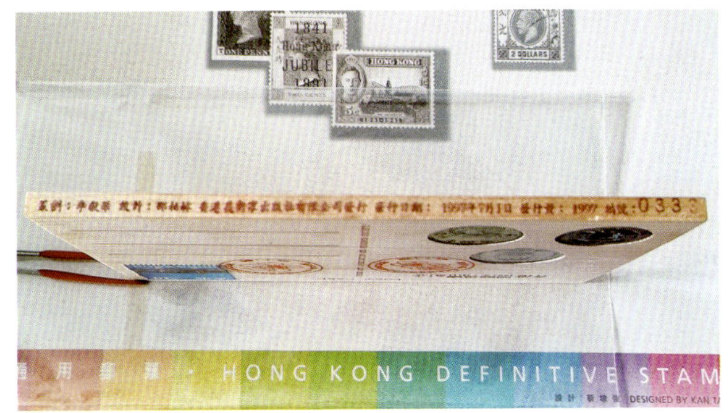

图GB7-1-3《香港回归祖国纪念》古币、牡丹币和港币木简明信片　立面编号333

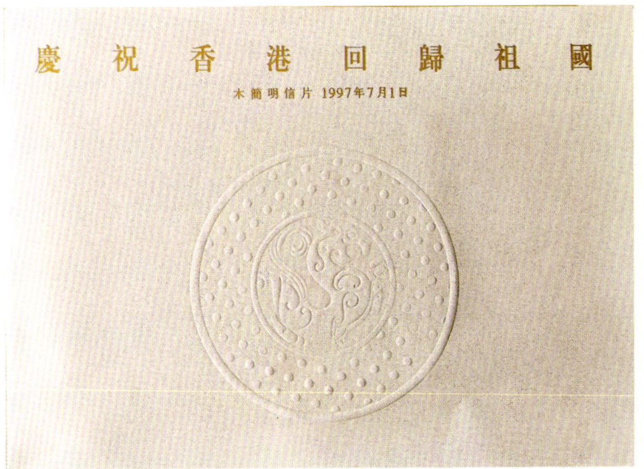

图GB7-1-4《香港回归祖国纪念》古币、牡丹币和港币木简明信片　外册

图GB7-1-5《香港回归祖国纪念》古币、牡丹币和港币木简明信片 礼品装

《香港回归祖国十周年》珍藏品收藏证

1997年7月1日，香港在历经沧桑后回到祖国怀抱，时至今日，香港回归已经整整十年，十年以来，香港虽然历经风雨，却愈发光彩夺目，香港同胞始终如一地发扬着爱国爱港的光荣传统和奋发向上的拼搏精神，同舟共济，自强不息；香港，继续保持着自由港和国际金融、贸易、航运中心的地位，以东方明珠的姿态伫立在祖国的华南沿岸。所有中华儿女都为香港回归祖国以来取得的成就感到骄傲，为香港同胞的智慧和才能感到自豪。为纪念香港回归祖国十周年，特别推出《香港回归祖国十周年》珍藏品，这是十年来香港特别行政区走过的辉煌历程的见证，同时也是对香港明天更加美好的衷心祝愿。

《香港回归祖国十周年》珍藏品包括《香港回归祖国十周年》摆件一个，摆件内含2克999纯金打造的"香港回归十周年"纪念金章一枚，10克999纯银打造的"香港回归十周年"纪念银章一枚以及木质明信片一张，木质明信片上镶嵌清代道光通宝圆形方孔钱一枚，1997年发行的香港回归纪念章两枚；另附中华人民共和国香港特别行政区于1999年8月21日发行的第十四号《纪念香港邮政参与"中国1999世界集邮展览"》小型张一枚，明信片上加盖北京及香港《庆祝中华人民共和国香港特别行政区成立纪念》邮戳两枚，以作特别纪念。

《香港回归祖国十周年》珍藏品由中国美术家协会监制，香港美术家出版社有限公司与博视藏品联合出品，全球限量发行1380套。

0093

博视藏品|BOSHI

图GB7-1-6《香港回归祖国纪念》古币、牡丹币和港币木简明信片 礼品装 收藏证书

8. GB8《长江三峡库区大溪文化遗址》系列古钱币镶嵌封（GB8-1—GB8-6）

大溪文化遗址位于瞿塘峡东口，长江南岸巫山大溪镇三级台地上，距巫山县城45公里，大溪文化是长江中游新石器时代早期较为典型的古文化形态，它弥补了三峡地区史前文化的空白，对于了解这一地区人类文明具有十分重要的意义，长江三峡工程建成即库区蓄水后，大溪文化遗址被全部淹没。为此，巫山县邮电局特发行《长江三峡库区大溪文化遗址》系列古钱币镶嵌邮币封，编号SJF3（1-1），同时启用大溪文化遗址风景纪念日戳一枚，以资纪念。

收藏市场上所见有数种巫山县邮电局装帧的纪念封、明信片和古币封原装册，每册含一枚上述古币邮币封（图GB8-6-3-2—图GB8-6-3-10）。

此种系列古钱币邮币封，除了GB8-1甲种币封系小版，规格为208 mm×110 mm外，其他版别的古币封规格均系大版，规格为230 mm×120 mm；发行者：巫山县邮电局；封、戳设计者：王耿良；发行量：未知；此种古币邮币封部分装帧在《永恒的

三峡——长江三峡沉没景区暨三峡工程纪念邮册》等邮品珍藏册中，邮册的说明卡有记载发行量5000套者，亦有记载10000套者。市场较少见，珍稀度为三星级+到四星级，参考价380—500元。

封面贴1993-14《中国古代漆器》邮票一枚，也有极少的贴其他邮票者，盖四川巫山（现重庆巫山）“大溪文化遗址”风景邮戳（日期不同），镶嵌三峡库区出土的中国古钱币一枚。该封虽编号为一套一枚，因目前发现的币封规格和所贴邮票不同又分为六种版别，如分别贴《中国古代漆器》全套四枚不同邮票各一枚，又分贴一枚和双枚邮票者；每种版别又因镶嵌古钱币不同又区分为多种细分版式，目前所见镶嵌的古币有汉五铢、开元通宝、大观通宝、元祐通宝、皇宋通宝、绍圣通宝、元丰通宝、乾隆通宝、同治通宝、道光通宝等。

GB8-1《长江三峡库区大溪文化遗址》古币邮币封（甲种）

此币封为早期发行，尺寸较小，规格为208 mm×110 mm，贴1993-14T《中国古代漆器-新石器·朱漆木碗》（4-1）20分邮票一枚，所见镶嵌开元通宝、乾隆通宝、同治通宝等古钱币（图GB8-1-1— 图GB8-1-3），加盖“大溪文化遗址-四川巫山1995.5.1”纪念邮戳；纪念封嵌币内卡正背面

图GB8-1-1-1《长江三峡库区大溪文化遗址》古币邮币封（甲种之一）小版

规格：208 mm×110 mm；珍稀度：★★★★

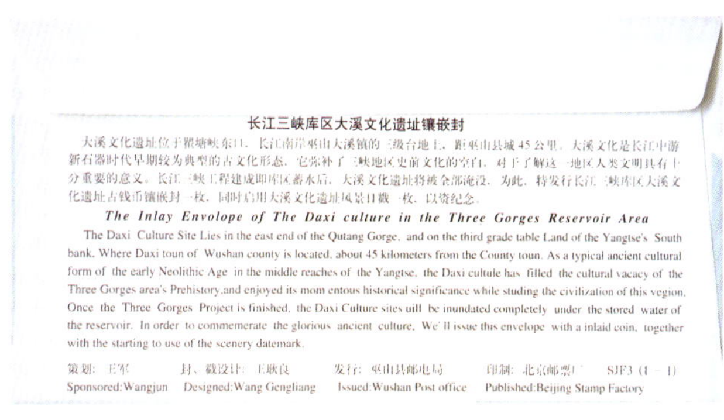

图GB8-1-1-2《长江三峡库区大溪文化遗址》古币邮币封（甲种之一）小版 背面

图GB8-1-1-3《长江三峡库区大溪文化遗址》古币邮币封（甲种之一） 小版 内卡 正面

图GB8-1-1-4《长江三峡库区大溪文化遗址》古币邮币封（甲种之一） 小版 内卡 背面

图GB8-1-2-1《长江三峡库区大溪文化遗址》古币邮币封（甲种之二） 小版

规格：208 mm×110 mm；珍稀度：★★★★

分别是“大溪文化”简介和“长江三峡大溪文化遗址位置示意图”，其他描述同上。

币封规格：208 mm ×110 mm，发行者：巫山县邮电局；封、戳设计者：王耿良；编号：SJF3（1-1）；与常见的不同，此为小型币封，文字也有所不同，现市场甚少见，珍稀度为四星级，参考价500元。

图GB8-1-3-1《长江三峡库区大溪文化遗址》古币邮币封（甲种之三）小版

规格：208 mm×110 mm；珍稀度：★★★★

GB8-2《长江三峡库区大溪文化遗址》古币邮币封（乙种）

此币封为后期发行，尺寸较大，规格为230 mm×120 mm，贴1993-14T《中国古代漆器－新石器·朱漆木碗》（4-1）20分邮票一枚，所见镶嵌开元通宝、大观通宝等古钱币（图GB8-2-1—图GB8-2-2），加盖“大溪文化遗址－四川

图GB8-2-1-1《长江三峡库区大溪文化遗址》古币邮币封（乙种之一）

规格：230 mm×120 mm；珍稀度：★★★☆

长江三峡库区大溪文化遗址镶嵌封

大溪文化遗址位于瞿塘峡东口，长江南岸巫山大溪镇的三级台地上，距巫山县城45公里。大溪文化是长江中游新石器时代早期较为典型的古文化形态，它弥补了三峡地区史前文化的空白，对于了解这一地区人类文明具有十分重要的意义。长江三峡工程建成即库区蓄水后，大溪文化遗址将全部被淹没，为此，特发行长江三峡库区大溪文化遗址古钱币镶嵌封一枚，同时启用大溪文化遗址风景日戳一枚，以资纪念。

The Inlay Envolope of The Daxi culture in the Three Gorges Reservoir Area

The Daxi Culture Site Lies in the east of the Qutang Gorge,and on the third grade table Land of the Yangtze' s South bank,Where Daxi toun of Wushan county is located,about 45 kilometers from the County toun. As a typical ancient cultural from of the early Neolithic Age in the middle reaches of the Yangtze,the Daxi cultule has filled the cultural vacacy of the Three Gorges area' s Prehistory,and enjoyed its mom entous historical significance while studing the civilization of this vegion,Once the Three Gorges Project is finished,the Daxi Culture sites uill be inundated completely under the stored water of the reservoir.In order to commemerate the glorious ancient culture.We' ll issue this envelope with a inlaid coin,together with the starting to use of the scenery datemark.

发行：巫山县邮电局　SJF3（1-1）　Issued:Wushan Post office　SJF3（1-1）

图GB8-2-1-2《长江三峡库区大溪文化遗址》古币邮币封（乙种之一）背面

图GB8-2-1-3《长江三峡库区大溪文化遗址》古币邮币封（乙种之一）内卡 正面

图GB8-2-1-4《长江三峡库区大溪文化遗址》古币邮币封（乙种之一）内卡 背面

图GB8-2-2-1《长江三峡库区大溪文化遗址》古币邮币封（乙种之二）背同图GB8-2-1-2

规格：230 mm×120 mm；珍稀度：★★★☆

巫山1997.12.31”纪念邮戳；纪念封嵌币内卡正背面分别是“大溪文化”简介和“长江三峡大溪文化遗址位置示意图”，其他描述同上。

币封规格：230 mm×120 mm；发行者：巫山县邮电局；封、戳设计者：王耿良；编号：SJF3（1-1）；现市场较少见，珍稀度为三星级+，参考价380元。

GB8-3《长江三峡库区大溪文化遗址》古币邮币封（丙种）

此币封所见镶嵌开元通宝、元祐通宝等古钱币（图GB8-3-1—图GB8-3-2），贴1993-14T《中国古代漆器－战国·彩绘乐舞鸳鸯形盒》（4-2）30

分邮票一枚，其他描述同GB8-2；珍稀度为三星级+，参考价380元。

GB8-4《长江三峡库区大溪文化遗址》古币邮币封（丁种）

此币封所见镶嵌唐代开元通宝等古钱币一枚（图GB8-4-1），贴1993-14T《中国古代漆器－元·剔红紫萼圆盘》（4-3）50分邮票一枚，其他描述同GB8-2；珍稀度为三星级+，参考价450元。

GB8-5《长江三峡库区大溪文化遗址》古币邮币封（戊种）

此币封所见镶嵌宋代皇宋通宝等古钱币一枚（图GB8-5-1），贴1993-14T《中国古代漆器－清·菊瓣形朱

图GB8-3-1-1《长江三峡库区大溪文化遗址》古币邮币封（丙种之一） 背同图GB8-2-1-2

规格：230 mm×120 mm；珍稀度：★★★☆

图GB8-3-2-1《长江三峡库区大溪文化遗址》古币邮币封（丙种之二） 背同图GB8-2-1-2

规格：230 mm×120 mm；珍稀度：★★★☆

图GB8-4-1-1《长江三峡库区大溪文化遗址》古币邮币封（丁种） 背同图GB8-2-1-2

规格：230 mm×120 mm；珍稀度：★★★☆

图GB8-5-1-1《长江三峡库区大溪文化遗址》古币邮币封（戊种） 背同图GB8-2-1-2

规格：230 mm×120 mm；珍稀度：★★★☆

图GB8-6-1-1《长江三峡库区大溪文化遗址》古币邮币封（己种之一） 背同图GB8-2-1-2

规格：230 mm×120 mm；珍稀度：★★★☆

图GB8-6-2-1《长江三峡库区大溪文化遗址》古币邮币封（己种之二） 背同图GB8-2-1-2

规格：230 mm×120 mm；珍稀度：★★★☆

漆盒》（4-4）1元邮票一枚，其他描述同GB8-2；珍稀度为三星级+，参考价450元。

GB8-6《长江三峡库区大溪文化遗址》古币邮币封（己种）

此币封所见镶嵌元丰通宝、绍圣元宝、道光通宝等古钱币一枚（图GB8-6-1—图GB8-6-3-1），贴1993-14T《中国古代漆器》（4-1、4-2）20分和30分邮票两枚，其他描述同GB8-2；珍稀度为三星级+，参考价450元。

图GB8-6-3-1《长江三峡库区大溪文化遗址》古币邮币封（己种之三） 背同图GB8-2-1-2

规格：230 mm×120 mm；珍稀度：★★★☆

图GB8-6-3-2《长江三峡库区大溪文化遗址》古币邮币封原装册（甲种）外纸盒

图GB8-6-3-3《长江三峡库区大溪文化遗址》古币邮币封原装册（甲种）

图GB8-6-3-4《长江三峡库区大溪文化遗址》系列邮币封原装册（甲种）带编号说明卡

图GB8-6-3-5《长江三峡库区大溪文化遗址》古币邮币封原装册（乙种）外纸盒

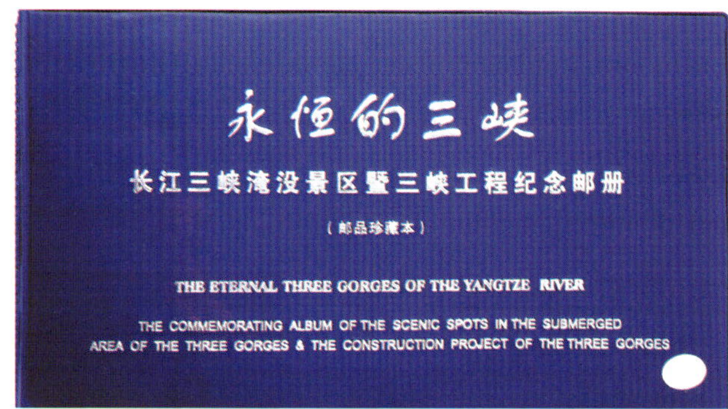

图GB8-6-3-6《长江三峡库区大溪文化遗址》古币邮币封原装册（乙种）

图GB8-6-3-7《长江三峡库区大溪文化遗址》古币邮币封原装册（乙种）带编号说明卡

图GB8-6-3-8《长江三峡库区大溪文化遗址》古币邮币封原装册（丙种）外纸盒

图GB8-6-3-9《长江三峡库区大溪文化遗址》古币邮币封原装册（丙种）

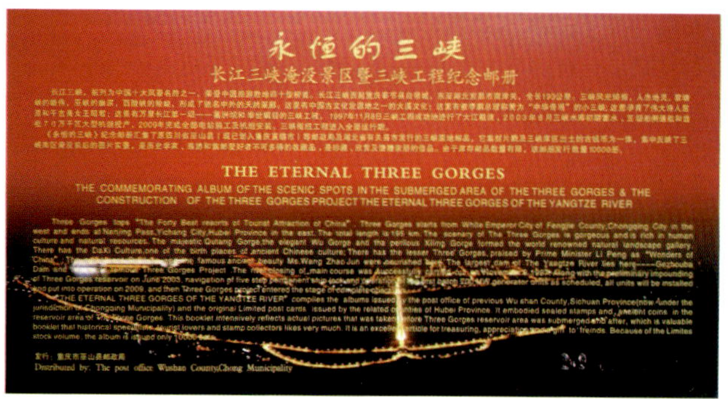

图GB8-6-3-10《长江三峡库区大溪文化遗址》古币邮币封原装册（丙种）带编号说明卡

9. GB9《古都西安旅游古钱币镶嵌封》系列古币封（GB9-1—GB9-3）

西安古称长安，是我国历史名城中的一颗璀璨明珠。史上曾有西周、秦朝、西汉、新莽、隋朝、唐朝等六个统一王朝，和前赵、前秦、后秦、西魏、北周、西汉之际的更始帝刘玄、东汉献帝等十几个政权在这里建都，历时1000多年，在我国各大古都中历史最为长久。名胜古迹遍于城市及附近地区，留下了丰富的文化遗产，有“文物之盛，甲于天下”之称。古代钱币就是其中之一，上自商周，下至明清，贯穿了中华民族三千多年文明史，为研究古代社会政治、经济、军事、文字、书法艺术、金属冶炼等提供了大量的宝贵资料，是古城古代文明的重要历史见证，关心、研究中国文化的人，的确不能不对古钱币予以重视。

为了宣传古都西安的古代文明和历史文化，配合旅游局宣传推广秦皇陵等历史名胜旅游项目，西安市临潼邮电局特别发行了《古都西安旅游古钱币镶嵌封》系列古币邮币封，用于秦皇陵旅游区的宣传和纪念品，发行之初为很多热爱我国古代历史文明和钱币文化的游客所购买珍藏，大都流向了邮币收藏圈以外，因此多年来收藏市场所见甚为稀少。此币封由古钱币收藏家胡子龙先生设计，贴T151《秦始皇陵·铜车马·铜马头》（2-1、2-2）8分和50分邮票各一枚，罕见有贴两枚者，因此构成贴不同邮票的甲、乙、丙三种版别；加盖“秦始皇陵一号铜车马·1998.3.14.8·陕西临潼”纪念邮戳一枚；而贴每种邮票者又分镶嵌多种古币的细分版式。此币封所镶嵌的秦半两、开元通宝、天禧通宝、祥符元宝、天圣元宝、绍圣元宝等多种古钱币均为古城西安出土，币封设计古朴典雅、大器精美，具有较高的收藏鉴赏价值和历史文化价值。

币封规格230 mm × 120 mm；发行者：西安临潼邮电局；发行量：不详；设计者：胡子龙；发行价：60元一枚；市场甚为少见，甲种、乙种珍稀度四星级，参考价380元一枚，丙种珍稀度四星级+，参考价800元。

图GB9-1-1-1《古都西安旅游古钱币镶嵌封》系列古币封（甲种之一）

规格：230 mm×120 mm；珍稀度：★★★★

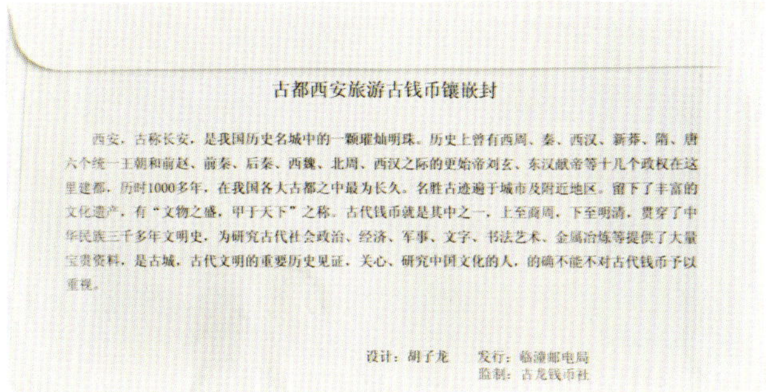

古都西安旅游古钱币镶嵌封

西安，古称长安，是我国历史名城中的一颗璀灿明珠。历史上曾有西周、秦、西汉、新莽、隋、唐六个统一王朝和前赵、前秦、后秦、西魏、北周、西汉之际的更始帝刘玄、东汉献帝等十几个政权在这里建都，历时1000多年，在我国各大古都之中最为长久。名胜古迹遍于城市及附近地区。留下了丰富的文化遗产，有“文物之盛，甲于天下”之称。古代钱币就是其中之一，上至商周，下至明清，贯穿了中华民族三千多年文明史，为研究古代社会政治、经济、军事、文字、书法艺术、金属冶炼等提供了大量宝贵资料，是古城，古代文明的重要历史见证，关心、研究中国文化的人，的确不能不对古代钱币予以重视。

设计：胡子龙　　发行：临潼邮电局
监制：古龙钱币社

图GB9-1-1-2《古都西安旅游古钱币镶嵌封》系列古币封（甲种之一）背面

GB9-1《古都西安旅游古钱币镶嵌封》系列古币邮币封（甲种）

此币封所见镶嵌秦半两、天禧通宝、天圣元宝等古钱币一

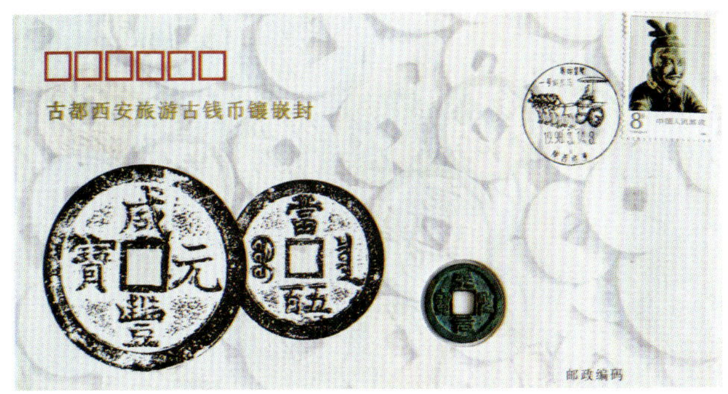

图GB9-1-2-1《古都西安旅游古钱币镶嵌封》系列古币封（甲种之二）　背同图GB9-1-1-2

规格：230 mm×120 mm；珍稀度：★★★★

图GB9-1-3-1《古都西安旅游古钱币镶嵌封》系列古币封（甲种之三）设计师签名款 背同图GB9-1-1-2

图GB9-2-1-1《古都西安旅游古钱币镶嵌封》系列古币封（乙种之一） 背同图GB9-1-1-2

规格：230 mm×120 mm；珍稀度：★★★★

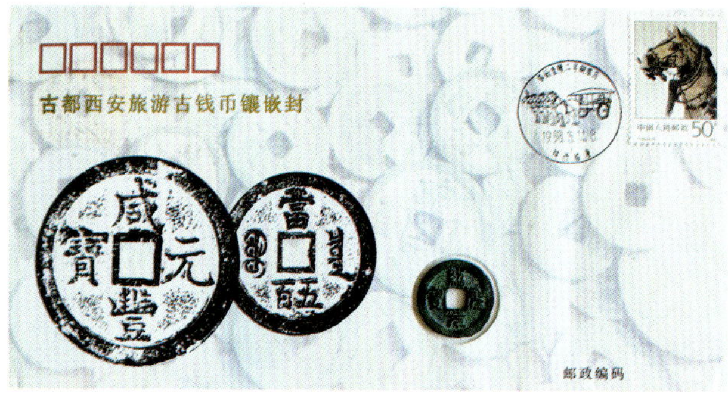

图GB9-2-2-1《古都西安旅游古钱币镶嵌封》系列古币封（乙种之二） 背同图GB9-1-1-2

规格：230 mm×120 mm；珍稀度：★★★★

枚（图GB9-1-1—图GB9-1-2），贴151T《秦始皇陵·铜车马》（2-1）8分邮票一枚，其他描述同上；珍稀度四星级，参考价380元。市场尚见此币封之设计师胡子龙先生签字版，殊珍贵也（图GB9-1-3-1）。

GB9-2《古都西安旅游古钱币镶嵌封》系列古币邮币封（乙种）

此币封所见镶嵌开元通宝、祥符元宝宝、绍圣元宝等古钱币一枚（图GB9-2-1—图GB9-2-2），贴151T《秦始皇陵·铜车马》（2-2）50分邮票一枚，其他描述同上；珍稀度四星级，参考价380元。市场尚见此币封之设计师胡子龙先生签字版，殊珍贵也（图GB9-2-3-1）。

GB9-3《古都西安旅游古钱币镶嵌封》系列古币邮币封（丙种）

笔者有幸发现并集藏一枚此币封之贴151T《秦始皇陵·铜车马》（2-1、2-2）8分和50分两枚邮票者，镶嵌秦半两一枚，其他描述同上；市场极为少见，珍稀度四星级+，参考价800元。

图GB9-2-3-1《古都西安旅游古钱币镶嵌封》系列古币封（乙种之三）设计师签名款　背同图GB9-1-1-2

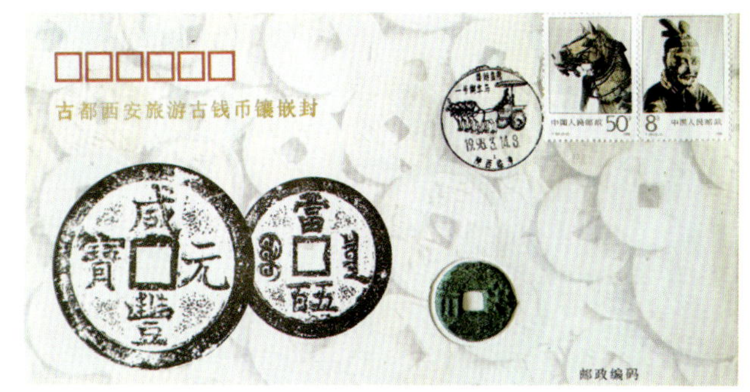

图GB9-3-1-1《古都西安旅游古钱币镶嵌封》系列古币封（丙种）　背同图GB9-1-1-2

规格：230 mm×120 mm；珍稀度：★★★★☆

10. GB10《中国古泉系列》古币封（GB10-1—GB10-3）

2005年5月，由黑龙江省邮政局监制，制作发行了《中国古泉系列》古钱币镶嵌邮币封，镶嵌古币所见有开元通宝、崇宁通宝和正隆通宝，贴中国邮政80分牡丹、如意或中国结邮票一枚，未加盖邮戳。

图GB10-1-1-1《中国古泉系列》开元通宝邮币封（甲种之一）

规格：220 mm×110 mm；珍稀度：★★★★

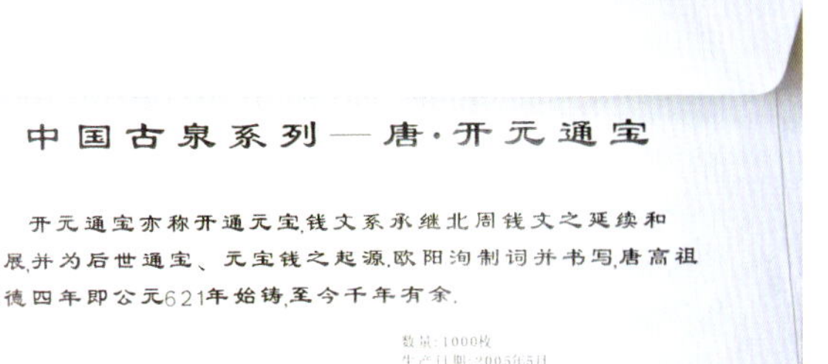

图GB10-1-1-2《中国古泉系列》开元通宝邮币封（甲种之一） 背面

图GB10-1-2-1《中国古泉系列》开元通宝邮币封（甲种之二） 背同图GB10-1-1-2

规格：220 mm×110 mm；珍稀度：★★★★

图GB10-2-1-1《中国古泉系列》崇宁通宝邮币封（乙种之一）

规格：220 mm×110 mm；珍稀度：★★★★

币封规格220 mm×110 mm；设计者：未知；发行者：未知；监制者：黑龙江省邮政局；发行量：每种1000枚；市场甚少见，珍稀度四星级，参考价250元一枚。

GB10-1《中国古泉系列》开元通宝邮币封（甲种）

此币封均镶嵌一枚唐代开元通宝古钱币，市场所见分别贴中国邮政80分牡丹或如意等邮票各一枚；其他描述如上。珍稀度四星级，参考价250元。

GB10-2《中国古泉系列》崇宁通宝邮币封（乙种）

此币封均镶嵌一枚宋代崇宁通宝（折十）古钱币，市场所见分别贴中国邮政80分牡丹、如意或中国结邮票各一枚，其他描述同上，珍稀度四星级，参考价250元。

GB10-3《中国古泉系列》正隆元宝邮币封（丙种）

此币封均镶嵌一枚金代正隆元宝古钱币，市场所见分别贴中国邮政80分牡丹、如意或中国结邮票各一枚，其他描述同上，珍稀度四星级，参考价250元。

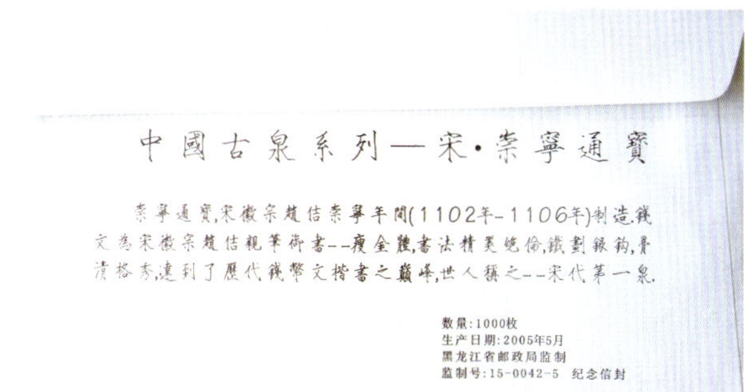

图GB10-2-1-2《中国古泉系列》崇宁通宝邮币封（乙种之一） 背面

图GB10-2-2-1《中国古泉系列》崇宁通宝邮币封（乙种之二） 背同图GB10-2-1-2

规格：220 mm×110 mm；珍稀度：★★★★

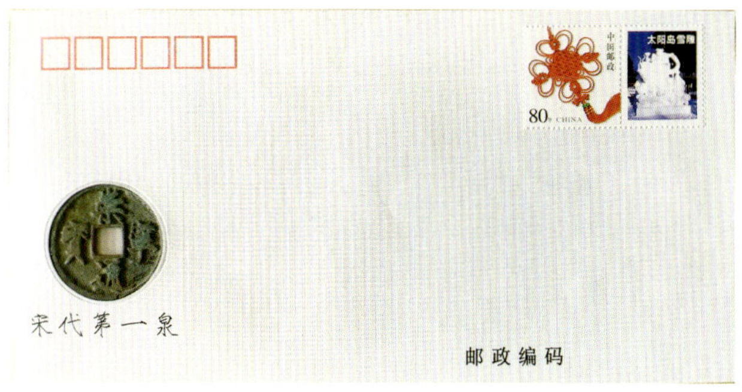

图GB10-2-3-1《中国古泉系列》崇宁通宝邮币封（乙种之三） 背同图GB10-2-1-2

规格：220 mm×110 mm；珍稀度：★★★★

图GB10-3-1-1《中国古泉系列》正隆元宝邮币封（丙种之一）

规格：220 mm×110 mm；珍稀度：★★★★

中国古泉系列—金·正隆元宝

正隆元宝系废帝(海陵王)正隆三年(公元1158年)始铸.正隆元宝小平钱,制作精美,钱文清秀,材质精良,历代钱币铸造尚无此之精.现代取其钱文"正隆"二字之意--生意正隆.

数量:1000枚
生产日期:2005年5月
黑龙江省邮政局监制
监制号:15-0042-5 纪念信封

图GB10-3-1-2《中国古泉系列》正隆元宝邮币封（丙种之一） 背面

图GB10-3-2-1《中国古泉系列》正隆元宝邮币封 （丙种之二） 背同图GB10-3-1-2

规格：220 mm×110 mm；珍稀度：★★★★

11. GB11《纪念郑和下西洋600周年》永乐通宝邮币封（GB11-1）

郑和是我国明代著名的航海家，为了纪念郑和下西洋600周年，和江苏太仓港吞吐量突破10万标箱，2005年6月28日江苏省集邮公司特别发行此古币邮币封。币封镶嵌明代永乐通宝古钱币一枚，贴2005-13《郑和下西洋600周年》80分纪念邮票一套三枚，加盖“江苏太仓－郑和（临）2005.06.28”纪念邮戳、“江苏－太仓港2005.6.28”邮政日戳和“热烈庆祝太仓港突破100 000标箱”纪念章。

币封规格：230 mm × 120 mm；发行日：2005年6月28日；设计者：江苏铭洵；发行者：江苏省集邮公司；

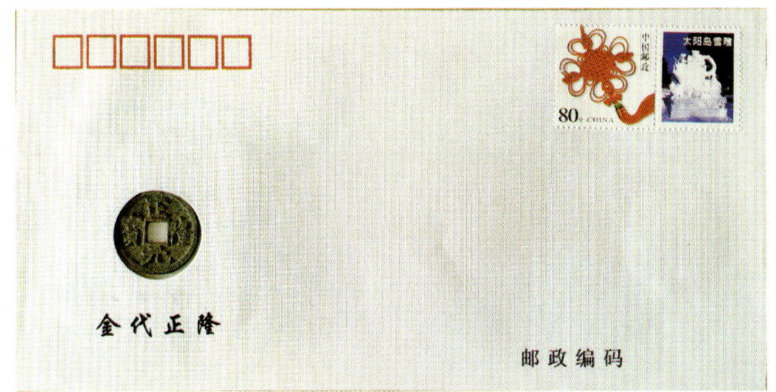

图GB10-3-3-1《中国古泉系列》正隆元宝邮币封（丙种之三） 背同图GB10-3-1-2

规格：220 mm×110 mm；珍稀度：★★★★

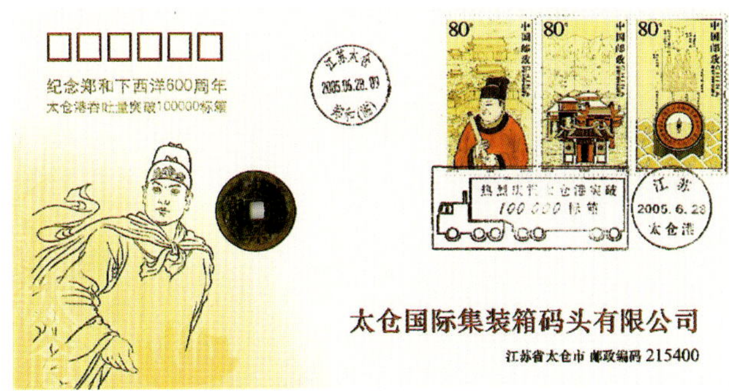

图GB11-1-1《纪念郑和下西洋600周年》永乐通宝邮币封 正面

规格：230 mm×120 mm；珍稀度：★★★★★

图GB11-1-2《纪念郑和下西洋600周年》永乐通宝邮币封 背面

发行量：未知；市场极为少见，珍稀度为五星级，参考价1500元一枚。

12. GB12《中国–东盟商务与投资峰会》五周年纪念系列古币封（GB12–1—GB12–10）

2008年10月22日至25日，第五届中国–东盟博览会在广西南宁隆重举办。博览会期间举行了“中国–东盟商务与投资峰会”等一系列活动。为了纪念“中国–东盟商务与投资峰会”举办五周年，中国集邮总公司与广西邮政联合发行《中国–东盟商务与投资峰会》五周年纪念古钱币镶嵌封一套五枚，编号：PFN GX–8，五枚镶嵌封分别展现第一至第五届“中国–东盟商务与投资峰会”开幕式，分别贴2004–8T《中国鸟》系列不同邮票各一枚，并分别镶嵌五种不同古钱币各一枚。此套邮币封部分装帧在纸质礼盒中（图GB12–10–2、图GB12–10–3），大部分作为礼品赠送给与会中外嘉宾，只在现场进行了少量发售，流入市场甚少。

此套官方邮币封是中国集邮总公司唯一一次发行镶嵌真品古钱币的邮币封，也是我国政府唯一一款作为国礼赠予参加国际会议的中外嘉宾的邮币封，具有较高的收藏鉴赏价值和史料价值。

币封规格：230 mm×120 mm；发行者：中国集邮总公司；发行量：不详；根据市场实际估算总量约在2000套，其中甲种约1700套，乙种约300套；设计者：未知；编号：PFN GX–8；发行价：全套五枚238元；市场甚为少见，甲种珍稀度四星级，参考价380元一枚，1800元一套；乙种珍稀度四星级+，参考价450元一枚，2200元一套。

GB12–1《第一届中国–东盟商务与投资峰会》乾隆通宝邮币封（甲种）

此币封镶嵌清代乾隆通宝古币一枚，贴2008–4T《中国鸟–台湾蓝鹊》（6–1）1.2元邮票一枚，编号：PFN GX–8（5–1），其他描述同上。市场甚少见，珍稀度为四星级，参考价380元。

GB12–2《第二届中国–东盟商务与投资峰会》康熙通宝邮币封（甲种）

此币封镶嵌清代康熙通宝古币一枚，贴2008–4T《中国鸟–藏鹀》

（6–2）1.2元邮票一枚，编号：PFN GX–8（5–2），其他描述同上。市场甚少见，珍稀度为四星级，参考价380元。

GB12–3《第三届中国－东盟商务与投资峰会》道光通宝邮币封（甲种）

此币封镶嵌清代道光通宝古币一枚，贴2008–4T《中国鸟－黄腹角雉》（6–3）1.2元邮票一枚，编号：PFN GX–8（5–3），其他描述同上。市场甚少见，珍稀度为四星级，参考价380元。

GB12－4《第四届中国－东盟商务与投资峰会》嘉庆通宝邮币封（甲种）

此币封镶嵌清代嘉庆通宝古币一枚，贴2008–4T《中国鸟－黑额山噪鹛》（6–4）

图GB12–1–1《第一届中国–东盟商务与投资峰会》乾隆通宝邮币封（甲种）
规格：230 mm×120 mm；珍稀度：★★★★

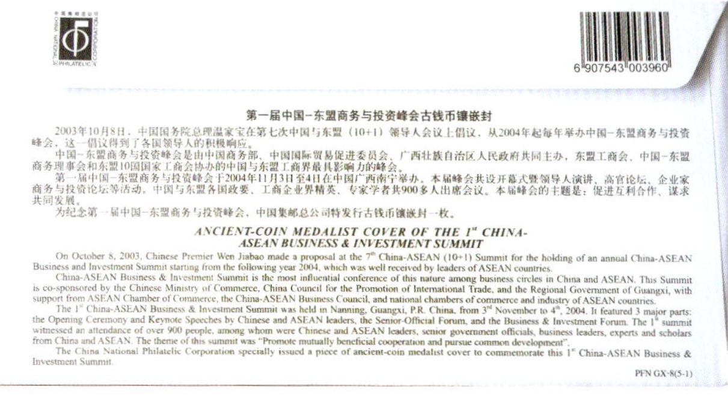

6 907543 003960

第一届中国–东盟商务与投资峰会古钱币镶嵌封

2003年10月8日，中国国务院总理温家宝在第七次中国与东盟（10+1）领导人会议上倡议，从2004年起每年举办中国–东盟商务与投资峰会，这一倡议得到了各国领导人的积极响应。

中国–东盟商务与投资峰会是由中国商务部、中国国际贸易促进委员会、广西壮族自治区人民政府共同主办，东盟工商会、中国–东盟商务理事会和东盟10国国家工商会协办的中国与东盟工商界最具影响力的峰会。

第一届中国–东盟商务与投资峰会于2004年11月3日至4日在中国广西南宁举办。本届峰会共设开幕式暨领导人演讲、高官论坛、企业家商务与投资论坛等活动。中国与东盟各国政要、工商企业界精英、专家学者共900多人出席会议。本届峰会的主题是：促进互利合作、谋求共同发展。

为纪念第一届中国–东盟商务与投资峰会，中国集邮总公司特发行古钱币镶嵌封一枚。

ANCIENT-COIN MEDALIST COVER OF THE 1st CHINA-ASEAN BUSINESS & INVESTMENT SUMMIT

On October 8, 2003, Chinese Premier Wen Jiabao made a proposal at the 7th China-ASEAN (10+1) Summit for the holding of an annual China-ASEAN Business and Investment Summit starting from the following year 2004, which was well received by leaders of ASEAN countries.

China-ASEAN Business & Investment Summit is the most influential conference of this nature among business circles in China and ASEAN. This Summit is co-sponsored by the Chinese Ministry of Commerce, China Council for the Promotion of International Trade, and the Regional Government of Guangxi, with support from ASEAN Chamber of Commerce, the China-ASEAN Business Council, and national chambers of commerce and industry of ASEAN countries.

The 1st China-ASEAN Business & Investment Summit was held in Nanning, Guangxi, P.R. China, from 3rd November to 4th, 2004. It featured 3 major parts: the Opening Ceremony and Keynote Speeches by Chinese and ASEAN leaders, the Senior-Official Forum, and the Business & Investment Forum. The 1st summit witnessed an attendance of over 900 people, among whom were Chinese and ASEAN leaders, senior government officials, business leaders, experts and scholars from China and ASEAN. The theme of this summit was "Promote mutually beneficial cooperation and pursue common development".

The China National Philatelic Corporation specially issued a piece of ancient-coin medalist cover to commemorate this 1st China-ASEAN Business & Investment Summit.

PFN GX-8(5-1)

图GB12–1–2《第一届中国–东盟商务与投资峰会》乾隆通宝邮币封（甲种）背面

图GB12–2–1《第二届中国–东盟商务与投资峰会》康熙通宝邮币封（甲种）
规格：230 mm×120 mm；珍稀度：★★★★

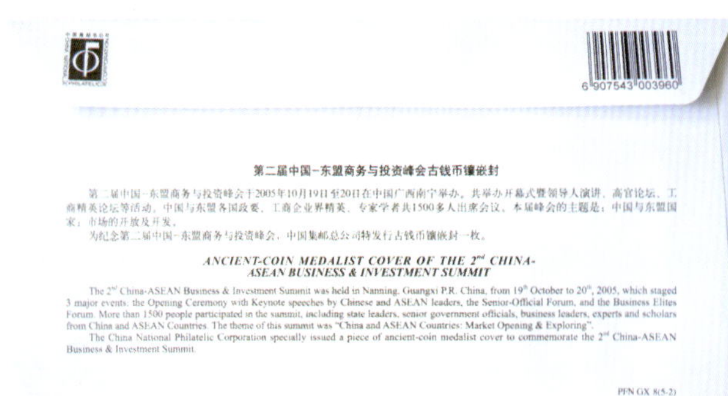

图GB12-2-2《第二届中国-东盟商务与投资峰会》康熙通宝邮币封（甲种）背面

图GB12-3-1《第三届中国-东盟商务与投资峰会》道光通宝邮币封（甲种）

规格：230 mm×120 mm；珍稀度：★★★★

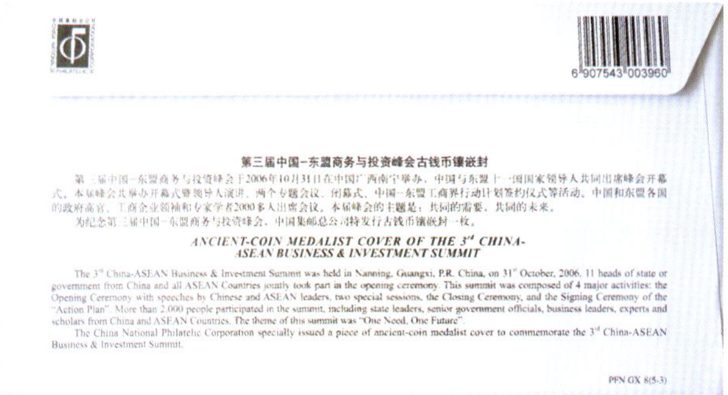

图GB12-3-2《第三届中国-东盟商务与投资峰会》道光通宝邮币封（甲种）背面

1.2元邮票一枚，编号：PFN GX-8（5-4），其他描述同上。市场甚少见，珍稀度为四星级，参考价380元。

GB12-5《第五届中国－东盟商务与投资峰会》开元通宝邮币封（甲种）

此币封镶嵌唐代开元通宝古币一枚，贴2008-4T《中国鸟－白尾地鸦》（6-6）1.2元邮票一枚，编号：PFN GX-8（5-5），其他描述同上。市场少见，珍稀度为四星级，参考价380元。

图GB12-4-1《第四届中国-东盟商务与投资峰会》嘉庆通宝邮币封（甲种）

规格：230 mm×120 mm；珍稀度：★★★★

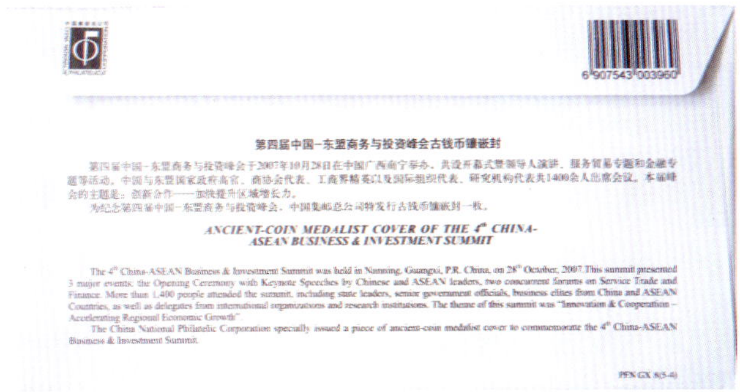

图GB12-4-2《第四届中国-东盟商务与投资峰会》嘉庆通宝邮币封（甲种）背面

图GB12-5-1《第五届中国-东盟商务与投资峰会》开元通宝邮币封（甲种）

规格：230 mm×120 mm；珍稀度：★★★★

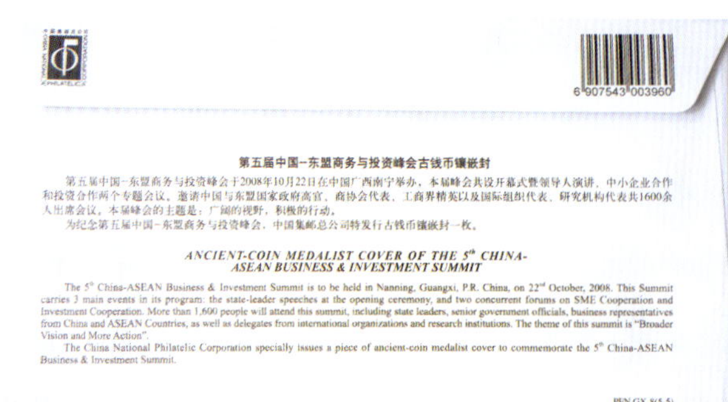

图GB12-5-2《第五届中国–东盟商务与投资峰会》开元通宝邮币封（甲种） 背面

图GB12-6《第一届中国–东盟商务与投资峰会》乾隆通宝邮币封（乙种）背同图GB12-1-2

规格：230 mm×120 mm；珍稀度：★★★★☆

图GB12-7《第二届中国–东盟商务与投资峰会》康熙通宝邮币封（乙种）背同图GB12-2-2

规格：230 mm×120 mm；珍稀度：★★★★☆

GB12-6《第一届中国–东盟商务与投资峰会》乾隆通宝邮币封（乙种）

币封镶嵌清代乾隆通宝古币一枚，贴2008-4T《中国鸟–红腹锦鸡》（6-5）1.2元邮票一枚，背面同GB12-1-2；编号：PFN GX-8（5-1），其他描述同上。市场甚少见，珍稀度为四星级+，参考价450元。

GB12-7《第二届中国–东盟商务与投资峰会》康熙通宝邮币封（乙种）

币封镶嵌清代康熙通宝古币一枚，贴2008-4T《中国鸟–红腹锦鸡》（6-5）1.2元邮票一枚，背面同GB12-2-2；编号：PFN GX-8（5-2），其他描述同上。市场甚少见，珍稀度为四星级+，参考价450元。

GB12-8《第三届中国－东盟商务与投资峰会》道光通宝邮币封（乙种）

币封镶嵌清代道光通宝古币一枚，贴2008-4T《中国鸟－红腹锦鸡》（6-5）1.2元邮票一枚，背面同GB12-3-2；编号：PFN GX-8（5-3），其他描述同上。市场甚少见，珍稀度为四星级+，参考价450元。

GB12-9《第四届中国－东盟商务与投资峰会》嘉庆通宝邮币封（乙种）

币封镶嵌清代嘉庆通宝古币一枚，贴2008-4T《中国鸟－红腹锦鸡》（6-5）1.2元邮票一枚，背面同GB12-4-2；编号：PFN GX-8（5-4），其他描述同上。市场甚少

图GB12-8《第三届中国－东盟商务与投资峰会》道光通宝邮币封（乙种）

背同图GB12-3-2

规格：230 mm×120 mm；珍稀度：★★★★☆

图GB12-9《第四届中国－东盟商务与投资峰会》嘉庆通宝邮币封（乙种）

背同图GB12-4-2

规格：230 mm×120 mm；珍稀度：★★★★☆

图GB12-10-1《第五届中国－东盟商务与投资峰会》开元通宝邮币封（乙种）

背同图GB12-5-2

规格：230 mm×120 mm；珍稀度：★★★★☆

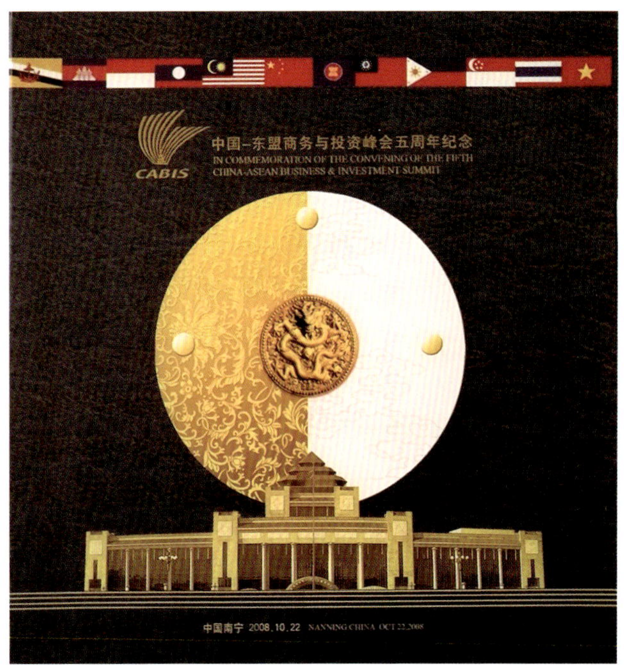

图GB12-10-2《中国-东盟商务与投资峰会》系列古币邮币封 原装盒封面

图GB12-10-3《中国-东盟商务与投资峰会》系列古币邮币封 原装盒

见，珍稀度为四星级+，参考价450元。

GB12-10《第五届中国－东盟商务与投资峰会》开元通宝邮币封（乙种）

币封镶嵌唐代开元通宝古币一枚，贴2008-4T《中国鸟－红腹锦鸡》（6-5）1.2元邮票一枚，背面同GB12-5-2；编号：PFN GX-8（5-5），其他描述同上。市场甚少见，珍稀度为四星级+，参考价450元。

13. GB13《2000千禧年倒计时》系列古币邮币封（GB13-1—GB13-2）

在新千禧年来临之际，英国发行了《2000千禧年倒计时》系列邮币封以迎接和纪念千禧年的到来。此系列邮币封镶嵌一枚古钱币，贴两枚英国邮票，加盖迎接新千年倒计时纪念邮戳和邮政日戳，附有一枚英文说明卡（图GB13-1-3、图GB13-2-3），介绍了一些重要的历史事件。

图GB13-1-1《2000千禧年倒计时》天圣元宝邮币封（甲种）

规格：220 mm×110 mm；珍稀度：★★★★☆

图GB13-1-2《2000千禧年倒计时》天圣元宝邮币封（甲种） 背面

币封规格：220 mm×110 mm；发行国：英国；发行量：每种1000枚；市场所见甚为稀少，珍稀度为四星级+，参考价：900元。

GB13-1《2000千禧年倒计时》天圣元宝邮币封（甲种）

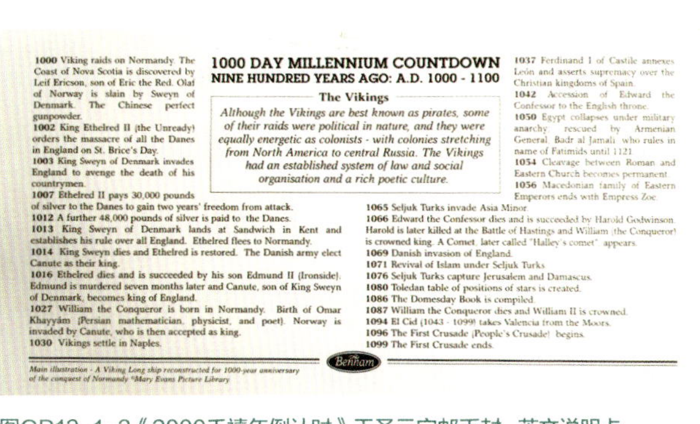

1000 DAY MILLENNIUM COUNTDOWN
NINE HUNDRED YEARS AGO: A.D. 1000 - 1100

The Vikings

Although the Vikings are best known as pirates, some of their raids were political in nature, and they were equally energetic as colonists - with colonies stretching from North America to central Russia. The Vikings had an established system of law and social organisation and a rich poetic culture.

1000 Viking raids on Normandy. The Coast of Nova Scotia is discovered by Leif Ericson, son of Eric the Red. Olaf of Norway is slain by Sweyn of Denmark. The Chinese perfect gunpowder.
1002 King Ethelred II (the Unready) orders the massacre of all the Danes in England on St. Brice's Day.
1003 King Sweyn of Denmark invades England to avenge the death of his countrymen.
1007 Ethelred II pays 30,000 pounds of silver to the Danes to gain two years' freedom from attack.
1012 A further 48,000 pounds of silver is paid to the Danes.
1013 King Sweyn of Denmark lands at Sandwich in Kent and establishes his rule over all England. Ethelred flees to Normandy.
1014 King Sweyn dies and Ethelred is restored. The Danish army elect Canute as their king.
1016 Ethelred dies and is succeeded by his son Edmund II (Ironside). Edmund is murdered seven months later and Canute, son of King Sweyn of Denmark, becomes king of England.
1027 William the Conqueror is born in Normandy. Birth of Omar Khayyám (Persian mathematician, physicist, and poet). Norway is invaded by Canute, who is then accepted as king.
1030 Vikings settle in Naples.
1037 Ferdinand I of Castile annexes León and asserts supremacy over the Christian kingdoms of Spain.
1042 Accession of Edward the Confessor to the English throne.
1050 Egypt collapses under military anarchy; rescued by Armenian General, Badr al Jamali, who rules in name of Fatimids until 1121.
1054 Cleavage between Roman and Eastern Church becomes permanent.
1056 Macedonian family of Eastern Emperors ends with Empress Zoe.
1065 Seljuk Turks invade Asia Minor.
1066 Edward the Confessor dies and is succeeded by Harold Godwinson. Harold is later killed at the Battle of Hastings and William (the Conqueror) is crowned king. A Comet, later called "Halley's comet", appears.
1069 Danish invasion of England.
1071 Revival of Islam under Seljuk Turks.
1076 Seljuk Turks capture Jerusalem and Damascus.
1080 Toledan table of positions of stars is created.
1086 The Domesday Book is compiled.
1087 William the Conqueror dies and William II is crowned.
1094 El Cid (1043 - 1099) takes Valencia from the Moors.
1096 The First Crusade (People's Crusade) begins.
1099 The First Crusade ends.

Benham

Main illustration - A Viking Long ship reconstructed for 1000-year anniversary of the conquest of Normandy ©Mary Evans Picture Library

图GB13-1-3《2000千禧年倒计时》天圣元宝邮币封 英文说明卡

此币封系2000年倒计时1000天纪念邮币封，镶嵌宋代天圣元宝古钱币一枚，其他描述同上。发行量1000枚，市场所见甚为稀少，珍稀度为四星级+，参考价：900元。

GB13-2《2000千禧年倒计时》永乐通宝邮币封（乙种）

此币封系2000年倒计时600天纪念邮币封，镶嵌明代永乐通宝古钱币一枚，其他描述同上。发行量1000枚，市场所见甚为稀少，珍稀度为四星级+，参考价：900元。

此外，市场尚见有单位制作的邮资封加印邮币封，如“诏安县钱币学会成立纪念”古币加印邮币封（图GB加1-1）。

1994年12月17日福建漳州市诏安县钱币学会成立，学会特制作《诏安县钱币学会成立纪念》古币镶嵌邮币封，以资纪念。此邮币封用中国邮政发行的1994年狗年贺年有

图GB13-2-1《2000千禧年倒计时》永乐通宝邮币封（乙种）

规格：220 mm×110 mm珍稀度：★★★★☆

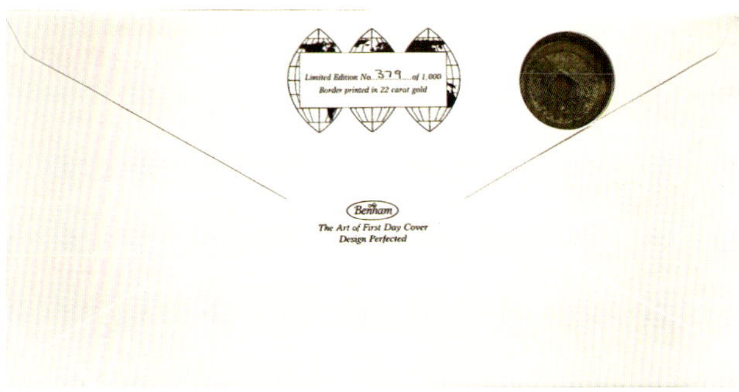

图GB13-2-2《2000千禧年倒计时》永乐通宝邮币封（乙种） 背面

600 DAY MILLENNIUM COUNTDOWN

SIX HUNDRED YEARS AGO: A.D. 1400 - 1500

Joan of Arc, Saint (1412 - 1431)

From the age of 13 it is said that Joan of Arc heard the voices of saints commanding her to deliver her country from English invasion and to conduct Charles VII, King of France, to Reims to be crowned. She began by leading an army to Orléans which was under English siege. She forced the English to retreat and continued to drive them from town after town. Sadly, in May 1430 she was captured by the Burgundians and sold to the English. Condemned as a heretic, she was burnt at the stake.

1400 Hamburg acquired territory along the Elbe and to the north, still traceable in Greater Hamburg.

1402 Timur the Lame defeated and captured Bajazet at Ankara.

1406 Erection of mausoleum of Timur the Lame (died 1405) in Samarkand.

1409 War between Venice and Sigismund of Hungary. Council of Pisa to end Schism; deposed two rival popes and elected a third; creating three rival Popes.

1412 Donatello sculpted *St. Peter, St. George* and *St. Mark*, originally for Or San Michelle (to 1416); *St. George* is probably the most famous.

1414 Council of Constance considered problems of reunion and reform.

1420 Treaty of Troyes brought peace between England and France; marriage of Henry V of England to Katherine of Valois. The Hussites revolted; Martin V preached a crusade against them.

1426 Utraquists and Taborites, united under Prokop the Bald, repelled Saxon invasion at Usti. Masaccio (1401-1428), earliest perspective painter: *Expulsion from Eden*, Florentine work.

1427 Hussites in Bohemia defeated Sigismund at Mies, and crusading army, organised by Beaufort, at Tachov.

1428 Peace between Milan and Venice. Salisbury began the siege of Orléans; Joan of Arc led French armies against the English.

1430 Joan of Arc captured by Burgundians at Compiègne.

1431 Joan of Arc burned at Rouen for witchcraft. Bohemian Hussites again defeated crusading army of Beaufort, at Domazlice.

1433 Sigismund crowned Holy Roman Emperor by Pope Eugene IV.

1439 Council of Basel created a fresh Schism in the church.

1443 Epirus joined Albania against Turks; Epirus overrun by Turks; Turks defeated at Nish by Hunyady Janos.

1445 Diniz Diaz, Portuguese explorer discovered Cape Verde. Eugene IV dissolved Council at Rome.

1453 Hundred Years' War between England and France came to end; England gave up all conquests except Calais.

1456 Verdict and trial of Joan of Arc annulled. Athens captured by Turks.

1467 Outbreak of civil war in Japan; spread to Provinces.

1477 Sandro Botticelli (1444 - 1510), Florentine painter who worked for the Medici family: *Primavera*.

1489 Alliance between England and Brittany.

1493 Peace between France and Spain at Barcelona. Pope Alexander VI divided newly discovered lands between Spain and Portugal.

1499 Switzerland became independent Republic by Peace of Basle. Cesare Borgia, son of Pope Alexander VI, conquered Romagna.

Main illustration - Joan of Arc kissing the Sword of Deliverance, 1863 by Dante Gabriel Rossetti (1828-82) ©Christie's Images/Bridgeman Art Library London

图GB13-2-3《2000千禧年倒计时》永乐通宝邮币封　英文说明卡

奖贺卡型兰花邮资封加印文字二次加工制作而成，镶嵌清代咸丰通宝古钱一枚，具有一定的历史纪念意义，但不属于公开发行的正宗邮币封，而系单位制作的邮资封加印邮币封。

图GB加1-1《诏安县钱币学会成立纪念》咸丰通宝加印邮币封
单位制作邮资封加印邮币封

第三节 近代机制币邮币封（JZ）

国内发行的近代机制币邮币封甚少，仅四川省地方邮政发行过《长江三峡库区大溪文化遗址》系列铜币邮币封，镶嵌有清末到民国时期的近代机制币，如大清铜币、民国四川铜币和双旗铜币等（图JZ11-1—图JZ11-3）；而外国发行的中国近代机制币邮币封虽然数量甚少，但品种较为丰富，弥补了机制币邮币封品种之不足，主要见于20世纪80年代到90年代，美国富兰克林造币厂制作、国际钱币学会发行的《世界伟大的历史硬币》和《世界伟大的历史银币》系列邮币封。目前看，机制币邮币封共发现11个品种或系列，31种版别，现详述如下。

1. JZ1《世界伟大的历史硬币》民国三年袁世凯像壹圆银币封（JZ1-1—JZ1-4）

如前所述该系列简称“伟大系列”邮币封，由美国富兰克林造币厂制作，国际钱币学会发行，是外国早期发行的中国钱币镶嵌邮币封经典品种之一。规格为195 mm × 100 mm，发行量不详，根据市场情况估算在几百枚以内，目前市场甚为稀见，加之价值较高的民国三年、九年、十年袁世凯像和二十三年孙中山像帆船银币邮币封大都已被搞评级的币商或个人破坏拆解而致存世量更加稀少，珍稀度均为五星级，市场参考价3000元。

图JZ1-1-1《世界伟大的历史硬币》民国三年袁世凯像壹圆银币封（甲种）
规格：195 mm×100 mm；珍稀度：★★★★★

图JZ1-1-2《世界伟大的历史硬币》民国三年袁世凯像壹圆银币封（甲种）背面

图JZ1-2-1《世界伟大的历史硬币》民国三年袁世凯像壹圆邮币封（乙种）
规格：195 mm×100 mm；珍稀度：★★★★★

JZ1-1《世界伟大的历史硬币》民国三年袁世凯像壹圆银币封（甲种）

此邮币封镶嵌一枚民国三年袁世凯像壹圆银币，贴《贵州民居》1.60元邮票，加盖“北京31（支）1991.7.15”邮政日戳。其他描述同上。市场极为稀见，珍稀度为五星级，参考价3000元。

JZ1-2《世界伟大的历史硬币》民国三年袁世凯像壹圆银币封（乙种）

此邮币封镶嵌民国三年袁世凯像壹圆银币一枚，贴1992-6《联合国环境会议二十周年1972—1992》20分邮票一枚，加盖“联合国人类环境二十周年-北京1992.6.5”纪念邮戳，其他描述同上。市场极为稀见，珍稀度为五星级，参考价3000元。

JZ1-3《世界伟大的历史硬币》民国三年袁世凯像壹圆银币封（丙种）

此邮币封镶嵌一枚民国三年袁世凯像壹圆银币，贴1992-20《新宪法颁布十周年》20分邮票一枚，加盖“中华人民共和国宪法1982-1992-北京1992.12.4”纪念邮戳，其他描述同上。市场极为稀见，珍稀度为五星级，参考价3000元。

JZ1-4《世界伟大的历史硬币》民国三年袁世凯像壹圆银币封（丁种）

此邮币封镶嵌一枚民国三年袁世凯像壹圆银币，贴1992-18《中国共产党第十四次全国代表大会》20分邮票一枚，加盖“1994.8.20”邮戳，其他描述同上。市

图JZ1-2-2《世界伟大的历史硬币》民国三年袁世凯像壹圆银币封（乙种）背面

图JZ1-3-1《世界伟大的历史硬币》民国三年袁世凯像壹圆银币封（丙种）
规格：195 mm×100 mm；珍稀度：★★★★★

图JZ1-3-2《世界伟大的历史硬币》民国三年袁世凯像壹圆银币封（丙种）背面

图JZ1-4-1《世界伟大的历史硬币》民国三年袁世凯像壹圆银币封（丁种）
规格：195 mm×100 mm；珍稀度：★★★★★

图JZ1-4-2《世界伟大的历史硬币》民国三年袁世凯像壹圆银币封（丁种）背面

图JZ2-1-1《世界伟大的历史硬币》民国九年袁世凯像壹圆银币封（甲种）
规格：195 mm×100 mm；珍稀度：★★★★★

场极为稀见，珍稀度为五星级，参考价3000元。

2. JZ2《世界伟大的历史硬币》民国九年袁世凯像壹圆银币封（JZ2-1）

此系列邮币封描述如JZ1，但镶嵌银币为民国九年袁世凯像壹圆银币。

JZ2-1《世界伟大的历史硬币》民国九年袁世凯像壹圆银币封（甲种）

此邮币封镶嵌一枚民国九年袁世凯像壹圆银币，贴《贵州民居》1.60元邮票，加盖“北京31（支）1991.7.15”邮政日戳。其他描述同上。市场极为稀见，珍稀度五星级，参考价3000元。

3. JZ3《世界伟大的历史硬币》民国十年袁世凯像壹圆银币封（JZ3-1—JZ3-2）

此系列邮币封描述如JZ1，但镶嵌银币为民国十年袁世凯像壹圆银币。

图JZ2-1-2《世界伟大的历史硬币》民国九年袁世凯像壹圆银币封（甲种） 背面

JZ3-1《世界伟大的历史硬币》民国十年袁世凯像壹圆银币封（甲种）

此邮币封镶嵌一枚民国十年袁世凯像壹圆银币，贴《贵州民居》1.60元邮票一枚，加盖“北京31（支）1991.7.15”邮政日戳。市场极为稀少，珍稀度五星级，参考价3000元。

图JZ3-1-1《世界伟大的历史硬币》民国十年袁世凯像壹圆银币封（甲种）
规格：195 mm×100 mm；珍稀度：★★★★★

图JZ3-1-2《世界伟大的历史硬币》民国十年袁世凯像壹圆银币封（甲种） 背面

JZ3-2《世界伟大的历史硬币》民国十年袁世凯像壹圆银币封（乙种）

此邮币封镶嵌一枚民国十年袁世凯像

图JZ3-2-1《世界伟大的历史硬币》民国十年袁世凯像壹圆银币封（乙种）
规格：195 mm×100 mm；珍稀度：★★★★★

图JZ3-2-2《世界伟大的历史硬币》民国十年袁世凯像壹圆银币封（乙种） 背面

壹圆银币，贴1992-6《联合国环境会议二十周年1972-1992》20分邮票一枚，加盖“联合国人类环境二十周年-北京1992.6.5”纪念邮戳，带说明卡（图JZ3-2-3—图JZ3-2-4）。市场极为稀少，珍稀度五星级，参考价3000元。

图JZ3-2-3《世界伟大的历史硬币》民国十年袁世凯像壹圆银币封（乙种）日文说明卡

1元　　中華民国

銀貨が中国において一般的になったのは、16世紀にスペイン領アメリカの8レアル・コインがもたらされた後のことです。8レアル銀貨は、19世紀後半になって他のいくつかの国々が独自の貿易ドルの鋳造を始めるまで、中国貿易の独占を享受していました。

その後まもなく、中国の鋳造所も銀貨の打刻を開始しました。清朝の末期に鋳造されたそれらの銀貨には、通常、竜の図柄が刻まれていましたが、1911年の中華民国の建国以後に現れたものには、しばしば肖像が描かれています。

肖像が描かれた銀貨の中でもっとも有名なもののひとつが、1932、33、34年の銀貨です。これは上海の鋳造所で鋳造されたもので、中華民国建国の父、孫文（1866－1925）の肖像が刻まれています。しかし、特に興味深いのは、このコインの裏面です。そこに見られる2本マストのジャンクは、「国の船」ともいうべきものです。

そもそも、裏面の図柄には、尊文の「3民主義」を表す3羽の鳥が上方に飛んでいました。また、右側には太陽が見られ、それは蒋介石（1887－1975）の国民党の象徴でした。しかし当時、やがて満州国となる東部の3つの省を日本が占領したため、3羽の鳥は3つの省が飛び去ってゆくことを比喩しているという話が生まれました。また、太陽は日本を表しており、3羽の鳥は日本の爆撃機であるといいふらす人々もいました。

ともあれ、うわさというものが世界のいたるところでコインの廃止や死蔵、図柄の変更などの原因となる例にもれず、中国の銀貨からも、まもなく鳥と太陽が削除されて鋳造されるようになりました。

JRFP132

图JZ3-2-4《世界伟大的历史硬币》民国十年袁世凯像壹圆银币封（乙种）日文说明卡

图JZ4-1-1《世界伟大的历史银币》民国二十三年孙中山像壹圆银币封（甲种）

规格：195 mm×100 mm；珍稀度：★★★★★

图JZ4-1-2《世界伟大的历史银币》民国二十三年孙中山像壹圆银币封（甲种） 背面

图JZ4-2-1《世界伟大的历史银币》民国二十三年孙中山像壹圆银币封（乙种）

规格：195 mm×100 mm；珍稀度：★★★★★

4. JZ4《世界伟大的历史银币》民国二十三年孙中山像壹圆银币封（JZ4-1—JZ4-5）

此系列邮币封描述如JZ1，但镶嵌银币为民国二十三年孙中山像壹圆银币，俗称二十三年帆船银圆。

JZ4-1《世界伟大的历史银币》民国二十三年孙中山像壹圆银币封（甲种）

此邮币封镶嵌一枚民国二十三年孙中山像帆船壹圆银币，贴1992-12《妈祖》20分邮票一枚，加盖“妈祖-北京1992.10.4”纪念邮戳。市场极为稀少，珍稀度为五星级，参考价3000元。

JZ4-2《世界伟大的历史银币》民国二十三年孙中山像壹圆银币封（乙种）

此邮币封镶嵌一枚民国二十三年孙中山像帆船壹圆银币，贴1992-6《联合国环境会议二十周年1972-1992》20分邮票一枚，加盖“联合国人类环境二十周年-北京1992.6.5”纪念邮戳。市场极为稀少，珍稀度为五星级，参考价3000元。

图JZ4-2-2《世界伟大的历史银币》民国二十三年孙中山像壹圆银币封（乙种） 背面

JZ4-3《世界伟大的历史银币》民国二十三年孙中山像壹圆银币封（丙种）

此邮币封镶嵌一枚民国二十三年孙中山像帆船壹圆银币，贴1992-6《青田石雕－春》（4-1）10分邮票一枚，加盖“北京51（支）1993.6.19”邮政日戳。市场极为稀少，珍稀度为五星级，参考价3000元。

图JZ4-3-1《世界伟大的历史银币》民国二十三年孙中山像壹圆银币封（丙种）

规格：195 mm×100 mm；珍稀度：★★★★★

图JZ4-3-2《世界伟大的历史银币》民国二十三年孙中山像壹圆银币封（丙种） 背面

图JZ4-4-1《世界伟大的历史银币》民国二十三年孙中山像壹圆银币封（丁种）

规格：195 mm×100 mm；珍稀度：★★★★★

图JZ4-4-2《世界伟大的历史银币》民国二十三年孙中山像壹圆银币封（丁种） 背面

图JZ4-5-1《世界伟大的历史银币》民国二十三年孙中山像壹圆银币封（戊种）

规格：195 mm×100 mm；珍稀度：★★★★★

JZ4-4《世界伟大的历史银币》民国二十三年孙中山像壹圆银币封（丁种）

此邮币封镶嵌一枚民国二十三年孙中山像帆船壹圆银币，贴1995-11《亚洲象》（2-1）1元邮票一枚，加盖“北京1995.11.10”邮政日戳。市场极为稀少，珍稀度为五星级，参考价3000元。

JZ4-5《世界伟大的历史银币》民国二十三年孙中山像壹圆银币封（戊种）

此邮币封镶嵌一枚民国二十三年孙中山像帆船壹圆银币，贴1995-11《亚洲象》（2-2）1元邮票一枚，加盖“北京1995.11.10”邮政日戳。市场极为少见，珍稀度为五星级，参考价

3000元。

图JZ4-5-2《世界伟大的历史银币》民国二十三年孙中山像壹圆银币封（戊种） 背面

5. JZ5《世界伟大的历史银币》清代云南光绪元宝半圆银币封（JZ5-1—JZ5-4）

此系列邮币封描述如JZ1，镶嵌清代云南光绪元宝半圆银币，俗称云南半圆。市场甚为少见，珍稀度四星级，参考价1200元。

JZ5-1《世界伟大的历史银币》清代云南光绪元宝半圆银币封（甲种）

此邮币封镶嵌一枚清代云南光绪元宝三钱二分（半圆）银币，贴1992-12《妈祖》20分邮票一枚，加盖“妈祖－北京1992.10.4”纪念邮戳。市场甚稀少，珍稀度为四星级，参考价1200元。

图JZ5-1-1《世界伟大的历史银币》清代云南光绪元宝半圆银币封（甲种）

规格：195 mm×100 mm；珍稀度：★★★★

图JZ5-1-2《世界伟大的历史银币》清代云南光绪元宝半圆银币封（甲种）背面

图JZ5-2-1《世界伟大的历史银币》清代云南光绪元宝半圆银币封（乙种）
规格：195 mm×100 mm；珍稀度：★★★★

图JZ5-2-2《世界伟大的历史银币》清代云南光绪元宝半圆银币封（乙种）背面

图JZ5-3-1《世界伟大的历史银币》清代云南光绪元宝半圆银币封（丙种）
规格：195 mm×100 mm；珍稀度：★★★★

JZ5-2《世界伟大的历史银币》清代云南光绪元宝半圆银币封（乙种）

此邮币封镶嵌清代云南光绪元宝三钱六分（半圆）银币一枚，贴1992-16《青田石雕－春》（4-1）10分邮票一枚，加盖“北京51（支）1993.6.19”邮政日戳。市场甚稀少，珍稀度为四星级，参考价1200元。

JZ5-3《世界伟大的历史银币》清代云南光绪元宝半圆银币封（丙种）

此邮币封镶嵌一枚清代云南光绪元宝三钱六分（半圆）银币，贴1995-5《雪鸮》50分邮票一枚，加盖“北京6（支）1995.6.20”邮政日戳。市场甚稀少，珍稀度为四星级，参考价1200元。

JZ5-4《世界伟大的历史银币》清代云南光绪元宝半圆银币封（丁种）

此邮币封镶嵌一枚清代云南光绪元宝三钱六分（半圆）银币，贴1995-11《亚洲象》（2-1）1元邮票一枚，加盖“北京1995.11.10”邮政日戳。市场甚稀少，珍稀度为四星级，参考价1200元。

图JZ5-3-2《世界伟大的历史银币》清代云南光绪元宝半圆银币封（丙种）背面

图JZ5-4-1《世界伟大的历史银币》清代云南光绪元宝半圆银币封（丁种）

规格：195 mm×100 mm；珍稀度：★★★★

图JZ5-4-2《世界伟大的历史银币》清代云南光绪元宝半圆银币封（丁种）背面

图JZ6-1-1《世界伟大的历史银币》民国黄花岗20分银币封（甲种）

规格：195 mm×100 mm；珍稀度：★★★★☆

图JZ6-1-2《世界伟大的历史银币》民国黄花岗20分银币封（甲种） 背面

图JZ6-2-1《世界伟大的历史银币》民国黄花岗20分银币封（乙种）

规格：195 mm×100 mm；珍稀度：★★★★☆

6. JZ6《世界伟大的历史银币》民国黄花岗20分银币封（JZ6-1—JZ6-4）

此系列邮币封描述如JZ1，镶嵌民国黄花岗20分银币。市场甚为稀少，珍稀度四星级+，参考价1500元。

JZ6-1《世界伟大的历史银币》民国黄花岗20分银币封（甲种）

此邮币封镶嵌一枚民国二十年福建省造黄花岗20分纪念银币，贴1992-16《青田石雕－高粱》（4-2）20分邮票一枚，加盖“北京51（支）1993.6.19”邮政日戳。市场甚稀少，珍稀度为四星级+，参考价1500元。

JZ6-2《世界伟大的历史银币》民国黄花岗20分银币封（乙种）

此邮币封镶嵌一枚

民国二十年福建省造黄花岗20分纪念银币，贴1992-16《青田石雕-花好月圆》（4-4）2元邮票一枚，加盖“北京51（支）1993.6.19”邮政日戳。市场甚稀少，珍稀度为四星级+，参考价1500元。

图JZ6-2-2《世界伟大的历史银币》民国黄花岗20分银币封（乙种） 背面

JZ6-3《世界伟大的历史银币》民国黄花岗20分银币封（丙种）

此邮币封镶嵌一枚民国十七年福建省造黄花岗20分纪念银币一枚，贴1995-5《鸮-雪鸮》（4-3）T50分邮票一枚，加盖“北京6（支）1995.6.20”邮政日戳。市场甚稀少，珍稀度为四星级+，参考价1500元。

图JZ6-3-1《世界伟大的历史银币》民国黄花岗20分银币封（丙种）

规格：195 mm×100 mm；珍稀度：★★★★☆

图JZ6-3-2《世界伟大的历史银币》民国黄花岗20分银币封（丙种） 背面

JZ6-4《世界伟大的历史银币》民国黄花岗20分银币封（丁

图JZ6-4-1《世界伟大的历史银币》民国黄花岗20分银币封（丁种）
规格：195 mm×100 mm；珍稀度：★★★★☆

图JZ6-4-2《世界伟大的历史银币》民国黄花岗20分银币封（丁种）　背面

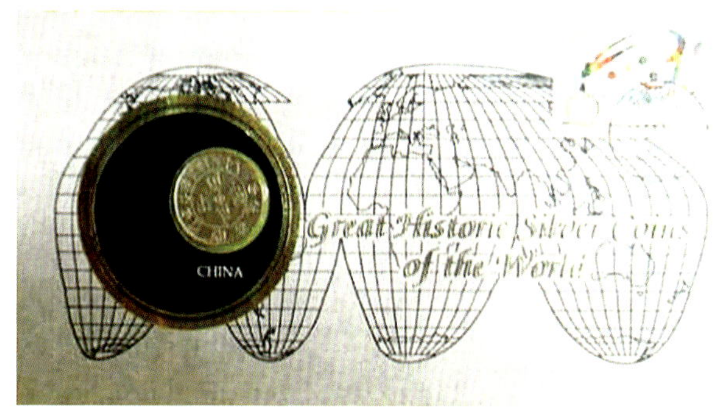

图JZ7-1-1《世界伟大的历史银币》云南胜利堂贰角银币封
规格：195 mm×100 mm；珍稀度：★★★★★

种）

此邮币封镶嵌一枚民国十七年福建省造黄花岗20分纪念银币一枚，贴1995-5《鸮-长耳鸮》（4-2）T20分邮票一枚，加盖“北京6（支）1995.9.29”邮政日戳。市场甚稀少，珍稀度为四星级+，参考价1500元。

7. JZ7《世界伟大的历史银币》云南贰角银币封（JZ7-1）

此系列邮币封描述如JZ1，镶嵌一枚民国云南胜利堂贰角银币。市场极为稀少，珍稀度五星级，参考价2200元。

JZ7-1《世界伟大的历史银币》云南胜利堂贰角银币封（甲种）

此邮币封镶嵌一枚民国云南胜利堂贰角银币，贴20分邮票一枚，加盖“北京51（支）

1995.6.19”邮政日戳，其他描述同上。市场极为稀少，珍稀度五星级，参考价2200元。

图JZ7-1-2《世界伟大的历史银币》云南胜利堂贰角银币封 背面

8. JZ8-1《世界伟大的历史硬币》民国二十九年孙中山像10分镍币封（JZ8-1—JZ8-2）

此系列邮币封描述如JZ1，镶嵌民国二十九年孙中山像10分镍币。市场甚稀少，珍稀度四星级，参考价500元。

图JZ8-1-1《世界伟大的历史硬币》民国二十九年孙中山像10分镍币封（甲种）

规格：195 mm×100 mm；珍稀度：★★★★

JZ8-1《世界伟大的历史硬币》民国二十九年孙中山像10分镍币封（甲种）

此邮币封镶嵌一枚民国二十九年孙中山像布币图10分镍币一枚，贴《贵州民居》1.60元邮票一枚，加盖“北京31（支）1991.7.15”邮政日戳。市场甚稀

图JZ8-1-2《世界伟大的历史硬币》民国二十九年孙中山像10分镍币封（甲种） 背面

图JZ8-2-1《世界伟大的历史硬币》民国二十九年孙中山像10分镍币封（乙种）

规格：195 mm×100 mm；珍稀度：★★★★

图JZ8-2-2《世界伟大的历史硬币》民国二十九年孙中山像10分镍币封（乙种） 背面

少，珍稀度为四星级，参考价500元。

JZ8-2《世界伟大的历史硬币》民国二十九年孙中山像10分镍币封（乙种）

此邮币封镶嵌民国二十九年孙中山像布币图10分镍币一枚，贴1992-6《联合国环境会议二十周年1972-1992》20分邮票一枚，加盖“联合国人类环境二十周年－北京1992.6.5”纪念邮戳。市场甚稀少，珍稀度为四星级，参考价500元。

9. JZ9《世界伟大的历史硬币》民国三十年孙中山像10分镍币封（JZ9-1—JZ9-2）

此系列邮币封描述如JZ1，镶嵌民国三十年孙中山像10分镍币。市场甚稀少，珍稀度四星级，参考价500元。

JZ9-1《世界伟大的历史硬币》民国三十年孙中山像10分镍币封（甲种）

此邮币封镶嵌一枚民国三十年孙中山像布币图10分镍币，贴《贵州民居》1.60元邮票一枚，加盖“北京31（支）1991.7.15”邮政日戳。市场甚稀少，珍稀度为四星级，参考价500元。

图JZ9-1-1《世界伟大的历史硬币》民国三十年孙中山像10分镍币封（甲种）

规格：195 mm×100 mm；珍稀度：★★★★

图JZ9-1-2《世界伟大的历史硬币》民国三十年孙中山像10分镍币封（甲种） 背面

图JZ9-2-1《世界伟大的历史硬币》民国三十年孙中山像10分镍币封（乙种）

规格：195 mm×100 mm；珍稀度：★★★★

图JZ9-2-2《世界伟大的历史硬币》民国三十年孙中山像10分镍币封（乙种） 背面

JZ9-2《世界伟大的历史硬币》民国三十年孙中山像10分镍币封（乙种）

此邮币封镶嵌一枚民国三十年孙中山像布币图10分镍币，贴1992-6《联合国环境会议二十周年1972-1992》20分邮票一枚，加盖“联合国人类环境二十周年－北京1992.6.5”纪念邮戳。市场甚稀少，珍稀度为四星级，参考价500元。

图JZ10-1-1-1《世界伟大的历史硬币》西藏雪康铜币封（甲种之一）

规格：195 mm×100 mm；珍稀度：★★★★

10. JZ10《世界伟大的历史硬币》西藏雪康铜币封（JZ10-1—JZ10-2）

此系列邮币封描述如JZ1，镶嵌西藏雪康铜币。市场甚稀少，珍稀度四星级，参考价500元。

JZ10-1-1《世伟大的历史硬币》西藏雪

图JZ10-1-1-2《《世界伟大的历史硬币》西藏雪康铜币封（甲种之一）背面

康铜币封（甲种之一）

此邮币封镶嵌一枚西藏竖字雪康铜币，贴T159《羊年》20分邮票一枚，加盖“西藏拉萨1991.9.10”邮政日戳。市场甚稀少，珍稀度为四星级，参考价500元。

JZ10-1-2《世伟大的历史硬币》西藏雪康铜币封（甲种之二）

此邮币封镶嵌西藏雪康狮子图铜币一枚，贴T159《羊年》20分邮票一枚，加盖“西藏拉萨1991.9.10”邮政日戳。市场甚稀少，珍稀度为四星级，参考价500元。

JZ10-2《世界伟大的历史硬币》西藏雪康铜币封（乙种）

此邮币封镶嵌一枚西藏横字雪康铜币，贴1992-20《新宪法颁布十周年》20分邮票一枚，加盖“拉萨河

图JZ10-1-2-1《世界伟大的历史硬币》西藏雪康铜币封（甲种之二）
规格：195 mm×100 mm；珍稀度：★★★★

图JZ10-1-2-2《世界伟大的历史硬币》西藏雪康铜币封（甲种之二） 背面

图JZ10-2-1-1《世界伟大的历史硬币》西藏雪康铜币封（乙种）
规格：195 mm×100 mm；珍稀度：★★★★

图JZ10-2-1-2《世界伟大的历史硬币》西藏雪康铜币封（乙种） 背面

坝林1993.2.2”邮政日戳。市场甚稀少，珍稀度为四星级，参考价500元。

11. JZ11《长江三峡库区大溪文化遗址》系列铜币封（JZ11-1—JZ11-3）

此系列邮币封描述如GB8，镶嵌一枚清代或民国铜币。珍稀度三星级+到四星级，参考价380—550元。

JZ11-1《长江三峡库区大溪文化遗址》系列铜币封（甲种）

此币封镶嵌民国双旗等铜币一枚，贴1993-14T《中国古代漆器－新石器·朱漆木碗》（4-1）20分邮票一枚，其他描述同GB8-2；珍稀度为三星级+，参考价380元。

图JZ11-1-1《长江三峡库区大溪文化遗址》铜币封（甲种） 背同GB8-2-1-2

规格：230×120 mm；珍稀度：★★★☆

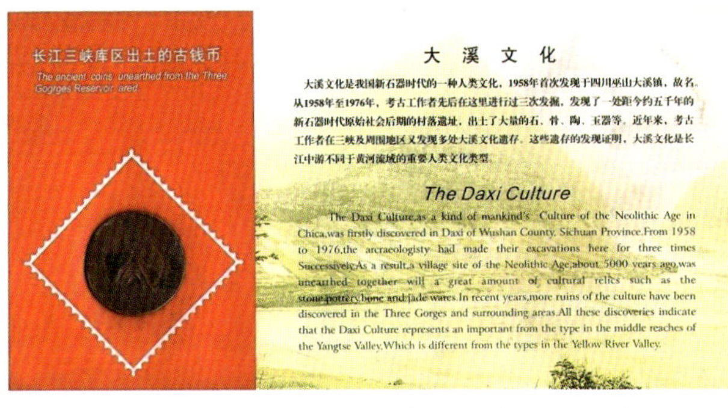

图JZ11-1-2《长江三峡库区大溪文化遗址》铜币封（甲种） 内卡正面

内卡背面同图GB8-2-1-4

图JZ11-2-1《长江三峡库区大溪文化遗址》铜币封（乙种） 背同图GB8-2-1-2

规格：230 mm×120 mm；珍稀度：★★★☆

图JZ11-2-2《长江三峡库区大溪文化遗址》铜币封（乙种） 内卡正面

内卡背面同图GB8-2-1-4

图JZ11-3-1《长江三峡库区大溪文化遗址》铜币封（丙种） 背同图GB8-2-1-2

规格：230 mm×120 mm；珍稀度：★★★★

图JZ11-3-2《长江三峡库区大溪文化遗址》铜币封（丙种）内卡正面
内卡背面同图GB8-2-1-4

JZ11-2《长江三峡库区大溪文化遗址》系列铜币封（乙种）

镶嵌清代大清铜币等铜币一枚，贴1993-14T《中国古代漆器-战国.彩绘乐舞鸳鸯形盒》（4-2）30分邮票一枚，加盖“小三峡-重庆巫山2003.04.12”邮政日戳；其他描述同GB8-2；珍稀度为三星级+，参考价380元。

JZ11-3《长江三峡库区大溪文化遗址》系列铜币封（丙种）

镶嵌四川汉字铜币等铜币一枚，贴1996-21《西夏陵-陵台》T（4-1）20分邮票一枚，其他描述同GB8-2； 此系列邮币封贴此邮票者甚少见，珍稀度为四星级，参考价550元。

第三章 流通硬币邮币封收藏与鉴赏

第一节　概述

按照中国人民银行货币发行机关的科学分类方法，中国现代货币体系包括纸币和金属币两大类。纸币包括第一套、第二套、第三套、第四套、第五套人民币纸币、纪念钞和联体钞八大类，均计入货币流通总量；其中纸币是承担货币流通职能的主要载体，广泛地使用和消耗在货币流通领域；纪念钞单钞虽也具有货币流通职能，可参与货币流通，但在我国实际中很少进入货币流通领域，而是几乎都集中于收藏领域；联体钞基本只用于收藏，一般不参与流通；金属币也包括三大类：流通金属币、普通纪念金属币和贵金属纪念币；相对应收藏界习惯上称谓的三类硬币：流通硬币、普通纪念币和金银纪念币。在前两种金属币中，流通硬币和普通纪念币中的普制流通纪念币均计入国家货币流通总量并进入流通领域；其中流通硬币是承担货币流通职能的主要硬币载体，和纸币一样广泛消耗在货币流通领域；普制流通纪念币也具有货币流通职能可参与货币流通，但在我国由于发行渠道存在问题，实际很少进入流通，大都集中于收藏领域；普通纪念币中的精制纪念币，包括1980—1985年早期铜质精制纪念币，和1984年后与普制流通纪念币同版的精制纪念币，都是为钱币爱好者收藏之用，不进入流通而全部集中于收藏领域。贵金属纪念币面额仅具有象征意义，不计入国家货币流通总量，仅用于收藏和投资，不承担货币流通职能，不进入流通。

收藏界习惯称流通金属币为流通硬币，包括主币元和辅币角、分，是新中国成立之后，中国人民银行配合第二到第五套人民币纸币而广泛发行的用于承担国家货币主要流通职能的普通金属币，包括第二套人民币硬币、第三套人民币硬币、第四套人民币硬币和第五套人民币硬币，与之相对应亦即我们收藏习惯上所说的第一套流通硬币（硬分币）、第二套流通硬币（长城麦穗币）、第三套流通硬币（老三花币），第四套流通硬币（新三花币）和第五套流通硬币（小三花币）。2019年8月30日央行又公告发行了第五套人民币的新版硬币，即第五套人民币体系包含了两套流通硬币，增加了新版硬币即第五套流通硬币，根据其设计特点，我们可称为“小三花币”。

流通硬币邮币封目前共发现36个品种或系列、79种版别，其中国内发行的品种较少，只有14个品种或系列，21种版别；大多数是外国和我国香港地区发行的，有22个品种58种版别。

第二节 第一套流通硬币硬分币邮币封（LYF）

在中国当代钱币学分类体系中硬分币属于第二套人民币，在流通硬币体系中则系第一套流通硬币。自1957年12月1日发行铝质硬分币至今，已铸行和流通使用了一甲子的漫长岁月。中国近代积贫积弱，清朝政府和国民政府虽然引进了近代机制金属币的工艺技术与设备，但却没有能力在全国范围内全面统一发行采用机制币工艺铸造的金属币。新中国成立之初，通过铝质分币的铸造发行，终于开启了中国造币业的崭新篇章。新中国第一套流通硬币成为中国现代货币史不可或缺的重要组成部分，银光闪闪的小小硬分币是新中国造币业一甲子风雨历程的最好历史见证。60多年以来，硬分币在国民经济金融流通领域承担着辅币找零的职能，为我国经济良好有序的发展与货币流通做出了重要的贡献。

硬分币的收藏系中国硬币收藏和人民币收藏的重要组成部分。60多年来，硬分币收藏板块也涌现出硬分币年号“五大天王”，和版别“七大珍”“八小珍”等名泉名版，而成为广大泉友竞相追逐的钱币珍品。但硬分币邮币封品种和数量都很少，目前来看只有8个品种或系列、21种版别，其中国内发行的硬分币邮币封只有2个品种、3种版别，仅发现汕头市邮票公司发行的《邮政储蓄》分币封（LYF4），和上海市钱币学会发行的《庆祝上海市钱币学会成立三十五周年》分币封（LYF8）两种；其他6个品种或系列、18种版别均为外国发行；现按照发行年代顺序或分币与邮票种类详述如下，供大家研究和鉴赏。

图LYF1-1-1《尼克松总统访华纪念》分币、美分邮币封
规格：125 mm×90 mm； 珍稀度：★★★★☆

图LYF1-1-2《尼克松总统访华纪念》分币、美分邮币封 背面

1. LYF1《尼克松总统访华纪念》分币、美分邮币封（LYF1-1）

此邮币封简称“尼克松访华双币封”，由美国99公司于1972年2月21日美国尼克松总统访华日发行，镶嵌1964年1分和10美分流通硬币各一枚，贴普通《古田会议会址》3分邮票一枚，加盖“广东-宝安1972.2.21”邮政日戳，附有英文说明卡一枚，编号LE-29。此枚邮币封和下述LY2《尼克松访华纪念》2分币邮币封是迄今为止发现的发行时间最早的中国钱币镶嵌邮币封，收藏意义重大，历史地位很高，具有很高的收藏价值和学术研究价值。

此枚邮币封尚有一些很有历史意义的发行典故。首先，之所以两枚硬币均选择1964年号，一是因为1964年我国成功爆炸第一颗原子弹而成为世界上第五个拥有原子弹的国家，二是我国1964年1分和美国1964年10美分银质硬币都是中美两国当时发行和流通的最后一枚流通硬币；其次，因为时间紧任务重，美国99公司主席约翰·贝克先生和他的夫人在香港亲自指导此邮币封的生产印制，并因《古田会址》邮票没有背胶，他们两人又亲自为3400枚邮币封涂抹胶水粘贴邮票。

币封规格：125 mm ×90 mm；发行者：美国99公司；发行日期：1972年2月21日；发行量：3400枚；目前市场所见甚为稀少，珍稀度为四星级+；参考价1200元。

LE-29. Certified Coin cover commemorating 1972 visit of U. S. President Richard Nixon to People's Republic of China. Combines coins of both countries: 1964 U. S. 10 cents – last silver released and 1964 Chinese 1 fen (aluminum), lastest date release currently in circulation. 1964 was banner year for Chinese Communist regime when it became 5th world power to explode an atomic bomb. Fen obverse depicts "Tin An Man" building in Peking. Design also incorporates 5 stars of Chinese flag. It and American "stars and stripes" combine in envelope design to create a chess board . . . the coins forming a neutral conformation symbolizing relations between the 2 nations. 3 fen stamp pictures a Buddhist temple in Chinese countryside which now headquarters a Red Guard regiment, standing at attention outside. Wording indicates "Postal Service of the People's Republic of China, 3 fen." The "chop" (postmark) was produced at Sham Chun, on the day of the Nixons' arrival, February 21, 1972. Since Chinese stamps have no glue, 99 President John Miles Baker and his wife – directing production of this history-making cover from Hong Kong – were obliged to hand-glue each of the 3,400 covers produced.

图LYF1-1-3《尼克松总统访华纪念》分币、美分邮币封英文说明卡

2. LYF2《尼克松总统访华纪念》贰分邮币封（LYF2-1—LYF2-2）

此邮币封简称“尼克松访华分币封”，美国于1972年2月21日尼克松总统访华日发行，镶嵌2分硬币一枚，贴香港《1972壬子（鼠）年》壹毫邮票、中国纪4（4-1）《开国纪念》800圆邮票各一枚，和21-24《亚非乒乓球友好邀请赛》全套4枚邮票，加盖英文“香港1972.2.21”邮政日戳，每枚币封背后都有流水编号。

币封规格：242 mm×165 mm，系大型邮币封；发行者：美国；发行日期：1972年2月21日；发行量：币封背面有500编号，发行量推断为500枚；目前市场所见极为稀少，珍稀度为五星级；参考价：1500元。

图LYF2-1-1《尼克松总统访华纪念》贰分邮币封（甲种）

规格：242 mm×165 mm； 珍稀度：★★★★★

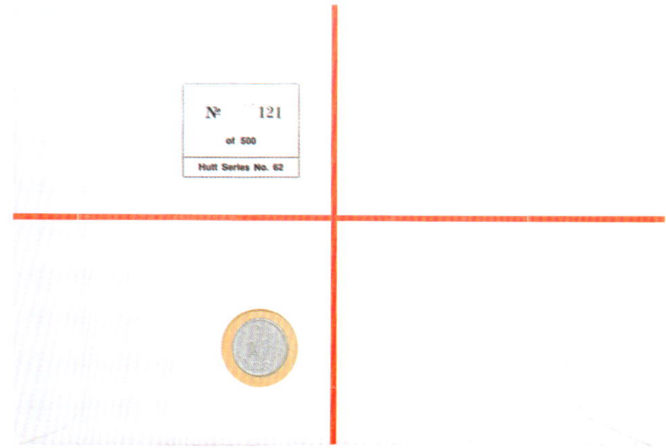

图LYF2-1-2《尼克松总统访华纪念》贰分邮币封（甲种） 背面

LYF2-1《尼克松总统访华纪念》贰分邮币封（甲种）

此邮币封简称“尼克松访华562分币封”，镶嵌中国首枚2分币即1956年版2分流通硬币，其他描述如上。目前市场所见极为稀少，珍稀度为五星级，参考价1500元。

LYF2-2《尼克松总统访华纪念》贰分邮币封（乙种）

此邮币封简称“尼克访华602分币封”，镶嵌一枚1960年2分流通硬币，其他描述如LY2-1；目前市场所见极为稀少，珍稀度为五星级，参考价1500元。

图LYF2-2-1《尼克松总统访华纪念》贰分邮币封（乙种）

规格：242 mm×165 mm； 珍稀度：★★★★★

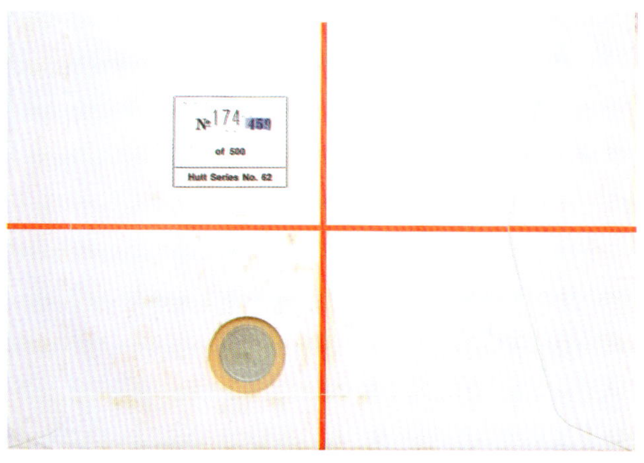

图LYF2-2-2《尼克松总统访华纪念》贰分邮币封（乙种） 背面

3. LYF3《世界各国硬币》伍分邮币封（LYF3-1）

此邮币封简称“富版805天王分币封”，1981年3月9日由美国富兰克林造币厂发行，贴普《天安门》8分邮票一枚，加盖“北京1981.3.9”邮政日戳；镶嵌一枚1980年5分币，系第一套流通硬币各年号中最稀有的五种年号分币“五大天王”之一，根据《沈阳造币厂志》记载铸造量只有8万枚，相对于上百个铸行量上亿、数亿乃至十数亿枚各年号硬分币，可谓甚为珍稀。

图LYF3-1-1《世界各国硬币》伍分邮币封

规格：190 mm×100 mm； 珍稀度：★★★★☆

规格：190 mm×100 mm；发行者：美国富兰克林造币厂；发行量：不详，但目前市场所见甚为稀少，珍稀度为四星级+；参考价：2000元。

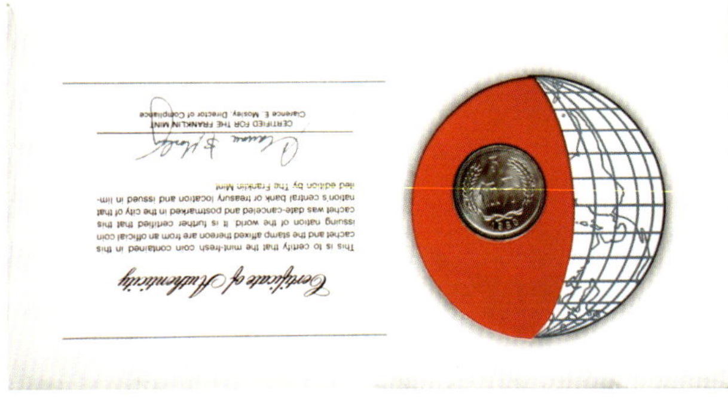

图LYF3-1-2《世界各国硬币》伍分邮币封　背面

4. LYF4《T119邮政储蓄邮票发行纪念》三枚分币封（（LYF4-1—LYF4-2））

中华人民共和国邮电部于1987年7月1日发行T119《邮政储蓄》8分邮票一枚。为纪念此枚邮政储蓄邮票的发行，汕头市邮票公司和汕头市集邮协会联合发行《T119邮政储蓄邮票发行纪念》分币邮币封一枚，简称“邮储汕头三枚分币封”。币封上镶嵌有1、2和5分币各一枚，贴有T119《邮政储蓄》8分邮票一枚，并加盖“邮政储蓄－中国·汕头1987.7.1”纪念邮戳，有的加盖黑色或红色“广东汕头”邮政日戳。此种汕头三枚分币封一是设计简洁独特，二是三枚分币齐全，三是发行量极少，仅有500枚，因此成为邮币封的珍稀名誉品；其发行时受欢迎的程度，从一枚《汕头市邮政储蓄金砂路营业处开业一周年纪念》实寄纪念封上可见一斑，如图LYF4-1-3、LYF4-1-4所示，此特制的实寄纪念封上套印了汕头三枚分币封的图片，实属罕见，也见证了汕头三枚分币封当时深受集邮爱好者喜爱的程度。

规格：180 mm×106 mm；设计者：陈英汉；发行者：汕头市邮票公司和汕头市集邮协会；发行量：500枚，是国内发行的邮币封中发行量最稀少的珍稀邮币封之一；市场极为稀少，珍稀度为五星级；参考价：1500元。

LYF4-1《T119邮政储蓄邮票发行纪念》三枚分币封（甲种）

该币封镶嵌1984年1分、1982年2分和1976年5分各一枚，其他描述如上。市场极为稀少，珍稀度为五星级；参考价1500元。

该币封尚见有未贴邮票、亦未加盖纪念戳者，只加盖了邮政日戳，殊可贵也（图LYF4-1-5— LYF4-1-6）。

图LYF4-1-1《T119邮政储蓄邮票发行纪念》三枚分币封（甲种）
规格：180 mm×106 mm； 珍稀度：★★★★★

为了发展人民储蓄事业，更加便利人民群众储蓄，有力的支援社会主义建设，邮电部门已在绝大多数省市、自治区开办个人邮政活期、定期以及异地存取款等项业务。近年来，我国的广大城市和农村经济发展迅速，人民生活水平不断提高，群众有很多的闲散资金需要储存，因此，通过各种渠道迅速发展储蓄事业势在必行。中国邮政具有点多、面广等特点，邮政储蓄可以为群众提供方便，为发展国民经济提供资金。

为纪念邮电部一九八七年七月一日发行“邮政储蓄”邮票，特印制邮币封一枚。

印数：500枚

首日封设计：陈英汉　汕头市邮票公司 汕头市集邮协会 印制　协43

图LYF4-1-2《T119邮政储蓄邮票发行纪念》三枚分币封（甲种） 背面

汕头市邮政储蓄金砂路营业处开业周年纪念
1987.9.1.
Postal Savings Swatow

邮币封

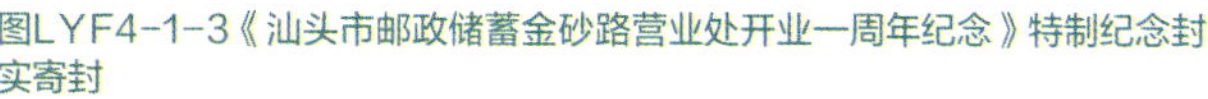

图LYF4-1-3《汕头市邮政储蓄金砂路营业处开业一周年纪念》特制纪念封实寄封
规格：180 mm×106 mm

图LYF4-1-4《汕头市邮政储蓄金砂路营业处开业一周年纪念》特制纪念封 实寄封 背面

图LYF4-1-5《T119邮政储蓄邮票发行纪念》三枚分币封 无票款
规格：180 mm×106 mm；珍稀度：★★★★★

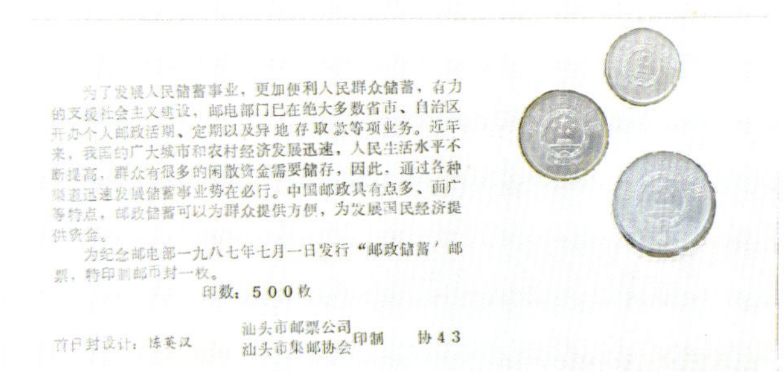

图LYF4-1-6《T119邮政储蓄邮票发行纪念》三枚分币封 无票款 背面

LYF4-2《T119邮政储蓄邮票发行纪念》三枚分币封（乙种）

该币封镶嵌1984年1分、1985年2分和1984年5分币各一枚，其他描述同LY4-1。市场极为稀少，珍稀度为五星级；参考价1500元。

此币封尚见有首日实寄者，殊珍贵也（图LYF4-2-3、LYF4-2-4）。

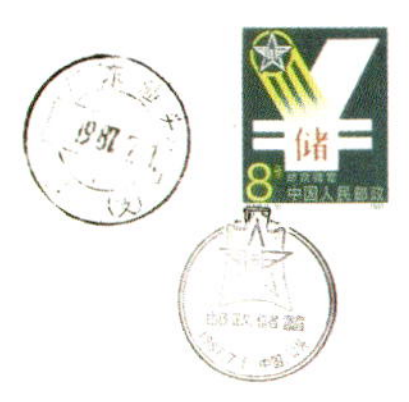

图LYF4-2-1《T119邮政储蓄邮票发行纪念》三枚分币封（乙种）

规格：180 mm×106 mm；珍稀度：★★★★★

为了发展人民储蓄事业，更加便利人民群众储蓄，有力的支援社会主义建设，邮电部门已在绝大多数省市、自治区开办个人邮政活期、定期以及异地存取款等项业务。近年来，我国的广大城市和农村经济发展迅速，人民生活水平不断提高，群众有很多的闲散资金需要储存，因此，通过各种渠道迅速发展储蓄事业势在必行。中国邮政具有点多、面广等特点，邮政储蓄可以为群众提供方便，为发展国民经济提供资金。

为配合邮电部一九八七年七月一日发行“邮政储蓄”邮票，特印制邮币封一枚。

印数：500枚

首日封设计：陈英汉　汕头市邮票公司 汕头市集邮协会 印制　协43

图LYF4-2-2《T119邮政储蓄邮票发行纪念》三枚分币封（乙种） 背面

图LYF4-2-3《T119邮政储蓄邮票发行纪念》三枚分币封（乙种） 实寄封

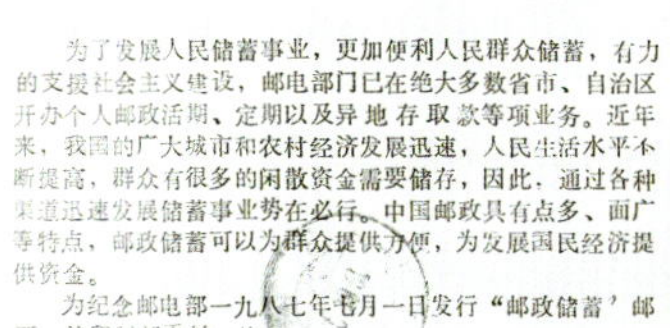
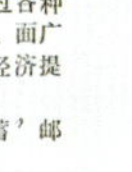

图LYF4-2-4《T119邮政储蓄邮票发行纪念》三枚分币封（乙种） 实寄封背面

5. LYF5《中国印象-骑车图案》系列伍分邮币封（LYF5-1—LYF5-10）

该系列邮币封于1993年由德国发行，镶嵌一枚1986或1989年版5分币，币封正面图案为中国风光：一家五口骑自行车图、长城和桂林山水，爱好者爱称“骑车币封”或“超生游击队币封”，目前已发现贴有九种不同邮票，镶嵌1986年或1989年伍分币，均加盖“北京-623（支）1993.10.22”邮政日戳。背面有中国地图图案，贴有两枚联合国发行的《中国国旗》20美分邮票和9美分邮票，加盖“联合国－纽约1993.12.17”邮戳，并有中国历史概况和中国钱币的简单文字介绍。

币封规格：175 mm×127 mm；发行量：不详，市场多见伪品，以贴宪法邮票者居多，真品则甚为稀少，珍稀度：四星级；参考价：550—700元。

LYF5-1《中国印象－骑车图案》伍分邮币封（甲种－妈祖邮票）

此币封与此套系列其他邮币封不同，镶嵌1986年5分币一枚，贴1992-12《妈祖》20分邮票一枚，其他描述如上。市场甚少见，珍稀度为四星级，参考价700元。

图LYF5-1-1《中国印象-骑车图案》伍分邮币封（甲种）

规格：175 mm×127 mm；珍稀度：★★★★

图LYF5-1-2《中国印象-骑车图案》伍分邮币封（甲种） 背面

图LYF5-2《中国印象-骑车图案》伍分邮币封（乙种） 背同图LYF5-1-2

规格：175 mm×127 mm； 珍稀度：★★★★

图LYF5-3《中国印象-骑车图案》伍分邮币封（丙种） 背同图LYF5-1-2

规格：175 mm×127 mm； 珍稀度：★★★★

LYF5-2《中国印象－骑车图案》伍分邮币封（乙种－宪法邮票）

此币封镶嵌1989年5分币一枚，贴1992-20《新宪法颁布十周年》20分邮票一枚，背同LYF5-1，此种邮币封现市场多见伪品，真品甚少见，珍稀度为四星级，参考价550元。

LYF5-3《中国印象－骑车图案》伍分邮币封（丙种－妈祖邮票）

此币封镶嵌1989年5分币一枚，贴1992-12《妈祖》20分邮票一枚，其他描述如上。市场甚少见，珍稀度为四星级，参考价600元。

LYF5-4《中国印象－骑车图案》伍分邮币封（丁种－十四大邮票）

此币封贴1992-18《中国共产党第十四次全国代表大会》20分邮票一枚，其他描述如上。市场甚少见，珍稀度为四星级，参考价700元。

图LYF5-4《中国印象-骑车图案》伍分邮币封（丁种） 背同图LYF5-1-2

规格：175 mm×127 mm； 珍稀度：★★★★

LYF5-5《中国印象－骑车图案》伍分邮币封（戊种－紫竹邮票）

此币封贴1993-7《竹子－紫竹》（4－1）20分邮票一枚，其他描述如上。市场甚少见，珍稀度为四星级，参考价650元。

图LYF5-5《中国印象-骑车图案》伍分邮币封（戊种） 背同图LYF5-1-2

规格：175 mm×127 mm； 珍稀度：★★★★

LYF5-6《中国印象－骑车图案》伍分邮币封（己种－八届人大邮票）

此币封贴1992－4《第八届全国人民代表大会》20分邮票一枚，其他描述如上。市场甚少见，珍稀度为四星级，参考价650元。

LYF5-7《中国印象－骑车图案》伍分邮币封（庚种－高粱邮票）

此币封贴1992－16《青田石雕－高粱》（4－2）20分邮票一枚，其他描

图LYF5-6《中国印象-骑车图案》伍分邮币封（己种） 背同图LYF5-1-2

规格：175 mm×127 mm； 珍稀度：★★★★

图LYF5-7《中国印象-骑车图案》伍分邮币封（庚种） 背同图LYF5-1-2

规格：175 mm×127 mm； 珍稀度：★★★★

述如上。市场甚少见，珍稀度为四星级，参考价650元。

图LYF5-8《中国印象-骑车图案》伍分邮币封（辛种） 背同图LYF5-1-2
规格：175 mm×127 mm； 珍稀度：★★★★

LYF5-8《中国印象-骑车图案》伍分邮币封（辛种-七运会邮票）

此币封贴1993-12《第七届运动会》20分邮票一枚，其他描述如上。市场甚少见，珍稀度为四星级，参考价650元。

图LYF5-9《中国印象-骑车图案》伍分邮币封（壬种） 背同图LYF5-1-2
规格：175 mm×127 mm； 珍稀度：★★★★

LYF5-9《中国印象-骑车图案》伍分邮币封（壬种-长城邮票）

此币封贴普21《长城》8分邮票一枚，其他描述如上。市场甚少见，珍稀度为四星级，参考价650元。

LYF5-10《中国印象-骑车图案》伍分邮币封（癸种-大楼邮票）

此币封贴普19《北京长话大楼》8分邮票一枚，其他描述如上。市场甚少见，珍稀度为四星级，参考价700元。

图LYF5-10《中国印象-骑车图案》伍分邮币封（癸种） 背同图LYF5-1-2
规格：175 mm×127 mm； 珍稀度：★★★★

6. LYF6《熊猫·长城图案》系列伍分邮币封（LYF6-1—LYF6-2）

此套币封于1996年由加拿大发行，正面是中国万里长城和国宝熊猫图案，镶嵌一枚1990年5分币，贴有不同邮票，加盖“北京-51（支）1996.6.19”邮政日戳；背面主景空白，下面一排印有多个国家国旗图案；附有一张英文说明卡，对中国历史与概况和现行中国钱币作了大概介绍。

币封规格：175 mm×127 mm；发行者：加拿大；发行量：不详；目前市场甚是稀少，珍稀度为四星级+；参考价：800元一枚。

图LYF6-1-1《熊猫·长城图案》伍分邮币封（甲种）
规格：175 mm×127 mm；珍稀度：★★★★☆

LYF6-1《熊猫·长城图案》伍分邮币封（甲种－亚运会邮票）

此币封贴1990-J172《1990北京第十一届亚洲运动会》4分邮票一枚，其他描述如上。市场甚少见，珍稀度为四星级+，参考价800元。

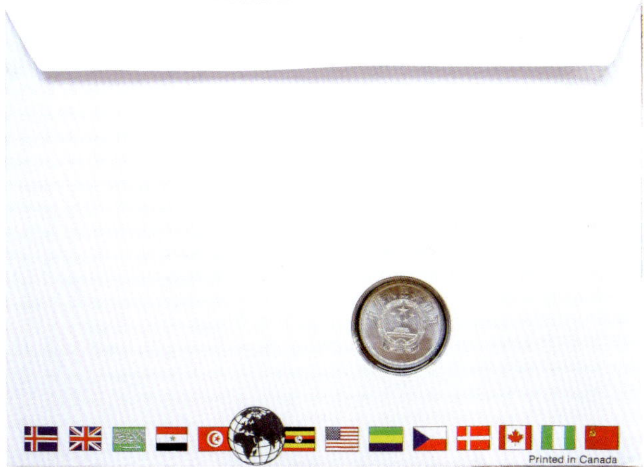

图LYF6-1-2《熊猫·长城图案》伍分邮币封（甲种） 背面

CHINA

The huge nation of China is the third largest in the world with a land mass of 3,696,032 square miles. One-fifth of the world's population, 1.2 billion people, live in China. The population has been growing so rapidly, that the government has introduced legislation to slow the growth: men can't marry until they're 22, women until they're 20, and families can't have more than one child.

China's landscape is as varied as it is large. The northern frontiers experience a subarctic climate, the south is almost tropical; there is fertile farmland in the east, deserts in the west. China is home to many rare wildlife species including golden monkeys, pandas and siberian tigers. The Himalayan Mountains rise across southwestern China; Mount Everest, the world's highest peak, towers 29,028 feet in southern Tibet.

China's written history dates back 3,500 years to the Shang Dynasty. China became an empire under the Han dynasty who reigned from 202 BC to 220 AD. During the period of the empire, which lasted some 2,000 years, a strong society was established, government was centralized, and great cities were built. In 1911 revolutionaries overthrew the empire and China became a republic. The Communist Party came to power in 1949 and has controlled China ever since.

The philosopher Confucius lived around 500 BC. His system of morals have had profound influence on Chinese behaviour. Family is central to the society, the ideal is to have "five generations under one roof". Education is also valued, and scholars are well respected. The Chinese have been extremely inventive, developing such standard items as the compass, silk and paper.

China's monetary system is based on the yuan. The flag was adopted in 1949. The large star is symbolic of the Communist Party, the small stars represent groups of workers.

图LYF6-1-3《熊猫·长城图案》伍分邮币封 英文说明卡

图LYF6-2-1《熊猫·长城图案》伍分邮币封（乙种） 背同图LYF6-1-2

规格：175 mm×127 mm；珍稀度：★★★★☆

LYF6-2《熊猫·长城图案》伍分邮币封（乙种-青田石雕邮票）

此币封贴1992-16《青田石雕-丰收》（4-3）40分邮票一枚，其他描述如上。市场甚稀少，珍稀度为四星级+，参考价800元。

7. LYF7《中国与瑞士联合发行》系列分币邮币封（LYF7-1—LYF7-2）

此系列邮币封由瑞士Philswiss公司发行，镶嵌一枚5分币，或者镶嵌5分币和瑞士法郎硬币各一枚，贴中瑞联合发行《瘦西湖与莱芒湖》邮票小全张或小型张，邮票有不同组合。

币封规格：263 mm×179 mm，系大型邮币封；发行者：瑞士Philswiss公司；发行量：未知；市场极为稀少，珍稀度为五星级；参考价：800—1000元。

图LYF7-1-1《中国与瑞士联合发行》伍分和5法郎邮币封

规格：263 mm×179 mm ；珍稀度：★★★★★

LYF7-1《中国与瑞士联合发行》伍分和5法郎邮币封

此邮币封简称“中瑞联合双币封”，由瑞士Philswiss公司发行，镶嵌1990年5分币和瑞士5法郎硬币各一枚，贴中瑞联合发行

《瘦西湖与莱芒湖》邮票小全张和小型张各一枚，其他描述如上。市场极为稀少，珍稀度为五星级，参考价1000元。

图LYF7-1-2《中国与瑞士联合发行》伍分和5法郎邮币封 背面

LYF7-2《中国与瑞士联合发行》伍分邮币封

此邮币封简称“中瑞联合5分币封”，1998年由瑞士Philswiss公司发行，镶嵌中国1989年版5分流通硬币一枚，贴中瑞联合发行《瘦西湖与莱芒湖》邮票小全张两枚，其他描述如上。市场极为稀少，珍稀度为五星级，参考价800元。

图LYF7-2-1《中国与瑞士瑞联合发行》伍分邮币封

规格：263 mm×179 mm； 珍稀度：★★★★★

图LYF7-2-2《中国与瑞士瑞联合发行》伍分邮币封 背面

图LYF8-1-1《庆祝上海市钱币学会成立三十五周年纪念》伍分邮币封
规格：220 mm×110 mm； 珍稀度：★★★★

图LYF8-1-2《庆祝上海市钱币学会成立三十五周年纪念》伍分邮币封　背面

图LYF8-1-3《庆祝上海市钱币学会成立三十五周年纪念》伍分邮币封
内卡　正面　右上角带穿孔

8. LYF8《庆祝上海市钱币学会成立三十五周年纪念》伍分邮币封（LYF8-1）

此邮币封是上海市钱币学会为庆祝其成立三十五周年（1983-2018）而特别发行的。1983年10月17日，由中国人民银行上海市分行和上海市人民政府文化局发起成立了上海市钱币学会，截至2018年，学会历经35年的发展，集中了上海钱币界老中青专家、学者和资深钱币收藏家，在钱币学与货币文化的研究领域与时俱进，开创了钱币学、货币文化与现代金融体系研究的新局面，得到了国家和地方的许多学术奖项。

此币封采用分体式设计，系迄今为止甚为罕见的分体式邮币封之一，其外封是未开孔的纪念封，贴带有上海钱币学会徽章图案副联的《贺》字1.2元邮票一枚；内卡镶嵌一枚1983年5分币并带流水编号。由上海造币厂制作，内卡为硬币书签设计，系迄今为止为数不多的造币厂官方钱币书签之一。

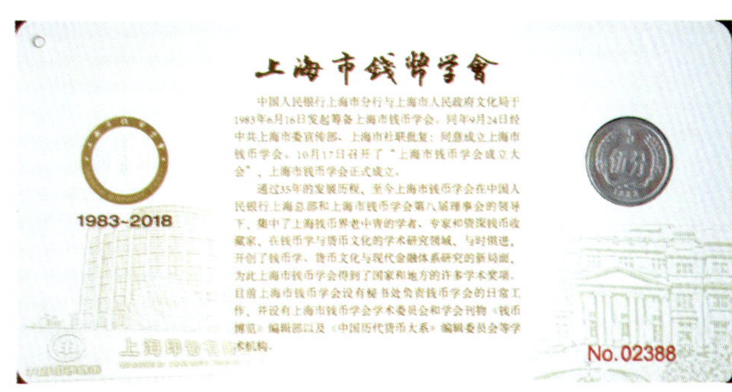

图LYF8-1-4《庆祝上海市钱币学会成立三十五周年纪念》伍分邮币封内卡　背面

币封规格：220 mm×110 mm；发行者：上海市钱币学会；发行量：3000枚；基本在学会和上海金融系统内部收藏沉淀，流入市场甚少，珍稀度为四星级，参考价420元。

第三节　第二套流通硬币长城币邮币封（LYC）

在中国现代钱币学分类体系中长城币属于第三套人民币，在流通硬币体系中则系第二套流通硬币。长城币自1980年4月15日开始发行，由于技术设备和产能不足，其生产铸造的初衷不是为了国内市场流通需要，而是在改革开放的新形势下，为满足钱币收藏爱好者的需要，配合发展旅游事业，增加外汇收入，为"四个现代化"建设积累资金，而开展向国外销售人民币业务的需要而增发的，连同1、2、5分币精制成套装册向外国和港澳台地区发售，国内只是象征性的少量发行。该套硬币由沈阳造币厂和上海造币厂铸造，以沈阳造币厂为主，由于印制管理局没有要求大规模生产，加之生产设备没有及时跟进，两厂并没有专门的铸造长城币的生产线而是穿插在分币的生产车间里。

从铸造数量看，第二套流通硬币产量很少，1980年投产后年产量一直很低，截至1986年仅生产了短短7年即全面停产。普制年版号有1980、1981、

1983、1985（其中1985年未生产2角币版），精制套装币的年版号分别为1980（样币）、1981、1982、1983、1984、1985、1986。根据《中国当代印钞造币志》记载，7年中总共仅铸造2.37亿枚长城麦穗币，其中上海造币厂仅铸造了3853.8万枚，其余近2亿枚是沈阳造币厂铸造的。根据笔者测算，公开铸行的17种版别长城币折合每品种产量约1394万枚。其中1角铸造8279万枚占35.0%，公开铸行的4种1角币折合每种产量约2070万枚；2角共铸造1827.5万枚占7.7%，公开铸行的3种2角币折合每种产量约609万枚；5角共生产3934.7万枚占16.6%，公开铸行的4种5角币折合每种产量约984万枚；1元共铸造9638.4万枚占40%，公开铸行的7种版别的1元币折合每种产量约1377万枚；上面平均概算没有统计精制装帧套装硬币册中的珍稀品种，像1982、1984、1986年版和1981年上海版、1985年2角币产量只有从660枚到2万枚左右，少得凤毛麟角可以忽略不计。

第二套流通硬币于1987年初停止铸造，中国人民银行于1999年12月10日发布公告，自2000年7月1日起停止第三套人民币（包括第三套人民币纸币和硬币）的市场流通，如此，第二套流通硬币在流通了短暂的20年之后，成为共和国迄今为止唯一一套完全正式退出流通的硬币。长城麦穗币图案庄严美观、工艺精湛、币材较贵、铸量稀少，其中有“中国硬币之王”称号的1986年长城币，还有1981年上海版、1982年、1984年上海版与沈阳版、1985年2角等第二套流通硬币“十七珍”，在钱币收藏界已成为爱好者竞相追逐的钱币珍品，在共和国铸币史和钱币收藏史上有着独特的历史地位和重要价值。

由于长城币发行伊始，即受到了国内外钱币爱好者的广泛好评和喜爱，因此一些地方邮政公司、集邮公司和外国机构装帧发行了多种长城币邮币封，其中部分和硬分币一起装帧成套装邮币卡，也有些是单独装帧发行。截至目前共发现18个品种或系列、45种版别。这些精美典雅的邮币封更是受到长城币与邮票爱好者的喜爱和推崇，但由于发行量较少，目前收藏市场大都踪迹难觅，笔者也仅收集到40余种版别，现按照发行年代的先后顺序、长城币或邮票种类分别展示并详述之。

1. LYC1《庆祝中华人民共和国成立三十五周年》系列1983年壹圆长城币封（LYC1-1—LYC1—5）

此套币封简称“上海版建国三十五周年长城币封”。1984年10月1日中华人民共和国成立三十五周年，为庆祝这一重大节日，同时为祝贺上海市职工集邮爱好者协会第一次代表大会胜利召开，上海市职工集邮爱好者协会特发行长城币封一套五枚，均镶嵌1983年壹圆长城币一枚，正面图案为竖式五星红旗和一段《国歌》乐谱，分别贴1984-J105《中华人民共和国成立三十五周年》5种不同邮票各一枚，加盖“中华人民共和国成立三十五周年（1949-1984）-上海1984.10.1”纪念邮戳。当时此币封之纪念封是专门为发行邮币封而设计制作的，但由于装帧时1983年壹圆长城币数量不足，协会又把剩余的已打孔、贴邮票和盖纪念戳的少量纪念封装帧了1983年伍角长城币。另有少部分印制好未打孔和贴邮票的空纪念封留存在协会内，数年之后又二次加工成1984年伍分、1980年伍角等币封，贴不同题材邮票加盖不同纪念邮戳制作成邮币封，但由于这些币封是二次加工而成，不属于正宗邮币封，本书暂不列入图录。

币封规格：185 mm×150 mm；设计者：巴仁；发行者：上海市职工集邮爱好者协会；发行量：不详。本来发行量较少，加之随着1983年长城币价格的升高币商又拆了很多，现市场极为少见，珍稀度为五星级；参考价：1500元一枚，8000元一套。

LYC1-1《庆祝中华人民共和国成立三十五周年》1983年壹圆长城币封（甲种-壮丽的图景）

此币封贴1984-J105《中华人民共和国成立三十五周年-壮丽的图景》（5-1）8分邮票一枚，其他描述如上。市场极为稀少，珍稀度为五星级，参考价1500元。

LYC1-2《庆祝中华人民共和国成立三十五周年》1983年壹圆长城币封（乙种-希望的田野）

此币封贴1984-J105《中华人民共和国成立三十五周年-希望的田野》

图LYC1-1-1《庆祝中华人民共和国成立三十五周年》83年壹圆长城币封（甲种）

规格：185 mm×150 mm；珍稀度：★★★★★

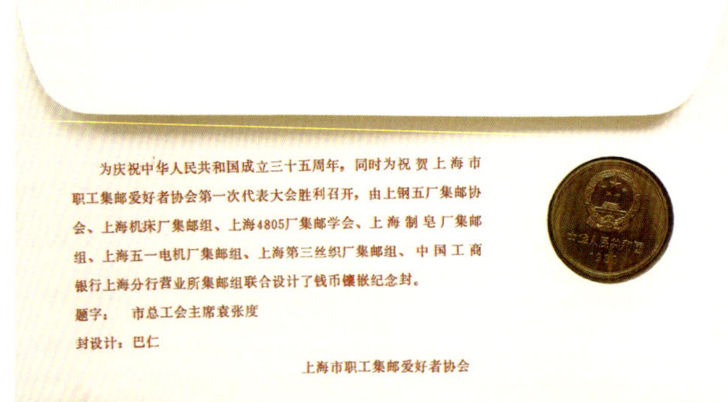

为庆祝中华人民共和国成立三十五周年，同时为祝贺上海市职工集邮爱好者协会第一次代表大会胜利召开，由上钢五厂集邮协会、上海机床厂集邮组、上海4805厂集邮学会、上海制皂厂集邮组、上海五一电机厂集邮组、上海第三丝织厂集邮组、中国工商银行上海分行营业所集邮组联合设计了钱币镶嵌纪念封。

题字：　市总工会主席袁张度

封设计：巴仁

上海市职工集邮爱好者协会

图LYC1-1-2 《庆祝中华人民共和国成立三十五周年》83年壹圆长城币封（甲种） 背面

图LYC1-2-1《庆祝中华人民共和国成立三十五周年》83年壹圆长城币封（乙种） 背同图LYC1-1-2

规格：185 mm×150 mm；珍稀度：★★★★★

（5-2）8分邮票一枚，背面同上，其他描述如上。市场极为稀少，珍稀度为五星级，参考价1500元。

LYC1-3《庆祝中华人民共和国成立三十五周年》1983年壹圆长城币封（丙种-光辉的前程）

图LYC1-3-1《庆祝中华人民共和国成立三十五周年》83年壹圆长城币封（丙种） 背同图LYC1-1-2

规格：185 mm×150 mm；珍稀度：★★★★★

此币封贴1984-J105《中华人民共和国成立三十五周年-光辉的前程》（5-3）20分邮票一枚，其他描述如上。市场极为稀少，珍稀度为五星级，参考价1500元。

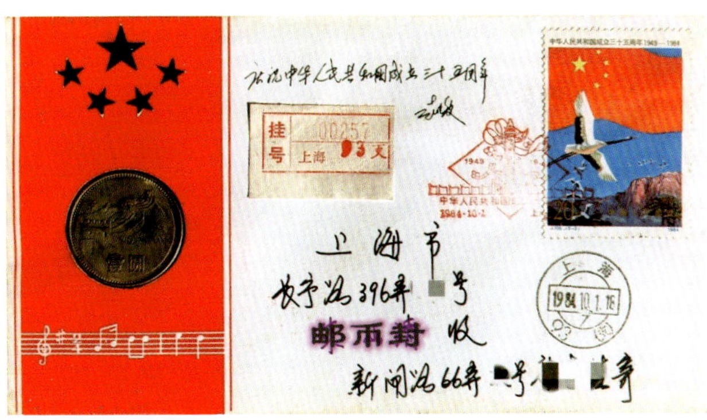

图LYC1-3-2《庆祝中华人民共和国成立三十五周年》83年壹圆长城币封（丙种） 实寄封

尚见此币封之首日实寄封者，殊珍贵也（图LYC1-3-2、LYC1-3-3）。

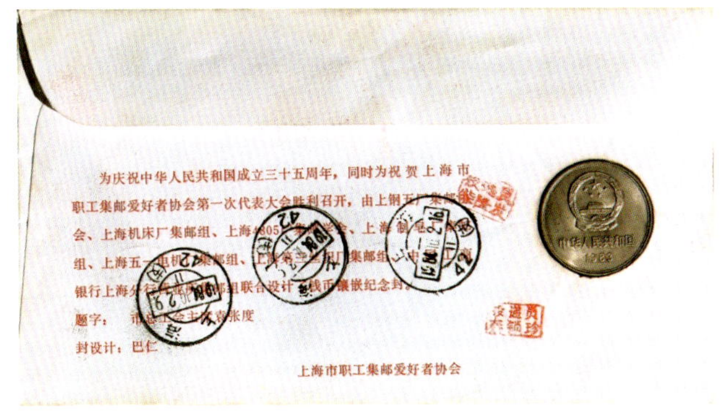

图LYC1-3-3《庆祝中华人民共和国成立三十五周年》83年壹圆长城币封（丙种） 实寄封 背面

LYC1-4《庆祝中华人民共和国成立三十五周年》1983年壹圆长城币封（丁种-科学的春天）

图LYC1-4-1《庆祝中华人民共和国成立三十五周年》83年壹圆长城币封（丁种） 背同图LYC1-1-2

规格：185 mm×150 mm；珍稀度：★★★★★

此币封贴1984-J105《中华人民共和国成立三十五周年－科学的春天》（5-4）8分邮票一枚，其他描述如上。市场极为稀少，珍稀度为五星级，参考价1500元一枚。

尚见加盖邮政日戳者，尤为稀少（图LYC1-4-2）。

图LYC1-4-2《庆祝中华人民共和国成立三十五周年》83年壹圆长城币封（丁种） 加盖邮政日戳

LYC1-5《庆祝中华人民共和国成立三十五周年》1983年壹圆长城币封（戊种－保卫你祖国）

此币封贴1984-J105《中华人民共和国成立三十五周年－保卫你祖国》（5-5）8分邮票一枚，其他描述如上。市场极为稀少，珍稀度为五星级，参考价1500元。

市场尚见首日实寄封者，殊珍贵也（图LYC1-5-2、LYC1-5-3）。

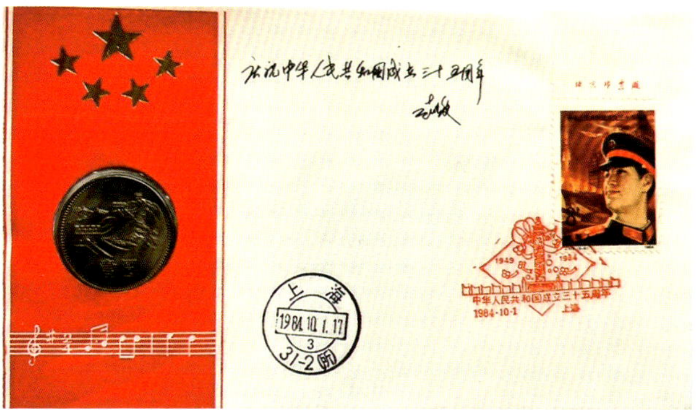

图LYC1-5-1《庆祝中华人民共和国成立三十五周年》83年壹圆长城币封（戊种） 背同图LYC1-1-2

规格：185 mm×150 mm；珍稀度：★★★★★

图LYC1-5-2《庆祝中华人民共和国成立三十五周年》83年壹圆长城币封（戊种） 实寄封

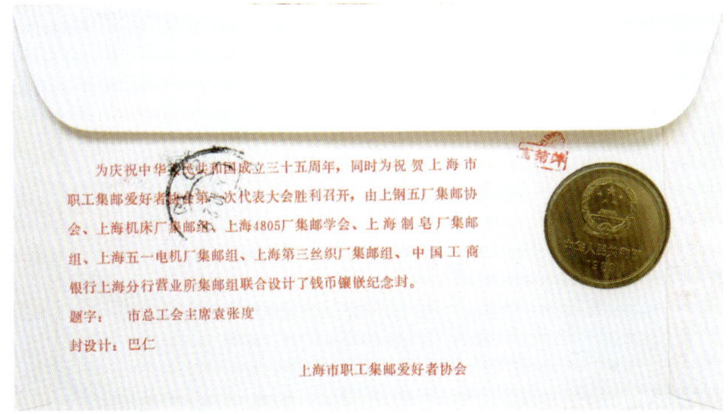

图LYC1-5-3 《庆祝中华人民共和国成立三十五周年》83年壹圆长城币封（戊种） 实寄封 背面

图LYC2-1-1《北京首日封邮折展览》81年壹圆长城币封

规格：180 mm×105 mm； 珍稀度：★★★☆

B.J.F-4〈北京首日封、邮折展览1985·7·香港〉纪念邮币封

北京市邮票公司和商务印书馆香港分馆邮票艺术中心于1985年7月11日在香港举办"北京首日封、邮折展览"，为此，特设计印制纪念邮币封一枚。

B.J.F-4 P.N.C. for F.D.C. and S.F. Exhibition of Beijing 1985 . 7 . Hongkong

Beijing Stamp Company and the Stamp and Arts Centre of the Commercial Press, Ltd. H.K. held a "F.D.C. and S.F. Exhibition of Beijing" in Hongkong on July 11, 1985. A commemorative philatelic-numismatic cover has been designed and released for the occasion.

北京市邮票公司

BEIJING STAMP COMPANY

纪念封题字：周而复

纪念邮币封设计者：宋书琴

图LYC2-1-2《北京首日封邮折展览》81年壹圆长城币封 背面

图LYC2-1-3《北京首日封邮折展览》81年壹圆长城币封 黑色纪念戳1

2. LYC2《北京首日封邮折展览》81年壹圆长城币封（LYC2-1）

北京市邮票公司和商务印书馆香港分馆邮票艺术中心于1985年7月11日在香港联合举办“北京首日封邮折展览”，北京市邮票公司为此特发行纪念邮币封一套一枚，编号：B.J.F-4。封面正面主图是雄伟的万里长城，镶嵌沈阳版1981年壹圆长城币一枚，贴普21《长城》8分邮票一枚，加盖“北京－八达岭1985.7.11”首日邮戳，展览会现场为特殊群体尚少量加盖了“北京首日封·邮折展览－香港1985.7.11”黑色或红色纪念邮戳。需要特别提及的是，此种邮币封镶嵌的811长城币大都是镜面初铸币，加之岁月沉淀，很多长城币表面形成彩色的蓝彩或黄金彩包浆，甚是美丽。

币封规格：180 mm × 105 mm；设计者：宗书琴，题字：周而复；发行者：北京市邮票公司；发行量：不详，根据封背编码估算约5000枚。市场赝品较多，真品较少见，珍稀度为三星级+；参考价：根据加盖邮戳不同250-650元一枚。

图LYC2-1-3和LYC2-1-4分别加盖黑色的牡丹和天坛邮展纪念戳，图LYC2-1-5加盖红色天坛邮展纪念戳，均甚稀少。

尚见加盖红色纪念戳和设计者宗书琴签名款，殊珍贵也（LYC2-1-6）。

图LYC2-1-4《北京首日封邮折展览》81年壹圆长城币封 黑色纪念戳2

图LYC2-1-5《北京首日封邮折展览》81年壹圆长城币封 红色纪念戳

图LYC2-1-6《北京首日封邮折展览》81年壹圆长城币封 红色纪念戳签名款

图LYC3-1-1《中国北京市经济贸易展览会》81年壹圆长城币封　开幕日戳

规格：180 mm×105 mm；　珍稀度：★★★☆

图LYC3-1-2《中国北京市经济贸易展览会》81年壹圆长城币封　开幕日戳背面

图LYC3-1-3《中国北京市经济贸易展览会》81年壹圆长城币封　闭幕日戳背面同图LYC3-1-2

3. LYC3《中国北京市经济贸易展览会》1981年壹圆长城币封（LYC3-1）

为加强北京和华盛顿两个友好成市及中美两国人民之间的友好往来，扩大两国间的经济贸易合作。“中国北京市经济贸易展览会”于1985年9月26日—10月4日在美国华盛顿市举行。为此北京市邮票公司特发行邮币封一套一枚，编号B.J.F-6。封面正面主图是雄伟的万里长城，镶嵌沈阳版1981年壹圆长城币一枚，贴1985-T38《长城》（4-1）8分邮票一枚，分别加盖“北京八达岭”两种邮政日戳，日期为展览会开幕日（1985年9月26日）和闭幕日（1985年10月4日）。和LYC2币封一样，此币封中811长城币多为镜面初铸币，并形成黄金彩或蓝彩，非常优美。

币封规格：180 mm × 105 mm；设计者：汪钟放；发行者：北京市邮票公司；发行量：不详。此币封市场多见伪品，真品少见，珍稀度为三星级+，参考价250元一枚。

市场尚见首日实寄封并设计者汪钟放签章者，殊可贵也（图LYC3-1-4、LYC3-1-5）。

图LYC3-1-4《中国北京市经济贸易展览会》81年壹圆长城币封设计者签章款 实寄封

图LYC3-1-5《中国北京市经济贸易展览会》81年壹长城币封设计者签章款 实寄封背面

4. LYC4《中华人民共和国成立四十年周年－祖国万岁》1985年长城币封（LYC4-1）

1989年10月1日是中华人民共和国成立四十周年纪念日，为庆祝这一重大节日，青岛钢丝绳厂集邮协会和中华自制封交流中心特联合发行《中华人民共和国成立四十周年纪念－祖国万岁》长城币邮币封一枚。邮币封正面主图是金色五星、天安门和祖国万岁四个篆体大字，色调吉祥喜庆而又庄严，镶嵌1985年壹圆长城币一枚，贴J163《中华人民共和国成立四十周年（1949－1989）》邮票一套四枚，加盖两枚"中华人民共和国成立四十周年"纪念邮戳，和一枚"山东青岛89.10.1"邮政日戳。此币封发行量很少，系珍稀地方

图LYC4-1-1《中华人民共和国成立四十年周年-祖国万岁》85年长城币封
规格：178 mm×106 mm；珍稀度：★★★★★

为纪念中华人民共和国成立
四十周年、特制此封。

首日封设计：荷叶

青岛钢丝绳厂集邮协会
中华自制封交流中心 敬赠
青岛明星印刷厂印制

图LYC4-1-2《中华人民共和国成立四十年周年-祖国万岁》85年长城币封背面

版邮币封之一。

币封规格：178 mm×106 mm；设计者：荷叶；发行者：青岛钢丝绳厂集邮协会和中华自制封交流中心联合发行；发行量：不详。市场极为稀少，珍稀度为五星级；参考价1500元。

5. LYC5《中国-长城》壹圆长城币和纸币封（LYC5-1）

此邮币封简称“长城币纸币封”，1995年由瑞士Philswiss公司发行，封面有此邮币封的主题—“China《GrsseMauer》（中国长城）”字样，正面主图是雄伟的万里长城，镶嵌1981年壹圆长城币和1980年版壹圆纸币各一枚，贴普22《长城》8分邮票四方连，加盖两枚“北京-51（支）1995.5.4”邮政日戳，附有一张德文说明卡（图LYC5-1-3）。

币封规格：263 mm×179 mm，系大型邮币封；发行者：瑞士Philswiss公司；发行量：未知；市场已出现赝品，真品甚为少见，珍稀度为四星级；参考价800元。

图LYC5-1-1《中国-长城》壹圆长城币和纸币封

规格：263 mm×179 mm；珍稀度：★★★★

图LYC5-1-2《中国-长城》壹圆长城币和纸币封 背面

China – Große Mauer

Was man hierzulande als «Chinesische Mauer» bezeichnet, nennen die Chinesen selber einfach «Große Mauer» – ein Name, der diesem Werk kaum gerecht wird …

Würde man einen riesigen Blauwal als «Fischlein» bezeichnen, so wäre das ungefähr dem Ausdruck «Große Mauer» für den Monumentalbau an der nordchinesischen Grenze gleichzusetzen … Bekanntlich geben sich aber die Chinesen gerne bescheiden, und so dürfte es wohl zu verstehen sein, daß sie ihren mehrere Tausend Kilometer langen, zwischen 4,5 und 12 Meter hohen und an seiner Basis 8 Meter dicken steinernen Schutzwall so unspektakulär benennen.
Es ist bei solchen Maßen kaum verwunderlich, daß die «Große Mauer» als gewaltigstes Bauwerk gilt, das je von Menschenhand erschaffen wurde. In neueren Untersuchungen aus China war von fast 10 000 Kilometern Gesamtlänge die Rede, während die üblichen Quellen Mindestzahlen von über 6000 Kilometern nennen; in beiden Fällen sind allerdings die zahlreichen Abzweigungen und Ausläufer mitgerechnet.
Jenes riesige Stück, das bereits um das Jahr 200 v. Chr., unter Kaiser Schi Huang Ti, fertiggestellt wurde, maß rund 2500 Kilometer; die dafür aufgeschüttete Bausubstanz beträgt ungefähr das 120fache Volumen der Cheopspyramide, der größten ägyptischen Pyramide. Der Kaiser ließ damals innert relativ kurzer Zeit drei bestehende Schutzvorrichtungen der nördlichen Staaten seines Reiches miteinander verbinden; die größte Schutzmauer der Erde, an deren Errichtung 300 000 Arbeiter beteiligt waren, hielt endlich die immer wieder einfallenden Mongolen zurück.
Ein großer Teil der in der Ming-Zeit weiter ausgebauten Anlage bestand aus zwei einzelnen, stabilen Mauern, deren Zwischenraum mit verschiedenen Materialien aufgefüllt wurde.

图LYC5-1-3《中国-长城》壹圆长城币和纸币封　德文说明卡

6. LYC6《永远的长城、永远的美国－2012休斯顿钱币展览会》系列1985年长城币封（LYC6-1—LYC6-4）

此系列邮币封简称“休斯顿币展”851长城币封。2012年8月25日，美国在德克萨斯州休斯顿市举办“2012休斯顿钱币展览会”，为了纪念这一展会组委会特别发行了《永远的长城、永远的美国》主题长城币邮币封一套四枚。币封正面主图为美国德克萨斯州旗帜和棉花种植园图景，背面主图为普21《长城》邮票上的万里长城图，并附有2012休斯顿钱币展览会组委会主任Jessica.R.Ryan签名的鉴定证明书，尚发现有极少的无签名版；镶嵌一枚

1985年沈阳版壹圆长城币，分别贴美国“自由、民主、平等、正义”无面值邮票各一枚，加盖“首日戳”和“德克萨斯·休斯顿2012.8.25”邮政日戳。

币封规格：192 mm ×100 mm；发行者：2012休斯顿钱币展览会组委会；发行量：250套，总计1000枚；市场已出现赝品，真品极为稀少，珍稀度为五星级；参考价：1000元一枚，4000元一套。

图LYC6-1-1《永远的长城、永远的美国-2012休斯顿钱币展览会》85年长城币封（甲种）

规格：192 mm×100 mm；珍稀度：★★★★★

图LYC6-1-2《永远的长城、永远的美国-2012休斯顿钱币展览会》85年长城币封（甲种） 背面

LYC6-1《永远的长城、永远的美国-2012休斯顿钱币展览会》1985年长城币封（甲种-自由）

此币封贴2012年无面值美国国旗图案《Freedom（自由）》邮票一枚，其他描述如上。市场极为稀少，珍

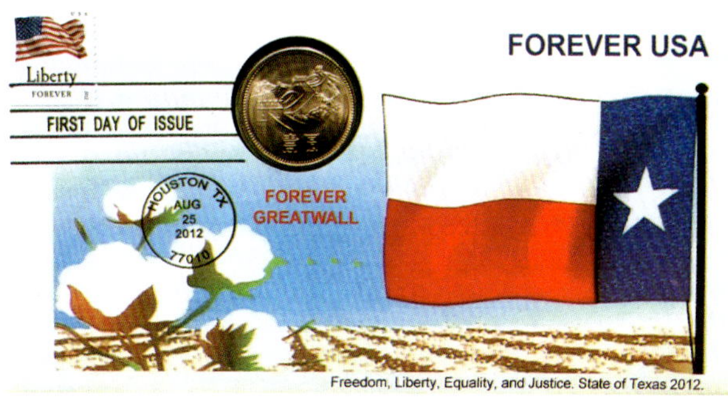

图LYC6-2-1《永远的长城、永远的美国-2012休斯顿钱币展览会》85年长城币封（乙种） 背同图LYC6-1-2

规格：192 mm×100 mm；珍稀度：★★★★★

稀度为五星级；参考价1000元。

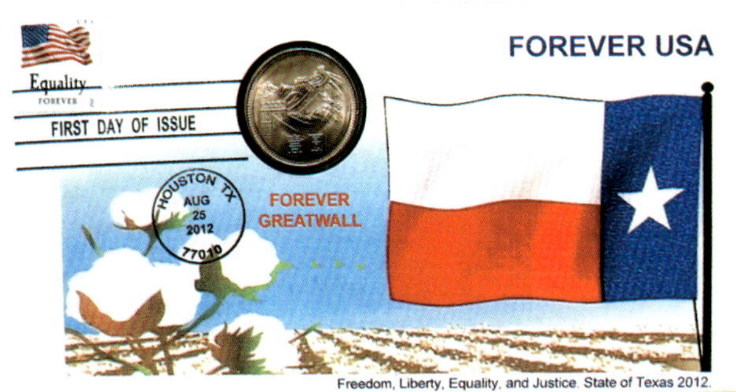

图LYC6-3-1《永远的长城、永远的美国-2012休斯顿钱币展览会》85年长城币封（丙种）　背同图LYC6-1-2

规格：192 mm×100 mm；珍稀度：★★★★★

LYC6-2《永远的长城、永远的美国－2012休斯顿钱币展览会》1985年长城币封（乙种－民主）

此币封贴2012年无面值美国国旗图案《Liberty（民主）》邮票一枚，其他描述如上。市场极为稀少，珍稀度为五星级；参考价1000元。

图LYC6-4-1《永远的长城、永远的美国-2012休斯顿钱币展览会》85年长城币封（丁种）　背同图LYC6-1-2

规格：192 mm×100 mm；珍稀度：★★★★★

LYC6-3《永远的长城、永远的美国－2012休斯顿钱币展览会》1985年长城币封（丙种－平等）

此币封贴2012年无面值美国国旗图案《Equality（平等）》邮票一枚，其他描述如上。市场极为稀少，珍稀度为五星级；参考价1000元。

LYC6-4《永远的长城、永远的美国－2012休斯顿钱币展览会》1985年长城币封（丁种－正义）

此币封贴2012年无面值美国国旗图案《Justice（正义）》邮票一枚，其他描述如上。市场极为稀少，珍稀度为五星级；参考价1000元一枚。

7. LYC7《’93中华全国集邮展览—纪念毛泽东同志诞辰100周年》系列1981年长城币明信片（LYC7-1—LYC7-2）

此邮币封简称“全国邮展-主席诞辰100年”811长城币明信片。1993年11月16至25日中华全国集邮联合会举办了“’93中华全国集邮展览”，同时为纪念毛主席诞辰100周年，中华全国集邮联合会和中国印钞造币总公司联合发行了此系列邮币明信片，编号JYLK2。明信片主图为万里长城，镶嵌1981年沈阳版壹圆长城币一枚，贴普22《长城》8分邮票一枚，加盖“’93中华全国集邮展览—纪念毛泽东同志诞辰100周年1993.11.16-25”纪念邮戳，尚见很少无邮票和邮戳者，同时还发行了甚少的“海南国际体育‘邮交会’”特别加字版。

图LYC7-1-1《’93中华全国集邮展览—纪念毛泽东同志诞辰100周年》81年长城币明信片（甲种） 背面

规格：150 mm×100 mm；珍稀度：★★★☆

特别说明的是，此邮币明信片正面“中华人民共和国”英文“The People's Republic of China”错误拼写为“The People's Repudlic of china”，我国的国家英文名称竟然有两处拼写错误，其

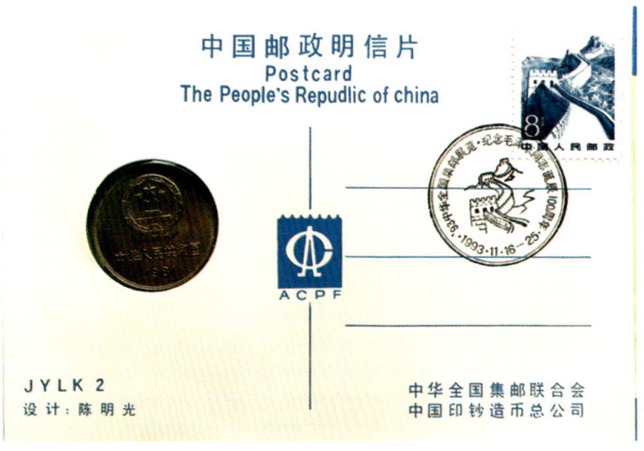

图LYC7-1-2《’93中华全国集邮展览—纪念毛泽东同志诞辰100周年》81年长城币明信片（甲种） 正面

中把“中国”的英文错写成“瓷器”，实为罕见，是“错版明信片”。另此明信片之81年长城币常有蓝彩或黄金彩者，甚美丽。

明信片规格：150 mm×100 mm；设计者：陈明光；发行者：中华全国集邮联合会和中国印钞造币总公司联合发行；发行量：不详；此明信片市场多见伪品，真品少见，而加字版甚为稀少，珍稀度为三星级+到四星级；参考价：250—750元。

LYC7-1《’93中华全国集邮展览—纪念毛泽东同志诞辰100周年》1981年长城币明信片（甲种-普通版）

此邮币明信片属于普通版，正面贴普22《长城》8分邮票一枚，加盖“’93中华全国集邮展览—纪念毛泽东同志诞辰100周年1993.11.16-25”纪念邮戳。伪品很多，市场真品已少见，珍稀度为三星级+，参考价250元。

市场尚有此邮币明信片无邮票无邮戳款，甚少见也（图LYC7-1-3）。

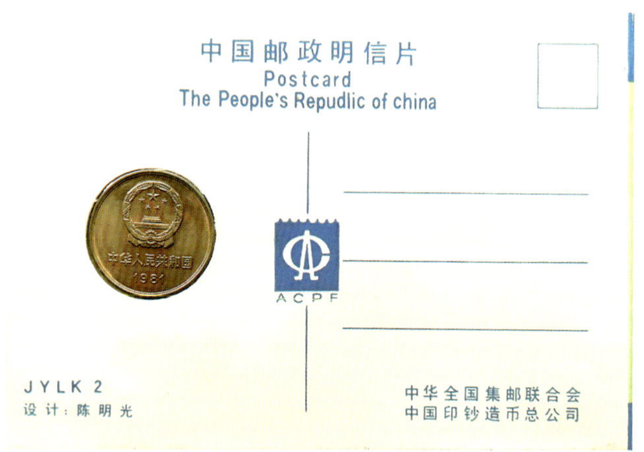

图LYC7-1-3《’93中华全国集邮展览—纪念毛泽东同志诞辰100周年》81年长城币明信片（无票） 正面 背面同图LYC7-1-1

图LYC7-2-1《’93中华全国集邮展览—纪念毛泽东同志诞辰100周年》81年长城币明信片（乙种） 背面 正面同图LYC7-1-2

规格：150 mm×100 mm；珍稀度：★★★★

LYC7-2《’93中华全国集邮展览—纪念毛泽东同志诞辰100周年》系列1981年长城币明信片（乙种－加字版）

此邮币明信片在普通版的基础上，在明信片背面标题中增加了“海南国际体育‘邮交会’”，是特别的加字版，其他描述同LYC7-1。市场甚为少见，珍稀度为四星级，参考价750元。

8. LYC8《毛泽东诞辰一百周年》系列1981年长城币邮币折（LYC8-1—LYC8-2）

图LYC8-1-1《毛泽东诞辰一百周年》81年长城币邮币折（甲种） 内页

规格：208 mm×160 mm；珍稀度：★★★★

图LYC8-1-2《毛泽东诞辰一百周年》81年长城币邮币折（甲种） 外封

该系列邮币折简称为“主席诞辰长城币邮币折”，是1993年11月26日为纪念毛主席诞辰一百周年，由北京钱币册厂装帧制作的。该邮币折设计以中国红为主色调，有毛主席的亲笔题词毛体草书“不到长城非好汉”，采用对折排版设计。镶嵌一枚1981年壹圆长城币，并镶嵌1993－17《纪念毛泽东同志诞生一百周年（1893－1993）》5元邮票小型

图LYC8-2-1《毛泽东诞辰一百周年》81年长城币邮币折（乙种） 内页
规格：208 mm×160 mm；珍稀度：★★★★

图LYC8-2-2《毛泽东诞辰一百周年》81年长城币邮币折（乙种） 外封

张一枚。

邮币折规格：展开208 mm×160 mm；制作者：北京钱币册厂；产量：不详；市场甚少见，珍稀度为四星级，参考价800元。

LYC8-1《毛泽东诞辰一百周年》1981年长城币邮币折（甲种－长城版）

此邮币折内侧镶嵌长城币的左侧内页于硬币下方有长城图案，其他描述如上。市场甚少见，珍稀度为四星级，参考价800元。

LYC8-2《毛泽东诞辰一百周年》1981年长城币邮币折（乙种－题词版）

此邮币折内侧镶嵌长城币的左侧内页于硬币下方无长城图案，而是毛主席亲笔题词“不到长城非好汉”。其他描述如上。市场甚少见，珍稀度为四星级，参考价800元。

9. LYC9《万里长城》壹圆长城币和纸币邮币折（LYC9-1—LYC9-2）

图LYC9-1-1《万里长城》壹圆长城币和纸币邮币折（甲种） 内页
规格：318 mm×87 mm；珍稀度：★★★★

图LYC9-1-2《万里长城》壹圆长城币和纸币邮币折（甲种） 外封

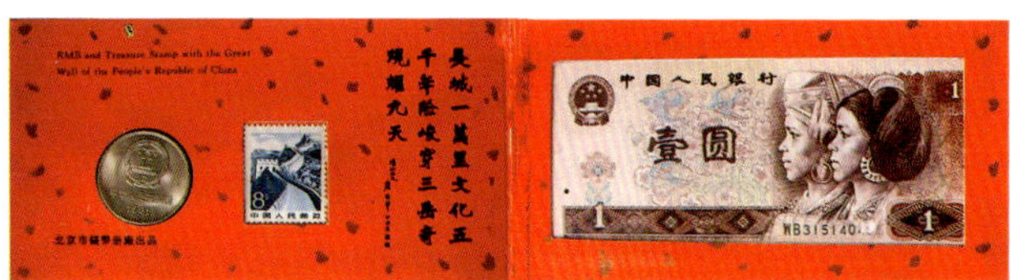

图LYC9-2-1《万里长城》壹圆长城币和纸币邮币折（乙种） 内页
规格：318 mm×87 mm；珍稀度：★★★★

图LYC9-2-2《万里长城》壹圆长城币和纸币邮币折（乙种） 外封

该邮币折简称为“万里长城”长城币纸币邮币折，是由北京钱币册厂装帧制作的。该邮币折设计以中国红为主色调，采用对折排版设计。封面主题有变化，或为腾飞的巨龙，或为长城图案；镶嵌1981年壹圆长城币和1980年版壹圆纸币各一枚，并镶嵌普22《长城》8分邮票一枚。

邮币折规格：展开318 mm×87 mm；制作者：北京钱币册厂；产量：不详；市场甚少见，珍稀度为四星级，参考价480元。

LYC9-1《万里长城》壹圆长城币和纸币邮币折（甲种－中国龙）

该邮币折简称为“万里长城－中国龙”长城币纸币邮币折。封面主图为取材于北京故宫九龙壁的飞龙，象征着中华巨龙已腾飞；其他描述同上。市场甚为少见，珍稀度为四星级，参考价480元。

LYC9-2《万里长城》壹圆长城币和纸币邮币折（乙种－万里长城）

该邮币折简称为“万里长城”长城币纸币邮币折。封面主图为雄伟的万里长城；其他描述同上。市场甚为少见，珍稀度为四星级，参考价480元。

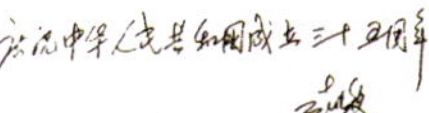

图LYC10-1-1《庆祝中华人民共和国成立三十五周年》83年伍角邮币封

规格：185 mm×150 mm；珍稀度：★★★★★

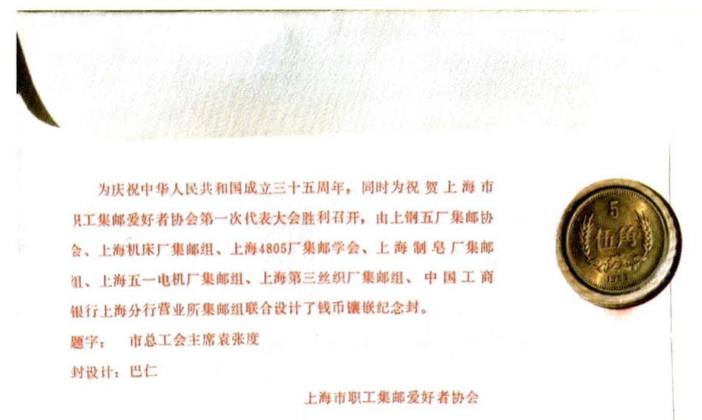

图LYC10-1-2《庆祝中华人民共和国成立三十五周年》83年伍角邮币封　背面

10. LYC10《庆祝中华人民共和国成立三十五周年》1983年伍角邮币封（LYC10-1）

此邮币封简称“建国三十五周年1983伍角邮币封”，系上海市职工集邮爱好者协会制作发行《庆祝中华人民共和国成立三十五周年》1983年长城币邮币封时，因1983年壹元长城币数量不足，少量镶嵌1983年伍角而成。其他描述同LYC1。

币封规格：185 mm×150 mm；设计者：巴仁；发行者：上海市职工集邮爱好者协会；发行量：不详。市场极为稀少，珍稀度为五星级，参考价1000元。

11. LYC11《第十七个“世界邮政日”纪念》1981年伍角邮币封（LYC11-1）

万国邮政联盟是联合国处理邮政事务的专门机构，为了广泛宣传邮政在

图LYC11-1-1《第十七个“世界邮政日”纪念》81年伍角邮币封

规格：180 mm×105 mm；珍稀度：★★★☆

B.J.F—20 第十七个“世界邮政日”纪念邮币封

万国邮政联盟是联合国处理各国邮政事务的专门机构。为了广泛地宣传邮政在各国政治、经济、文化和人民生活中的作用，万国邮联将其成立日一十月九日定为“世界邮政日”。今年是联合国大会确定的“国际和平年”。万国邮联执行理事会年会决定，今年第十七个“世界邮政日”的主题为“邮政是和平的使者”。为此，特发行纪念邮币封一枚。

B.J.F-20 Commemorative P.N.C. for the 17th "World Post Day"

The Universal Postal Union is a UN special agency to conduct post affairs of different countries. In order to give wide publicity to the effect of post in the politics, economy, culture and people's life of all countries, the UPU has decided to set its foundation date — Oct. 9 as "World Post Day". 1986 is the "International Year of Peace" proclaimed by the UN General Assembly. At the year conference of the UPU Executive Council, it is decided that the theme of the 17th "World Post Day" of this year is "The Post — Messenger of Peace". A commemorative philatelic-numismatic cover has been released for the occasion.

纪念邮币封设计：励志友

北京市邮票公司
BEIJING STAMP COMPANY

图LYC11-1-2《第十七个“世界邮政日”纪念》81年伍角邮币封 背面

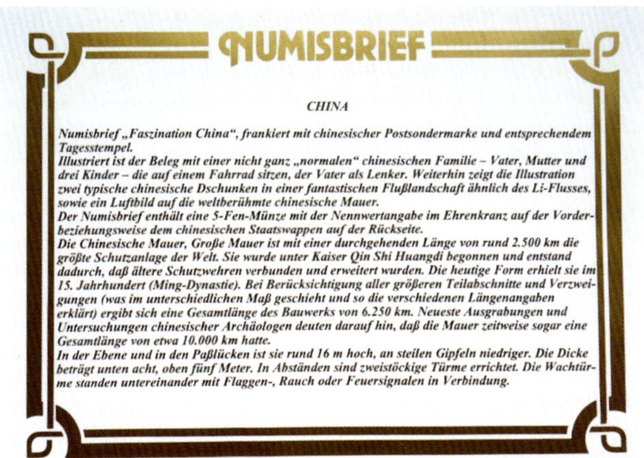

NUMISBRIEF

CHINA

Numisbrief „Faszination China“, frankiert mit chinesischer Postsondermarke und entsprechendem Tagesstempel.
Illustriert ist der Beleg mit einer nicht ganz „normalen“ chinesischen Familie – Vater, Mutter und drei Kinder – die auf einem Fahrrad sitzen, der Vater als Lenker. Weiterhin zeigt die Illustration zwei typische chinesische Dschunken in einer fantastischen Flußlandschaft ähnlich des Li-Flusses, sowie ein Luftbild auf die weltberühmte chinesische Mauer.
Der Numisbrief enthält eine 5-Fen-Münze mit der Nennwertangabe im Ehrenkranz auf der Vorder- beziehungsweise dem chinesischen Staatswappen auf der Rückseite.
Die Chinesische Mauer, Große Mauer ist mit einer durchgehenden Länge von rund 2.500 km die größte Schutzanlage der Welt. Sie wurde unter Kaiser Qin Shi Huangdi begonnen und entstand dadurch, daß ältere Schutzwehren verbunden und erweitert wurden. Die heutige Form erhielt sie im 15. Jahrhundert (Ming-Dynastie). Bei Berücksichtigung aller größeren Teilabschnitte und Verzweigungen (was im unterschiedlichen Maß geschieht und so die verschiedenen Längenangaben erklärt) ergibt sich eine Gesamtlänge des Bauwerks von 6.250 km. Neueste Ausgrabungen und Untersuchungen chinesischer Archäologen deuten darauf hin, daß die Mauer zeitweise sogar eine Gesamtlänge von etwa 10.000 km hatte.
In der Ebene und in den Paßlücken ist sie rund 16 m hoch, an steilen Gipfeln niedriger. Die Dicke beträgt unten acht, oben fünf Meter. In Abständen sind zweistöckige Türme errichtet. Die Wachttürme standen untereinander mit Flaggen-, Rauch oder Feuersignalen in Verbindung.

图LYC11-1-3《第十七个“世界邮政日”纪念》81年伍角邮币封 说明卡

各国人民政治、经济、文化和生活中的作用，万国邮政联盟将其成立日—10月9日定为“世界邮政日”。1986年是联合国大会确定的“国际和平年”，万国邮联执行理事会年会决定，1986年第十七个“世界邮政日”的主题为“邮政是和平的使者”。

图LYC11-1-4《第十七个“世界邮政日”纪念》81年伍角邮币封　实寄封

图LYC11-1-5《第十七个“世界邮政日”纪念》81年伍角邮币封　实寄封背面

为此，北京市邮票公司特发行《第十七个“世界邮政日”纪念》邮币封一枚，编号为B.J.F－20，镶嵌1981年伍角长城币一枚，贴1981－J70《传邮万里国脉所系》8分邮票一枚，并加盖“第十七个世界邮政日－中国北京1986.10.9”纪念邮戳。

币封规格：180 mm×105 mm；设计者：励忠发；发行者：北京市邮票公司；发行量：不详。市场多见伪品，真品少见，珍稀度为三星级+；参考价200元。

尚见首日挂号实寄封者，殊可贵也（图LYC11-1-4、LYC11-1-5）。

12. LYC12《世界硬币封》系列1981年贰角邮币封（LYC12-1—LYC12-8）

此系列邮币封简称“世界硬币封”81年2角币封，1984年11月由瑞士Philswiss公司发行。正面主图为中国万里长城和桂林山水图案，并附带一枚德文说明卡，对中国的历史概况和钱币知识作了简单介绍。镶嵌1981年2角长城币一枚，贴有多种中国邮政发行的纪念邮票，加盖“北京1984.11.15”邮政日戳。

图LYC12-1-1《世界硬币封》81年贰角邮币封（甲种）
规格：175 mm×127 mm；珍稀度：★★★★

图LYC12-1-2《世界硬币封》81年贰角邮币封（甲种） 背面

币封规格：175 mm×127 mm；发行者：瑞士Philswiss公司；发行量：不详；目前市场已出现赝品，真品甚少见，有些版别已极为稀少，根据所贴邮票的版别不同，珍稀度为四星级到五星级，参考价550—1100元。

LYC12-1《世界硬币封》1981年贰角邮币封（甲种-李白）

此邮币封贴1983-J92《古代文学家——李白》（4-1）8分邮票一枚，其他描述如上。市场甚少见，珍稀度为四星级，参考价550元。

China

Geschichte / Politik

Ching-kuo – Reich der Mitte – nennen die Chinesen seit alters her ihren Staat. Es ist der einzige Großraum der Erde, der nie unter europäische Vorherrschaft gelangt ist. Eine ungebrochene, fast 5000 Jahre währende historische Entwicklung ist das besondere Kennzeichen der Geschichte Chinas. Seine Grenzen waren lediglich durch die im Norden lebenden Nomaden gefährdet. Im Inneren folgten mehrere Perioden der Vereinigung des Reiches unter den verschiedenen Dynastien und des Zerfalls abwechselnd aufeinander. 1912 siegte die republikanische Revolution unter Sun-Yat-sen; der konfuzianische Staat und die Herrschaft der Mandschu hatten ihr Ende gefunden. Die neue Republik litt unter Bürgerkriegen, und 1931 besetzte Japan das Land. Die Nationalisten unter Tschiang-Kai-schek und die Kommunisten unter Mao-Tse-tung vereinigten sich im Kampf gegen die Besatzer. Doch 1945 – nach dem Sieg – bekämpften sie sich wieder gegenseitig. 1949 rief Mao die Volksrepublik China aus. Die Nationalchinesen zogen sich auf die Insel Taiwan zurück. In einem Pakt mit der Sowjetunion 1950 verpflichtete sich diese zu Hilfeleistungen beim Aufbau der Industrie. Die «Große Proletarische Kulturrevolution» 1966–1969 sollte durch die Roten Garden die Unterschiede zwischen Stadt und Land, Industrie und Landwirtschaft und zwischen geistiger und körperlicher Arbeit beseitigen.

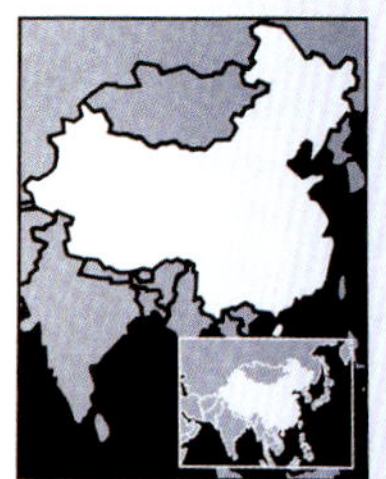

图LYC12-1-3《世界硬币封》81年贰角邮币封　说明卡

Sie brachte einen Produktionsrückgang und allgemeine Unordnung. Nach dem Tode Maos wurden seine Witwe und ihre Gefolgsleute – die Viererbande – verhaftet und wegen Verbrechen im Rahmen der Kulturrevolution verurteilt. Die «Ent-Maoisierung» brachte einen näheren wirtschaftlichen Anschluß an den Westen.

Bevölkerung / Kultur

Mit über einer Milliarde Menschen ist China der mit Abstand volksreichste Staat der Erde; und diese Menschen sind, wie der Staat, geprägt durch eine Ideologie, durch eine zentrale Staatsmacht. Gerade von daher überraschen den Fremden die Offenheit und die Individualität, die trotz der Uniformität der Kleidung überall gepflegt wird, wo sich eine Möglichkeit dazu bietet. Mit Zurückhaltung, aber ohne Scheu begegnen die Menschen selbstbewußt dem Fremden. Freilich stellen Sprache und Schrift fast unüberwindliche Hindernisse für das gegenseitige Verständnis dar. China ist das einzige Land der Erde, das auf eine über 5000 Jahre währende kulturelle Kontinuität zurückblicken kann. Seine reiche kulturelle Vergangenheit zeigt sich in der Vielzahl der Kulturdenkmäler, die der Reisende heute wieder besuchen kann. Die Kultur des Reiches der Mitte strahlte nach allen Seiten hin aus, so daß man von einem chinesischen Kulturkreis spricht. Vieles bleibt jedoch dem Fremden im Denken und Handeln dieses alten Kulturvolkes unerschlossen und geheimnisvoll.

Geographie / Wirtschaft

Ein Riesenreich wie China – es ist nach der UdSSR und Kanada der drittgrößte Staat der Erde – weist eine Fülle unterschiedlicher Landschaften auf. Als Kerngebiete gelten das westchinesische Gebirgsland, die ostwärts anschließende Große Ebene, die Landschaft am unteren Jangtsekiang, das südchinesische Bergland und das Becken von Si-Chuan. Entsprechend der Ausdehnung des Landes kommen mehrere Klimaregionen vor, vom Tropenklima im äußersten Süden bis zum extrem winterkalten Wüstenklima Hochasiens. Wegen der jahrtausendelangen Besiedlung findet man von der ursprünglichen Vegetation nahezu nichts mehr. Auch von der ursprünglichen Tierwelt sind nur noch in wenigen geschützten Gebieten Vertreter wie Pandas, Bambusbären, wilde Kamele, Gazellen und Yaks vorhanden. China befindet sich im Übergang von einem Agrar-Entwicklungsland zum Industriestaat. Noch immer leben 80% der Erwerbstätigen auf dem Land und von der Landwirtschaft. Das Hauptziel der staatlich gelenkten Wirtschaft ist die Versorgung der stetig wachsenden Bevölkerung mit Nahrungsmitteln. Dazu kommen die Probleme der Arbeitsbeschaffung, vor allem für die Masse der Jugendlichen, sowie die Entwicklung auf dem industriellen Sektor – und das, ohne in eine allzu starke Abhängigkeit von ausländischen Mächten zu geraten.

China

Offizielle Bezeichnung	Volksrepublik China Zhong-hua renmin gongheguo
Lage	Ostasien
Nachbarstaaten	UdSSR, Mongolische Volksrepublik, Korea, Vietnam, Laos, Birma, Bhutan, Nepal, Indien, Afghanistan
Fläche	9582000 km²
Einwohnerzahl	1983: 1,03 Mrd. Einw.
Sprachen	Chinesich, Dialekte
Hauptstadt	Peking (9,3 Mio Einw.)
Weitere Städte	Schanghai (11,8 Mio. Einw.) Tientsin (7,7 Mio. Einw.) Chunking (6,1 Mio. Einw.) Kanton (5,1 Mio. Einw.)
Regierungsform	Sozialistische Volksrepublik
Währung	Renminbi (Yuan) (1 RMB [Y] = 10 Chiao = = 100 Fen)

图LYC12-1-4《世界硬币封》81年贰角邮币封　说明卡　背面

LYC12-2《世界硬币封》1981年贰角邮币封（乙种-杜甫）

此邮币封贴1983-J92《古代文学家-杜甫》（4-2）8分邮票一枚，其他描述如上。市场甚少见，珍稀度为四星级，参考价550元。

图LYC12-2-1《世界硬币封》81年贰角邮币封（乙种） 背同图LYC12-1-2

规格：175 mm×127 mm；珍稀度：★★★★

LYC12-3《世界硬币封》1981年贰角邮币封（丙种-韩愈）

此邮币封贴1983-J92《古代文学家-韩愈》（4-3）8分邮票一枚，其他描述如上。市场甚少见，珍稀度为四星级，参考价600元。

尚见有背面贴菊花套票和德文说明卡者，尤为少见（图LYC12-3-2、LYC12-3-3）。

图LYC12-3-1《世界硬币封》81年贰角邮币封（丙种） 背同图LYC12-1-2

规格：175 mm×127 mm；珍稀度：★★★★

图LYC12-3-2《世界硬币封》81年贰角邮币封（丙种） 背面加贴邮票和说明卡 正面

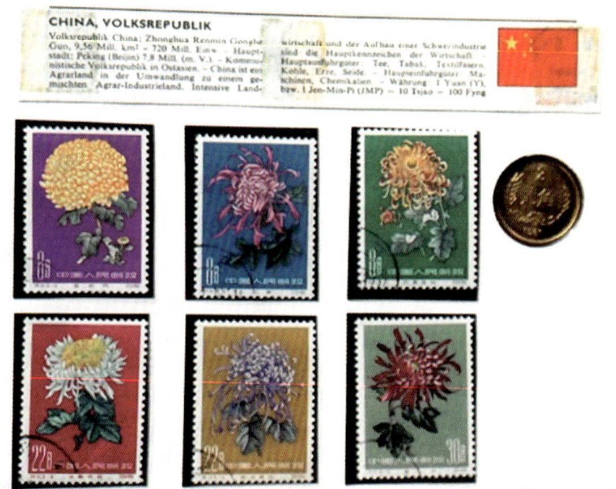

图LYC12-3-3《世界硬币封》81年贰角邮币封（丙种） 背面加贴邮票和说明卡 背面

图LYC12-4-1《世界硬币封》81年贰角邮币封（丁种） 背同图LYC12-1-2

规格：175 mm×127 mm；珍稀度：★★★★

LYC12-4《世界硬币封》1981年贰角邮币封（丁种－柳宗元）

此邮币封贴1983－J92《古代文学家－柳宗元》（4－4）70分邮票一枚，其他描述如上。市场甚少见，珍稀度为四星级，参考价600元。

图LYC12-5-1《世界硬币封》81年贰角邮币封（戊种） 背同图LYC12-1-2

规格：175 mm×127 mm；珍稀度：★★★★☆

LYC12-5《世界硬币封》1981年贰角邮币封（戊种－红十字会）

此邮币封贴1984－J102《中国红十字会成立八十周年》8分邮票一枚，其他描述如上。市场甚少见，珍稀度为四星级+，参考价900元。

LYC12-6《世界硬币封》1981年贰角邮币封（己种－妇女大会）

此邮币封贴1983－J95《中国妇女第五次全国代表大会》8分邮票一枚，其他描述如上。市场甚少见，珍稀度为四星级+，参考价900元。

LYC12-7《世界硬币封》1981年贰角邮币封（庚种－朱鹮1）

此邮币封贴1984－T94《朱鹮》（3－1）8分邮票一枚，其他描述如

图LYC12-6-1《世界硬币封》81年贰角邮币封（己种） 背同图LYC12-1-2

规格：175 mm×127 mm；珍稀度：★★★★☆

图LYC12-7-1《世界硬币封》81年贰角邮币封（庚种） 背同图LYC12-1-2

规格：175 mm×127 mm；珍稀度：★★★★★

上。市场极为稀少，珍稀度为五星级，参考价1100元。

LYC12-8《世界硬币封》贰角邮币封（辛种-朱鹮2）

此邮币封贴1984-T94《朱鹮》（3-2）8分邮票一枚，其他描述如上。市场已见伪品，真品极为稀少，珍稀度为五星级，参考价1100元。

图LYC12-8-1《世界硬币封》81年贰角邮币封（辛种） 背同图LYC12-1-2

规格：175 mm×127 mm；珍稀度：★★★★★

13. LYC13《T119邮政储蓄》1981年贰角邮币封（LYC13-1）

大力发展人民储蓄事业，是党和国家的一项重要经济政策。邮电部自1986年4月1日起在全国各地邮电局分期分批开办邮政储蓄业务。它利用邮局网点多、铺盖面广的优势，为方便广大人民群众提供储蓄服务，以达到聚积社会闲散资金，为发展国民经济服务的目的。中国邮政为配合邮政储蓄业务的开展，于1987年7月1日发行T119《邮政储蓄》8分邮票一枚。为此，北京市邮票公司特发行《T119邮政储蓄》邮币封，镶嵌1981年版贰角长城币一枚，贴1987-T119《邮政储蓄》8

图LYC13-1-1《T119邮政储蓄》81年贰角邮币封

规格：180 mm×105 mm；珍稀度：★★★☆

图LYC13-1-2《T119邮政储蓄》81年贰角邮币封　背面

图LYC13-1-3《T119邮政储蓄》81年贰角邮币封　加邮票和邮戳

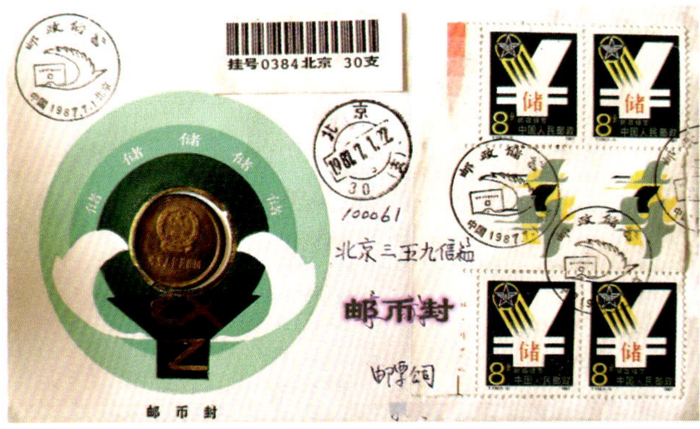

图LYC13-1-4《T119邮政储蓄》81年贰角邮币封　实寄封

分邮票一枚，并加盖"邮政储蓄－中国北京1987.7.1"T119《邮政储蓄》邮票发行首日纪念邮戳。

币封规格：180 mm×105 mm；设计者：宗书琴；发行者：北京市邮票公司；发行量：不详。市场较少见，珍稀度为三星级＋，参考价600元。

图LYC13－1－3为加贴一枚邮政储蓄邮票并加盖广州邮政储蓄纪念邮戳者，稀见品也。尚见此币封首日挂号实寄封者，甚珍贵也（图LYC13－1－4、LYC13－1－5）。

14. LYC14《各国硬币与纸币》系列贰角硬币与纸币邮币折

此邮币折简称“贰角邮币折”，美国于1984年11月发行，镶嵌第三套人民币1960年版贰角纸币（俗称“大桥”）和1981年贰角长城币各一枚，贴普21长城8分邮票一枚，并加盖“北京1984.11.15”邮政日戳。

此邮币折设计巧妙，打开欣赏和折叠存放都非常方便，纸币镶嵌于透明塑卡内，仅见三罗平版者，品相绝美，可拆出；贰角长城币为塑封密封设计不可拆出，为原卷拆出全新品相；附带一张德文说明卡，介绍了贰角硬币和纸币的相关知识和中国概况。

邮币折规格：展开

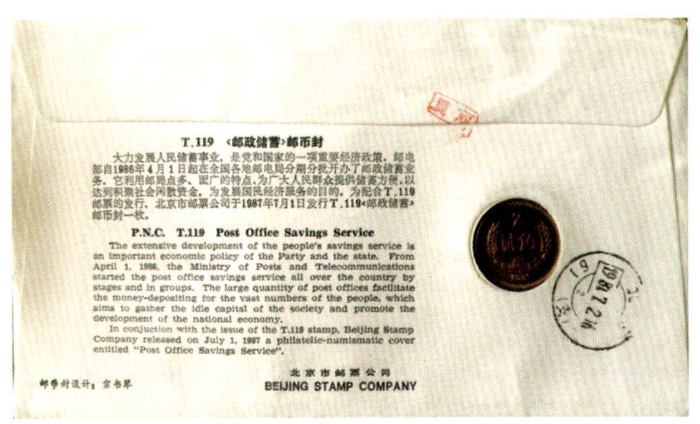

图LYC13-1-5《T119邮政储蓄》81年贰角邮币封 实寄封 背面

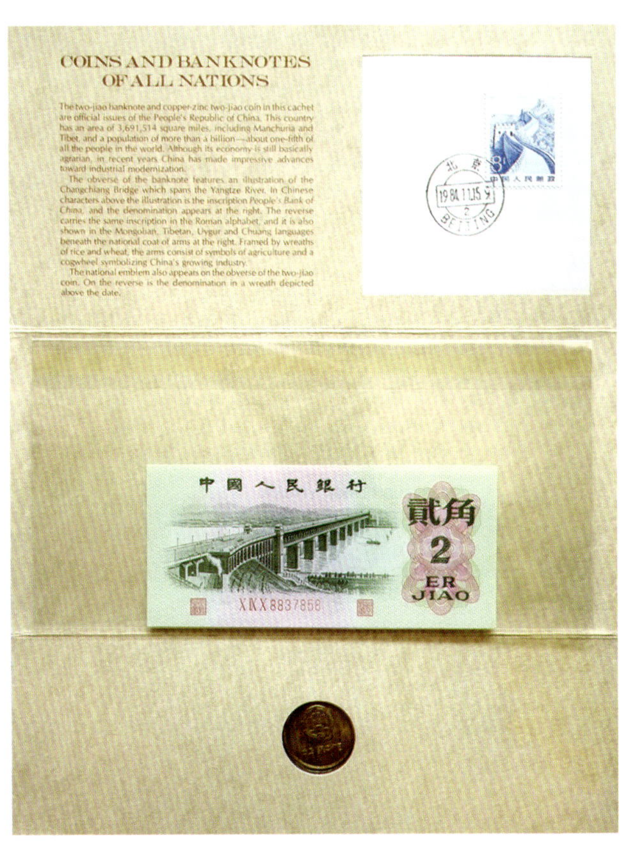

图LYC14-1-1《各国硬币与纸币》贰角硬币和纸币邮币折 内页

规格：197 mm×255 mm；珍稀度：★★★★

图LYC14-1-2《各国硬币与纸币》贰角硬币和纸币邮币折　外封

Volksrepublik China

Die 2-Chiao-Banknote und die 2-Chiao-Münze aus Kupfer und Zink in diesem Cachet sind offizielle Ausgaben der Volksrepublik China. Das Land erstreckt sich über eine Gesamtfläche von knapp 9,6 Millionen Quadratkilometer, einschließlich der Mandschurei und Tibet, und zählt mehr als eine Milliarde Einwohner – etwa ein Fünftel der Weltbevölkerung. Obwohl die Landwirtschaft noch immer eine dominierende Rolle spielt, hat China in den vergangenen Jahren beeindruckende Fortschritte in seiner industriellen Modernisierung erzielt.

Die Vorderseite der Banknote zeigt eine Abbildung der Tschangtschiang-Brücke, die den Jangtsekiang überspannt. Über der Abbildung steht in chinesischen Schriftzeichen die Inschrift *Volksbank von China*, und der Nennwert erscheint rechts. Die Rückseite trägt die gleiche Inschrift in lateinischen Buchstaben sowie in den Sprachen Mongolisch, Tibetisch, Uigurisch und Tschuang unter dem Staatswappen auf der rechten Seite. Das Wappen, umrahmt von einer Reis- und Weizengirlande, besteht aus Symbolen der Landwirtschaft und einem Zahnrad, das Chinas wachsende Industrie repräsentiert.

Das Staatsemblem erscheint auch auf der Vorderseite der 2-Chiao-Münze. Auf der Rückseite befindet sich der Nennwert, umrahmt von einer Girlande, und darunter die Jahreszahl.

MÜNZEN UND BANKNOTEN ALLER LÄNDER　　© FM 1985　5565

图LYC14-1-3《各国硬币与纸币》贰角硬币和纸币邮币折　说明卡

197 mm×255 mm；发行量：不详；现市场甚为稀少，珍稀度为四星级；参考价800元。

15. LYC15《所有国家硬币套装》系列1981年沈阳版长城币分币邮币卡（LYC15-1—LYC15-7）

此系列邮币卡简称“富版81普制长城币邮币卡”，1984年由美国富兰克林造币厂制作发行，镶嵌1981年沈阳版长城币一套四枚和分币一套三枚，铸造质量为普制，硬币年号有多种组合；所见有贴大楼、鼠年和长城三种邮票；均加盖“北京”邮政日戳，日期也各有不同，附带一张英文说明卡。

邮币卡规格：292 mm×203 mm，为大型邮币卡；发行者：美国富兰克林（Franklin）造币厂；发行量：不详；市场伪品较多，真品所见较少，因硬币和邮票不同珍稀度为从三星级+到四星级而不同；参考价800—1800元一枚。

LYC15-1《所有国家硬币套装》1981年沈阳版长城币分币邮币卡（甲种-大楼邮票、正装）

此邮币卡镶嵌1981年沈阳版全套四枚长城麦穗币，和821、822（平版）和825分三枚分币，硬币均为正装；贴普19《北京长话大楼》8分邮票一枚，加盖“北京1982.8.25”邮政日戳。其他描述同上。市场伪品较多，真品较为少见，珍稀度为三星级+，参考价1000元。

图LYC15-1-1《所有国家硬币套装》81沈阳版长城币分币邮币卡（甲种）
规格：292 mm×203 mm；珍稀度：★★★☆

图LYC15-1-2《所有国家硬币套装》81沈阳版长城币分币邮币卡（甲种）背面

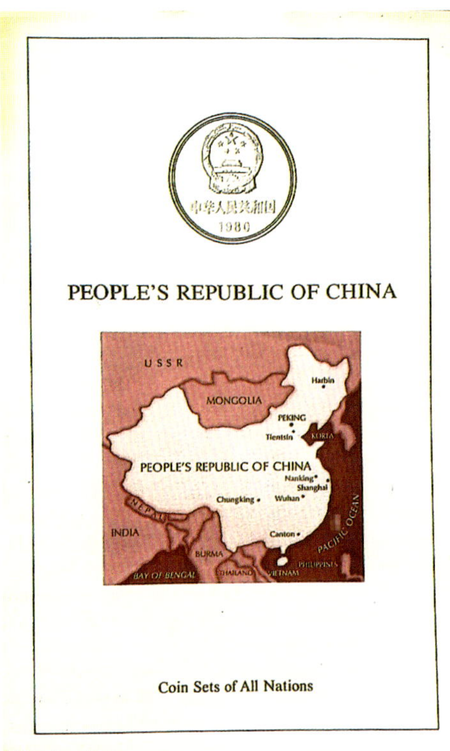

图LYC15-1-3 《所有国家硬币套装》81沈阳版长城币分币邮币卡 说明卡 正面

PEOPLE'S REPUBLIC OF CHINA

With a written history dating back to the 16th century B.C., China is one of the most ancient countries of the world. It is also the third largest in area and the most populous nation, with nearly a billion people, or about a fifth of the total population of the world. Until 1912 China was ruled by emperors of various dynasties, the last being the Manchu (Ch'ing) dynasty which was overthrown and replaced by a republic under Sun Yat-sen.

The republic, however, had its problems with warlords who controlled portions of the country from time to time. In 1921 the Chinese Communist party was founded, and in 1927 warfare began between the Communists, led by Mao Tse-tung, and the ruling Nationalists, led by Chiang Kai-shek. During 1934-1935 the Nationalists successfully ousted the Communists from the Hunan-Kiangsi region, and their army was forced to make what is known today as the Long March (more than 5,000 miles) to the safety of the northwestern frontier in Shensi.

In the countryside, though, the Communists made reforms that were popular with the people, and when World War II ended, along with the Japanese occupation of much of the eastern half of China, civil war resumed between the Communists and Nationalists. By 1949 the Communists controlled the mainland, and the People's Republic of China was proclaimed by Mao Tse-tung on October 1 of that year. During the next few years there was much social and economic reorganization. At first only paper money was used for currency, but coins have been minted since 1955.

The present coins of the People's Republic of China are denominated in the following manner: 10 fen equal 1 jiao (chiao), 100 fen equal 1 yuan and 10 jiao equal 1 yuan. All of the coins bear the national arms of the People's Republic of China and the denomination, a notable exception being the 1-yuan coin which depicts the Great Wall of China built during the third century B.C. to provide protection against nomadic tribes.

 Printed in U.S.A.

图LYC15-1-4 《所有国家硬币套装》81沈阳版长城币分币邮币卡 说明卡 背面

图LYC15-2-1《所有国家硬币套装》81沈阳版长城币分币邮币卡（乙种）

规格：292 mm×203 mm； 珍稀度：★★★☆

LYC15-2《所有国家硬币套装》1981年沈阳版长城币分币邮币卡（乙种-大楼邮票、反装）

此邮币卡镶嵌1981年沈阳版全套四枚长城麦穗币，和821、782和825分三枚分币，壹圆长城币为反装；贴普19《北京长话大楼》8分邮票一枚，加盖“北京1983.4.1”邮政日戳。其他描述同上。市场较为少见，珍稀度为三星级+，参考价1000元。

PEOPLE'S REPUBLIC OF CHINA

Coinage Specifications

DENOMINATION	METAL	SIZE	WEIGHT
1 Yuan	Copper-nickel	30.00mm	9.30 grams
5 Jiao	Brass	26.00mm	6.00 grams
2 Jiao	Brass	23.00mm	4.15 grams
1 Jiao	Brass	20.00mm	2.60 grams
5 Fen	Aluminum	24.00mm	1.60 grams
2 Fen	Aluminum	21.00mm	1.05 grams
1 Fen	Aluminum	18.00mm	.65 grams

图LYC15-2-2 《所有国家硬币套装》81沈阳版长城币分币邮币卡（乙种） 背面

图LYC15-3-1《所有国家硬币套装》81沈阳版长城币分币邮币卡（丙种）

规格：292 mm×203 mm； 珍稀度：★★★★

LYC15-3《所有国家硬币套装》1981年沈阳版长城币分币邮币卡（丙种–鼠年邮票）

此邮币卡镶嵌1981年1元、2角、1角和1983年5角硬币，和1982年1、2、5分三枚分币；贴1984–T90《甲子鼠年》8分邮票一枚，加盖“北京1984.3.5”邮政日戳。其他描述同上。市场伪品较多，真品甚为少见，珍稀度为四星级，参考价1500元。

图LYC15-3-2《所有国家硬币套装》81沈阳版长城币分币邮币卡（丙种）背面

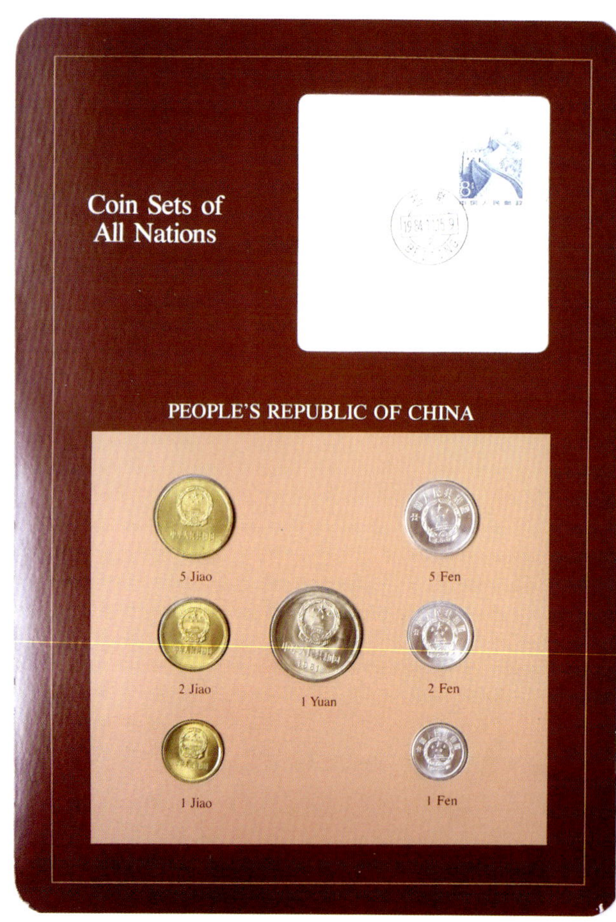

图LYC15-4-1《所有国家硬币套装》81沈阳版长城币分币邮币卡（丁种）
规格：292 mm×203 mm；珍稀度：★★★☆

LYC15-4《所有国家硬币套装》1981年沈阳版长城币分币邮币卡（丁种-长城邮票第一种）

此邮币卡镶嵌1981年沈阳版全套四枚长城麦穗币，和771、822（平版）和825分三枚分币；贴普21《长城》8分邮票一枚，加盖“北京1984.11.15”邮政日戳。其他描述同上。市场伪品较多，真品较少见，珍稀度为三星级+，参考价800元。

图LYC15-4-2 《所有国家硬币套装》81沈阳版长城币分币邮币卡（丁种）背面

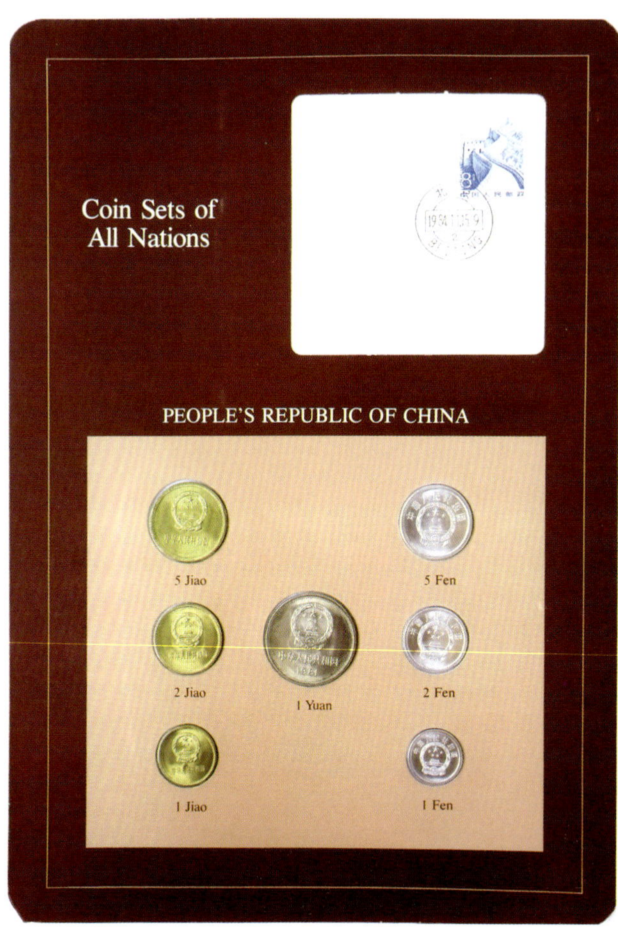

图LYC15-5-1《所有国家硬币套装》81沈阳版长城币分币邮币卡（戊种）

规格：292 mm×203 mm； 珍稀度：★★★☆

LYC15-5《所有国家硬币套装》1981年沈阳版长城币分币邮币卡（戊种-长城邮票第二种）

此邮币卡镶嵌1981年沈阳版全套四枚长城麦穗币，和821、822（平版）和825分三枚分币；贴普21《长城》8分邮票一枚，加盖“北京1984.11.15”邮政日戳。其他描述同上。市场伪品较多，真品较为少见，珍稀度为三星级+，参考价800元。

图LYC15-5-2《所有国家硬币套装》81沈阳版长城币分币邮币卡（戊种）背面

图LYC15-6-1《所有国家硬币套装》81沈阳版长城币分币邮币卡（己种）

规格：292 mm×203 mm； 珍稀度：★★★★☆

LYC15-6《所有国家硬币套装》1981年沈阳版长城币分币邮币卡（己种-长城邮票第三种）

此邮币卡镶嵌1981年沈阳版全套四枚长城麦穗币，和771、822（凸版精制）和825分三枚分币，其中1982年凸版2分（精制）是分币版别“八小珍”之一，甚是珍稀；贴普21《长城》8分邮票一枚，加盖“北京1984.11.15”邮政日戳。其他描述同上。市场甚为稀少，珍稀度为四星级+，参考价1300元。

图LYC15-6-2《所有国家硬币套装》81沈阳版长城币分币邮币卡（己种）背面

图LYC15-7-1《所有国家硬币套装》81沈阳版长城币分币邮币卡（庚种）

规格：292 mm×203 mm； 珍稀度：★★★★☆

LYC15-7《所有国家硬币套装》1981年沈阳版长城币分币邮币卡（庚种-长城邮票第四种）

此邮币卡镶嵌1981年沈阳版全套四枚长城麦穗币，和821、822（凸版精制）和835分（凸版精制）三枚分币，其中822和835两枚凸版分币系分币版别“八小珍”之二枚，特别珍稀；贴普21《长城》8分邮票一枚，加盖“北京1984.11.15”邮政日戳。其他描述同上。市场甚为稀少，珍稀度为四星级+，参考价1800元。

图LYC15-7-2《所有国家硬币套装》81沈阳版长城币分币邮币卡（庚种）背面

图LYC16-1-1《所有国家硬币套装》81上海版长城币分币邮币卡

规格：292 mm×203 mm；珍稀度：★★★★★

16. LYC16《所有国家硬币套装》1981年上海版长城币分币邮币卡（LYC16-1）

此系列邮币卡简称“富版81上海版长城币邮币卡”，和以下LYC17、LYC18一样是美国富兰克林造币厂于1981至1984年间，利用我国用以出口创汇的1981至1983年人行版早期《中国硬币》精制套装币制作而成，这些人行版早期套装硬币集中了中国硬币的大多珍稀版别，是中国流通硬币的精华所在。镶嵌1981至1983年精制长城币一套四枚和精制分币一套三枚，硬币年号有多种组合，不仅均系未公开发行，未进入流通的精制币，而且长城币和分币中大都是珍稀版别，弥足珍贵；所见有贴大楼、鼠年和长城三种邮票；均加盖“北京”邮政日戳，日期也各有不同，并附带一张英文说明卡。

邮币卡规格：292 mm×203 mm；发行者：富兰克林造币厂；发行量：不详；市场所见极为稀少，珍稀度为五星级；参考价1.5万—1.8万元。

LYC16-1《所有国家硬币套装》1981年上海版长城币分币邮币卡

图LYC16-1-2《所有国家硬币套装》81上海版长城币分币邮币卡 背面

此邮币卡由著名的分币“五大天王”套装币之一——人行1981年上海版白本《中国硬币》套装币拆解改制而成，镶嵌1981年全套四枚精制长城麦穗币，和1981年全套凸版精制分币；其中1981年1元和1角、2角、5角全套四枚精制长城麦穗币均为上海版，属于珍稀版别，为长城币版别“十七珍”之四枚；1981年1分、2分、5分全套均为凸版分币，属于珍稀版别分币，811和815分系分币年号“五大天王”之二枚，凸版812分系分币版别“八小珍”之一，弥足珍贵。这些硬币均系专门为了出口创汇生产装帧的，和常见公开进入流通的硬币版别或年号不同，特别珍稀；贴普21《长城》8分邮票一枚，加盖“北京1984.3.5”邮政日戳。其他描述同上。发行量不详，但包含于发行量约2万套的1981年上海版白本“五大天王”套装册的发行量之内，市场所见极为稀少，珍稀度为五星级，参考价1.8万元。

图LYC17-1-1《所有国家硬币套装》82长城币分币邮币卡（甲种）

规格：292 mm×203 mm； 珍稀度：★★★★★

17. LYC17《所有国家硬币套装》1982年长城币分币邮币卡（LYC17-1—LYC17-3）

此系列邮币卡除了镶嵌长城套币年版号为1982年外，其他描述同LYC16。

LYC17-1《所有国家硬币套装》1982年长城币分币邮币卡（甲种-鼠年邮票）

此邮币卡由人行版1982年精制《中国硬币》原装册改制而成，镶嵌1982年全套四枚精制长城麦穗币，和1982年全套凸版精制分币；其中1982年1元和1角、2角、5角全套四枚精制长城麦穗币均属于珍稀年版，为长城币版别“十七珍”之四枚；1982年1分、2分、5分全套均为凸版分币，其中822凸版分币系分币版别“八小珍”之一，弥足珍贵。贴1984-T90《甲子鼠年》8分邮票一枚，加盖“北京1984.3.5”邮政日戳。其他描述同上。发行量不详，但包含于发行量约2万套的人行版1982年《中国硬币》精制套装币的发行量之内，市场所见极为稀少，珍稀度为五星级，参考价1.8万元。

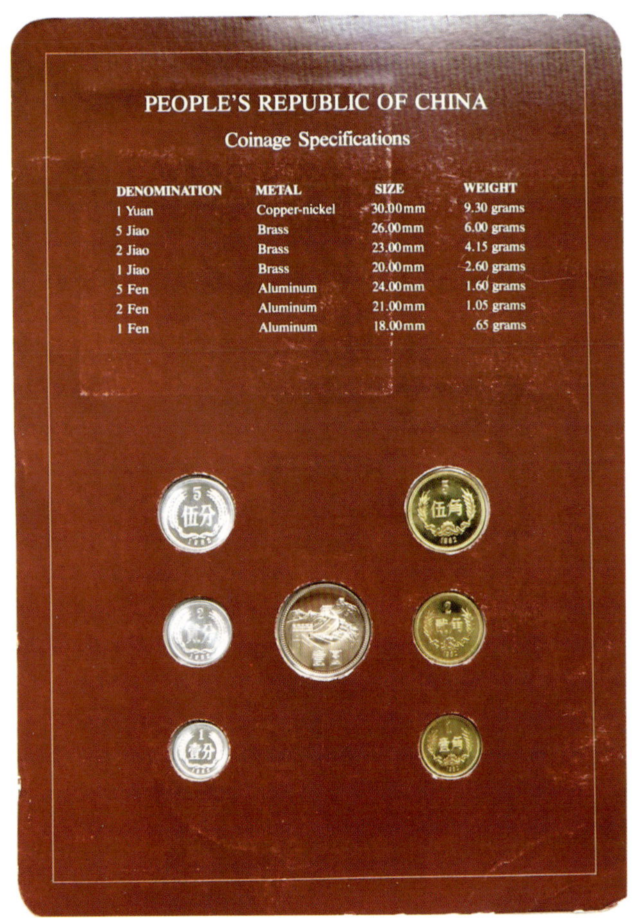

图LYC17-1-2《所有国家硬币套装》82长城币分币邮币卡（甲种） 背面

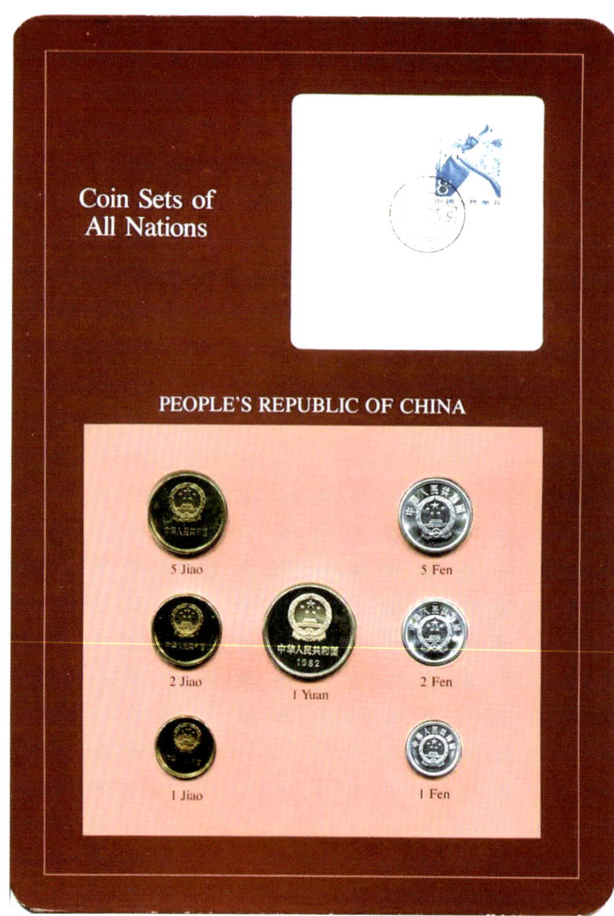

图LYC17-2-1《所有国家硬币套装》82长城币分币邮币卡（乙种）

规格：292 mm×203 mm；珍稀度：★★★★★

LYC17-2《所有国家硬币套装》1982年长城币分币邮币卡（乙种-长城邮票第一种）

此邮币卡由人行版1982和1983年《中国硬币》精制原装册改装混合制作而成，镶嵌1982年1元、1角、5角和1983年2角精制长城麦穗币，其中前三枚属于长城币“十七珍”之珍稀品；镶嵌1982年1分、2分和1983年凸版5分三枚精制分币，其中822和835凸版分币系分币版别“八小珍”之二枚，甚珍稀。贴普21《长城》8分邮票一枚，加盖“北京1984.3.5”邮政日戳。其他描述同上。发行量不详，包含于发行量约2万套的人行版1982和1983年《中国硬币》精制套装币的发行量之内，市场所见极为稀少，珍稀度为五星级，参考价1.8万元。

图LYC17-2-2 《所有国家硬币套装》82长城币分币邮币卡（乙种） 背面

图LYC17-3-1《所有国家硬币套装》82长城币分币邮币卡（丙种）

规格：292 mm×203 mm； 珍稀度：★★★★★

LYC17-3《所有国家硬币套装》1982年长城币分币邮币卡（丙种-长城邮票第二种）

此邮币卡由人行版1982和1983年《中国硬币》精制原装册改装混合制作而成，镶嵌1982年1元、1角、2角和1983年5角精制长城麦穗币，其中前三枚属于长城币“十七珍”，弥足珍稀；镶嵌1982年1分、2分、5分全套凸版精制分币，其中822凸版分币系分币版别“八小珍”之一，甚为珍稀。贴普21《长城》8分邮票一枚，加盖“北京1984.3.5”邮政日戳。其他描述同上。发行量不详，包含于发行量约2万套的人行版1982年和1983年《中国硬币》精制套装币的发行量之内，市场所见极为稀少，珍稀度为五星级，参考价1.7万元。

图LYC17-3-2 《所有国家硬币套装》82长城币分币邮币卡（丙种） 背面

图LYC18-1-1《所有国家硬币套装》83精制长城币分币邮币卡（甲种）
规格：292 mm×203 mm； 珍稀度：★★★★★

18. LYC18《所有国家硬币套装》1983年精制长城币分币邮币卡（LYC18-1—LYC18-3）

此系列邮币卡除了镶嵌长城套币年版号为1983年外，其他描述同LYC16。

LYC18-1《所有国家硬币套装》1983年精制长城币分币邮币卡（甲种-大楼邮票）

此邮币卡由人行版1983年《中国硬币》精制原装套币改制而成，镶嵌1983年1元、1角、2角、5角精制长城麦穗币，和1983年1分、2分、5分全套凸版精制分币，其中835凸版分币系分币版别“八小珍”之一，甚为珍稀。贴普19《长话大楼》8分邮票一枚，加盖“北京1982.9.10”邮政日戳。其他描述同上。发行量不详，包含于发行量约2万套的人行版1983年《中国硬币》精制套装币的发行量之内，市场所见极为稀少，珍稀度为五星级，参考价1.5万元。

图LYC18-1-2《所有国家硬币套装》83精制长城币分币邮币卡（甲种） 背面

图LYC18-2-1《所有国家硬币套装》83精制长城币分币邮币卡（乙种）

规格：292 mm×203 mm；珍稀度：★★★★★

LYC18-2《所有国家硬币套装》1983年精制长城币分币邮币卡（乙种-长城邮票第一种）

此邮币卡由人行版1982和1983年《中国硬币》精制原装册混合改装而成，镶嵌1983年1元、1角、2角、5角全套精制长城麦穗币，和1983年1分、5分和1982年2分凸版精制分币，其中822和835凸版分币系分币版别“八小珍”之二枚，甚是珍稀。贴普22《长城》8分邮票一枚，甚为特殊，加盖“北京1984.3.5”邮政日戳。其他描述同上。发行量不详，包含于发行量约2万套的人行版1982和1983年《中国硬币》精制套装币的发行量之内，市场所见极为稀少，珍稀度为五星级，参考价1.6万元。

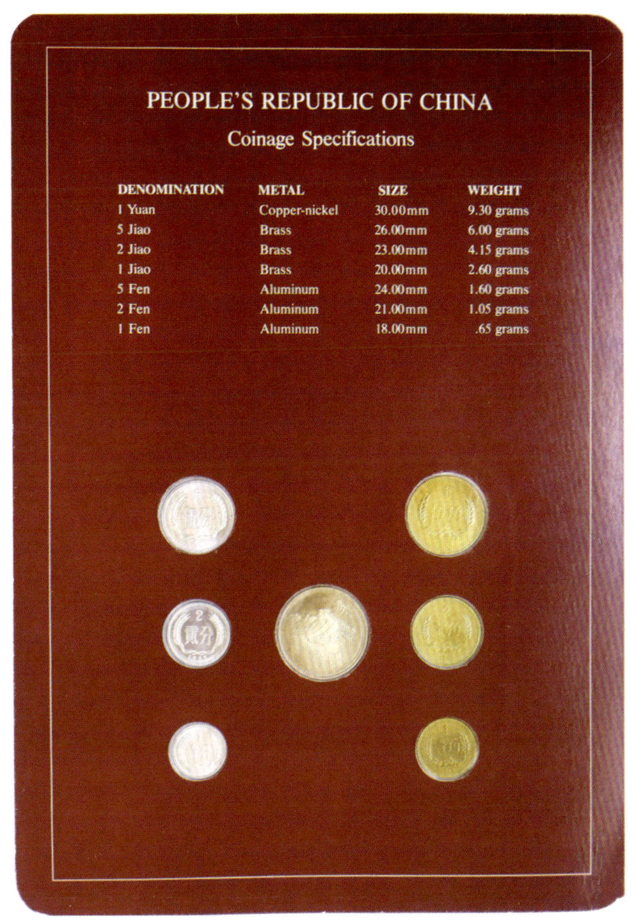

图LYC18-2-2 《所有国家硬币套装》83精制长城币分币邮币卡（乙种） 背面

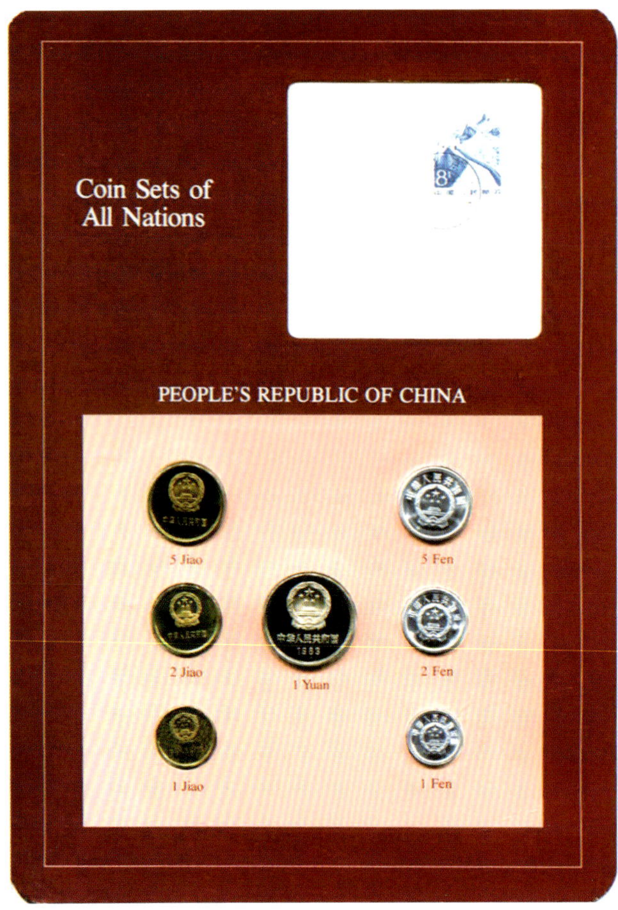

图LYC18-3-1《所有国家硬币套装》83精制长城币分币邮币卡（两种）
规格：292 mm×203 mm； 珍稀度：★★★★★

LYC18-3《所有国家硬币套装》1983年精制长城币分币邮币卡（两种-长城邮票第二种）

此邮币卡由人行版1982和1983年《中国硬币》精制原装套币混合改装而成，镶嵌1983年1元、1角、2角、5角全套精制长城麦穗币，和1982年1分、5分和1983年2分凸版精制分币。贴普21《长城》8分邮票一枚，加盖"北京1984.3.5"邮政日戳。其他描述同上。发行量不详，包含于发行量约2万套的人行版1982和1983年《中国硬币》精制套装币的发行量之内，市场所见极为稀少，珍稀度为五星级，参考价1.5万元。

PEOPLE'S REPUBLIC OF CHINA

Coinage Specifications

DENOMINATION	METAL	SIZE	WEIGHT
1 Yuan	Copper-nickel	30.00mm	9.30 grams
5 Jiao	Brass	26.00mm	6.00 grams
2 Jiao	Brass	23.00mm	4.15 grams
1 Jiao	Brass	20.00mm	2.60 grams
5 Fen	Aluminum	24.00mm	1.60 grams
2 Fen	Aluminum	21.00mm	1.05 grams
1 Fen	Aluminum	18.00mm	.65 grams

图LYC18-3-2 《所有国家硬币套装》83精制长城币分币邮币卡（丙种）背面

第四节　第三套流通硬币三花币邮币封（LYM）

在20世纪80年代中后期，伴随着改革开放和经济发展，流通硬币的市场流通需求量急剧增加，第三套流通硬币应运而生。第三套流通硬币属于第四套人民币，是为了实现流通硬币的品种和面貌更新换代，并与已经开始印刷发行的第四套人民币纸币相匹配而设计铸造的。正面图文是国徽、国号和年号，周边装饰国号的汉语拼音，背面图文则选用中国的传统名花，分别为牡丹、梅花、菊花，新图案隐喻祖国欣欣向荣，庄重威严，华贵精美而又不失新颖活泼，并具有浓郁的民族风格。

从铸行数量来看，第三套流通硬币是前三套中平均年产量最大的一套流通硬币，1991年投产当年产量即达到数亿枚，到2000年基本结束大规模生产。1991至2000年的十年间总计生产铸造349.37亿枚。据笔者测算，不计入在钱币收藏界有“双花币王”美誉、未公开发行的2000年牡丹1元和菊花1角（仅各发行32万枚），公开铸行的29种版别三花币折合每种产量约12.05亿枚。其中1角209.01亿枚占59.8%，公开铸行的9种版别币折合每种产量约23.22亿枚；5角51.30亿枚占14.7%，铸行的11种版别币折合每种产量约4.66亿枚，可能因为铜材较贵的原因，作为流通硬币的梅花5角平均每个年版号产量比现在的5亿发行量的猴年纪念币都少；1元89.06亿枚占25.5%，公开铸行的9种版别币折合每种产量约9.90亿枚。

第三套流通硬币设计精美大方，币材科技含量高，于1992年6月1日正式发行，不是像第二套流通硬币一样只是小批量、象征性地在国内发行，而是进行了年产十数亿枚的大规模生产和真正意义上的广泛流通，完全实现了中国造币人打造新系列流通硬币的梦想，见证了中国造币工艺、造币设备、人才梯队的迅猛发展，成为中国造币业值得自豪的篇章。综合看，第三套流通硬币真正实现了流通性、技术性、文化性、艺术性的统一，是新中国造币史上光辉的篇章。

国内老三花币邮币封发行的品种甚少，外国邮币商装帧的也很少，目前统计仅有10个品种或系列、13种版别，笔者也仅收集到了10余种版别，现按照发行年代的先后顺序、硬币或邮票种类与泉友邮友分享。

图LYM1-1-1《给您拜年-福字》牡丹币拜年封

规格：230 mm×120 mm； 珍稀度：★★★★

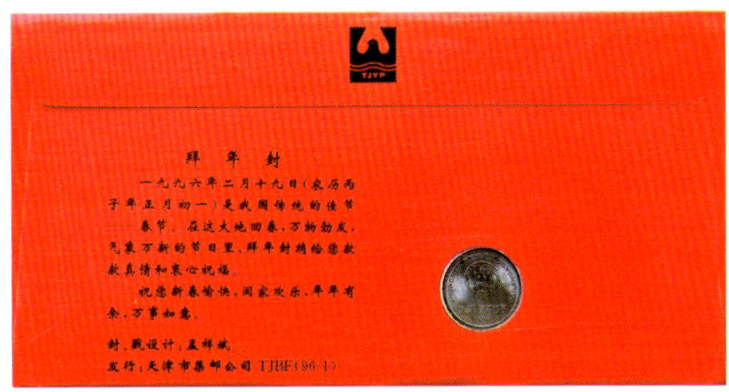

图LYM1-1-2《给您拜年-福字》牡丹币拜年封 背面

1. LYM1《给您拜年-福字》牡丹币拜年封（LYM1-1）

此邮币封简称为“牡丹币拜年封”。1996年2月19日（农历丙子年正月初一），是我国最重要的传统佳节“春节”，天津市集邮公司制作发行了《拜年封》邮币封一套一枚。邮币封正面有一金光灿灿的大“福”字，镶嵌1995年牡丹币，贴1996-1《丙子（鼠）年》邮票一套二

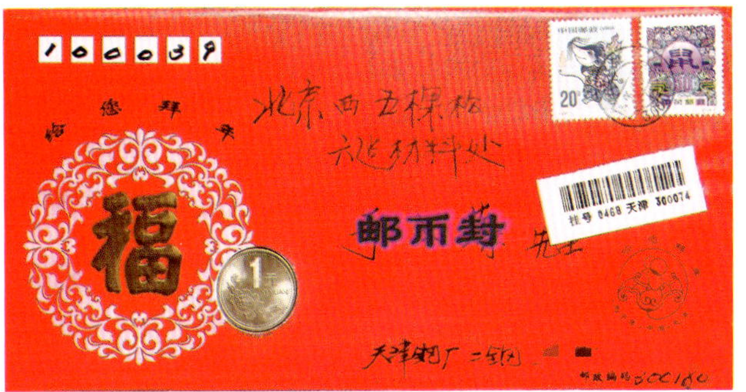

图LYM1-1-3《给您拜年-福字》牡丹币拜年封 实寄封

图LYM1-1-4《给您拜年-福字》牡丹币拜年封　实寄封　背面

枚，加印“给您拜年-丙子年·中国天津”纪念邮戳。此币封全封为中国红设计，具有浓郁的中国传统节日风格，祥和喜庆，深受广大邮币封爱好者喜爱。

币封规格：230 mm×120 mm；封、戳设计者：孟祥斌；发行者：天津市集邮公司；发行量：不详；编号TJBF（96-1）；市场甚为少见，珍稀度为四星级；参考价800元。

尚见此邮币封首日挂号实寄者，殊珍贵也（图LYM1-1-3、LYM1-1-4）。

图LYM2-1-1《中国-圣马力诺建交25周年》牡丹币封

规格：263 mm×179 mm；珍稀度：★★★★★

图LYM2-1-2《中国与圣马力诺建交25周年》牡丹币封　背面

2. LYM2《中国-圣马力诺建交25周年》牡丹币封（LYM2-1）

此邮币封简称为“中圣建交牡丹币封”，1996年由瑞士Philswiss

公司发行，镶嵌一枚1994年版牡丹币，贴中国和圣马力诺联合发行1996《古代建筑-中国长城和圣马力诺城堡》双联邮票两枚，加盖两枚1996年5月6日纪念邮戳，附有英文说明卡一张（LYM2-1-3），注明了邮币封的发行资料。

币封规格：263 mm × 179 mm，系大型邮币封；发行者：瑞士Philswiss公司；发行量：500枚；市场极为稀少，珍稀度为五星级；参考价1000元。

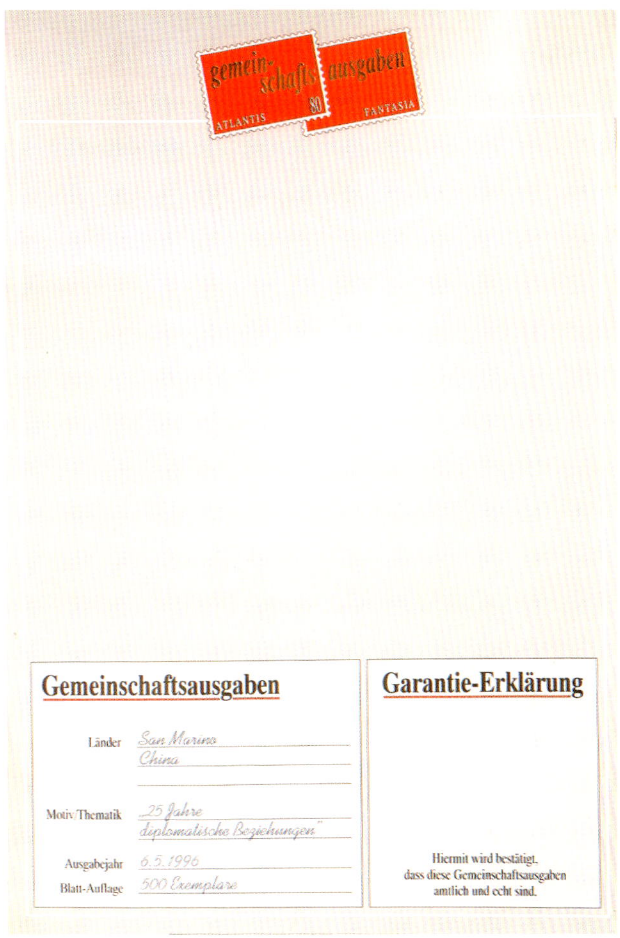

图LYM2-1-3《中国-圣马力诺建交25周年》牡丹币封 说明卡

3. LYM3《第十一届亚洲国际邮票展览会》系列牡丹币封（LYM3-1—LYM3-2）

该系列牡丹币封简称为“亚洲邮展牡丹封”。第十一届亚洲国际邮票展览会于1997年2月12日至16日在中国香港举行，为了纪念此次展览会，香港东生邮票公司特发行《第十一届亚洲国际邮票展览会》系列邮币封一套三枚，其中两枚币封镶嵌1996年版牡丹币各一枚，分别贴中国邮政邮票各一枚；一枚币封镶嵌1995年版香港壹圆流通硬币一枚，贴香港邮票（见第七章第二节图XG7-1）；均加盖“第十一届亚洲国际邮票展览纪念-香港1997.2.12-16”

图LYM3-1-1《第十一届亚洲国际邮票展览会》牡丹币封（甲种）

规格：230 mm×120 mm； 珍稀度：★★★★★

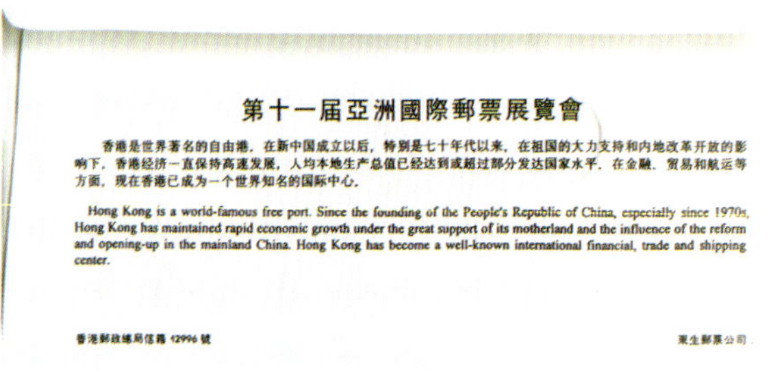

图LYM3-1-2《第十一届亚洲国际邮票展览会》牡丹币封（甲种） 背面

图LYM3-2-1《第十一届亚洲国际邮票展览会》牡丹币封（乙种）

规格：230 mm×120 mm； 珍稀度：★★★★★

纪念邮戳。

币封规格：230 mm ×120 mm；发行者：香港东生邮票公司；发行量：未知，一说因此种牡丹币封违规而被禁止，市场极为罕见，珍稀度五星级；参考价为全套2200元，其中牡丹币封单价1000元。

LYM3-1《第十一届亚洲国际邮票展览会》牡丹币封（甲种-丁丑年邮票1）

此币封贴1997-1《丁丑年》（2-1）150分邮票一枚，其他描述同上。市场极为罕见，珍稀度为五星级，参考价1000元。

LYM3-2《第十一届亚洲国际邮票展览会》牡丹币邮币封（乙种-丁丑年邮票2）

此币封贴1997-1《丁丑年》（2-2）50分邮票一枚，其他描述同上。市场极为罕见，珍稀度为五星级，参考价1000元。

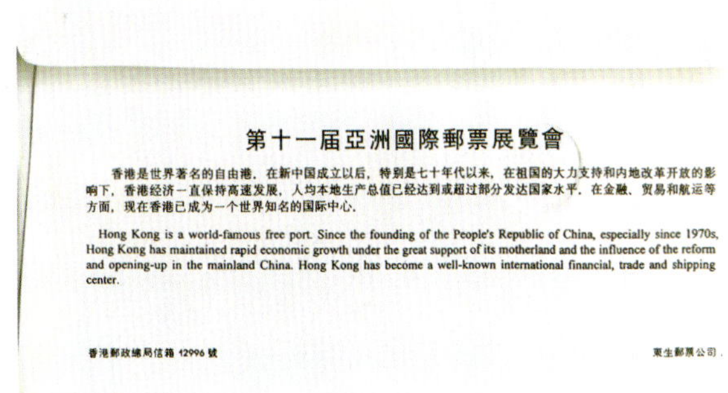

图LYM3-2-2《第十一届亚洲国际邮票展览会》牡丹币封（乙种） 背面

4. LYM4《庆祝香港回归祖国纪念》牡丹币、港币封（LYM4-1）

此邮币封和古币封GB6-1号属于一套邮币封，系《香港回归》系列邮币封的第二枚，主题为“祥瑞吉年、九州同庆”，镶嵌1997年牡丹币和1996年香港壹圆流通硬币各一枚，贴香港《维多利亚港湾》2.5元邮票一枚，加盖“庆祝香港回归祖国1997.7.1”纪念邮戳和“香港1997.7.1”邮政日戳；每枚带有流水编号；币封内含有一枚“从九龙尖沙咀眺望香港岛”邮政明信片，并带有外纸套。其他描述同GB6-1。

图LYM4-1-1《庆祝香港回归祖国纪念》牡丹币、港币封

规格：220 mm×110 mm； 珍稀度：★★★★

图LYM4-1-2《庆祝香港回归祖国纪念》牡丹币港币封 背面

图LYM4-1-3《庆祝香港回归祖国纪念》牡丹币港币封　明信片

图LYM4-1-4《庆祝香港回归祖国纪念》牡丹币港币封　明信片　背面

图LYM6-1-1《97上海邮票钱币博览会》牡丹币比索硬币封

规格：178 mm×127 mm；珍稀度：★★★★

币封规格：220 mm×110 mm；发行日期：1997年7月1日；发行者：中国艺术学会（香港）和香港美术家出版社有限公司联合发行；设计者：邵柏林；发行量：1997枚，描述同GB6-1。市场甚少见，珍稀度为四星级，参考价450元。

5. LYM5《香港回归祖国纪念》古币、牡丹币和港币木简明信片（LYM5-1）

此邮币明信片与第二章第二节GB7-1系同一种邮币木简明信片，描述和图片均同。规格148 mm×99 mm；设计者：邵柏林；发行量1997枚，有外纸套。此木简明信片为目前唯一的中国钱币镶嵌木简明信片，市场甚为稀见，珍稀度为四星级+，参考价1000元。

6. LYM6《97上海邮票钱币博览会》牡丹币、比索硬币封（LYM6-1）

此邮币封简称“乌-中展览”邮币封，是瑞士Philswiss公司特别为“97上海邮票钱币博览会—乌拉圭-中国展览”而制作发行的，镶嵌1997年牡丹币和乌拉圭1比索硬币各一枚，贴1995-16《宝胄》（4-2）30分邮票和乌拉圭邮票各一枚，加盖“中国集币日-中国上海1997.11.20”和乌拉圭展览会纪念邮戳各一枚。

币封规格：178 mm × 127 mm；发行者：瑞士Philswiss公司；发行量：不详；市场所见甚稀少，珍稀度为四星级；参考价500元。

图LYM6-1-2《97上海邮票钱币博览会》牡丹币比索硬币封 背面

Uruguay-China

«Shanghai 1997»

Die Briefmarken- und Münzenausstellung EXPO SHANGHAI '97 bot den geeigneten Rahmen für ein ungewöhnliches Zusammentreffen zwischen der Philatelie und Numismatik von Uruguay und China. Der Numis-Brief vom November 1997 zeigt das Ergebnis dieser Zusammenarbeit.

Wo sieht man chinesische Münzen? Im Normalfall natürlich in China selber, aber in gewissen Fällen auch dort, wo man sie kaum vermutet – beispielsweise auf jener Briefmarke von Uruguay, die den vorliegenden Numis-Brief schmückt. Es handelt sich um Chinas 1-Yuan-Münze, die hier einträchtig neben dem südamerikanischen 1-Peso-Stück abgebildet ist. Das ist zwar noch keine eigentliche Gemeinschaftsausgabe, dafür aber ein Hinweis auf die weltweiten Verbindungen in der Numismatik.

Die Ausstellung in Shanghai – ihr Logo ist im chinesischen Sonderstempel und in Uruguays Briefmarkenmotiv zu sehen – ist eine international besuchte Messe, die als bedeutende Drehscheibe zwischen den großen Sammlermärkten Asiens und des Westens gilt. Ihre Geschichte reicht bis ins Jahr 1995 zurück. Damals schlossen sich Chinas Philatelisten und die für den Vertrieb von Goldmünzen zuständige Stelle zur Ausrichtung einer Messe zusammen, die in Peking abgehalten wurde und mit 300 000 Besuchern ein immenser Erfolg war. Nie zuvor hatte eine Ausstellung in Chinas Hauptstadt eine so große Zahl von Sammlern und Fachleuten angelockt!

Vom 19. bis 23. November 1997 folgte deshalb die «SHANGHAI '97» – wieder organisiert von der «China National Philatelic Corporation» und der «China Gold Coin Incorporation». Sie war eine würdige Nachfolgerin der Messe in Peking; das Konzept der gemeinsamen, für Briefmarken- und Münzensammler gleichermaßen interessanten Fachveranstaltung bewährte sich auch diesmal wieder. 300 Quadratmeter standen für die Ausstellungsrahmen zur Verfügung, auf weiteren 4800 Quadratmetern waren die Stände der Postverwaltungen und Händler untergebracht.

Am 19. November 1997, der zum «Tag der Philatelie» deklariert wurde, erschien Uruguays Gedenkbriefmarke. Ihr Stempel zeigt nebst den erwähnten Münzen eine Dschunke als Sinnbild für China. Am folgenden, von einer großen Auktion begleiteten «Münzen-Tag» kam der Stempel auf dem chinesischen Wertzeichen zum Einsatz; er enthält den Umriss eines alten, als «Hackengeld» bezeichneten chinesischen Münzentyps. So vereint der Numis-Brief die Themenbereiche, zu denen Besucher aus aller Welt an die «International Stamp & Coin Expo. Shanghai '97» im «Shanghai Exhibition Center» reisten. Doch nicht nur Ereignisse wie die geschilderte Briefmarken- und Münzenausstellung verschaffen der 7-Millionen-Stadt Beachtung. Mit entsprechenden Anlagen auf 80 km Länge gilt Shanghai als Chinas bedeutendste Hafenstadt. Das «Tor zur Welt» profitiert zudem von einer speziellen Regelung für Investoren aus dem Ausland. Wie sehr es floriert, verdeutlichen zahlreiche Rekord-Bauwerke. Die Illustration auf dem Brief zeigt zwei Beispiele: den 460 Meter hohen «Radio & TV Tower» (Asiens höchstes Gebäude) und die Nanpu-Brücke, die über den Huangpu zum Stadtteil Pudong führt.

图LYM6-1-3《97上海邮票钱币博览会》牡丹币比索硬币封 说明卡

图LYM7-1-1《世界各国硬币收藏》牡丹币封（甲种）
规格：190 mm×100 mm； 珍稀度：★★★★

图LYM7-1-2《世界各国硬币收藏》牡丹币封（甲种） 背面

图LYM7-2-1《世界各国硬币收藏》牡丹币封（乙种）
规格：190 mm×100 mm； 珍稀度：★★★★

7. LYM7《世界各国硬币收藏》系列牡丹币封（LYM7-1—LYM7-2）

此系列邮币封由美国富兰克林造币厂制作发行，是世界各国硬币邮币封集锦的中国篇，镶嵌1994年牡丹币一枚，贴有不同邮票，并加盖邮政日戳。

币封规格：190 mm ×100 mm；发行者：美国富兰克林造币厂；发行量：不详；市场甚稀少，珍稀度为四星级，参考价500元。

LYM7-1《世界各国硬币收藏》牡丹币邮币封（甲种）

此币封贴1992-10J《中日邦交正常化二十周年》（2-1）20分邮票一枚，加盖“安徽马鞍山-湖北路5-1998.11.13”邮政日戳。其他描述同上。市场甚稀少，珍稀度为四星级，参考价500元。

LYM7-2《世界各国硬币收藏》牡丹币邮币封（乙种）

此币封贴1995-12T《太湖·鼋渚春涛》（5-2）20分邮票一枚，加盖“安徽马鞍山-湖北路5-1999.01.02”邮政日戳。其他描述同上。市场甚稀少，珍稀度为四星级，参考价500元。

图LYM7-2-2《世界各国硬币收藏》牡丹币封（乙种） 背面

8. LYM8《给您拜年》双梅花币拜年封（LYM8-1）

此邮币封简称“双梅拜年封”。农历丁丑年正月初一，是我国最重要的传统佳节“春节”，天津市集邮公司制作发行了《给您拜年》邮币封一套一枚。邮币封镶嵌1991年梅花5角流通硬币两

图LYM8-1-1《给您拜年》双梅花币拜年封

规格：230 mm×120 mm； 珍稀度：★★★★

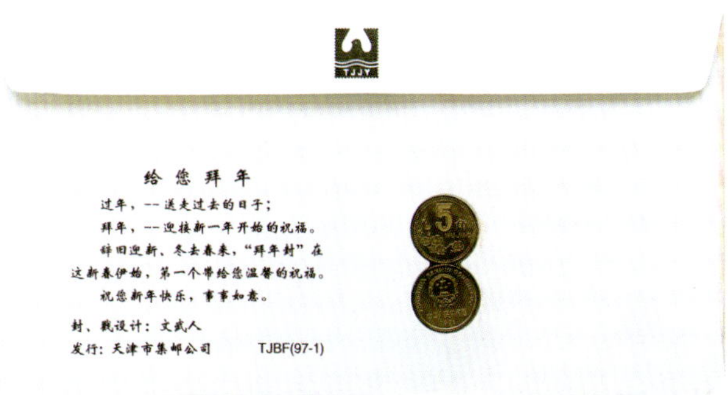

图LYM8-1-2《给您拜年》双梅花币拜年封 背面

图LYM8-1-3《给您拜年》双梅花币拜年封　实寄封

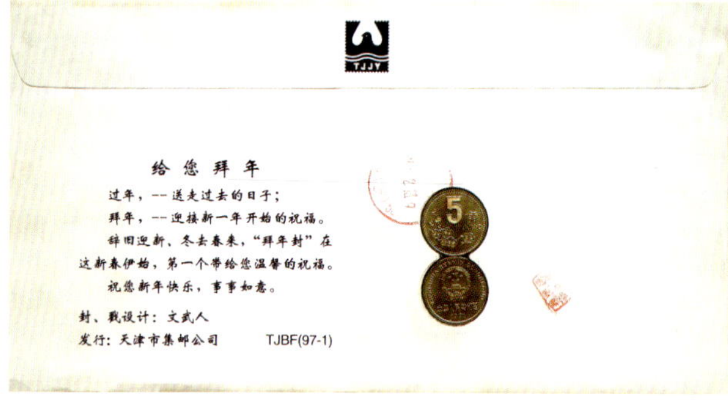

图LYM8-1-4《给您拜年》双梅花币拜年封　实寄封　背面

枚，贴1997-1《丁丑（牛）年》邮票一套两枚，加印“给您拜年-丁丑年·中国天津”纪念邮戳。

币封规格：230 mm×120 mm；封、戳设计者：文武人；发行者：天津市集邮公司；发行量：不详；编号TJBF（97-1）；市场甚为少见，珍稀度为四星级，参考价450元。

尚见此币封首日实寄封者，极为珍贵（图LYM8-1-3、LYM8-1-4）。

9. LYM9《梅花》梅花币封（LYM9-1）

梅是蔷薇科植物，落叶乔木，原产我国，多分布在长江以南各地区，有200多个品种，我国植梅已有三四千的

图LYM9-1-1《梅花》梅花币封

规格：230 mm×120 mm；　珍稀度：★★★★

历史。梅花有个特点，愈是老干古枝，愈显苍劲挺秀，生意盎然。梅花坚韧不拔，傲雪而开，是坚贞、高洁、勇敢精神的象征，也象征着我们中华民族不屈不挠、顽强拼搏的民族精神。为纪念“第十九届全国最佳邮票评选颁奖活动”在广州举行，广东省集邮总公司特发行以梅花为主题的《梅花》邮币封。

此币封设计古朴典雅，正面是梅花国画图案，镶嵌1997年梅花5角流通硬币，贴1998-15《何香凝国画作品·梅》（3-3）150分邮票一枚，并印“第十九届全国最佳邮票评选颁奖活动纪念－中国广州1999.5.21－23”纪念邮戳。

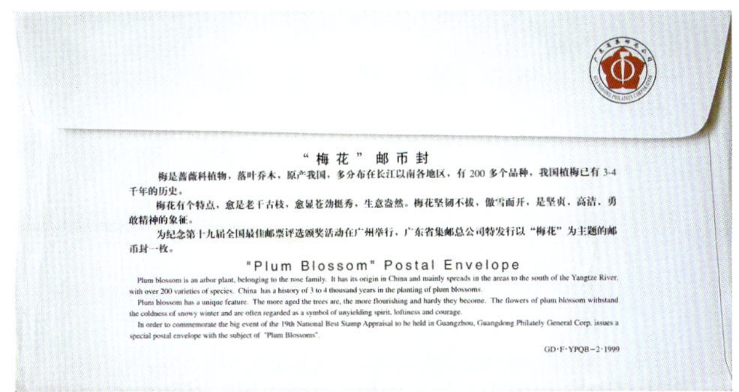

图LYM9-1-2《梅花》梅花币封 背面

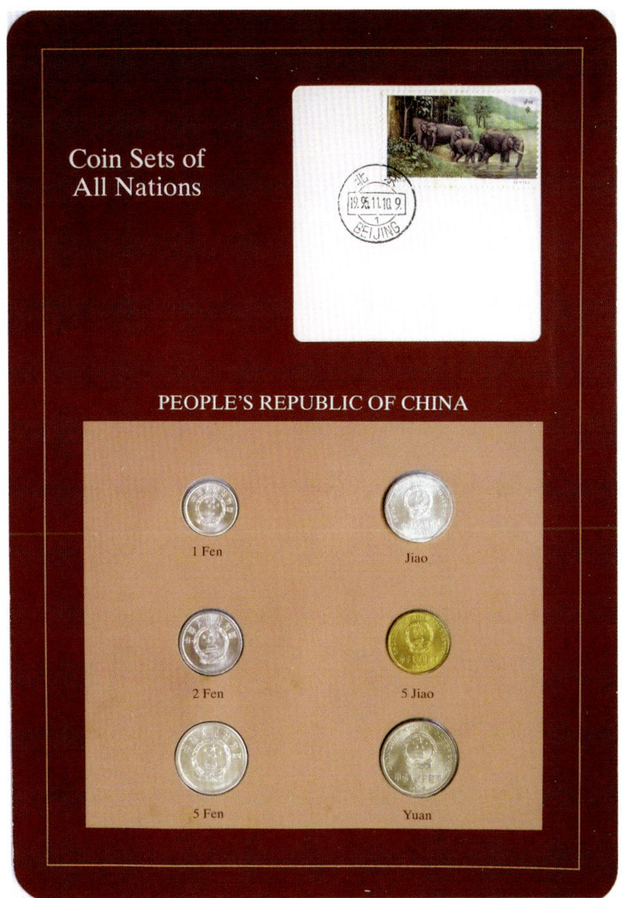

图LYM10-1-1《所有国家硬币套装》三花币分币邮币卡（甲种）
规格：292 mm×203 mm； 珍稀度：★★★★★

币封规格：230 mm×120 mm；发行者：广东省集邮总公司；发行量：不详。编号GD · F · YPQB-2.1999；市场甚为少见，珍稀度为四星级，参考价400元。

10. LYM10《所有国家硬币套装》系列三花币分币邮币卡（LYM10-1—LYM10-2）

此系列邮币卡简称“富版三花币邮币卡”，1995年由美国富兰克林造币厂制作发行，镶嵌老三花币和分币各一套三枚，年号分别为：1994年1元牡丹币、1995年5角梅花币、1992年1角菊花币、1991年5分、1988年2分和1991年1分；目前仅发现贴1995-11《中泰建交二十周年－亚洲象》（2-1）和（2-2）邮票者两种版别。

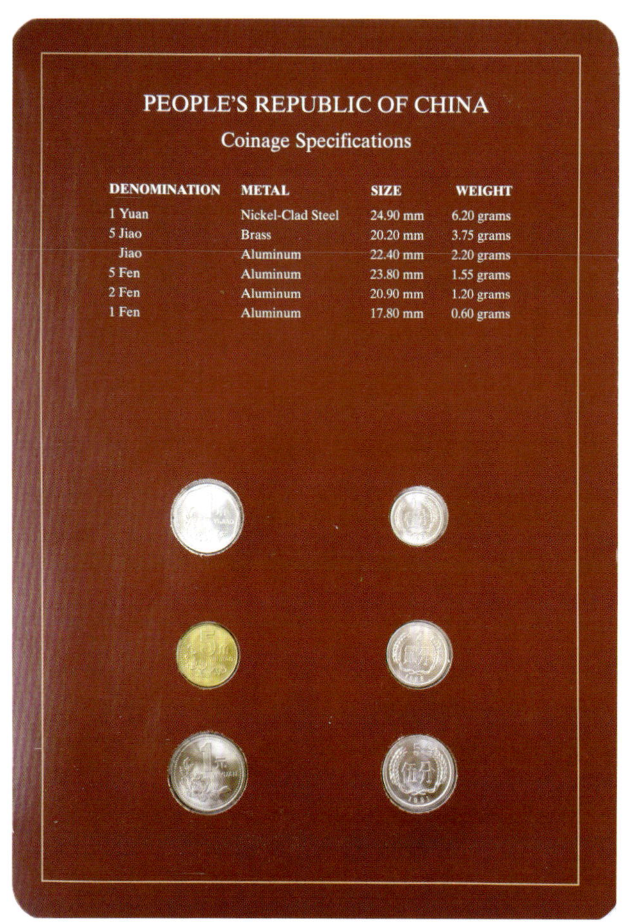

图LYM10-1-2《所有国家硬币套装》三花币分币邮币卡（甲种） 背面

邮币卡规格为：292 mm ×203 mm，系大型邮币卡；发行者：美国富兰克林造币厂；发行量：不详；市场所见极为稀少，珍稀度为五星级；参考价900元。

LYM10-1《所有国家硬币套装》三花币分币邮币卡（甲种-亚洲象邮票1）

此套装邮币卡分别镶嵌老三花币和分币各一套三枚，贴1995-11《亚洲象》（2-1）1元邮票一枚，加盖“北京1995.11.10”邮政日戳，其他描述如上。市场所见极少，珍稀度为五星级，参考价900元。

LYM10-2《所有国家硬币套装》三花币分币邮币卡（乙种-亚洲象邮票2）

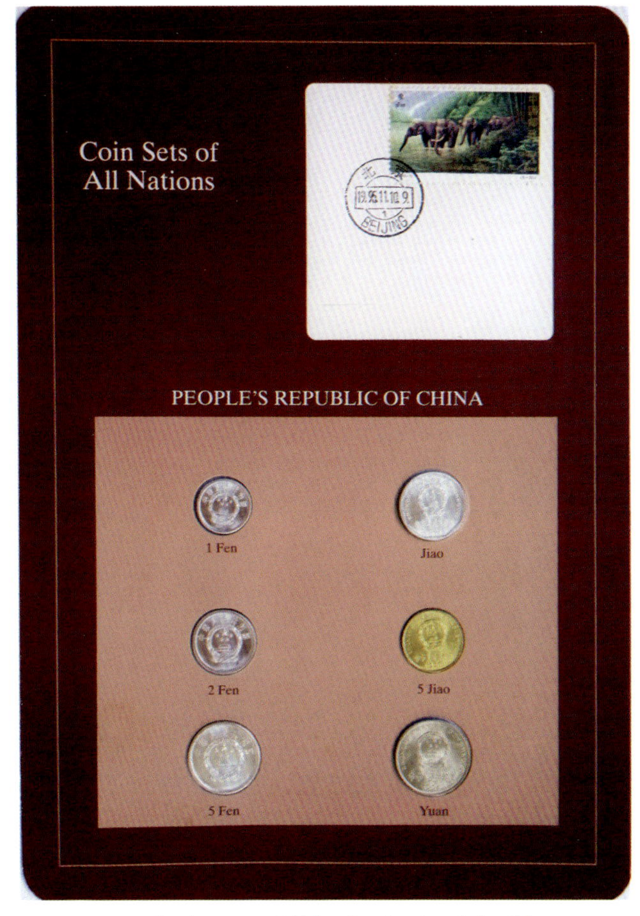

图LYM10-2-1《所有国家硬币套装》三花币分币邮币卡（乙种）

规格：292 mm×203 mm； 珍稀度：★★★★★

此套装邮币卡分别镶嵌老三花币和分币各一套三枚，贴1995-11《亚洲象》（2-2）1元邮票一枚，加盖“北京1995.11.10”邮政日戳，其他描述如上。市场所见极少，珍稀度为五星级，参考价900元。

除了上述正式发行的正宗流通硬币邮币封（卡）之外，市场尚见有一些单位或地方邮政用中国邮政发行的邮资封加印图文后再制作的邮币封，不是正宗邮币封，而是邮资封加印邮币封，现举例说明。

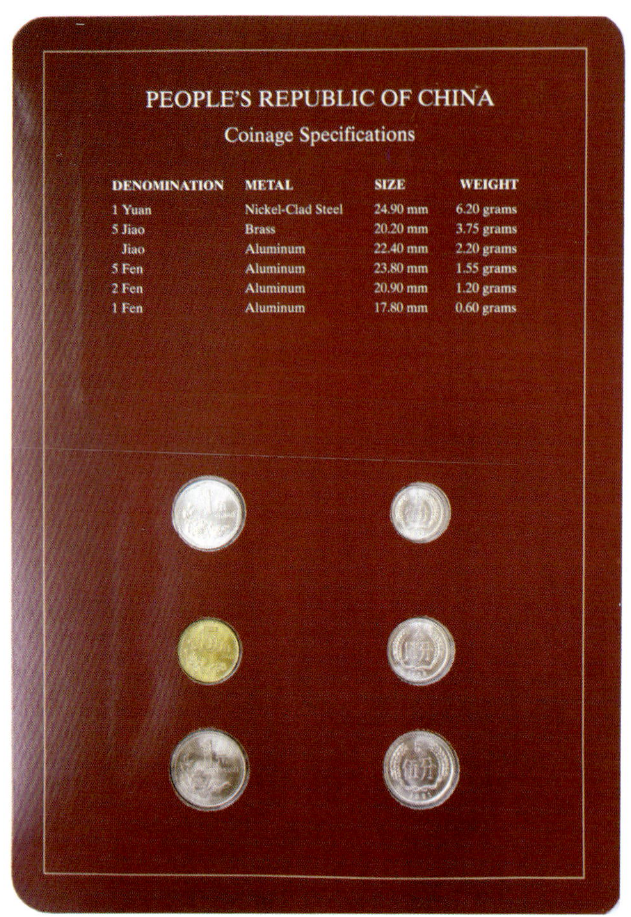

图LYM10-2-2《所有国家硬币套装》三花币分币邮币卡（乙种） 背面

1. 《诏安县钱币学会成立纪念》牡丹币加印封

1994年12月17日，福建漳州市诏安县钱币学会成立，诏安县钱币学会利用中国邮政发行的1994年《狗年贺年有奖贺卡型兰花邮资信封》，特制作《诏安县钱币学会成立纪念》邮币封一套三枚，以资纪念，其他两枚见第一章第二节GB加1和第四章第三节PJ加1。此枚邮币封镶嵌1994年1元牡丹流通硬币一枚；贴1994《狗年》20分邮票一枚，设计独特、甚是精美（图LY加1-1）。

图LY加1-1-1《诏安县钱币学会成立纪念》牡丹币加印封
邮资封单位加印邮币封

图LY加2-1-1《纪念长城币发行四十周年》长城币加印封（甲种）
镶嵌81年壹元 邮资封地方邮政加印币封

图LY加2-1-2《纪念长城币发行四十周年》长城币加印封（甲种） 背面

2. 《纪念长城币发行四十周年》长城币加印封

2020年5月，中国邮政洛阳市分公司利

图LY加2-2-1《纪念长城币发行四十周年》长城币加印封（乙种）镶嵌85年壹角　邮资封地方邮政加印币封

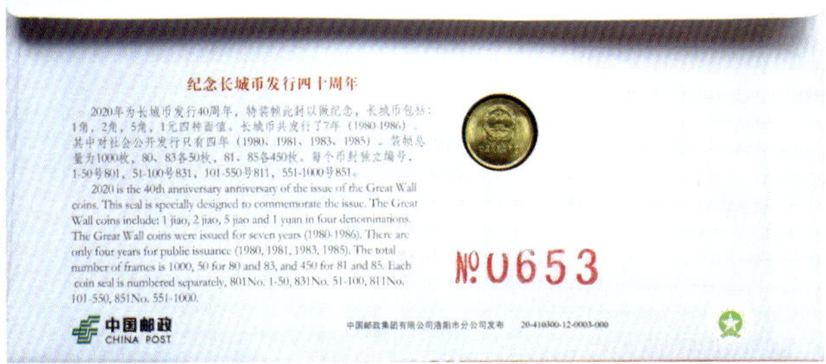

图LY加2-2-2《纪念长城币发行四十周年》长城币加印封（乙种）背面

图LY加3-1-1《洛阳牡丹甲天下》牡丹币加印封（甲种）镶嵌91年牡丹币　邮资封地方邮政加印币封

用中国邮政发行的邮资封加印图文，制作了《纪念长城币发行四十周年》长城币封。镶嵌1980-1985年长城币，或1981和1985年壹角长城币，贴中国邮政80分长城邮票一枚，加盖“纪念长城币发行四十周年”纪念戳，此套币封印制独到、典雅美观（图LY加2-1—LY加2-2）。

3.《洛阳牡丹甲天下》牡丹币加印封

2020年8月，中国邮政洛阳市分公司，利用中国邮政的邮资封加印图文，制作了《洛阳牡丹甲天下》牡丹币封。其中1991至1999年的镶嵌各年号牡丹币一枚，2000年的镶嵌牡丹、梅花和菊花币三枚，加贴中国邮政80分牡丹邮票一枚，加盖“河南洛阳－牡丹路2020.8.31”邮政日戳。此套币封采用印花设计，做工考究、印制精美，尤其是将2000年牡丹、菊花“双花币王”珍稀硬币制作成邮币封，更是匠心独具，具有较高的鉴赏价值（图LY加3-1—LY加3-2）。

图LY加3-1-2《洛阳牡丹甲天下》牡丹币封（甲种） 背面

图LY加3-2-1《洛阳牡丹甲天下》牡丹币加印封（乙种）
镶嵌2000年三花币 邮资封地方邮政加印币封

图LY加3-2-2《洛阳牡丹甲天下》牡丹币加印封（乙种） 背面

第四章

普通纪念币邮币封收藏与鉴赏

第一节　概述

中国普通纪念币系指1949年中华人民共和国成立之后，中国人民银行为了纪念重大历史事件、杰出人物或有特殊意义的事物而发行的，除了金、银、铂、钯等贵金属币之外的普通金属材质的纪念币，如铜质、铜基合金、普通双金属等普通金属纪念币。其中按照是否公开发行和进入流通又可分为普通精制纪念币和普通流通纪念币；普通精制纪念币是人民银行特别发行的专用于钱币爱好者收藏或进行国际钱币出口、交流的普通纪念币，一般采用与贵金属纪念币相同的精制工艺铸造而成，包括1980至1985年央行早期发行的铜质普通精制纪念币，和1984年后发行的多种普通金属或合金材质的普通精制纪念币；普通流通纪念币是自1984年开始公开发行用于流通的普通纪念币，均采用普制铸造工艺，全部公开发行并进入货币流通领域。

在金属纪念币中，贵金属纪念币的面额仅具有象征意义，不计入国家货币流通总量，不承担货币流通职能，不进入流通领域，只用于收藏和投资；与贵金属纪念币类似，普通精制纪念币也不具有流通货币职能，不进入货币流通领域，只集中于收藏领域；而与贵金属纪念币不同，普通流通纪念币具有货币流通职能并可参与货币流通，但由于发行渠道的原因，在我国的实际情况是普通流通纪念币也很少进入流通，绝大多数都集中于各级币商手里或收藏领域。

自中国人民银行1980年首次发行“第十三届冬季奥林匹克运动会”普通精制纪念币，和1984年首次发行“中华人民共和国成立三十五周年”普通流通纪念币伊始，中国普通纪念币至今已发行重大历史事件、生肖贺岁、人物、体育、世界遗产、珍稀动物、科技成就等十几个系列上百个品种，可谓品种繁多，精品纷呈。20世纪90年代中国集邮总公司以及地方集邮公司对普通纪念币邮币封的发行比较重视，其他地方机构、组织和外国也发行了一些，因此史上发行的普通纪念币邮币封相对于其他邮币封板块也相对多些，目前发现有37个品种或系列、67种版别，现分普通精制纪念币邮币封和普通流通纪念币邮币封两节进行详细阐述。

第二节　普通精制纪念币邮币封（PJ）

普通精制纪念币包括两类：一类是1980至1985年间中国人民银行特别发行的主要用于出口创汇和交流，而与贵金属纪念币配套发行的早期铜质普通精制纪念币，这些品种只是少量精制生产而未大量发行普制币，亦未进入流通；第二类是1984年开始铸行的主要用于国内外钱币收藏爱好者收藏之用的普通精制纪念币，这些品种发行时也同时扩大铸造发行了大量的普制币，这些精制纪念币和普制纪念币大都原模相同、版别相同，只是采用了不同的铸造工艺，其中只有少数品种币边加刻铭文而构成特殊版别。精制纪念币采用精制铸造工艺，未进入货币流通领域，普制纪念币采用普制工艺，公开进入了货币流通领域。

需要特别说明的是，上述第一类特殊硬币——早期铜质精制纪念币现在越来越引起大家的关注，因这是在共和国钱币史上占有重要而特殊地位的一类硬币，系20世纪80年代央行为发行贵金属纪念币而配套发行的普通精制纪念币，包括1980年冬奥铜币（含加厚版），1980年中奥铜币（含加厚版），1982年世界杯足球铜币（含沈阳版和上海版两种版别），1983、1984、1985年熊猫铜币，共计20个品种21种版别。由于这些早期普通精制纪念币基本上用于出口创汇，其铸造工艺严格按照金银币的精制铸造工艺而精工铸造，胚饼经人工逐枚抛光使得压印的硬币底面光洁如镜，工作模经喷砂处理使得硬币浮雕有喷砂效果，立体层次感强烈，这样精工铸造的普通精制纪念币非常精美，和金银币具有同样精美华贵的艺术效果。虽在“改革开放”初期这一特殊的历史时期，发行时其属性与流通硬币和普通流通纪念币不同，未计入货币流通总量，未公开进入流通领域，从国家发行方式来看更近似于贵金属纪念币范畴，但从币材材质、钱币史价值以及地位上分析其本质上属于精制纪念币的试验币，系普通纪念币而非贵金属纪念币，具有贵金属纪念币和流通纪念币跨界品种的多重特征，因此具有特殊而重要的收藏地位。随着对其收藏研究的深入和认识的提高，除了贵金属纪念币爱好者之外，早期普通精制纪念币亦越来越受到流通纪念币和流通硬币爱好者的尊崇。

由于普通精制纪念币在早期基本上都是对外国发售，专门用于出口和收藏，加之发行量也很少，最少的只有几百枚，大多品种仅有数千到几万枚，因此普通精制纪念币邮币封发行的品种和数量也甚少，现仅发现5个品种系列、12种版别而已，现按照发行年代顺序和普通精制纪念币或邮票的种类和大家一起分享鉴赏。

1. PJ1《第十三届冬季奥林匹克运动会》系列1980年冬奥精制纪念币封（PJ1—PJ4）

第十三届冬季奥林匹克运动会于1980年2月13日至24日在美国纽约州普莱西德湖举办。37个国家和地区的1283名运动员参加了这场体育盛会。自本届冬奥会起，中国代表团开始参加以后历届冬奥会的比赛。为纪念中国体育代表团首次派队参加冬奥会，中国邮电部特发行了J54《第十三届冬季奥林匹克运动会》纪念邮票一套四枚，中国人民银行也同时发行了同题材铜质精制纪念币一套四枚，这也是在我国当代钱币史上央行首次发行普通纪念币。

为此，中国邮票公司特联合美国公司发行了《第十三届冬季奥林匹克运动会》邮币封一套四枚，分别镶嵌1980年“第十三届冬季奥林匹克运动会”普通精制纪念币一枚，贴J45同题材邮票一枚，并加盖“第十三届奥林匹克冬季运动会1980.2.13-24”红色纪念邮戳。这是中国首次与外国公司联合发行邮币封，主要由美国公司在美国销售。

币封规格：160 mm×95 mm；邮票、邮戳、首日封设计者：邹建军；发行者：中国邮票公司；发行量：未知。市场所见极为稀少，珍稀度为五星级；参考价全套5000元，单枚1200元。

PJ1-1《第十三届冬季奥林匹克运动会》1980年冬奥精制纪念币邮币封（甲种－男子现代冬季两项）

此币封镶嵌一枚1980年“第13届冬奥会－男子现代冬季两项”12克铜质普通精制纪念币，贴同题材J54（4－1）邮票一枚，其他描述同上。市场

图PJ1-1-1《第十三届冬季奥林匹克运动会》1980年冬奥精制纪念币封（甲种）

规格：160 mm×95 mm； 珍稀度：★★★★★

图PJ1-1-2 《第十三届冬季奥林匹克运动会》1980年冬奥精制纪念币封（甲种） 背面

图PJ1-2-1《第十三届冬季奥林匹克运动会》1980年冬奥精制纪念币封（乙种）

规格：160 mm×95 mm； 珍稀度：★★★★★

所见极为稀少，珍稀度为五星级，参考价1200元。

图PJ1-2-2 《第十三届冬季奥林匹克运动会》80年冬奥精制纪念币封（乙种）背面

PJ1-2《第十三届冬季奥林匹克运动会》1980年冬奥精制纪念币封（乙种－女子速度滑冰）

此币封镶嵌一枚1980年“第十三届冬奥会－女子速度滑冰”12克铜质普通精制纪念币，贴同题材J54（4－2）邮票一枚，其他描述同上。市场所见极为稀少，珍稀度为五星级，参考价1200元。

图PJ1-3-1《第十三届冬季奥林匹克运动会》80年冬奥精制纪念币封（丙种）

规格：160 mm×95 mm； 珍稀度：★★★★★

PJ1-3《第十三届冬季奥林匹克运动会》1980年冬奥精制纪念币封（丙种－女子花样滑冰）

图PJ1-3-2 《第十三届冬季奥林匹克运动会》80年冬奥精制纪念币封（丙种）背面

此币封镶嵌一枚1980年“第十三届冬奥会－女子花样滑冰”12克铜质普通精制纪念币，贴同题材J54（4－3）邮票一枚，其他描述同上。市场所见极为稀少，珍稀度为五星级，参考价1200元。

PJ1-4《第十三届冬季奥林匹克运动会》1980年冬奥精制纪念币封（丁种－男子滑降）

此币封镶嵌一枚1980年“第十三届冬奥会－男子滑降”12克铜质普通精制纪念币，贴同题材J54（4－4）邮票一枚，其他描述同上。市场所见极为稀少，珍稀度为五星级，参考价1200元。

图PJ1-4-1《第十三届冬季奥林匹克运动会》80年冬奥精制纪念币封（丁种）

规格：160 mm×95 mm； 珍稀度：★★★★★

图PJ1-4-2 《第十三届冬季奥林匹克运动会》80年冬奥精制纪念币封（丁种）背面

2. PJ2《欧洲足球联赛·德国1988》1982年世界杯足球赛精制纪念币封（PJ2-1—PJ2-2）

此邮币封是德国为纪念1988年2月18日举办的欧洲足球联赛而发行的，镶嵌一枚1982年“第十二届世界杯足球赛”铜质足球射门1元精制纪念币，直径32 mm，重12克；按照足球精制纪念币的版别不同，此种邮币封又可分为镶嵌沈阳版和上海版足球铜币的两种版别；贴德国《欧洲足球联赛》纪念邮票一枚，并加盖“伯恩1988.2.18”纪念邮戳。

币封规格：175 mm×125 mm；发行者：德国；发行日期：1988年2月

图PJ2-1-1《欧洲足球联赛.德国1988》82年世界杯足球赛纪念币封（甲种）

规格：175 mm×125 mm；珍稀度：★★★★☆

图PJ2-1-2《欧洲足球联赛.德国1988》82年世界杯足球赛纪念币封（甲种） 背面

图PJ2-1-3《欧洲足球联赛.德国1988》82年世界杯足球赛纪念币封（甲种） 沈阳版铜质足球精制纪念币正、背图

18日；发行量：未知；市场所见甚为稀少，珍稀度为四星级+；参考价：1400—1600元。

PJ2-1《欧洲足球联赛·德国1988》1982年世界杯足球赛精制纪念币封（甲种－沈阳版）

此币封简称“欧联沈阳版足球铜币封”，镶嵌一枚沈阳版铜质足球普通精制纪念币（图PJ2-1-3），其他描述同上，市场所见甚为稀少，珍稀度为四星级+，参考价1600元。

PJ2-2《欧洲足球联赛·德国1988》1982年世界杯足球赛精制纪念币封（乙种－上海版）

此币封简称“欧联上海版足球铜币封”，镶嵌一枚上海版铜质足球普通精制纪念币（图PJ2-2-3），其他描述

图PJ2-2-1《欧洲足球联赛.德国1988》82年世界杯足球赛纪念币封（乙种）

规格：175 mm×125 mm； 珍稀度：★★★★☆

图PJ2-2-2《欧洲足球联赛.德国1988》82年世界杯足球赛纪念币封（乙种） 背面

图PJ2-2-3《欧洲足球联赛.德国1988》82年世界杯足球赛纪念币封（乙种） 上海版铜质足球精制纪念币 正、背图

图PJ3-1-1《世界硬币封》82年世界杯足球赛精制纪念币封（甲种）
规格：175 mm×127 mm； 珍稀度：★★★★☆

图PJ3-1-2《世界硬币封》82年世界杯足球赛精制纪念币封（甲种） 背面

图PJ3-1-3《世界硬币封》82年世界杯足球赛精制纪念币封（甲种）
沈阳版铜质足球精制纪念币 正、背图

同上，市场所见甚为稀少，珍稀度为四星级+，参考价1400元。

3. PJ3《世界硬币封》系列1982年世界杯足球赛精制纪念币封（PJ3-1—PJ3-2）

此系列邮币封于1994年5月由瑞士Phillswiss公司制作发行，镶嵌一枚1982年“第十二届世界杯足球赛”铜质足球射门1元普通精制纪念币；按照足球精制纪念币的版别不同，此种邮币封又可分为镶嵌沈阳版和上海版足球铜币的两种版别；贴普21《桂林山水》2元邮票一枚；带有德文说明卡（PJ3-

1-4、PJ3-1-5），对中国历史和钱币概况做了简单介绍。

币封规格：175 mm × 127 mm；发行者：瑞士Phillswiss公司；发行量：未知；市场所见甚为稀少，珍稀度为四星级至四星级+；参考价：1200—1400元。

PJ3-1《世界硬币封》1982年世界杯足球赛精制纪念币封（甲种-沈阳版）

此币封简称“沈阳版足球铜币封”，镶嵌一枚1982年沈阳版足球铜质普通精制纪念币（图PJ3-1-3），其他描述同上，市场所见甚为稀少，珍稀度为四星级+，参考价1400元。

China

Geografie / Politik

Ching-kuo – Reich der Mitte – nennen die Chinesen seit alters her ihren Staat. Es ist der einzige Großraum der Erde, der nie unter europäische Vorherrschaft gelangt ist. Eine ungebrochene, fast 5000 Jahre währende historische Entwicklung ist das besondere Kennzeichen der Geschichte Chinas. Seine Grenzen waren lediglich durch die im Norden lebenden Nomaden gefährdet. Im Inneren folgten mehrere Perioden der Vereinigung des Reiches unter den verschiedenen Dynastien und des Zerfalls abwechselnd aufeinander. 1912 siegte die republikanische Revolution unter Sun-Yat-sen; der konfuzianische Staat und die Herrschaft der Mandschu hatten ihr Ende gefunden. Die neue Republik litt unter Bürgerkriegen, und 1931 besetzte Japan das Land. Die Nationalisten unter Tschiang-Kai-schek und die Kommunisten unter Mao-Tse-tung vereinigten sich im Kampf gegen die Besatzer. Doch 1945 – nach dem Sieg – bekämpften sie sich wieder gegenseitig. 1949 rief Mao die Volksrepublik China aus. Die Nationalchinesen zogen sich auf die Insel Taiwan zurück. In einem Pakt mit der Sowjetunion 1950 verpflichtete sich diese zu Hilfeleistungen beim Aufbau der Industrie. Die «Große Proletarische Kulturrevolution» 1966–1969 sollte durch die Roten Garden die Unterschiede zwischen Stadt und Land, Industrie und Landwirtschaft und zwischen geistiger und körperlicher Arbeit beseitigen.

图PJ3-1-4《世界硬币封》82年世界杯足球赛精制纪念币封（甲种）说明卡正面

Sie brachte einen Produktionsrückgang und allgemeine Unordnung. Nach dem Tode Maos wurden seine Witwe und ihre Gefolgsleute – die Viererbande – verhaftet und wegen Verbrechen im Rahmen der Kulturrevolution verurteilt. Die «Ent-Maoisierung» brachte einen näheren wirtschaftlichen Anschluß an den Westen.

Bevölkerung / Kultur

Mit über einer Milliarde Menschen ist China der mit Abstand volksreichste Staat der Erde; und diese Menschen sind, wie der Staat, geprägt durch eine Ideologie, durch eine zentrale Staatsmacht. Gerade von daher überraschen den Fremden die Offenheit und die Individualität, die trotz der Uniformität der Kleidung überall gepflegt wird, wo sich eine Möglichkeit dazu bietet. Mit Zurückhaltung, aber ohne Scheu begegnen die Menschen selbstbewußt dem Fremden. Freilich stellen Sprache und Schrift fast unüberwindliche Hindernisse für das gegenseitige Verständnis dar. China ist das einzige Land der Erde, das auf eine über 5000 Jahre währende kulturelle Kontinuität zurückblicken kann. Seine reiche kulturelle Vergangenheit zeigt sich in der Vielzahl der Kulturdenkmäler, die der Reisende heute wieder besuchen kann. Die Kultur des Reiches der Mitte strahlte nach allen Seiten hin aus, so daß man von einem chinesischen Kulturkreis spricht. Vieles bleibt jedoch dem Fremden im Denken und Handeln dieses alten Kulturvolkes unerschlossen und geheimnisvoll.

China

Offizielle Bezeichnung	Volksrepublik China / VRC Zhong-hua Renmin Gonghegoo
Lage	Ostasien
Nachbarstaaten	Indien, Pakistan, Afghanistan, Tadschikistan, Kirgistan, Kasachstan, Rußland, Mongolei, Nordkorea, Taiwan, Hong Kong, Vietnam, Laos, Myanmar, Bhutan, Nepal
Fläche	9 560 980 km²
Einwohnerzahl	1990: 1 130 515 000
Sprachen	Chinesisch (Amtssprache) Englisch (Handelssprache) Chinesische Dialekte
Hauptstadt	Peking (10,8 Mio. Einw.)
Weitere Städte	Schanghai (13,3 Mio. Einw.) Tientsin (8,7 Mio. Einw.) Shenyang (4,5 Mio. Einw.) Wuhan (3,8 Mio. Einw.) Kanton (3,6 Mio. Einw.) Chunking (3,0 Mio. Einw.)
Regierungsform	Volksrepublik
Währung	Renminbi (Yuan) (1 RMB.Y = 10 Jiao 10 Jiao = 100 Fen)

Geographie / Wirtschaft

Ein Riesenreich wie China – es ist nach Rußland und Kanada der drittgrößte Staat der Erde – weist eine Fülle unterschiedlicher Landschaften auf. Als Kerngebiete gelten das westchinesische Gebirgsland, die ostwärts anschließende Große Ebene, die Landschaft am unteren Jangtsekiang, das südchinesische Bergland und das Bekken von Si-Chuan. Entsprechend der Ausdehnung des Landes kommen mehrere Klimaregionen vor, vom Tropenklima im äußersten Süden bis zum extrem winterkalten Wüstenklima Hochasiens. Wegen der jahrtausendelangen Besiedlung findet man von der ursprünglichen Vegetation nahezu nichts mehr. Auch von der ursprünglichen Tierwelt sind nur noch in wenigen geschützten Gebieten Vertreter wie Pandas, Bambusbären, wilde Kamele, Gazellen und Yaks vorhanden. China befindet sich im Übergang von einem Agrar-Entwicklungsland zum Industriestaat. Noch immer leben 70% der Erwerbstätigen auf dem Land und von der Landwirtschaft. Das Hauptziel der staatlich gelenkten Wirtschaft ist die Versorgung der stetig wachsenden Bevölkerung mit Nahrungsmitteln. Dazu kommen die Probleme der Arbeitsbeschaffung, vor allem für die Masse der Jugendlichen, sowie die Entwicklung auf dem industriellen Sektor – und das, ohne in eine allzu starke Abhängigkeit von ausländischen Mächten zu geraten.

图PJ3-1-5《世界硬币封》82年世界杯足球赛精制纪念币封（甲种）说明卡背面

图PJ3-2-1《世界硬币封》82年世界杯足球赛精制纪念币封（乙种）
规格：175 mm×127 mm； 珍稀度：★★★★

图PJ3-2-2《世界硬币封》82年世界杯足球赛精制纪念币封（乙种） 背面

图PJ3-2-3《世界硬币封》82年世界杯足球赛精制纪念币封（乙种）
上海版铜质足球精制纪念币正、背图

PJ3-2《世界硬币封》1982年世界杯足球赛精制纪念币封（乙种-上海版）

此币封简称“上海版足球铜币封”，镶嵌一枚1982年上海版足球铜质精制纪念币（图PJ3-2-3），其他描述同上，市场所见甚为稀少，珍稀度为四星级，参考价1200元。

4. PJ4《荷兰世界自然基金会》1983年铜质熊猫精制纪念币封（PJ4-1）

此币封简称“荷兰83熊猫铜币封”，于1988年发行，镶嵌一枚1983年壹元熊猫普通精制纪念币，贴荷兰《世界自然基金会-熊猫与地球》邮票一枚，加盖同主题纪念邮戳和“ZEIST84.12.18”邮政日戳，并印有编号。

币封规格：175 mm × 120 mm；发行国：荷兰；发行量：未知；市场所见极为稀少，珍稀度为五星级，参考价3000元。

图PJ4-1-1《荷兰世界自然基金会》83年铜质熊猫精制纪念币封
规格：175 mm×120 mm； 珍稀度：★★★★★

图PJ4-1-2 《荷兰世界自然基金会》83年铜质熊猫精制纪念币封 背面

5. PJ5《中华人民共和国成立三十五周年》系列精制纪念币封（PJ5-1—PJ5-3）

1984年10月1日，是中华人民共和国成立三十五周年，为纪念这一盛事，中国邮政特别发行1984-J105《中华人民共和国成立三十五周年》纪念邮票一套五枚；中国人民银行特别发行“中华人民共和国成立三十五周年”普通精制纪念币一套三枚，纪念币背面图案分别为：开国大典、各族人民大团结、祖国万岁，自这一套普通精制纪念币开始，国家开始扩大发行而大量铸行同种普通流通纪念币。北京市邮票公司特为此发行《中华人民共和国成立三十五周年》精制纪念币封一套三枚，编号B-PNC.J105；币封分别镶嵌“中华人民共和国成立三十五周年”壹圆普通精制纪念币各一枚，贴1984-J.105《中华人民共和国成立三十五周年》不同纪念邮票，并加盖“1949-

1984中华人民共和国成立三十五周年－中国北京1984.10.1”纪念邮戳。需要特别注意的是，此套邮币封仅发行了“建国三十五周年”普通精制纪念币封，没有发行普制流通纪念币封，由于币封塑料内卡为可拆出式，市场所见装帧普制流通纪念币者均为拆换过的。

币封规格：180 mm × 105 mm；封、戳设计者：简宣义、窦东虹；发行者：北京市邮票公司；发行量：不详。市场甚为少见，珍稀度为四星级；参考价：3000元一套，800—1300元一枚。

PJ5-1《中华人民共和国成立三十五周年》精制纪念币封（甲种－开国大典）

此币封镶嵌“中华人民共和国成立三十五周年－开国大典”壹圆普通精制纪念币一枚，贴1984-J.105《中华人民共和国成立三十五周年-壮丽的图景、希望的田野》（5-1、5-2）8分邮票各一枚，其他描述如上；市场甚少见，珍稀度为四星级，参考价1300元。

尚见此币封之实寄者，殊珍稀也（图PJ5-1-3、PJ5-1-4）。

另有邮票设计者陈晓聪先生签名钤印款，具有特殊纪念意义，殊可贵也（图PJ5-1-5）。

图PJ5-1-1《中华人民共和国成立三十五周年》精制纪念币封（甲种）

规格：180 mm×105 mm； 珍稀度：★★★★

图PJ5-1-2《中华人民共和国成立三十五周年》精制纪念币封（甲种）背面

图PJ5-1-3《中华人民共和国成立三十五周年》精制纪念币封（甲种） 实寄封 正面

图PJ5-1-4《中华人民共和国成立三十五周年》精制纪念币封（甲种） 实寄封 背面

图PJ5-1-5《中华人民共和国成立三十五周年》精制纪念币封（甲种） 签名款

图PJ5-2-1《中华人民共和国成立三十五周年》精制纪念币封（乙种）
规格：180 mm×105 mm； 珍稀度：★★★★

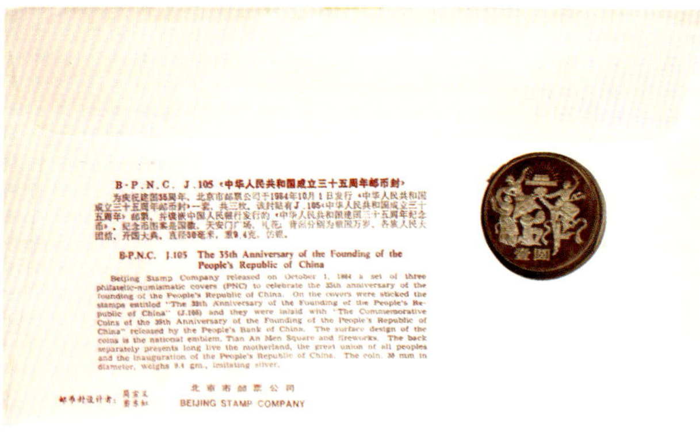

图PJ5-2-2《中华人民共和国成立三十五周年》精制纪念币封（乙种）背面

图PJ5-2-3《中华人民共和国成立三十五周年》精制纪念币封（乙种）实寄封 正面

PJ5-2《中华人民共和国成立三十五周年》精制纪念币封（乙种-各族人民大团结）

此币封镶嵌“中华人民共和国成立三十五周年-各族人民大团结”壹圆普通精制纪念币一枚，贴1984-J.105《中华人民共和国成立三十五周年-科学的春天、保卫你祖国》（5-4、5-5）8分邮票各一枚，其他描述如上；市场甚少见，珍稀度为四星级，参考价800元。

尚见此币封之实寄者，殊珍稀也（图PJ5-2-3、PJ5-2-4）。

另有邮票设计者陈晓聪先生签名钤印款，具有特殊纪念意义，殊可贵也（图PJ5-2-5）。

PJ5-3《中华人民共和国成立三十五周年》精制纪念币封（丙种－祖国万岁）

此币封镶嵌“中华人民共和国成立三十五周年－祖国万岁”壹圆普通精制纪念币一枚，贴1984-J.105《中华人民共和国成立三十五周年－光辉的前程》（5-3）20分邮票一枚，其他描述如上；市场甚少见，珍稀度为四星级，参考价800元。

尚见此币封之实寄者，殊珍稀也（图PJ5-3-3、PJ5-3-4）。

另有邮票设计者陈晓聪先生签名钤印款，具有特殊纪念意义，殊可贵也（图PJ5-3-5）。

图PJ5-2-4《中华人民共和国成立三十五周年》精制纪念币封（乙种）实寄封　背面

图PJ5-2-5《中华人民共和国成立三十五周年》精制纪念币封（乙种）签名款

图PJ5-3-1《中华人民共和国成立三十五周年》精制纪念币封（丙种）

规格：180 mm×105 mm；珍稀度：★★★★

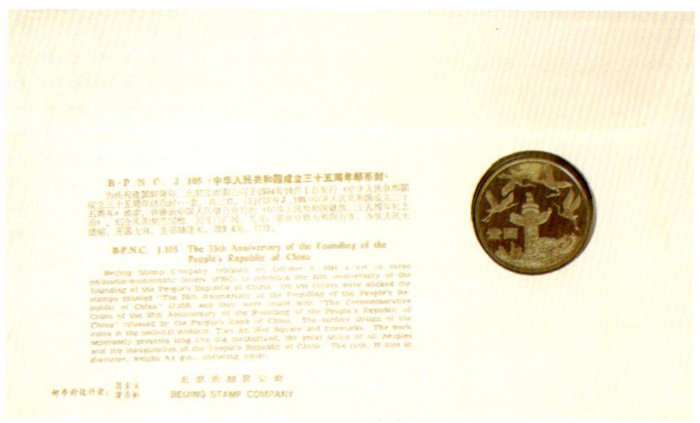

图PJ5-3-2《中华人民共和国成立三十五周年》精制纪念币封（丙种）背面

图PJ5-3-3《中华人民共和国成立三十五周年》精制纪念币封（丙种） 实寄封 正面

图PJ5-3-4《中华人民共和国成立三十五周年》精制纪念币封（丙种） 实寄封 背面

图PJ5-3-5《中华人民共和国成立三十五周年》精制纪念币封（丙种）签名款

第三节 普通流通纪念币邮币封（LJ）

普通纪念币中大多数品种属于铸行量很大的公开进入流通领域的普通流通纪念币，由于普通流通纪念币品种繁多，发行量均在百万枚以上，多者达数亿枚，中国集邮总公司、各地方集邮公司等机构以及外国发行普通流通纪念币邮币封相对较多。目前已发现32个品种或系列、56种版别，现按照邮币封的发行年代顺序以及纪念币和邮票的种类详述如下。

1. LJ1《中华人民共和国成立四十周年》纪念币封（LJ1-1）

1989年10月1日，是中华人民共和国成立四十周年纪念日。中国邮政发行J163《中华人民共和国成立四十周年》纪念邮票一套四枚；中国人民银行发行“中华人民共和国成立四十周年”壹圆流通纪念币一枚（俗称“大40”纪念币）。

为此，北京市邮票公司特发行编号为B-PNC.J163的《中华人民共和国成立四十周年》邮币封一套一枚，镶嵌一枚“中华人民共和国成立四十周年”流通纪念币，贴有当日发行的J163《中华人民共和国成立四十周年》纪念

图LJ1-1-1《中华人民共和国成立四十周年》纪念币封

规格：185 mm×110 mm；珍稀度：★★★☆

B—P.N.C. J. 163《中华人民共和国成立四十周年》邮币封

为庆祝建国四十周年，北京市邮票公司于1989年10月1日发行J．163《中华人民共和国成立四十周年》邮币封一枚。该封贴有J．163《中华人民共和国成立四十周年》纪念邮票，并镶嵌中国人民银行同时发行的纪念币一枚。

B—P.N.C. J.163 The 40th Anniversary of the Founding of the People's Republic of China

To celebrate the 40th anniversary of the founding of the state, the Beijing Stamp Company released on October 1, 1989 a philatelic-numismatic cover J.163 — "The 40th Anniversary of the Founding of the People's Republic of China. The cover is stuck with the J.163 commemorative stamps — "The 40th Anniversary of the Founding of the People's Republic of China and inlaid with a commemorative coin issued at the same time by the People's Bank of China.

邮币封设计：张磊　　P.N.C Designer: Zhang Lei

图LJ1-1-2《中华人民共和国成立四十周年》纪念币封　背面

图LJ1-1-3《中华人民共和国成立四十周年》纪念币封　实寄封

邮票一套四枚，加盖“中华人民共和国成立四十周年－中国·北京1989.10.1”纪念邮戳。

币封规格：185 mm×110 mm；设计者：张磊；发行者：北京市邮票公司；发行量：不详；珍稀度为三星级+；参考价120元。

尚见此邮币封之首日挂号实寄者，殊珍贵也（图LJ1-1-3）。

2. LJ2《1990·北京第十一届亚洲运动会》系列纪念币封（邮总版LJ2-1—LJ2-2）

1984年9月，在韩国汉城举行的亚奥理事会上投票决定，1990年第11届亚运会在中国北京举行。这是在北京，也是在中国举办的首次国际体育盛会。为庆祝第十一届亚运会在北京举办这一体育盛事，中国人民银行特发行“第十一届亚运会”1元流通纪念币一套二枚，中国邮票总公司于1990年9月22日特发行纪念币封一套二枚（编号PFB-8），以便泉邮爱好者珍藏。

币封规格：185 mm×110 mm；发行者：中国邮票总公司；发行量：79992套；币封、戳设计者：卢德辉；发行价10元/套；珍稀度为二星级；参考价80元一套，35元一枚。

LJ2-1《1990·北京第十一届亚洲运动会》纪念币封（邮总版 甲种）

此币封镶嵌一枚“第十一届亚运会－射箭”流通纪念币，直径30 mm，面额1元；贴J172（6-1、6-2、6-6）邮票三

图LJ2-1-1《1990.北京第十一届亚洲运动会》纪念币封（邮总版 甲种）

规格：185 mm×110 mm； 珍稀度：★★

图LJ2-1-2《1990.北京第十一届亚洲运动会》纪念币封（邮总版 甲种）背面

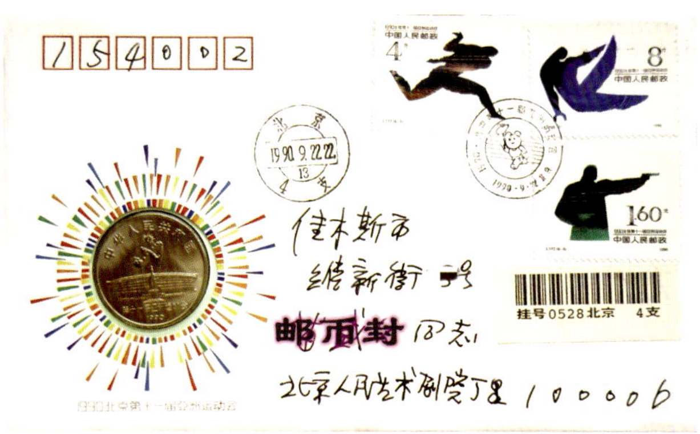

图LJ2-1-3《1990.北京第十一届亚洲运动会》纪念币封（邮总版 甲种）实寄封

图LJ2-1-4《1990 · 北京第十一届亚洲运动会》纪念币封（邮总版　甲种）实寄封　背面

图LJ2-2-1《1990 · 北京第十一届亚洲运动会》纪念币封（邮总版　乙种）

规格：185 mm×110 mm；　珍稀度：★★

图LJ2-2-2《1990 · 北京第十一届亚洲运动会》纪念币封（邮总版　乙种）背面

枚，盖“1990 · 北京第十一届亚洲运动会—1990.9.22北京”首日纪念邮戳。其他描述同上。珍稀度为二星级，参考价35元。

市场尚见此邮币封之首日挂号实寄者，如图为著名剧作家丁里老先生亲自手书的实寄封，甚珍贵也（图LJ2-1-3、LJ2-1-4）。

LJ2-2《1990 · 北京第十一届亚洲运动会》纪念币封（邮总版乙种）

此币封镶嵌一枚“第十一届亚运会－舞剑”纪念币，直径30 mm，面额1元；贴J172（6-3、6-4、6-5）邮票三枚，盖“1990 · 北京第十一届亚洲运动会—1990.9.22北京”首日纪念邮戳。其他描述同上。珍稀度为二星级，参考价35元。

市场尚见此邮币封之首日挂号实寄者，如图为著名剧作家丁里老先生亲自手书的实寄封，甚珍贵也（图LJ2-2-3、LJ2-2-4）。

图LJ2-2-3《1990·北京第十一届亚洲运动会》纪念币封（邮总版 乙种）实寄封

图LJ2-2-4《1990·北京第十一届亚洲运动会》纪念币封（邮总版 乙种）实寄封 背面

3. LJ3《1990·北京第十一届亚洲运动会》纪念币封（北邮版LJ3-1—LJ3-2）

1990年9月22日，来自亚洲各国的朋友们欢聚在中国首都北京。在亚运圣火熊熊燃烧的日子里，各国健儿们将共同奏响“团结、友谊、进步”的亚运会交响曲。为纪念这次亚洲体坛盛会，北京邮票公司特发行《1990·北京第十一届亚洲运动会》纪念币封一套二枚（编号B.J.F-53）。此套纪念币封分别镶嵌中国人民银行发行“第

图LJ3-1-1《1990·北京第十一届亚洲运动会》纪念币封（北邮版 甲种）

规格：185 mm×110 mm； 珍稀度：★★★

图LJ3-1-2《1990 · 北京第十一届亚洲运动会》纪念币封（北邮版　甲种）背面

图LJ3-1-3《1990 · 北京第十一届亚洲运动会》纪念币封（北邮版　甲种）加盖纪念邮戳

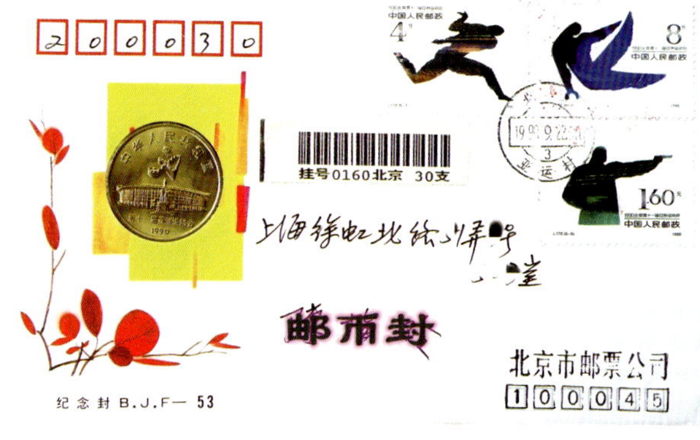

图LJ3-1-4《1990 · 北京第十一届亚洲运动会》纪念币封（北邮版　甲种）实寄封

十一届亚运会”纪念币各一枚，贴有中国邮政发行的J172《北京第十一届亚洲运动会》邮票，并盖有“北京—亚运村1990.9.22”邮政日戳。

币封规格：185 mm × 110 mm；发行者：北京市邮票公司；发行量：不详；币封设计者：汪钟放；珍稀度为三星级；参考价120元一套，60元一枚。

LJ3-1《1990 · 北京第十一届亚洲运动会》纪念币封（北邮版甲种）

此币封镶嵌一枚“第11届亚运会-射箭”纪念币，直径30 mm，面额1元；贴J172（6-1、6-2、6-6）邮票三枚，盖“北京-亚运村1990.9.22”邮政日戳。其他描述同上。珍稀度为三星级，参考价60元。

另见此邮币封盖“1990·北京第十一届亚洲运动会—1990.9.22北京”首日纪念邮戳者，甚稀少也（图LJ3-1-3）。尚见此邮币封之首日挂号实寄者，亦甚稀少（图LJ3-1-4、LJ3-1-5）。

图LJ3-1-5《1990·北京第十一届亚洲运动会》纪念币封（北邮版 甲种）实寄封 背面

LJ3-2《1990·北京第十一届亚洲运动会》纪念币封（北邮版乙种）

此币封镶嵌一枚“第11届亚运会-舞剑”纪念币，直径30 mm，面额1元；贴J172（6-3、6-4、6-5）邮票三枚，盖“北京-亚运村1990.9.22”邮政日戳。其他描述同上。珍稀度为三星级，参考价60元。

图LJ3-2-1《1990·北京第十一届亚洲运动会》纪念币封（北邮版 乙种）

规格：185 mm×110 mm； 珍稀度：★★★

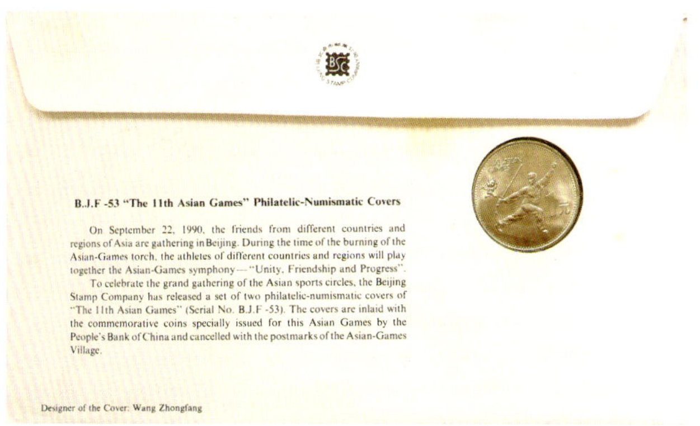

图LJ3-2-2《1990·北京第十一届亚洲运动会》纪念币封（北邮版 乙种）背面

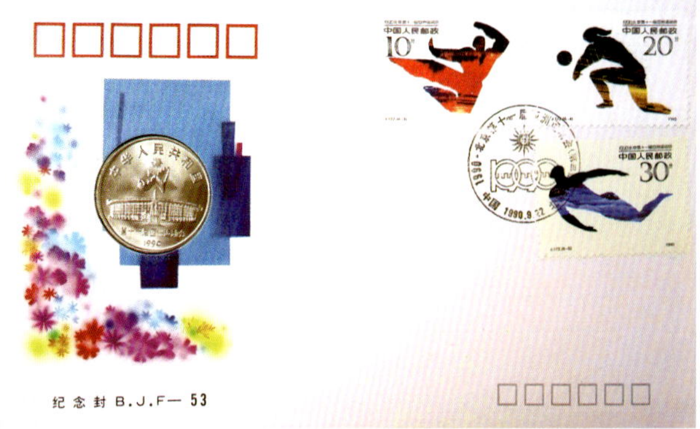

图LJ3-2-3《1990·北京第十一届亚洲运动会》纪念币封（北邮版　乙种）盖纪念邮戳

图LJ3-2-4《1990·北京第十一届亚洲运动会》纪念币封（北邮版　乙种）实寄封

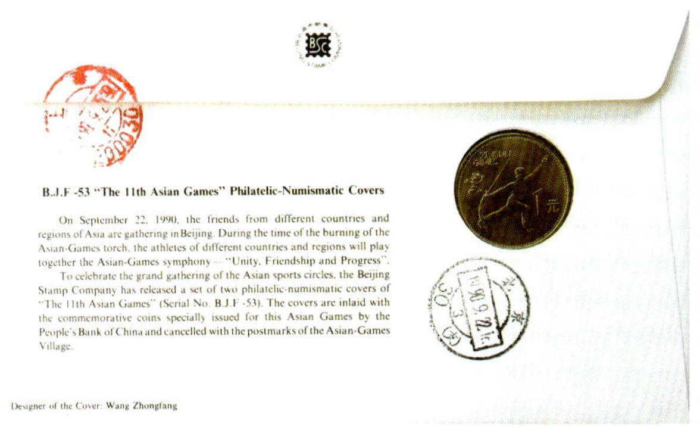

图LJ3-2-5《1990·北京第十一届亚洲运动会》纪念币封（北邮版　乙种）实寄封　背面

另见此邮币封盖“1990·北京第十一届亚洲运动会—1990.9.22北京”首日纪念邮戳者，甚稀少也（图LJ3-2-3）。尚见此邮币封之首日挂号实寄者，亦甚稀少（图LJ3-2-4、LJ3-2-5）。

4. LJ4《1990·北京第十一届亚洲运动会》纪念币封（泉州版LJ4-1—LJ4-2））

为纪念北京亚运会，福建省泉州市邮票公司特发行《1990·北京第十一届亚洲运动会》纪念币封一套二枚，分别镶嵌中国人民银行发行的“第十一届亚运会”纪念币各一枚，贴1988-J151《北京第十一届亚洲运动会》（2-1、2-2）邮票各一枚，加盖“一九九〇·北京第十一届亚洲运动会-泉州1990.9.22”纪念邮戳，和“福建泉州-集邮1990.9.22”邮政日戳。此币封设计雅致，图案具有浓郁的民族传统文化风格，深受邮币封和纪念封爱好者喜爱。

币封规格：185 mm ×110 mm；设计者：万维生；发行者：泉州市邮票公司；发行量：不详；市场所见极为稀少，珍稀度为五星级；

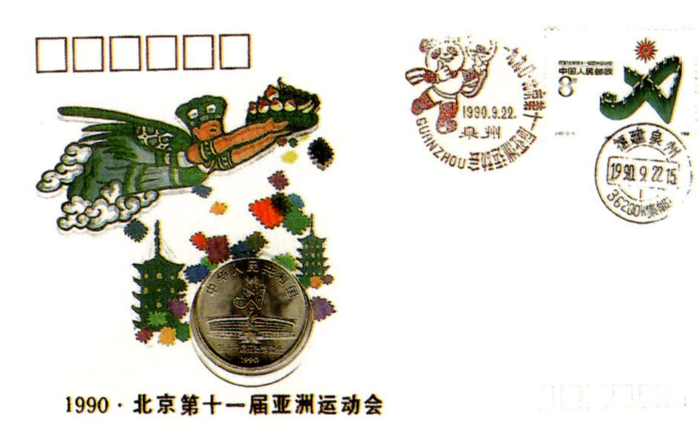

图LJ4-1-1《1990·北京第十一届亚洲运动会》纪念币封（泉州版 甲种）
规格：185 mm×110 mm； 珍稀度：★★★★★

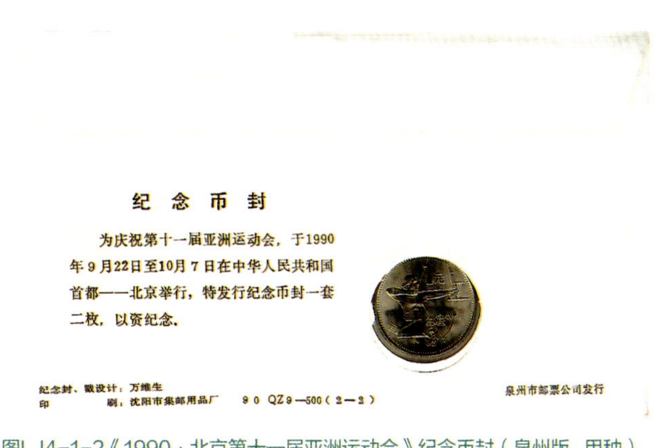

图LJ4-1-2《1990·北京第十一届亚洲运动会》纪念币封（泉州版 甲种）背面

图LJ4-2-1《1990·北京第十一届亚洲运动会》纪念币封（泉州版　乙种）

规格：185 mm×110 mm；珍稀度：★★★★★

纪　念　币　封

为庆祝第十一届亚洲运动会，于1990年9月22日至10月7日在中华人民共和国首都——北京举行，特发行纪念币封一套二枚，以资纪念。

纪念封、戳设计：万维生
印　　　　刷：沈阳市集邮用品厂　90 QZ9—500（2—1）
泉州市邮票公司发行

图LJ4-2-2《1990·北京第十一届亚洲运动会》纪念币封（泉州版　乙种）背面

参考价1600元一套，800元一枚。

LJ4-1《1990·北京第十一届亚洲运动会》纪念币封（泉州版甲种）

此币封镶嵌一枚“第十一届亚运会-射箭”纪念币；贴J151（2-1）8分邮票一枚。其他描述同上。珍稀度为五星级，参考价800元。

LJ4-2《1990·北京第十一届亚洲运动会》纪念币封（泉州版乙种）

此币封镶嵌一枚“第十一届亚运会-舞剑”纪念币；贴J151（2-2）30分邮票一枚。其他描述同上。珍稀度为五星级，参考价800元。

5. LJ5《91’内蒙古自治区那达慕大会》纪念币封（LJ5-1）

1991年内蒙古自治区那达慕大会于8月15日至25日在内蒙古自治区伊克昭盟举行，此次盛会以“团结、友谊、开放、奋进”为宗旨，是集文化、体育与旅游，融合政治、经济和社会为一体的综合盛会。“那达慕”的含义为“娱乐”“欢聚”“游戏”，此大会起源于成吉思汗时代，是我国蒙古族民间规模最大的集会。为祝贺自治区那达慕大会的隆重召开，内蒙古自治区伊克昭盟邮票公司特发行《91’内蒙古自治区那达慕大会》纪念币封一套一枚，以资纪念。

图LJ5-1-1《91’内蒙古自治区那达慕大会》纪念币封

规格：185 mm×110 mm； 珍稀度：★★★★☆

此币封镶嵌“内蒙古自治区成立40周年”1元流通纪念币一枚，贴普21《草原》30分邮票一枚，并加盖“内蒙古自治区那达慕大会－成吉思汗陵·1991.8.15-25”纪念邮戳，和“内蒙古伊金霍洛旗－成吉思汗陵1991.8.15”邮政日戳。此币封设计古朴典雅，富有蒙古族民族特色，甚是精美，深受邮币封爱好者喜爱。

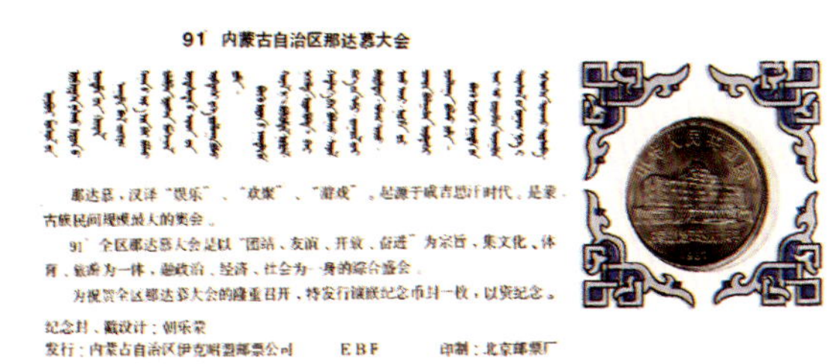

图LJ5-1-2《91’内蒙古自治区那达慕大会》纪念币封 背面

币封规格：185 mm×110 mm；封、戳设计者：朝乐蒙；发行者：内蒙古自治区伊克昭盟邮票公司；发行量：不详；市场甚为稀少，珍稀度为四星级+；参考价1500元。

图LJ6-1-1《第一届世界女子足球锦标赛》纪念币封（甲种）

规格：185 mm×110 mm；珍稀度：★★☆

《第一届世界女子足球锦标赛》纪念币封

为隆重庆祝第一届世界女子足球锦标赛在中国广州举行，中国人民银行发行第一届世界女子足球锦标赛纪念钱币一套二枚，中国邮票总公司发行纪念币封一套二枚，以资纪念。

1st FIFA World Championships for Women's Football Commemorative Covers Inlaid with Coins

To celebrate the 1st FIFA World Championships for Women's Football held in Guangzhou, China, the People's Bank of China issued a set of two commemorative coins. China National Stamp Corporation released a set of two commemorative covers inlaid with the coins to mark the event.

币封设计者：刘　敦　　*Designer of covers: Liu Dun*

PFB-9

图LJ6-1-2《第一届世界女子足球锦标赛》纪念币封（甲种）　背面

图LJ6-1-3《第一届世界女子足球锦标赛》纪念币封（甲种）　实寄封

6. LJ6《第一届世界女子足球锦标赛》纪念币封（LJ6-1—LJ6-2）

世界女子足球运动在1991年11月16日迎来了崭新的一天，在时任国际足联主席阿维兰热（Dr.João Havelange）的鼎力倡导下，第一届世界女子足球锦标赛在中国广州举行。为庆祝这一体育盛会，中国人民银行发行“第一届世界女子足球锦标赛”1元流通纪念币一套二枚；中国邮政也于开幕式当天发行J185《第一届世界女子足球锦标赛》纪念邮票一套二枚；为此中国邮票总公司特发行纪念币封一套二枚（编号PFB-9），以便珍藏。

币封规格：185 mm×110 mm；发行者：中国邮票总公司；发

行量：49998套；币封设计者：刘敦；纪念邮戳设计者：王虎鸣；发行价10元/套。市场较常见，珍稀度为二星级+；参考价100元一套，50元一枚。

图LJ6-1-4《第一届世界女子足球锦标赛》纪念币封（甲种）实寄封　背面

LJ6-1《第一届世界女子足球锦标赛》纪念币封（甲种-踢球）

此币封镶嵌“第一届世界女子足球锦标赛—踢球”1元流通纪念币一枚，直径25 mm；贴J185同题材邮票一套两枚，加盖“第一届世界女子足球锦标赛－北京·1991.11.16”首日纪念邮戳。市场较常见，珍稀度为二星级+，参考价50元。

图LJ6-2-1《第一届世界女子足球锦标赛》纪念币封（乙种）

规格：185 mm×110 mm；珍稀度：★★☆

尚有此邮币封之首日实寄者，甚稀少也（LJ6-1-3、LJ6-1-4）。

图LJ6-2-2《第一届世界女子足球锦标赛》纪念币封（乙种）　背面

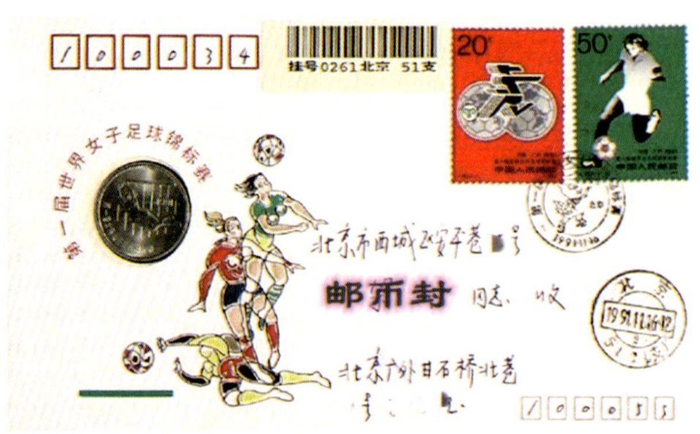

图LJ6-2-3《第一届世界女子足球锦标赛》纪念币封（乙种） 实寄封

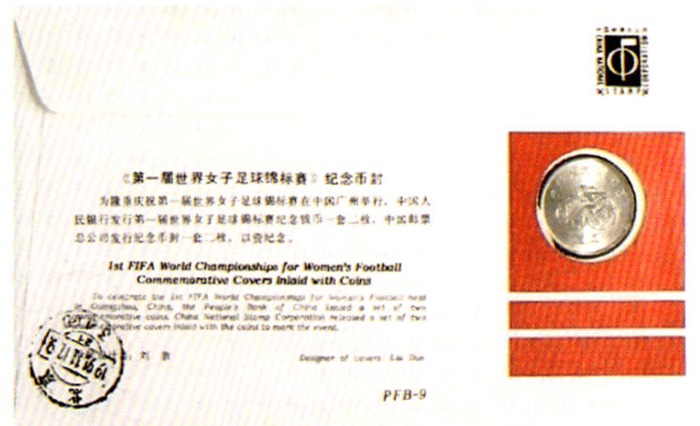

图LJ6-2-4《第一届世界女子足球锦标赛》纪念币封（乙种） 实寄封 背面

图LJ7-1-1《毛泽东同志诞生一百周年》纪念币封（邮总版）

规格：185 mm×110 mm； 珍稀度：★★★

LJ6-2《第一届世界女子足球锦标赛》纪念币封（乙种-扑球）

此币封镶嵌“第一届世界女子足球锦标赛—扑球”1元流通纪念币一枚，直径25 mm；贴J185同题材邮票一套两枚，加盖“第一届世界女子足球锦标赛－北京·1991.11.16”首日纪念邮戳。市场较常见，珍稀度为二星级+，参考价50元。

尚有此邮币封之首日实寄者，甚稀少也（LJ6-2-3、LJ6-2-4）。

7. LJ7《毛泽东同志诞生一百周年》纪念币封（邮总版LJ7-1）

1993年12月26日是中国人民的伟大领袖毛主席诞生一百周年纪念日，中国邮政特发行

1993-17J《毛泽东同志诞生一百周年》纪念邮票一套二枚，中国人民银行发行“毛泽东同志诞生一百周年”壹元流通纪念币一套一枚。

为此中国邮票总公司特于1993年12月26日发行《毛泽东同志诞生一百周年》纪念币封（编号PFB-10）一套一枚，镶嵌一枚“毛泽东同志诞生一百周年”壹圆流通纪念币，直径25 mm；贴《毛泽东同志诞生一百周年》纪念邮票一套二枚，并加盖“毛泽东同志诞生一百周年 - 北京1993.12.26”纪念邮戳。此币封简称“邮总主席币封”，此邮币封设计精美、典雅，曾获最佳设计奖。

币封规格：185 mm ×110 mm；发行者：中国邮票总公司；发

图LJ7-1-2《毛泽东同志诞生一百周年》纪念币封（邮总版） 背面

图LJ7-1-3《毛泽东同志诞生一百周年》纪念币封（邮总版） 加盖纪念邮戳 第一款

图LJ7-1-4《毛泽东同志诞生一百周年》纪念币封（邮总版） 加盖纪念邮戳 第二款

行量：40000枚；设计者：刘敦；发行价6元。市场较少见，珍稀度为三星级，参考价100元。

此币封另见加盖“毛泽东同志诞辰一百周年纪念—毛主席纪念堂纪念”纪念戳者，甚稀少也（图LJ7-1-3）。

尚见加盖1993年12月26日“毛泽东同志故居·中南海”纪念戳和“北京·中南海”邮政日戳者，殊稀少也（图LJ7-1-4）。

尚见此邮币封之首日挂号实寄者，殊可贵也（图LJ7-1-5、LJ7-1-6）。

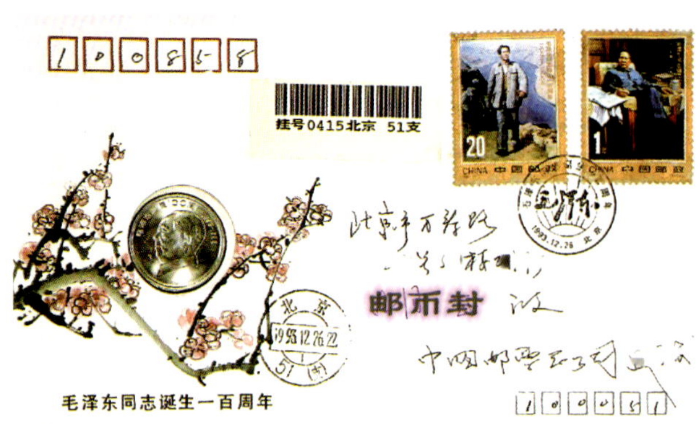

图LJ7-1-5《毛泽东同志诞生一百周年》纪念币封（邮总版） 实寄封

图LJ7-1-6《毛泽东同志诞生一百周年》纪念币封（邮总版） 实寄封 背面

8. LJ8《纪念毛泽东诞辰100周年》纪念币封（包头版LJ8-1）

图LJ8-1-1《纪念毛泽东诞辰100周年》纪念币封（包头版）

规格：230 mm×120 mm； 珍稀度：★★★★☆

1993年12月26日

是毛泽东同志诞辰一百周年纪念日，为纪念毛泽东同志诞辰一百周年，由包头市邮票公司、包头市钱币金银珠宝商行共同发行编号BTJF24（1-1）的《纪念毛泽东诞辰100周年》壹圆流通纪念币封一套一枚，镶嵌“毛泽东同志诞生一百周年”流通纪念币一枚，贴1993-17J《毛泽东同志诞生一百周年》纪念邮票一套二枚，印“纪念毛泽东诞辰100周年－1893-1993”纪念戳。此币封简称“包头主席币封”，设计雍容华贵、典雅精美，并极具蒙古地方民族特色，深受邮币封、纪念币封爱好者尊崇。

币封规格：230 mm × 120 mm；封戳设计者：谷峰；发行者：包头市邮票公司、包头市

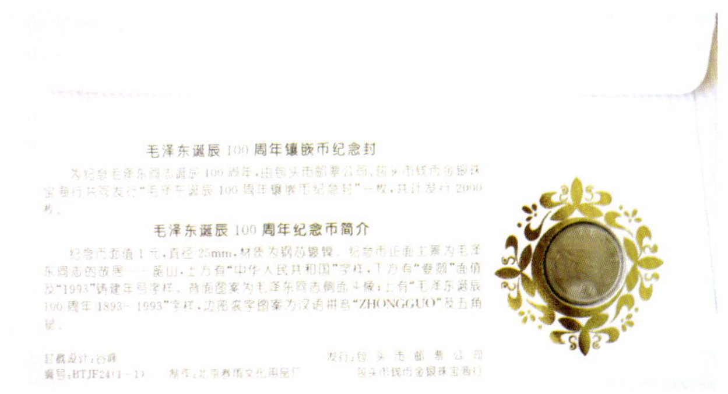

图LJ8-1-2《纪念毛泽东诞辰100周年》纪念币封（包头版） 背面

图LJ9-1-1《中国熊猫》纪念币封（美国版）

规格：192 mm×98 mm； 珍稀度：★★★★

图LJ9-1-2《中国熊猫》纪念币封（美国版） 背面

钱币金银珠宝商行联合发行；发行量：2000枚；市场所见甚为稀少，珍稀度为四星级+，参考价1500元。

The China Red Copper Panda Coin First Day Cover

This Coin First Day Cover features the first ever Red Copper Five-Yuan Panda Coin struck by the People's Republic of China. Depicting one of the world's most endangered animals - the giant panda - the coin captures this most powerful and tranquil of mammals in its natural environment, the bamboo forests of central China. Distinguished by its thick white fur and black markings around the ears, limbs, shoulders and eyes, the giant panda often grows to over 5 feet long and can weigh in excess of 150 kilograms. Their mating season takes place in April or May and during this time both sexes stake their territory by leaving scent marks on rocks and trees. It is also common for several males to compete for a single female. By late winter, usually January, their young are born. The cover also features a one-yuan postage stamp, issued and officially postmarked in Beijing, China. The stamp illustration features bamboo shoots, the staple diet of the giant panda who is able to grasp the shoot using a special bone near the thumb of its forefoot. Roots, several varieties of plant and even the occasional small animal often supplement their diet. Sadly, the giant panda population has declined in recent years and is now close to extinction. Although various breeding programs have been set up under the protection of the Chinese government, the future of the panda remains under threat.

图LJ9-1-3《中国熊猫》纪念币封（美国版） 英文说明卡

图LJ9-1-4《中国熊猫》纪念币封（美国版） 原装册 封面

9. LJ9《中国熊猫》纪念币封（美国版LJ9-1）

此邮币封简称“美国版熊猫铜币封”，1993年6月15日美国富丽沃公司（Fleetwood）为纪念中国人民银行发行中国首枚5元面值紫铜材质的珍稀动物熊猫流通纪念币，中国邮政发行1993-7T《竹子》邮票而特别发行。除此之外，该公司还装帧发行了《中国熊猫》银质纪念币封和铜质纪念币红卡等。

币封镶嵌一枚“中国珍稀野生动物－大熊猫”5元流通纪念币，贴1993－7《竹子－茶秆竹》T（4-1）1元邮票，背面有富丽沃公司总裁詹姆斯·赫尔兹签字的鉴定证明书。或附有英文说明卡（图LJ9-1-3）。尚见装帧于原装册者，殊稀少也（图LJ9-1-4—LJ9-1-6）。

币封规格：192 mm×98 mm；发行者：美国富丽沃公司（Fleetwood）；发行量：不详；市场已现伪品，真品甚为稀少，珍稀度为四星级，参考价900元。

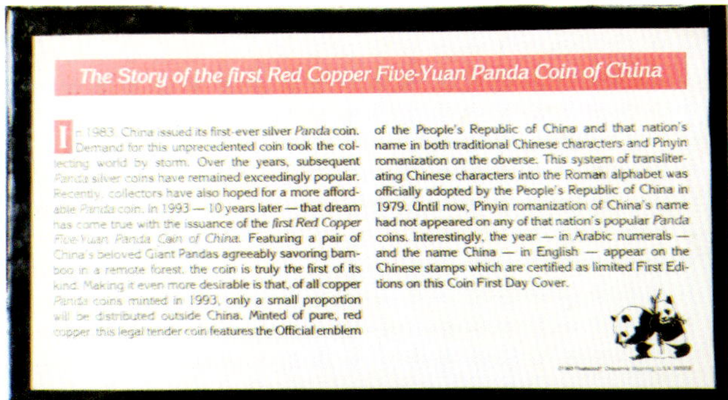

The Story of the first Red Copper Five-Yuan Panda Coin of China

In 1983, China issued its first-ever silver *Panda* coin. Demand for this unprecedented coin took the collecting world by storm. Over the years, subsequent *Panda* silver coins have remained exceedingly popular. Recently, collectors have also hoped for a more affordable *Panda* coin. In 1993 — 10 years later — that dream has come true with the issuance of the *first Red Copper Five-Yuan Panda Coin of China*. Featuring a pair of China's beloved Giant Pandas agreeably savoring bamboo in a remote forest, the coin is truly the first of its kind. Making it even more desirable is that, of all copper *Panda* coins minted in 1993, only a small proportion will be distributed outside China. Minted of pure, red copper, this legal tender coin features the Official emblem of the People's Republic of China and that nation's name in both traditional Chinese characters and Pinyin romanization on the obverse. This system of transliterating Chinese characters into the Roman alphabet was officially adopted by the People's Republic of China in 1979. Until now, Pinyin romanization of China's name had not appeared on any of that nation's popular *Panda* coins. Interestingly, the year — in Arabic numerals — and the name China — in English — appear on the Chinese stamps which are certified as limited First Editions on this Coin First Day Cover.

图LJ9-1-5《中国熊猫》纪念币封（美国版） 原装册 英文说明卡

图LJ9-1-6《中国熊猫》纪念币封（美国版） 原装册 内页

10. LJ10《澳大利亚邮票展览》纪念币封（邮总版LJ10-1）

为加强中国和澳大利亚两国邮政部门间的合作，强化两国间的文化交流，1995年9月1日两国联合发行了一套1995-15T《珍稀动物》特种邮票一套二枚，图案为中国特产珍稀动物大熊猫和澳大利亚特产动物树袋熊，大熊猫邮票主图是白描的熊猫母子图。中澳两国邮政部门还于9月1日至5日在北京举办了“澳大利亚邮票展览”，展出澳方提供的珍贵邮品。

为此，中国集邮总公司于1995年9月1日特发行《澳大利亚邮票展览》纪念币封（编号PFB-13）一套一枚，镶嵌“中国珍稀野生动物—大熊猫”5元铜质特种流通纪念币1枚，直径32 mm，贴有当日发行的《珍稀动物—大熊猫》纪念邮票一枚，并加盖“珍稀动物—北京1995.9.1”纪念邮戳，此币封简称“邮总版熊猫铜币封”。

图LJ10-1-1《澳大利亚邮票展览》纪念币封（邮总版）

规格：208 mm×110 mm； 珍稀度：★★★☆

图LJ10-1-2《澳大利亚邮票展览》纪念币封（邮总版） 背面

币封规格：208 mm×110 mm；发行者：中国集邮总公司；发行量：44000枚；币封设计者：张石奇；发行价：25元。市场较少见，珍稀度为三星级+，参考价160元。

另见蓝色竹林图案者，盖因印刷套色错误所致，甚少见也（图LJ10-1-3）。

尚见此币封设计者张石奇先生签字钤印款，甚可贵也（图

LJ10-1-4）。

亦见此币封之首日实寄者，甚珍贵也（图LJ10-1-5、LJ10-1-6）。

图LJ10-1-3《澳大利亚邮票展览》纪念币封（邮总版） 蓝图

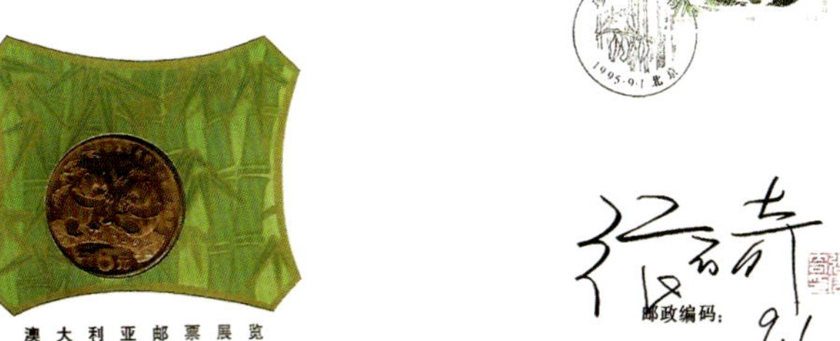

图LJ10-1-4《澳大利亚邮票展览》纪念币封（邮总版） 签名款

11. LJ11《〈武陵源〉邮票发行》纪念币封（LJ11-1—LJ11-3）

武陵源位于湖南省西北部的武陵山脉中，总面积522平方公里，景区面积369平方公里，是堪称世界一流的自然风景区，已被联合国列入世界自然遗产保护名录。

邮电部于1994年9月25日发行1994-12T《武陵源》邮票一套五枚，包括小型张一枚。为此，湖南省集邮品公司特发行编号X-PNC1《〈武陵源〉邮票发行》纪念币封一套三枚。此套纪念币封

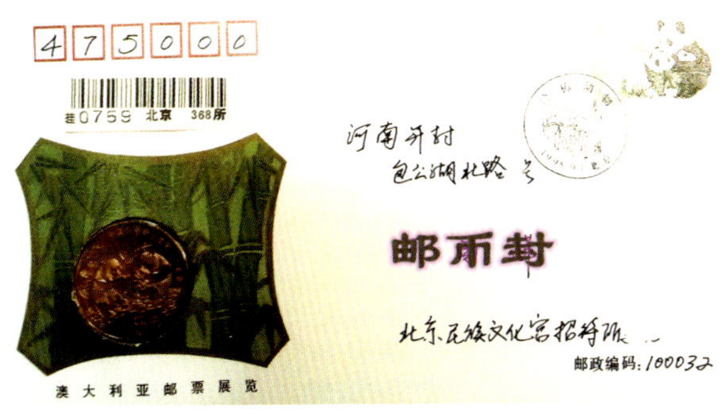

图LJ10-1-5《澳大利亚邮票展览》纪念币封（邮总版） 实寄封

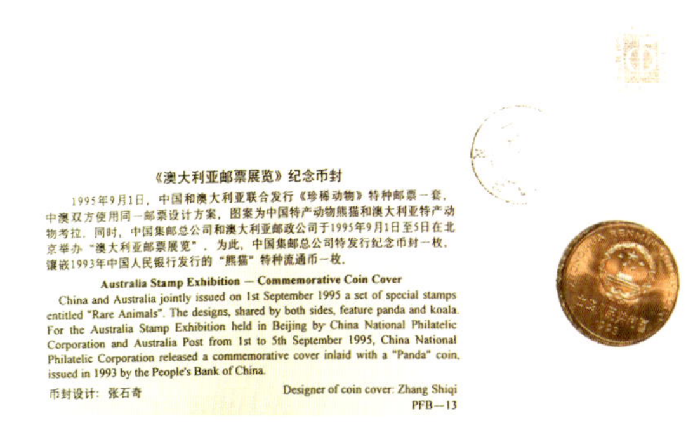

图LJ10-1-6《澳大利亚邮票展览》纪念币封（邮总版） 实寄封 背面

图LJ11-1-1《〈武陵源〉邮票发行》纪念币封（甲种）

规格：208 mm×110 mm； 珍稀度：★★★★

图LJ11-1-2《〈武陵源〉邮票发行》纪念币封（甲种） 背面

分别贴1994-12T《武陵源》邮票和邮票小型张，分别镶嵌1991年"全民义务植树运动十周年"1元流通纪念币各一枚。此套邮币封以武陵源自然风光作为封面图案，与邮票和纪念币相得益彰，甚是精美，深得邮币封和纪念币爱好者喜爱。

币封规格：（3-1）和（3-2）208 mm×110 mm、（3-3）230 mm×120 mm；设计者：杨健清、魏启星；发行者：湖南省集邮品公司；发行量：4000套；市场甚少见，珍稀度为四星级；参考价：600元一套，180—200元一枚。

LJ11-1《〈武陵源〉邮票发行》纪念币封（甲种）

此币封镶嵌一枚"全民义务植树运动十周年-全民动员、义务植树”1元流通纪念币，直径25 mm；贴1994-12T《武陵源》（4-1、4-4）邮票二枚，加盖“湖南武陵源1994.9.25”首日纪念邮戳。其他描述同上。市场甚少见，珍稀度为四星级，参考价180元。

图LJ11-2-1《〈武陵源〉邮票发行》纪念币封（乙种）

规格：208 mm×110 mm； 珍稀度：★★★★

LJ11-2《〈武陵源〉邮票发行》纪念币封（乙种）

此币封镶嵌一枚“全民义务植树运动十周年－治理山河、保护生态”1元流通纪念币，直径25 mm；贴1994-12T《武陵源》（4-2、4-3）邮票二枚，加盖“湖南武陵源1994.9.25”首日纪念邮戳。其他描述同上。市场甚少见，珍稀度为四星级，参考价180元。

图LJ11-2-2《〈武陵源〉邮票发行》纪念币封（乙种） 背面

图LJ11-3-1《〈武陵源〉邮票发行》纪念币封（丙种）

规格：230 mm×120 mm； 珍稀度：★★★★

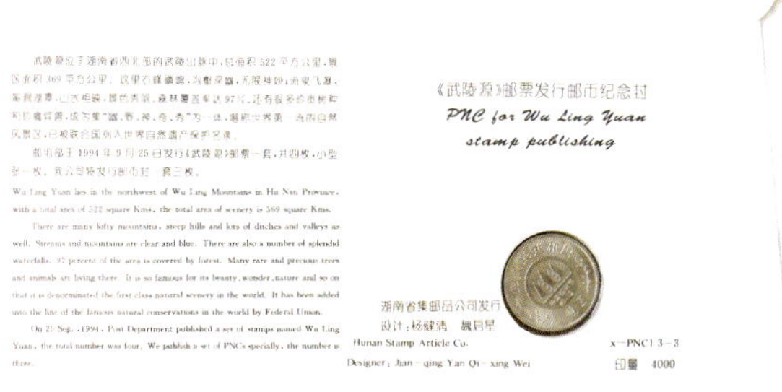

图LJ11-3-2《〈武陵源〉邮票发行》纪念币封（丙种） 背面

LJ11-3《〈武陵源〉邮票发行》纪念币封（丙种）

此币封镶嵌一枚“全民义务植树运动十周年－美化祖国、造福人类”1元流通纪念币，直径25 mm；贴1994-12M《武陵源》邮票小型张一枚，加盖“湖南武陵源1994.9.25”首日纪念邮戳。其他描述同上。市场甚少见，珍稀度为四星级，参考价200元。

12. LJ12《希望工程纪念》纪念币封（LJ12-1）

图LJ12-1-1《希望工程纪念》纪念币封

规格：208 mm×110 mm； 珍稀度：★☆

希望工程是由中国少年发展基金会发起并组织实施的一项社会公益事业，其宗旨是广泛筹集海内外民间资金，资助我国农村贫困地区失学少年继续学业，改善贫困地区办学条件，促进贫困地区基础教育事业的发展。在希望工程实施五周年之际，中国人民银行发行“希望工程”1元流通纪念币一套一枚，中国集邮总公司于1994年10月26日特发行《希望工程纪念》纪念币封一套一枚（编号PFB-11），镶嵌一枚“希望工程”1元流通纪念币，直径25 mm，贴T168《赈灾》邮票一枚，加盖“希望工程五周年纪念-北京1994.10.26”纪念邮戳。

币封规格：208 mm ×110 mm；发行者：中国集邮总公司；发行量：80000枚；设计者：阎炳武；发行价6.0元。市场多见，珍稀度为一星级+；参考价35元。

此币封尚见币封设计者阎炳武先生签字钤

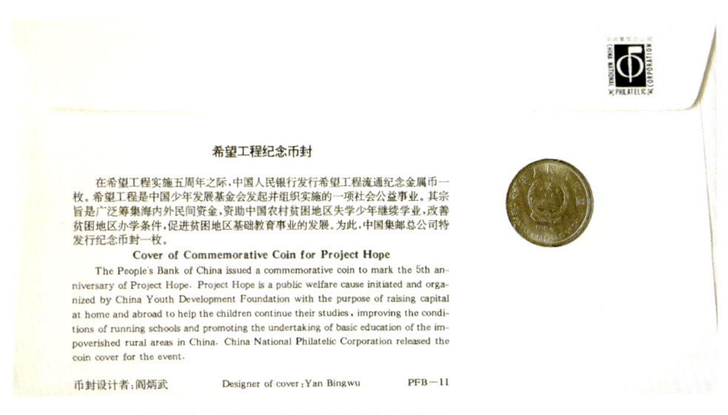

图LJ12-1-2《希望工程纪念》纪念币封 背面

图LJ12-1-3《希望工程纪念》纪念币封 签名款

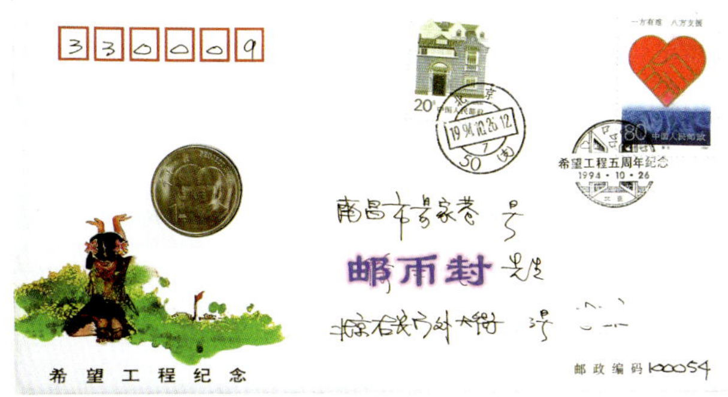

图LJ12-1-4《希望工程纪念》纪念币封 实寄封

印款，特别珍贵（图LJ12-1-3）。

亦见此币封之首日实寄者，甚可贵也（图LJ12-1-4、LJ12-1-5）。

图LJ12-1-5《希望工程纪念》纪念币封　实寄封　背面

13. LJ13《第43届世界乒乓球锦标赛》纪念币封（LJ13-1）

第43届世界乒乓球锦标赛于1995年5月1日在天津举办，这是继第26届世界乒乓球锦标赛34年后，我国第二次举办的世界乒乓球锦标赛。这届世乒赛的主题是“和平、友谊、繁荣、发展”。为庆祝和纪念世乒赛举办，邮电部于开幕当天发行《第43届世界乒乓球锦标赛》纪念邮票一套二枚，中国人民银行发行“第43届乒乓球锦标赛”1元流通纪念币一套一枚。

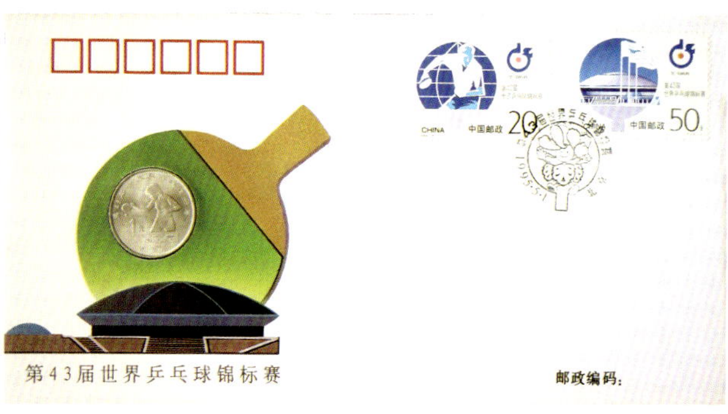

图LJ13-1-1《第43届世界乒乓球锦标赛》纪念币封

规格：208 mm×110 mm；珍稀度：★★☆

图LJ13-1-2《第43届世界乒乓球锦标赛》纪念币封　背面

为此，中国集邮总公司于1995年5月1日特发行《第43届世界乒乓球锦标赛》纪念币封（编号PFB-12）一套一枚，镶嵌同题材1元流通纪念币，直径25 mm；贴当日发行的1995-7同题材纪念邮票一套二枚，加盖“第43届世界乒乓球锦标赛-北京1995.5.1”纪念邮戳。

币封规格：208 mm×110 mm；发行者：中国集邮总公司；发行量：39780枚；设计者：张石奇；发行价6元。市场较常见，珍稀度为二星级+，参考价80元。

另见蓝色乒乓球拍图案者，盖因印刷套色错误所致，甚稀少也（图LJ13-1-3）。

尚见此币封纪念币设计雕刻者签字钤印

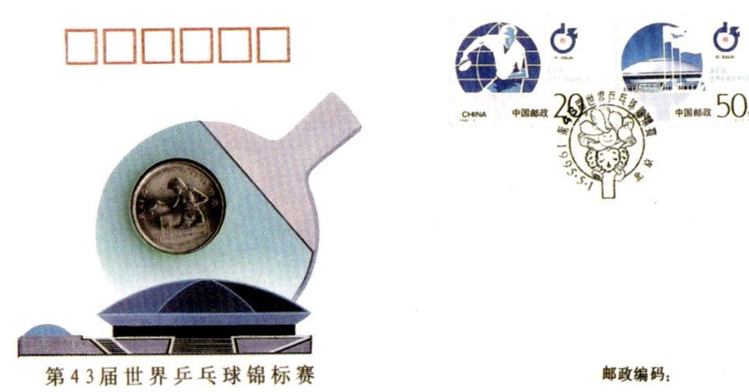

图LJ13-1-3《第43届世界乒乓球锦标赛》纪念币封 蓝图款

图LJ13-1-4《第43届世界乒乓球锦标赛》纪念币封 签名款1

图LJ13-1-5《第43届世界乒乓球锦标赛》纪念币封 签名款2

图LJ13-1-6《第43届世界乒乓球锦标赛》纪念币封　签名款2　背面

图LJ13-1-7《第43届世界乒乓球锦标赛》纪念币封　实寄封

图LJ13-1-8《第43届世界乒乓球锦标赛》纪念币封　实寄封　背面

款和纪念封、戳设计者签名款，甚珍贵也（图LJ13-1-4—LJ13-1-6）。

亦见此币封之首日挂号实寄者，殊珍贵也（图LJ13-1-7、LJ13-1-8）。

14. LJ14《抗日战争及世界反法西斯战争胜利五十周年》纪念币封（LJ14-1—LJ14-2）

1945年9月3日清晨，日本在停泊于东京湾的美舰“密苏里”号上与盟国签订《降伏文书》。至此，中国人民抗日战争和世界人民反法西斯战争经过中国人民和世界上爱和平的人民艰苦卓绝的流血牺牲和英勇奋斗，终于取得了伟大的胜利。为纪念这一伟大历史事件50周年，邮电部特发行《抗日战争及世界反法西斯战争胜利五十周年》纪念邮票一套八枚，中国人民银行发行同题材1元流通纪念币一套一枚。

为此，中国集邮总公司于1995年9月3日特发行《抗日战争及世界反法西斯战争胜利五十周年》纪念币封（编号PFB-14）一套二枚，简称“抗战邮币封”。

币封规格：208 mm×110 mm；发行者：中国集邮总公司；发行量：39997枚，近20000套；设计者：赵星；发行定价：8元一枚；市场较少见，珍稀度为三星级；参考价160元一套，80元一枚。

图LJ14-1-1《抗日战争及世界反法西斯战争胜利五十周年》纪念币封（甲种）

规格：208 mm×110 mm；珍稀度：★★★

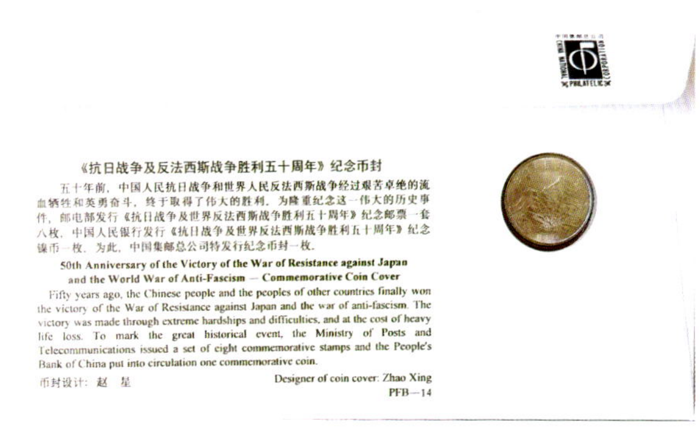

图LJ14-1-2《抗日战争及世界反法西斯战争胜利五十周年》纪念币封（甲种）背面

LJ14-1《抗日战争及世界反法西斯战争胜利五十周年》纪念币封（甲种）

图LJ14-1-3《抗日战争及世界反法西斯战争胜利五十周年》纪念币封（甲种）签名款

此币封镶嵌一枚“中国抗日战争和世界反法西斯战争胜利五十周年”1元流通纪念币，直径25 mm；贴1995-17J（8-1、8-4、8-6、8-8）邮票各一枚，加盖

图LJ14-2-1《抗日战争及世界反法西斯战争胜利五十周年》纪念币封（乙种）
背同图LJ14-1-2
规格：208 mm×110 mm； 珍稀度：★★★

“抗日战争及世界反法西斯战争胜利五十周年－北京1993.9.3”纪念邮戳。市场较少见，珍稀度为三星级，参考价80元。

尚见此币封设计者赵星先生签名款，甚珍贵也（图LJ14-1-3）。

LJ14-2《抗日战争及世界反法西斯战争胜利五十周年》纪念币封（乙种）

此币封贴1995-17J（8-2、8-3、8-5、8-7）邮票各一枚，其他描述同LJ14-1；市场较少见，珍稀度为三星级，参考价80元。

15. LJ15《联合国第四次世界妇女大会纪念》纪念币封（邮总版LJ15-1）

1992年3月，联合国妇女地位委员会第36届会议决定，感谢并接受中国政府的邀请，联合国第四次世界妇女大会定于1995年9月4日至15日在北京召开。本次大会的主题为：以行动谋求平等、发展与和平。为纪念大会的召开，邮电部发行《联合国第四次世界妇女大会》纪念邮票一套四枚，中国人民银行发行“联合国第四次世界妇女大会”1元流通纪

图LJ15-1-1《联合国第四次世界妇女大会纪念》纪念币封（邮总版）
规格：208 mm×110 mm； 珍稀度：★★

念币一套一枚。

为此，中国集邮总公司于1995年9月4日特发行同题材纪念币封（编号PFB-15）一套一枚，简称“邮总世妇会币封”，镶嵌“联合国第四次世界妇女大会”1元流通纪念币一枚，直径25 mm；贴1995-18J同题材纪念邮票一套四枚，加盖“联合国第四次世界妇女大会-北京1995.9.4”纪念邮戳两枚。

图LJ15-1-2《联合国第四次世界妇女大会纪念》纪念币封（邮总版） 背面

币封规格：208 mm×110 mm；发行者：中国集邮总公司；发行量：39998枚；币封设计者：曹向辉；发行价：8元。市场常见，珍稀度为二星级，参考价40元。

图LJ16-1-1《联合国第四次世界妇女大会纪念》纪念币封（北邮版）

规格：208 mm×110 mm； 珍稀度：★★★

图LJ16-1-2《联合国第四次世界妇女大会纪念》纪念币封（北邮版） 背面

图LJ17-1-1《联合国成立五十周年纪念》纪念币封

规格：208 mm×110 mm； 珍稀度：★★

16. LJ16《联合国第四次世界妇女大会纪念》纪念币封（北邮版LJ16-1）

此币封简称“北邮世妇会币封”，编号B-PNC1995-18，镶嵌“联合国第四次世界妇女大会”1元流通纪念币一枚，贴1995-18J《联合国第四次世界妇女大会》纪念邮票一套，加盖“联合国第四次世界妇女大会－北京 1995.9.4”纪念邮戳。

币封规格：208 mm×110 mm；发行者：北京市邮票公司；发行量：不详；设计者：陈华忠；市场较少见，珍稀度为三星级，参考价80元。

17. LJ17《联合国成立五十周年纪念》纪念币封（LJ17-1）

联合国是第二次世

界大战结束后，根据1945年6月在美国旧金山会议上由中国、苏联、美国、英国、法国等五十一个国家签署的《联合国宪章》，于1945年10月24日成立的国际组织。为纪念联合国成立五十周年，邮电部发行《联合国成立五十周年》纪念邮票一套二枚，中国人民银行发行“联合国成立五十周年”1元流通纪念币一套一枚。

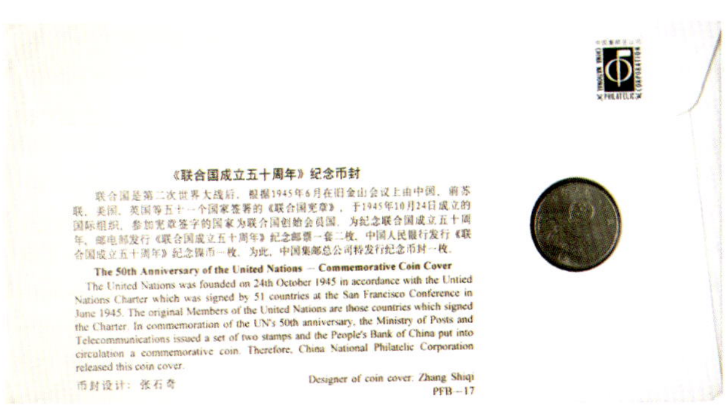

图LJ17-1-2《联合国成立五十周年纪念》纪念币封　背面

图LJ17-1-3《联合国成立五十周年纪念》纪念币封　签名款

为此，中国集邮总公司于1995年10月24日发行《联合国成立五十周年》纪念币封一套一枚，编号PFB-17，镶嵌同题材1元流通纪念币一枚，直径25 mm；贴1995-22J同题材纪念邮票一套二枚，加盖“联合国成立五十周年－北京1995.10.24”纪念邮戳。

币封规格：208 mm×110 mm；发行者：中国集邮总公司；发行量：39998枚；币封设计者：张石奇；发行价6元；市场较常见，珍稀度为二星级；参考价40元。

尚见此币封设计者张石奇先生签名款，甚是珍贵（图LJ17-1-3）。

18. LJ18《金丝猴》纪念币封（LJ18-1）

金丝猴是中国特有的珍稀动物，目前除我国外，这些稀世珍宝在世界上仅

图LJ18-1-1《金丝猴》纪念币封

规格：208 mm×110 mm； 珍稀度：★★★☆

图LJ18-1-2《金丝猴》纪念币封 背面

图LJ18-1-3《金丝猴》纪念币封 蓝图款

有法国、英国等极少数国家的博物馆中收藏有若干标本。金丝猴的珍贵程度与大熊猫齐名，同属国家一级保护动物。为支持和推动濒危珍稀野生动物的拯救和保护工作，宣传保护野生动物对人类和自然界生态平衡的意义，中国人民银行于1995年11月16日发行“中国珍稀野生动物—金丝猴”5元特种纪念币一套一枚。

为此，中国集邮总公司于1995年11月16日发行《金丝猴》纪念币封一套一枚，编号PFB-18，封上镶嵌“中国珍稀野生动物—金丝猴”5元铜质特种流通纪念币一枚，直径32 mm；贴特60《金丝猴》（3-2）邮票一枚，并加盖“《金丝猴》特种币发行纪念”纪念邮戳。此币封简称

“金丝猴币封”。

币封规格：208 mm × 110 mm；发行者：中国集邮总公司；发行量：15987枚；设计者：张二苗；发行价：60元；市场较少见，珍稀度为三星级+；参考价：200元。

此币封除了常见普通版式外，市场亦见蓝色图案款，甚稀少也（图LJ18-1-3）。

尚见此币封设计者张二苗签名钤印款，甚珍贵也（图LJ18-1-4）。

图LJ18-1-4《金丝猴》纪念币封 签名款

图LJ19-1-1《'96国际自行车环中赛》纪念币封
规格：263 mm×179 mm；珍稀度：★★★★★

19. LJ19《'96国际自行车环中赛》纪念币封（LJ19-1）

此邮币封系美国发行的一款纪念币封，1996年为纪念“国际自行车环中赛”而特别发行，镶嵌一枚“1990北京第十一届

图LJ19-1-2《'96国际自行车环中赛》纪念币封 背面

亚洲运动会”1元流通纪念币；贴美国发行的USA-9602A《1996自行车运动》加字邮票小全张一枚，加盖美国邮政“环中－香港”纪念邮戳。此为大型邮币封，设计精美，典雅大气。

币封规格：263 mm×179 mm，大型邮币封；发行国：美国；发行量：未知；市场极为稀少，珍稀度为五星级；参考价900元。

20. LJ20《纪念朱德同志诞辰一百一十周年》纪念币封（LJ20-1）

朱德总司令是我国伟大的无产阶级革命家，开国元勋，四大领袖之一，十大元帅之首。1996年12月1日，是朱德元帅诞辰110周年纪念日。为了纪念这位伟大的革命家，中国人民银行特发行“朱德同志诞辰110周年”1元流通纪念币一套一枚，发行量1000万枚。

为此，在朱德元帅的故乡，四川省仪陇县邮电局和中国印钞造币总公司联合制作、发行了《纪念朱德同志诞辰一百一十周年》纪念币封一套一枚，以资纪念，简称“朱德邮币封”。镶嵌“朱德诞辰110周年”1元流通念币一枚，贴J134《朱德同志诞生一百周年》纪念邮票一套二枚，加盖“四川仪陇1996.12.1”邮政日戳

图LJ20-1-1《纪念朱德同志诞辰一百一十周年》纪念币封

规格：230 mm×120 mm；珍稀度：★★★★★

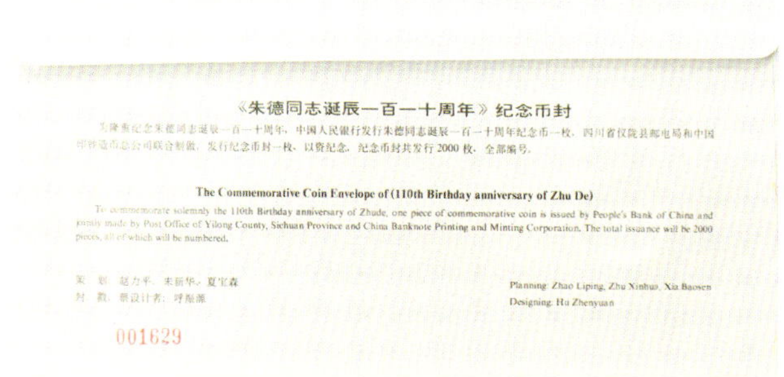

图LJ20-1-2《纪念朱德同志诞辰一百一十周年》纪念币封　背面

和“纪念朱德同志诞辰110周年”纪念戳。

币封规格：230 mm×120 mm；设计者：呼振源；发行者：四川省仪陇县邮电局、中国印钞造币总公司联合发行；发行量：2000枚；市场所见极为稀少，是市场上最罕见的珍稀纪念币封之一，珍稀度为五星级；参考价2200元。

21. LJ21《’96唐山邮票钱币展览纪念》系列纪念币封（LJ21-1—LJ21-4）

为贯彻党的十四届六中全会精神，弘扬集邮、钱币文化，丰富职工、群众文化生活，促进唐山市社会主义精神文明建设，唐山市邮电局、中国人民银行唐山分行、唐山市总工会、共青团唐山市委、唐山市集邮协会、唐山市钱币学会于1996年12月20日至22日联合举办“’96唐山邮票钱币展览”。为此唐山市邮票公司特发行编号为TS-JNF38《’96唐山邮票钱币展览纪念》邮币封一套二枚，以资纪念。按镶嵌纪念币和所贴邮票不同，此套邮币封又分四种版别。

币封规格：208 mm×110 mm；设计者：李印清；发行者：唐山市邮票公司；发行量：虎和豚币封分别为2000枚；市场甚为稀少，珍稀度为四星级+；参考价：1800—2200元一套，900—1100元一枚。

LJ21-1《’96唐山邮票钱币展览纪念》华南虎纪念币封（甲种）

此币封简称“华南虎币封”雪豹邮票版，镶嵌一枚“珍稀野生动物－华南虎”5元特种流通纪念币，贴一枚T153《雪豹》邮票；加盖“河北唐山1996.12.20”展会开幕日邮政日戳和“’96

图LJ21-1-1《’96唐山邮票钱币展览纪念》华南虎纪念币封（甲种）
规格：208 mm×110 mm； 珍稀度：★★★★☆

图LJ21-1-2《'96唐山邮票钱币展览纪念》华南虎纪念币封（甲种） 背面

唐山邮票钱币展览纪念1996.12.20-22”纪念邮戳；其他描述同上；发行量：和LJ21-2一起总计2000枚；珍稀度为四星级+，参考价900元。

LJ21-2《'96唐山邮票钱币展览纪念》华南虎纪念币封（乙种）

此币封简称“华南虎币封”东北虎邮票版，贴1979-T40《东北虎》（3-1）4分邮票一枚和1986-T107《丙寅年·虎》8分邮票两枚，加盖“河北唐山1996.12.22”展会闭幕日邮政日戳；市场所见仅为实寄邮币封者；其他描述如LJ21-1；珍稀度为四星级+，参考价1100元。

图LJ21-2-1《'96唐山邮票钱币展览纪念》华南虎纪念币封（乙种）实寄封

规格：208 mm×110 mm； 珍稀度：★★★★☆

图LJ21-2-2《'96唐山邮票钱币展览纪念》华南虎纪念币封（乙种）实寄封 背面

LJ21-3《'96唐山邮票钱币展览纪念》白鳍豚纪念币封（甲种）

此币封简称“白鳍豚币封”白鲟邮票版，镶嵌一枚“珍稀野生动物－白鳍豚”5元特种流通纪念币，贴1993－3T《白鲟》（4－3）50分邮票一枚；加盖“河北唐山1996.12.20”展会开幕日邮政日戳和“’96唐山邮票钱币展览纪念1996.12.20-22”纪念邮戳；其他描述同上；发行量：和LJ21-4一起共计2000枚；珍稀度为四星级+，参考价900元。

图LJ21-3-1《’96唐山邮票钱币展览纪念》白鳍豚纪念币封（甲种）
规格：208 mm×110 mm； 珍稀度：★★★★☆

'96唐山邮票钱币展览纪念

为贯彻党的十四届六中全会精神，弘扬集邮、钱币文化，丰富职工群众文化生活，促进我市社会主义精神文明建设，唐山市邮电局、中国人民银行唐山分行、唐山市总工会、共青团唐山市委、唐山市集邮协会、唐山市钱币学会联合举办'96唐山邮票钱币展览，于1996年12月20日至12月22日，特发此封以资纪念。

封、戳设计：李印清
发行：唐山市邮票公司

图LJ21-3-2《’96唐山邮票钱币展览纪念》白鳍豚纪念币封（甲种） 背面

LJ21-4《’96唐山邮票钱币展览纪念》白鳍豚纪念币封（乙种）

此币封简称“白鳍豚币封”白鱀豚邮票版，贴1980－T57《白鱀豚》（2－1）8分邮票和普23《东北民居》2分邮票各一枚，加盖“河北唐山1996.12.22”展会闭

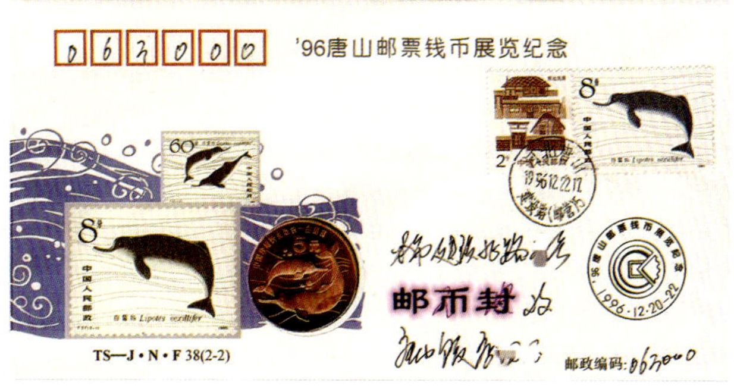

图LJ21-4-1《’96唐山邮票钱币展览纪念》白鳍豚纪念币封（乙种）实寄封
规格：208 mm×110 mm； 珍稀度：★★★★☆

图LJ21-4-2《'96唐山邮票钱币展览纪念》白鳍豚纪念币封（乙种）实寄封　背面

幕日邮政日戳；市场所见仅为实寄邮币封者；其他描述如LJ21－3；珍稀度为四星级+，参考价1100元。

22. LJ22《纪念刘少奇同志诞生一百周年》纪念币封（LJ22-1）

图LJ22-1-1《纪念刘少奇同志诞生一百周年》纪念币封

规格：208 mm×110 mm；　珍稀度：★★★★

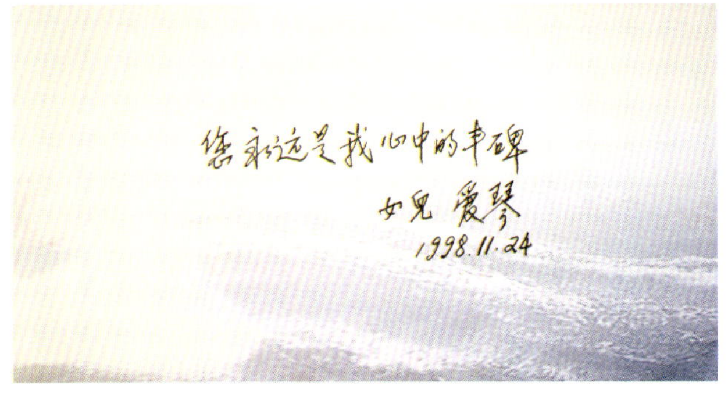

图LJ22-1-2《纪念刘少奇同志诞生一百周年》纪念币封　背面

刘少奇同志是我国伟大的无产阶级革命家，四大领袖之一，曾任国家主席。1998年11月24日是刘少奇同志诞辰100周年纪念日，经其大女儿刘爱琴和丈夫沃宝田策划，总参谋部设计师姚斌设计，印制发行了《刘少奇同志诞生一百周年》纪念封一套四枚，发行量3000套（枚），此套纪念封的外封套镶嵌"刘少奇诞辰100周年"纪念币一枚，是一种特殊的分体式邮币封。

币封规格：208 mm

图LJ22-1-3《刘少奇同志诞生一百周年》纪念封（甲种）

1898-1998

《刘少奇同志诞生一百周年》纪念封

刘少奇(1898-1998)，湖南宁乡花明楼炭子冲人，伟大的马克思列宁主义者，中国共产党和中华人民共和国的主要领导人之一，中国杰出的无产阶级革命家，政治家和理论家，他为中国各族人民的解放事业的胜利，为中华人民共和国的缔造和社会主义事业的发展，建立了不朽的功勋，他是一位品德高尚的共产党员，他的党性修养为全党树立了光辉的榜样，他是中国人民的忠实儿子和优秀代表，他的名字和共和国同在，他永远活在人民的心中。

The 100th Anniversary of the Birth of Comrade Liu Shaoqi-Commemorative Envelope

Liu shaoqi(1898-1998),Whose ancestral home is Tan zi chong in Huamingdou,Ningxiang county,Hunan Province,was one of the greatest Marxists,One of the top leaders of the Chiese Communist Party and the People's Republic of China,as well as an outstanding Chinese proletarian revolutionary,a famous statesman,a good theorist.He performed immortal feats in the course of the Chinese various nationalities' liberation,in the foundation of the People' s Republic of china, and in the development of the Chinese Socialist System.He set a brilliant esample for the whole Party with his cultivated Party spirit.He was the faithful son and outstanding representative of the Chinese people.His name will go through with the People' s'Republic of China,And he will always live in the People' s hesrts.

策　划：刘爱琴，沃宝田　　　　JNF-1

设　计：姚　斌　　　　印　数：3000

图LJ22-1-4《刘少奇同志诞生一百周年》纪念封（甲种）　背面

图LJ22-1-5《刘少奇同志诞生一百周年》纪念封（乙种）

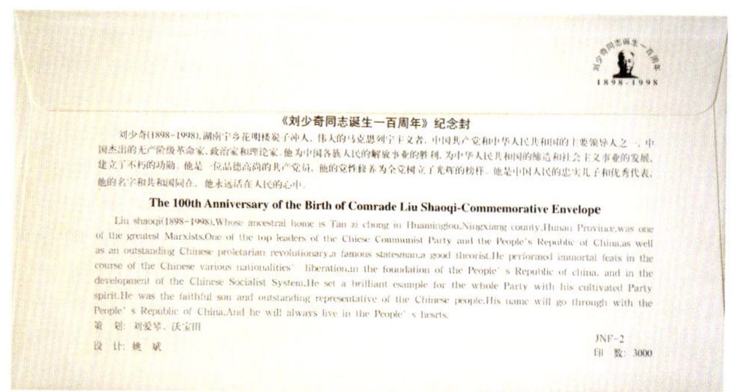

图LJ22-1-6《刘少奇同志诞生一百周年》纪念封(乙种) 背面

图LJ22-1-7《刘少奇同志诞生一百周年》纪念封(丙种)

图LJ22-1-8《刘少奇同志诞生一百周年》纪念封(丙种) 背面

×110 mm；设计者：姚斌；发行量：3000套（枚）；市场甚少见，珍稀度为四星级，参考价450元。

该套邮币封内置纪念封一套四枚，记录了刘少奇同志光辉的一生（图LJ22-1-3—LJ22-1-10）。

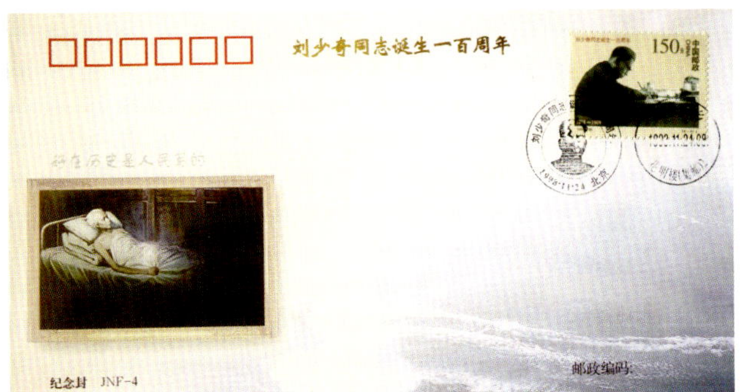

图LJ22-1-9《刘少奇同志诞生一百周年》纪念封（丁种）

图LJ22-1-10《刘少奇同志诞生一百周年》纪念封（丁种） 背面

23. LJ23《中国-瑞士联合发行》纪念币封（LJ23-1）

此邮币封系中国和瑞士联合发行的一款纪念币封，1998年由瑞士Philswiss公司制作发行，镶嵌一枚“中华人民共和国成立四十周年”壹圆流通纪念币，和两枚瑞士5分硬币；贴中瑞联合发行《瘦西湖和莱芒湖》邮票各两对，加盖“中国与瑞士联合发行”和“瘦西湖和莱芒湖”纪念邮戳各

图LJ23-1-1《中国-瑞士联合发行》纪念币封
规格：263 mm×179 mm； 珍稀度：★★★★★

图LJ23-1-2《中国-瑞士联合发行》纪念币封 背面

两枚。此为大型邮币封，设计非常精美，典雅大器。

币封规格：263 mm×179 mm，大型邮币封；发行者：瑞士Philswiss公司；发行量：未知；市场极为稀少，珍稀度为五星级，参考价1000元。

图LJ24-1-1《中国人民政治协商会议成立五十周年》纪念币封（邮总版）
规格：208 mm×110 mm； 珍稀度：★★★☆

图LJ24-1-2《中国人民政治协商会议成立五十周年》纪念币封（邮总版）背面

24. LJ24《中国人民政治协商会议成立五十周年》纪念币封（邮总版LJ24-1）

中国人民政治协商会议是我国重要的政治协商和民主制度。1999年9月21日，是中国人民政治协商会议成立五十周年，为此中国人民银行发行“中国人民政治协商会议成立五十周年”壹圆流通纪念币一枚，中国邮政发行同题材1999-13T（2-1、2-2）邮票一套二枚；中国集邮总公司特发行《中国人民政治协商会议成立五十周年》纪念币封一套一枚以资纪念。此币封简称“邮总版政协币封”，镶嵌一枚政协流通纪念币，贴上述邮票一套二枚，加盖“中国人民政治协商会议成立五十周年－中国1999.9.21”纪念邮戳。

币封规格：208 mm×110 mm；币封设计者：刘敦、张诩；发行者：政协全国委员会办公厅、中国集邮总公司联合发行；发行量：10000枚；市场所见较少，珍稀度为三星级＋；参考价280元。

25. LJ25《庆祝政协北京市委员会成立五十周年》纪念币封（北京版LJ25-1）

中国人民政治协商会议北京市委员会的前身北京市各界人民代表会议协议委员会于1949年8月成立，后更名为协商委员会。值此成立50周年之际，北京市政协办公厅特发行《庆祝政协北京市委员会成立五十周年》纪念币封一套一枚（编号BJZX-5），以兹纪念。此币封简称“北京版政协币封”。镶嵌“中国人民政治协商会议成立五十周年”壹圆流通纪念币一枚，贴1999－13同题材纪念邮票一套二枚，加印“庆祝政协北京市委员

图LJ25-1-1《庆祝政协北京市委员会成立五十周年》纪念币封（北京版）
规格：208 mm×110 mm；珍稀度：★★★★☆

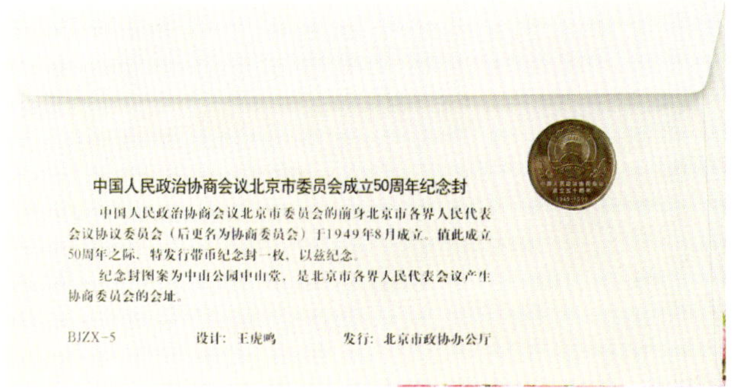

图LJ25-1-2《庆祝政协北京市委员会成立五十周年》纪念币封（北京版）背面

图LJ26-1-1《中国人民政治协商会议第十一届全国委员会第一次会议纪念》纪念币封（丝织版）

规格：230 mm×120 mm；珍稀度：★★★★★

图LJ26-1-2《中国人民政治协商会议第十一届全国委员会第一次会议纪念》纪念币封（丝织版） 背面

图LJ26-1-3《中国人民政治协商会议第十一届全国委员会第一次会议纪念》纪念币封（丝织版） 外纸套

会成立五十周年”纪念戳。

币封规格：208 mm×110 mm；设计者：王虎鸣；发行者：北京市政协办公厅；发行量：不详。市场甚少见，珍稀度为四星级+；参考价800元。

26. LJ26《中国人民政治协商会议第十一届全国委员会第一次会议纪念》纪念币封（丝织版LJ26-1）

中国人民政治协商会议第十一届全国委员会第一次会议于2008年3月3日在北京召开，这是我国人民政治生活中的一件大事，北京中协怡和文化传播有限公司特发行《中国人民政治协商会议第十一届全国委员会第一次会议纪念》丝织纪念币封一套一枚，供政协委员和人大代表珍藏。

此币封简称“丝织版政协币封”，镶嵌“中国人民政治协商会议成立五十周年”壹圆流通纪念币一枚，贴1999-13同题材纪念邮票一套二枚，并加盖“北京人民大会堂”风景纪念邮戳，印有“中国人民政治协商会议第十一届全国委员会第一次会议－北京2008.3.3”红色纪念邮戳。发行时一般带有外纸套（图LJ26-1-3），和纪念封装帧在一起。

币封规格：230 mm×120 mm；丝织纪念币封、戳设计：江虹、余晓亮；发行者：北京中协怡和文化传播有限公司；发行量：2000枚；因此邮币封大多作为纪念品赠予或出售给参加会议的政协委员和人大代表，流入市场极为稀少，珍稀度为五星级，参考价2000元。

27. LJ27《甘肃省钱币学会成立十五周年纪念》纪念币封（LJ27-1—LJ27-12）

甘肃省钱币学会是中国人民银行甘肃省分行设立的甘肃省钱币工作者、研究者、收藏者组成的学术团体，成立于1986年12月20日。截止到2001年的十五年以来，在中国钱币学会的指导下，在原中国人民银行甘肃省分行的领导下，发展单位会员20个、个人会员1180名，出版钱币学术专著2部，编辑钱币刊物86期，发表研究成果560篇，举办钱币展览及宣传活动40多次，为普及钱币知识、推动钱币研究、弘扬祖国文化做出了贡献。

为了庆祝甘肃省钱币学会成立十五周年，甘肃省钱币学会和兰州市邮票公司特联合发行《甘肃省钱币协会成立十五周年纪念》纪念币封一套一枚，简称“兰州版《敦煌》邮币封”，编号为兰纪76，以资纪念。该币封设计独特，典雅精美，深受欢迎。此币封因所贴邮票不同，又形成了12种版别。

此币封镶嵌一枚“敦煌藏经洞发现一百周年”1元流通纪念币；贴有十二种不同邮票，分别贴1992-11《敦煌壁画（四）》、1994-8《敦煌壁画（五）》、1996-20《敦煌壁画（六）》三组不同邮票各一枚；加印“甘肃省钱币学会成立十五周年纪念”纪念戳，并带有“甘肃省钱币学会”信封外套

邮政编码：

图LJ27-1-1《甘肃省钱币学会成立十五周年纪念》纪念币封（甲种）

规格：218 mm×110 mm； 珍稀度：★★★★☆

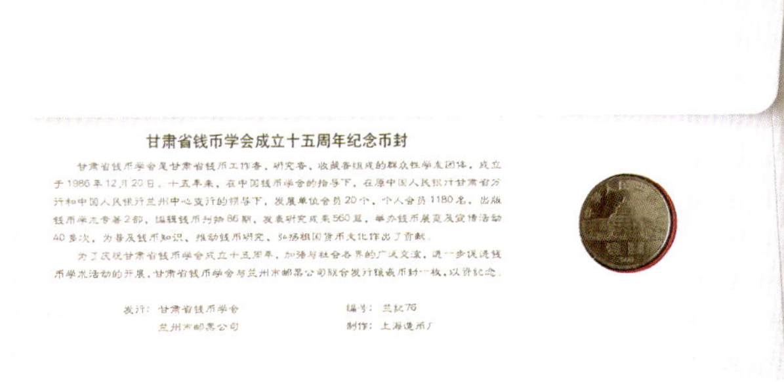

甘肃省钱币学会成立十五周年纪念币封

甘肃省钱币学会是甘肃省钱币工作者、研究者、收藏者组成的群众性学术团体，成立于1986年12月20日。十五年来，在中国钱币学会的指导下，在原中国人民银行甘肃省分行和中国人民银行兰州中心支行的领导下，发展单位会员20个，个人会员1180名，出版钱币学术专著2部，编辑钱币刊物86期，发表研究成果560篇，举办钱币展览及宣传活动40多次，为普及钱币知识、推动钱币研究、弘扬祖国货币文化作出了贡献。

为了庆祝甘肃省钱币学会成立十五周年，加强与社会各界的广泛交流，进一步促进钱币学术活动的开展，甘肃省钱币学会与兰州市邮票公司联合发行纪念币封一枚，以资纪念。

发行：甘肃省钱币学会　　编号：兰纪76
兰州市邮票公司　　制作：上海造币厂

图LJ27-1-2《甘肃省钱币学会成立十五周年纪念》纪念币封（甲种） 背面

图LJ27-1-3《甘肃省钱币学会成立十五周年纪念》纪念币封（甲种） 外信封

（LJ27-1-3、LJ27-1-4）。

币封规格218 mm×110 mm；发行者：甘肃省钱币学会、兰州市邮票公司联合发行；发行量：总约2000枚；市场所见甚为稀少，珍稀度为四星级+；参考价800元一枚。

LJ27-1《甘肃省钱币学会成立十五周年纪念》纪念币封（甲种）

此币封贴1992-11《敦煌壁画（四）-唐·菩萨》（4-1）T20分邮票一枚，其他描述如上。珍稀度为四星级+，参考价800元。

LJ27-2《甘肃省钱币学会成立十五周年纪念》纪念币封（乙种）

此币封贴1992-11《敦煌壁画（四）-

唐·伎乐》（4－2）T25分邮票一枚，其他描述如上。珍稀度为四星级+，参考价800元。

LJ27-3《甘肃省钱币学会成立十五周年纪念》纪念币封（丙种）

此币封贴1992-11《敦煌壁画（四）－唐·乘龙升天》（4－3）T55分邮票一枚，其他描述如上。珍稀度为四星级+，参考价800元。

LJ27-4《甘肃省钱币学会成立十五周年纪念》纪念币封（丁种）

此币封贴1992－11《敦煌壁画（四）－唐·出使西域》（4－4）T80分邮票一枚，其他描述如上。珍稀度为四星级+，参考价800元。

图LJ27-1-4《甘肃省钱币学会成立十五周年纪念》纪念币封（甲种） 外信封 背面

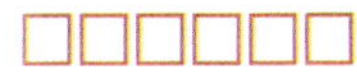

图LJ27-2-1《甘肃省钱币学会成立十五周年纪念》纪念币封（乙种）

规格：218 mm×110 mm； 珍稀度：★★★★☆

图LJ27-3-1《甘肃省钱币学会成立十五周年纪念》纪念币封（丙种）

规格：218 mm×110 mm； 珍稀度：★★★★☆

图LJ27-4-1《甘肃省钱币学会成立十五周年纪念》纪念币封（丁种）
规格：218 mm×110 mm； 珍稀度：★★★★☆

图LJ27-5-1《甘肃省钱币学会成立十五周年纪念》纪念币封（戊种）
规格：218 mm×110 mm； 珍稀度：★★★★☆

图LJ27-6-1《甘肃省钱币学会成立十五周年纪念》纪念币封（己种）
规格：218 mm×110 mm； 珍稀度：★★★★☆

LJ27-5《甘肃省钱币学会成立十五周年纪念》纪念币封（戊种）

此币封贴1994－8《敦煌壁画（五）－唐·飞天》（4－1）T10分邮票一枚，其他描述如上。珍稀度为四星级+，参考价800元。

LJ27-6《甘肃省钱币学会成立十五周年纪念》纪念币封（己种）

此币封贴1994－8《敦煌壁画（五）－唐·维摩诘》（4－2）T20分邮票一枚，其他描述如上。珍稀度为四星级+，参考价800元。

LJ27-7《甘肃省钱币学会成立十五周年纪念》纪念币封（庚种）

此币封贴1994－8《敦煌壁画（五）－唐·张议潮出行图》

（4-3）T50分邮票一枚，其他描述如上。珍稀度为四星级+，参考价800元。

图LJ27-7-1《甘肃省钱币学会成立十五周年纪念》纪念币封（庚种）
规格：218 mm×110 mm； 珍稀度：★★★★☆

LJ27-8《甘肃省钱币学会成立十五周年纪念》纪念币封（辛种）

此币封贴1994-8《敦煌壁画（五）-唐·魔女》（4-4）T1.6元邮票一枚，其他描述如上。珍稀度为四星级+，参考价800元。

图LJ27-8-1《甘肃省钱币学会成立十五周年纪念》纪念币封（辛种）
规格：218 mm×110 mm； 珍稀度：★★★★☆

LJ27-9《甘肃省钱币学会成立十五周年纪念》纪念币封（壬种）

此币封贴1996-20《敦煌壁画（六）-五代·五台山图》（4-1）T10分邮票一枚，其他描述如上。珍稀度为四星级+，参考价800元。

图LJ27-9-1《甘肃省钱币学会成立十五周年纪念》纪念币封（壬种）
规格：218 mm×110 mm； 珍稀度：★★★★☆

尚见加盖“兰州2001.12.20”首日邮

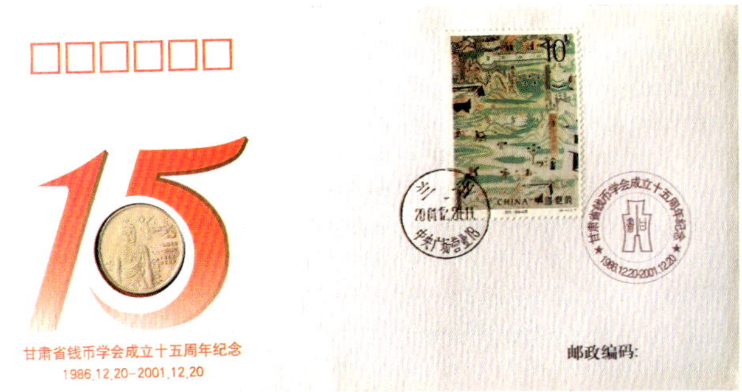

图LJ27-9-2《甘肃省钱币学会成立十五周年纪念》纪念币封（壬种）加盖首日邮戳

图LJ27-10-1《甘肃省钱币学会成立十五周年纪念》纪念币封（癸种）
规格：218 mm×110 mm； 珍稀度：★★★★☆

图LJ27-10-2《甘肃省钱币学会成立十五周年纪念》纪念币封（癸种）加盖首日邮戳

戳者，甚为稀少（图LJ27-9-2）。

LJ27-10《甘肃省钱币学会成立十五周年纪念》纪念币封（癸种）

此币封贴1996-20《敦煌壁画（六）-五代·于阗国王》（4-2）T20分邮票一枚，其他描述如上。珍稀度为四星级+，参考价800元。

尚见加盖“兰州2001.12.20”首日邮戳者，甚为稀少（图LJ27-10-2）。

LJ27-11《甘肃省钱币学会成立十五周年纪念》纪念币封（子种）

此币封贴1996-20《敦煌壁画（六）-宋·观音济难》（4-3）T50分邮票一枚，其他描述如上。珍稀度为四星级+，参考价

800元。

LJ27-12《甘肃省钱币学会成立十五周年纪念》纪念币封（丑种）

此币封贴1996－20《敦煌壁画（六）－西夏·供养菩萨》（4－4）T100分邮票一枚，其他描述如上。珍稀度为四星级+，参考价800元。

图LJ27-11-1《甘肃省钱币学会成立十五周年纪念》纪念币封（子种）
规格：218 mm×110 mm； 珍稀度：★★★★☆

图LJ27-12-1《甘肃省钱币学会成立十五周年纪念》纪念币封（丑种）
规格：218 mm×110 mm； 珍稀度：★★★★☆

28. LJ28《首届天津集邮钱币品鉴会纪念》纪念币封（LJ28-1）

2014年3月28日，天津市集邮公司举办首届天津集邮钱币品鉴会，为此特发行《首届天津集邮钱币品鉴会纪念》纪念币封一套一枚以示纪念，此为天津发行的首枚纪念币封。币封镶嵌“甲午（马年）”10

图LJ28-1-1《首届天津集邮钱币品鉴会纪念》纪念币封

规格：220 mm×110 mm； 珍稀度：★★★★☆

图LJ28-1-2《首届天津集邮钱币品鉴会纪念》纪念币封 背面

图LJ28-1-3《首届天津集邮钱币品鉴会纪念》纪念币封 加盖纪念邮戳

元流通纪念币一枚，贴2014－1T《甲午年》邮票一枚，加印“首届天津集邮钱币品鉴会纪念－中国天津2014.3.28”纪念邮戳。

币封规格：220 mm×110 mm；设计者：冯瑞鹏；发行者：天津市集邮公司；发行量：根据发行时天津集邮官网记载发行量仅200枚，有待进一步验证；市场甚少见，珍稀度为四星级+，参考价600元。

另见此币封邮票加盖“首届天津集邮钱币品鉴会纪念－中国天津2014.3.28”纪念邮戳者，甚稀少也（LJ28-1-3）。

尚见此币封之首日挂号实寄者，殊可贵也（LJ28-1-4、LJ28-1-5）。

29. LJ29《剪纸生肖》系列贺岁纪念币封（LJ29-1—LJ29-2）

此系列纪念币封，封面设计为剪纸生肖图案，镶嵌一枚同年生肖贺岁10元流通纪念币，贴贺卡专用《流光溢彩》1.2元邮票，未加盖邮戳，币封背面有邮政系统编码。一说此系列纪念币封为天津邮政系统内部制作，量很少，并未公开在市场销售，主要用于天津邮政系统内部职工春节贺岁馈赠礼品，因此尚待于深入研究其发行资料，考证其发行背景。此系列纪念币封设计精美，制作精良，富有浓郁的民族传统文化风格，深受喜爱。

币封规格：230 mm×120 mm；发行量：不详；市场所见极为稀

图LJ28-1-4《首届天津集邮钱币品鉴会纪念》纪念币封 实寄封

图LJ28-1-5《首届天津集邮钱币品鉴会纪念》纪念币封 实寄封 背面

图LJ29-1-1《剪纸生肖—丙申（猴）年》贺岁纪念币封

规格：230 mm×120 mm； 珍稀度：★★★★★

图LJ29-1-2《剪纸生肖—丙申（猴）年》贺岁纪念币封　背面

少，珍稀度为五星级；参考价900元一枚。

LJ29－1《剪纸生肖－丙申（猴）年》贺岁纪念币封

此币封封面为剪纸生肖猴图案，镶嵌一枚“丙申（猴年）”10元流通纪念币，贴贺卡专用《流光溢彩》1.2元邮票一枚，其他描述同上。市场所见极为稀少，珍稀度为五星级；参考价900元。

LJ29－2《剪纸生肖－丁酉（鸡）年》贺岁纪念币封

此币封封面为剪纸生肖鸡图案，镶嵌一枚“丁酉（鸡年）”10元流通纪念币，贴贺卡专用《流光溢彩》1.2元邮票一枚，其他描述同上。市场所见极为稀少，珍稀度为五星级；参考价900元。

图LJ29-2-1《剪纸生肖—丁酉（鸡）年》贺岁纪念币封
规格：230 mm×120 mm；珍稀度：★★★★★

图LJ29-2-2《剪纸生肖—丁酉（鸡）年》贺岁纪念币封　背面

除了上述较典型形

制的邮币封，尚有一些对开邮币折，因其形制简洁，对开设计，又有明确的主题，同时镶嵌钱币和邮票，因此亦系广义的邮币封。

30. LJ30《毛泽东诞辰一百周年》纪念币邮币折（LJ30-1）

1993年12月26日是毛泽东主席诞辰一百周年纪念日，全国各地开展了隆重的系列纪念活动，北京钱币册厂为此也特别制作装帧了《毛泽东诞辰一百周年》纪念币邮币折，镶嵌一枚“毛泽东诞辰100周年”1元流通纪念币，和1993-17《毛泽东同志诞生一百周年》5元邮票小型张一枚。此邮币折简称“主席邮币折”，采用中国红主色调设计，有毛主席亲笔题词毛体草书“不到长城非好汉”和毛主席纪念堂图案，甚是庄严美观。

图LJ30-1-1《毛泽东诞辰一百周年》纪念币邮币折 内页
规格：208 mm×160 mm； 珍稀度：★★★★

图LJ30-1-2《毛泽东诞辰一百周年》纪念币邮币折 外封

邮币折规格：展开208 mm×160 mm；制作者：北京钱币册厂；生产量：不详；市场所见甚少，珍稀度为四星级；参考价

900元。

31. LJ31《1996中国－第九届亚洲国际集邮展览》纪念币邮币折（LJ31－1）

图LJ31-1-1《1996中国-第九届亚洲国际集邮展览》纪念币邮币折 内页

规格：208 mm×160 mm； 珍稀度：★★★★

图LJ31-1-2《1996中国-第九届亚洲国际集邮展览》纪念币邮币折 外封

为纪念“第九届亚洲国际集邮展览会”在北京成功举办，呼和浩特市集邮公司特制作《1996中国－第九届亚洲国际集邮展览》纪念币邮币折一枚（编号为邮折（4）），以便珍藏。此纪念币邮币折简称“亚洲邮展邮币折”，镶嵌一枚1997年“内蒙古自治区成立四十周年”1元普通纪念币，和一枚1996-11M《1996中国－第九届亚洲国际集邮展览》5元小型张邮票。

邮币折规格：展开206 mm×180 mm，制作者：呼和浩特市集邮公司；生产量：不详；市场所见甚少，珍稀度为四星级；参考价600元。

除了上述正宗的流通纪念币邮币封（折）之外，市场尚见有一些单位和个人用中国邮政发行的邮资封或纪念封加印图文后二次制作的邮币封，不是正宗邮币封，而是加印邮币封，也有些个人制作的邮币封，现举例说明。

1. 《诏安县钱币学会成立纪念》希望工程纪念币封

1994年12月17日福建漳州市诏安县钱币学会成立，诏安县钱币学会利用中国邮政发行的1994年《狗年贺年有奖贺卡型兰花邮资信封》，特制作《诏安县钱币学会成立纪念》邮币封一套三枚，以资纪念，其他两枚见第二章第二节GB加1－1和第四章第三节LY加1－1。此枚邮币封镶嵌1994“希望工程”1元流通纪念币；贴1994《狗年》20分邮票一枚，设计独特、甚是美观。由于此套币封系用中国邮政的邮资封二次加印制作而成，因此不属于严格意义的正宗邮币封（图LJ加1-1）。

2. 《诏安县钱币学会成立一周年暨钱币学术研讨会纪念》世乒赛纪念币封

图LJ加1-1《诏安县钱币学会成立纪念》希望工程纪念币封

1995年12月20日正值诏安县钱币学会成立一周年之际，诏安县钱币学会举办了“钱币学术研讨会”。为此，诏安县钱币学会制作了《诏安县钱币学会成立一周年暨钱币学术研讨会纪念》世乒赛纪念币封一枚，以资纪念。

此邮币封利用中国集邮总公司发行的1995-7《第43届世界乒乓球锦标赛》首日封，再镶嵌1995年“第43届世界乒乓球锦标赛”1元流通纪念币二次加工而成，因此不属于严格意义上的正宗邮币封。该封又有币在左侧和币在右侧两种版式，如图（LJ加2-1—LJ加2-2）。

3. 《戊戌（狗）年》纪念币封

2018年是中国农历戊戌狗年，《集邮》杂志举办了“《旺狗贺岁欢乐祥瑞》手绘封创意设计大赛”，上海的鲁红阳参加了大赛并获得大赛一等奖。

为了迎接中国农历戊戌（狗）年，中国人民银行于2017年12月15日起发行2018年贺岁双色铜合金纪念币1枚，中国邮政于2018年1月5日发行《戊戌（狗）年》邮票一套二枚。为了纪念此次生肖邮票和生肖纪念币的发行，上海百荷苑（文化）工作室特利用鲁红阳获奖手绘纪念封作品设计制作了《戊戌（狗）年》纪念币封一

图LJ加2-1-1《诏安县钱币学会成立一周年暨钱币学术研讨会纪念》世乒赛纪念币封（甲种）

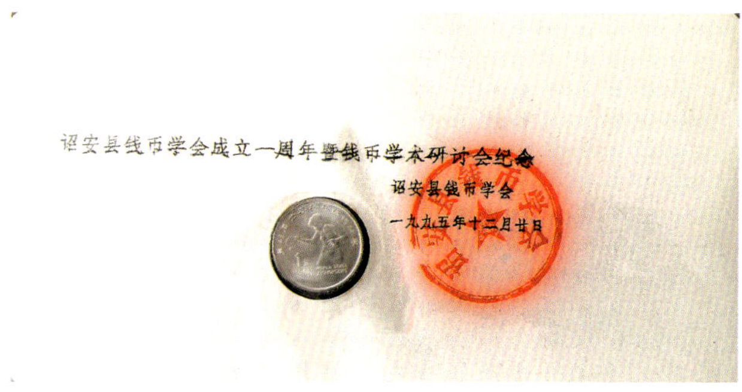

图LJ加2-1-2《诏安县钱币学会成立一周年暨钱币学术研讨会纪念》世乒赛纪念币封（甲种） 内卡

图LJ加2-2-1《诏安县钱币学会成立一周年暨钱币学术研讨会纪念》世乒赛纪念币封（乙种）

套二枚以示纪念。

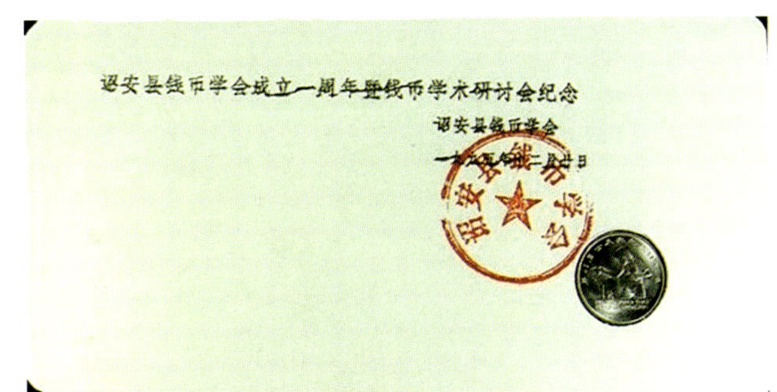

图LJ加2-2-2《诏安县钱币学会成立一周年暨钱币学术研讨会纪念》世乒赛纪念币封（乙种） 内卡

纪念邮币封分别贴2018－1《戊戌（狗）年》邮票一枚，镶嵌2018年贺年双色铜合金10元流通纪念币一枚，封上有鲁红阳的签名和盖章（图LJ加3-1—LJ加3-2）。虽然此套纪念币封不是正宗邮币封而系单位自制封，但其创意之独到，设计之精美，实为自制邮币封佳品，具有较高的鉴赏价值。

图LJ加3-1-1《戊戌（狗）年》纪念币美术封（甲种）

4.《世界文化遗产龙门石窟》纪念币封

2020年5月，中国邮政洛阳市分公司，利用中国邮政发行的80分牡丹邮资封加印图文，制作发布了《世界文化遗产龙门石窟》纪念币封一套五枚。镶嵌《世界文化遗产龙门石窟》5元流通纪念币一

图LJ加3-1-2《戊戌（狗）年》纪念币美术封（甲种） 背面

图LJ加3-2-2《戊戌（狗）年》纪念币美术封（乙种） 背同图LJ加3-1-2

枚，分别贴1993－13《龙门石窟》特种邮票各一枚，加盖邮政日戳和纪念邮戳。此套币封虽系邮资封加印币封，但其印制独特、庄严典雅，具有较高的鉴赏价值（图LJ加4-1—LJ加4-2）。

5.《世界文化遗产龙门石窟》邮币书签

2020年5月，龙门石窟景区制作装帧了《龙门石窟》邮币书签一套四枚，镶嵌"世界文化遗产龙门石窟"5元流通纪念币一枚，贴1993－13《龙门石窟》特种邮票一套，加盖"河南洛阳2020.4.18"邮政日戳（图LJ加5-1—LJ加5-4）。此系单位自行制作的邮币书签文化产品。

图LJ加4-1-1《世界文化遗产龙门石窟》纪念币封（甲种）

图LJ加4-1-2《世界文化遗产龙门石窟》纪念币封（甲种） 背面

6.《世界文化遗产-青城山》邮币水晶板

此邮币水晶板镶嵌一枚“世界文化遗产-青城山与都江堰”5元流通纪念币一枚，并镶嵌一套同题材邮票，系单位自制装帧的纪念品，甚是独特精美（LJ加6-1）。

图LJ加4-2-1《世界文化遗产龙门石窟》纪念币封（乙种）

图LJ加5-1-3《世界文化遗产龙门石窟》邮币书签　外纸盒

图LJ加5-1-1《世界文化遗产龙门石窟》
邮币书签（甲种）　背面

图LJ加5-1-2《世界文化遗产龙门石窟》
邮币书签（甲种）　正面

图LJ加5-2-1《世界文化遗产龙门石窟》邮币书签（乙种）

图LJ加5-3-1《世界文化遗产龙门石窟》邮币书签（丙种）

图LJ加5-4-1《世界文化遗产龙门石窟》邮币书签（丁种）

图LJ加6-1-1《世界文化遗产-青城山》邮币水晶板

图LJ加6-1-2《世界文化遗产-青城山》邮币水晶板 外盒

中国邮币封收藏与鉴赏

下册

王美忠◎著

學苑出版社

第五章 贵金属纪念币邮币封收藏与鉴赏

第一节　概述

天下收藏，钱币为大，硬币为王。而最能体现硬币的高贵品质和铸币工艺之美的硬币非金银币等贵金属纪念币莫属了。贵金属纪念币是国家发行的以金、银、铂、钯等贵金属为币材的纪念币，虽然也是国家的法定货币，象征性地铸有面额，但不计入国家的货币流通总量，不参与实际的货币流通，也不按其名义币值兑换，而主要用于收藏与投资。

贵金属币包括纪念金银币和普通金银币两种。其中，纪念金银币是为了纪念杰出人物、重大事件或有意义的事物而特别发行的贵金属币，铸造量有严格限制，销售价格按照每枚币所含贵金属重量的国际市场价格加生产费用、经销利润等合计定价；普通金银币则主要是面向大众销售用于大众投资的投资币，包括普通熊猫金银币和麒麟金银币等，价格基本上是国际市场金银价加上生产费用和较低的利润进行计算。自1979年国家发行了第一套纪念金币——“庆祝中华人民共和国成立30周年”纪念金币，和第一套金银套币——“国际儿童年”金银纪念币以来，迄今为止共发行了几十个系列、两千多种纪念金银币和普通金银币，形成了丰富多彩的中国贵金属币发行体系。

由于贵金属纪念币价格昂贵，铸量也少，国内外发行的贵金属纪念币邮币封品种和数量均较少，目前仅发现有30个品种或系列、59种版别。由于贵金属币封价格较贵，一般群众不易接受，因此邮政系统（主要是中国集邮总公司）发行的贵金属纪念币邮币封品种较少，且近年来除了极少品种外基本已停止发行，随着贵金属币藏家以及其他邮币爱好者的收藏沉淀，市场上大都已踪迹难觅，而成为收藏珍品。

第二节　中国集邮总公司发行的贵金属币邮币封（GJ）

因中国现代贵金属币邮币封大多品种是中国集邮总公司发行的官封，因此我们先编排和介绍邮总发行的贵金属币封，后编排和介绍地方和外国发行的贵金属币封。邮总发行的邮币封爱好者谓之“官方币封”，截至目前，共有16个品种或系列、33种版别，现按照发行顺序详述如下。

1. GJ1《1990 · 北京第十一届亚洲运动会》丝织金银币封（第一组）（GJ1-1—GJ1-5）

1984年9月在韩国汉城（首尔）举行的亚奥理事会上投票决定，1990年第11届亚洲运动会在中国北京举行。这是在北京，也是在中国举办的第一次国际体育盛会。为庆祝第11届亚运会在北京举办，中国邮票总公司特联合中国金币总公司发行丝织纪念金币封一套一枚（编号PFBJ-001）和银币封一套四枚（编号PFBY-001），以赐珍藏。

币封规格：230 mm×120 mm；封、卡、戳设计者：金币封—张实勇、银币封—张实勇、卢德辉；发行者：中国邮票总公司；发行日期：1990年8月22日；发行量：金币封350枚、银币封600套（枚）；发行价：金币封2000元/枚、银币封1600元/套。现市场极为稀少，珍稀度均为五星级；参考价：金币封13000元，银币封8000元一套，1800元一枚。

GJ1-1《1990 · 北京第十一届亚洲运动会》丝织金币封（第一组-艺术体操）

此金币封简称“亚运一组金币封”，正面封面主图是一只活泼可爱的国宝熊猫，镶嵌一枚1989年“第十一届亚洲运动会－艺术体操”纪念金币，金币实际铸造量2554枚，直径23 mm，面额100元，成色91.6%，重量8克。贴J.151“1990 · 北京第十一届亚运会（第一组）”邮票一套2枚，面额分别为8分和30分；加盖“北京 · 第十一届亚洲运动会1990.8.22”纪念邮戳。背面

图GJ1-1-1《1990 · 北京第十一届亚洲运动会》丝织金币封（第一组-艺术体操）

规格：230 mm×120 mm； 珍稀度：★★★★★

图GJ1-1-2《1990 · 北京第十一届亚洲运动会》丝织金币封（第一组-艺术体操） 背面

图GJ1-2-1《1990 · 北京第十一届亚洲运动会》丝织银币封(第一组-甲种：羽毛球)

规格：230 mm×120 mm；珍稀度：★★★★★

是发行文字资料，每一枚有流水编号，带金币鉴定证书。其他描述同上。

此枚金币封发行量只有350枚，系发行量最少的珍稀邮币封品种之一，目前市场极为罕见，珍稀度为五星级，参考价13000元。

GJ1-2《1990 · 北京第十一届亚洲运动会》丝织银币封（第一组－甲种：羽毛球）

此银币封简称“亚运一组银币封（羽毛球）”，系《1990 · 北京第十一届亚洲运动会》丝织银币封第一组全套四枚中的第一枚，镶嵌一枚1989年“第十一届亚洲运动会－羽毛球”纪念银币，银币发行量2万枚，直径38.6 mm，面额10元，成色92.5%，重量27克；贴J.151“1990

·北京第十一届亚运会（第一组）”邮票一套二枚；加盖“北京·第十一届亚洲运动会1990.8.22”纪念邮戳。背面是发行文字资料，每一枚带有流水编号。其他描述同上。

此枚银币封发行量只有600枚，系发行量最少的珍稀邮币封品种之一，目前市场极为稀少，珍稀度为五星级，参考价1800元一枚。

图GJ1-2-2《1990·北京第十一届亚洲运动会》丝织银币封（第一组-甲种：羽毛球） 背面

GJ1-3《1990·北京第十一届亚洲运动会》丝织银币封（第一组-乙种：跳水）

此银币封系《1990·北京第十一届亚洲运动会》丝织银币封第一组全套四枚中的第二枚，镶嵌一枚1989年“第十一届亚洲运动会-跳水”纪念银币，其他描述同GJ1-2。目前市场极为稀少，珍稀度为五

图GJ1-3-1《1990·北京第十一届亚洲运动会》丝织银币封（第一组-乙种：跳水）

规格：230 mm×120 mm；珍稀度：★★★★★

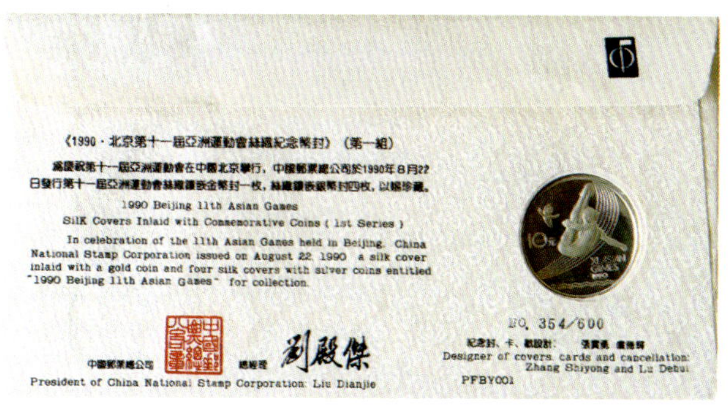

图GJ1-3-2《1990·北京第十一届亚洲运动会》丝织银币封（第一组-乙种：跳水） 背面

图GJ1-4-1《1990 · 北京第十一届亚洲运动会》丝织银币封(第一组-丙种：举重)

规格：230 mm×120 mm；珍稀度：★★★★★

图GJ1-4-2《1990 · 北京第十一届亚洲运动会》丝织银币封(第一组-丙种：举重)　背面

图GJ1-5-1《1990 · 北京第十一届亚洲运动会》丝织银币封(第一组-丁种：自行车)

规格：230 mm×120 mm；珍稀度：★★★★★

星级，参考价1800元一枚。

GJ1-4《1990 · 北京第十一届亚洲运动会》丝织银币封（第一组-丙种：举重）

此银币封系《1990 · 北京第十一届亚洲运动会》丝织银币封第一组全套四枚中的第三枚，镶嵌一枚1989年“第十一届亚洲运动会-举重”纪念银币，其他描述同GJ1-2。目前市场极为稀少，珍稀度为五星级，参考价1800元一枚。

GJ1-5《1990 · 北京第十一届亚洲运动会》丝织银币封（第一组-丁种：自行车）

此银币封系《1990 · 北京第十一届亚洲运动会》丝织银币封第一组全套四枚中的第四枚，镶嵌一枚1989年“第十一届亚洲运动会-自行车”纪念银币，其他描述同GJ1-2。目前市场极为稀少，珍稀度为五星级，参考价1800元一枚。

以上亚运第一组五种金银币封每枚均带邮总原装盒和金银币鉴定证书（图GJ1-5-3）。

2. GJ2《1990·北京第十一届亚洲运动会》丝织金银币封（第二组）（GJ2-1—GJ2-5）

和上述亚运会第一组金银币封一样，亚运会第二组金银币封含纪念金币封一套一枚（编号PFBJ-002），和银币封一套四枚（编号PFBY-002）。发行日期：1990年9月22日；发行量：金币封300枚、银币封550套（枚）；发行定价：金币封2000元/枚、银币

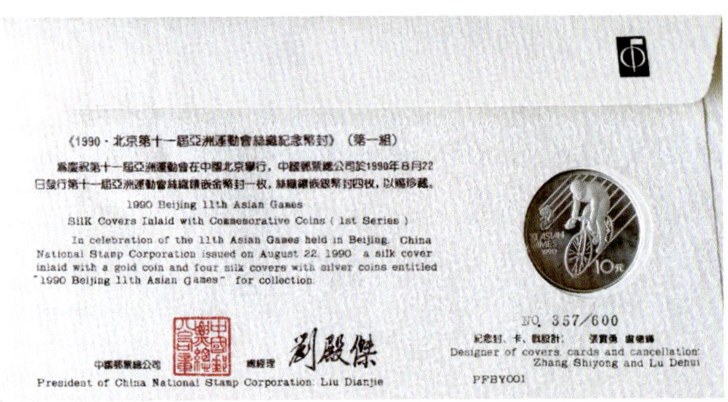

图GJ1-5-2《1990·北京第十一届亚洲运动会》丝织银币封（第一组-丁种：自行车） 背面

图GJ1-5-3《1990·北京第十一届亚洲运动会》丝织金银币封 原装盒

图GJ2-1-1《1990·北京第十一届亚洲运动会》丝织金币封（第二组-女子游泳）

规格：230 mm×120 mm；珍稀度：★★★★★

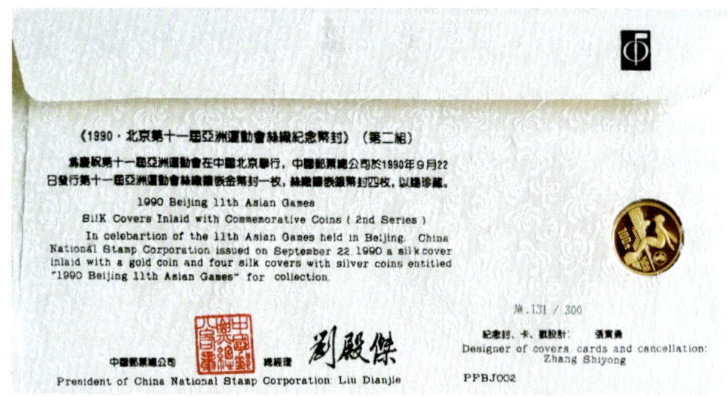

图GJ2-1-2《1990 · 北京第十一届亚洲运动会》丝织金币封（第二组-女子游泳） 背面

图GJ2-1-3《1990 · 北京第十一届亚洲运动会》丝织金币封 原装盒

封1600元/套。其他描述同第一组。现市场极为稀少，珍稀度均为五星级；参考价：金币封14000元一枚，银币封8500元一套，1900元一枚。

GJ2-1《1990 · 北京第十一届亚洲运动会》丝织金币封（第二组－女子游泳）

此金币封简称“亚运二组金币封”，镶嵌一枚1990年“第十一届亚洲运动会－女子游泳”纪念金币，金币发行量1万枚，直径23mm，面额100元，成色91.6%，重量8克。贴J.172《1990 · 北京第十一届亚运会（第二组）》邮票一套6枚；加盖“北京 · 第十一届亚洲运动会1990.8.22”纪念邮戳。背面是发行文字资料，每一枚有流水编号，带金币鉴定证书。其他描述同上。

需要注意的是，此枚丝织金币封中镶嵌的金币应为“亚运会－女子游泳”纪念金币，中国金币总公司《鉴定证书》和中国集邮总公司《集邮品目录（1979-1991）》均错误地标注为“跳水”金币，本书予以勘正。

此枚金币封发行量只有300枚，比第一组还少，系发行量最少的珍稀邮币封品种之一，目前市场极为罕见，珍稀度为五星级，参考价14000元。

GJ2-2《1990·北京第十一届亚洲运动会》丝织银币封（第二组-甲种：吊环）

此银币封简称“亚运二组银币封（吊环）”，系《1990·北京第十一届亚洲运动会》丝织银币封第二组全套四枚中的第一枚，镶嵌一枚1990年“第十一届亚洲运动会-吊环”纪念银币，银币发行量2万枚，直径38.6 mm，面额10元，成色92.5%，重量27克；贴J.172“1990·北京第十一届亚运会（第二组）”（6-1、6-2、6-6）邮票3枚；加盖“北京·第十一届亚洲运动1990.9.22”纪念邮戳。背面是发行文字资料，每一枚带有流水编号。其他描述同上。

此套银币封每种发行量只有550枚，比第一组还少，系发行量最

图GJ2-2-1《1990·北京第十一届亚洲运动会》丝织银币封（第二组-甲种：吊环）

规格：230 mm×120 mm；珍稀度：★★★★★

图GJ2-2-2《1990·北京第十一届亚洲运动会》丝织银币封（第二组-甲种：吊环） 背面

图GJ2-3-1《1990·北京第十一届亚洲运动会》丝织银币封（第二组-乙种：垒球）

规格：230 mm×120 mm；珍稀度：★★★★★

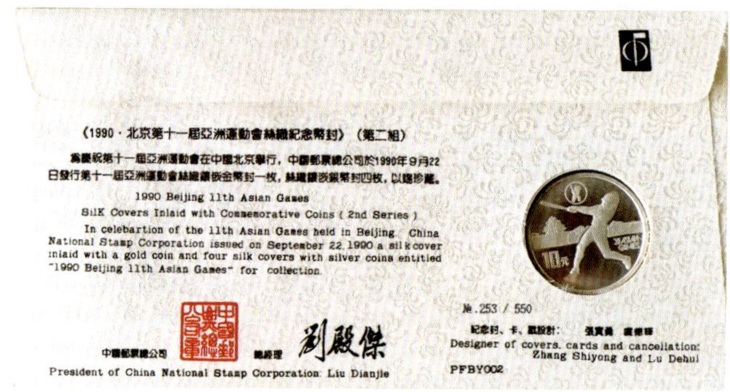

图GJ2-3-2《1990・北京第十一届亚洲运动会》丝织银币封
(第二组-乙种：垒球) 背面

图GJ2-4-1《1990・北京第十一届亚洲运动会》丝织银币封
(第二组-丙种：足球)
规格：230 mm×120 mm；珍稀度：★★★★★

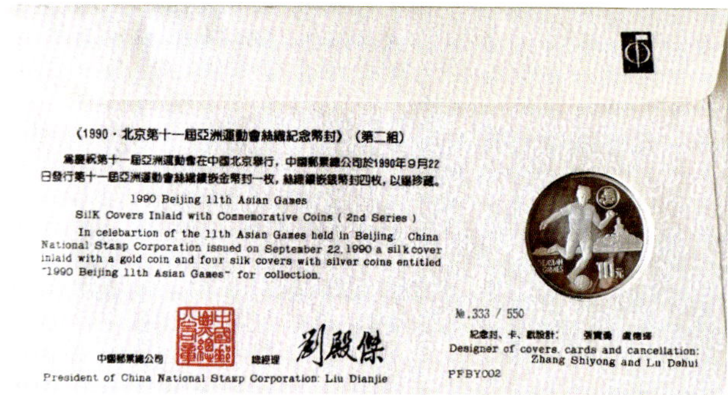

图GJ2-4-2《1990・北京第十一届亚洲运动会》丝织银币封
(第二组-丙种：足球) 背面

少的邮币封品种之一，目前市场极为稀少，珍稀度为五星级，参考价1900元一枚。

GJ2-3《1990・北京第十一届亚洲运动会》丝织邮币封（第二组-乙种：垒球）

此银币封系《1990・北京第十一届亚洲运动会》丝织银币封第二组全套四枚中的第二枚，镶嵌一枚1990年“第十一届亚洲运动会-垒球”纪念银币，发行量2万枚，直径38.6 mm，面额10元，成色92.5%，重量27克；贴J.172“1990・北京第十一届亚运会（第二组）”（6-3、6-4、6-5）邮票3枚；加盖“北京・第十一届亚洲运动1990.9.22”纪念邮戳。背面则是发行文字资料，每一枚带有流水编号。其他描述同上。目前市场极为稀少，珍稀度为五星级，参考价1900元。

GJ2-4《1990·北京第十一届亚洲运动会》丝织银币封（第二组-丙种：足球）

此银币封系《1990·北京第十一届亚洲运动会》丝织银币邮币封第二组全套四枚中的第三枚，镶嵌一枚1990年“第十一届亚洲运动会-足球”纪念银币，其他描述同GJ2-2；目前市场极为稀少，珍稀度为五星级，参考价1900元。

GJ2-5《1990·北京第十一届亚洲运动会》丝织银币封（第二组-丁种：标枪）

此银币封系《1990·北京第十一届亚洲运动会》丝织银币封第二组全套四枚中的第四枚，镶嵌一枚1990年“第十一届亚洲运动会-标枪”纪念银币；其他描述同

图GJ2-5-1《1990·北京第十一届亚洲运动会》丝织银币封(第二组-丁种：标枪)

规格：230 mm×120 mm；珍稀度：★★★★★

图GJ2-5-2《1990·北京第十一届亚洲运动会》丝织银币封(第二组-丁种：标枪) 背面

图GJ2-5-3《1990·北京第十一届亚洲运动会》丝织银币封 原装盒

GJ2-2；目前市场极为稀少，珍稀度为五星级，参考价1900元。

以上亚运第二组五种邮币封每枚均带邮总原装盒和金银币鉴定证书（图GJ2-1-3、图GJ2-5-3）。

3. GJ3《第一届世界女子足球锦标赛》丝织金银币封（GJ3-1—J3-3）

世界女子足球运动在1991年11月16日终于迎来了崭新的一天，在时任国际足联主席阿维兰热（Dr.JoãoHavelange）的鼎力倡导下，第一届世界女子足球锦标赛在中国广州举行。为庆祝这一国际体育盛事，中国邮票总公司特联合中国金币总公司发行丝织纪念金币封一套一枚（编号PFBJ—003），和丝织纪念银币封一套二枚（编号PFBY—003），以便珍藏。需要特别指出的是，关于金币封的发行量问题，按照中国集邮总公司编《集邮品目录（1979－1991）》记载金币封发行量100枚，银币封发行量600套（枚），此处有误，实际市场上发现有流水编号为298的金币封和流水编号为618的银币封，可见其实际发行量金币封应在300枚左右，银币封在600多套，本书予以勘正。

图GJ3-1-1《第一届世界女子足球锦标赛》丝织金币封

规格：230 mm×120 mm；珍稀度：★★★★★

图GJ3-1-2《第一届世界女子足球锦标赛》丝织金币封 背面

币封规格：230 mm×120 mm；封、卡、戳设计者：张实勇；发行者：中国邮票总公司；发行量：金币封

300枚左右，发行定价1800元一枚；银币封600多套（枚），发行定价680元一套。目前市场均极为稀少，珍稀度均为五星级；参考价：金币封18000元，银币封5000元一套，2500元一枚。

图GJ3-2-1《第一届世界女子足球锦标赛》丝织银币封（甲种-双人运动员）

规格：230 mm×120 mm；珍稀度：★★★★★

图GJ3-2-2《第一届世界女子足球锦标赛》丝织银币封（甲种-双人运动员）背面

GJ3-1《第一届世界女子足球锦标赛》丝织金币封

此金币封简称“女足金币封”，镶嵌一枚1991年“第一届世界女子足球锦标赛-女子单人运动员”纪念金币，金币实际铸造量1404枚，直径23 mm，面额100元，成色91.6%，重量8克。贴J.185同题材邮票一套二枚，面额分别为20分和50分；加盖“第一届世界女子足球锦标赛-北京1991.11.16”纪念邮戳。背面是发

图GJ3-3-1《第一届世界女子足球锦标赛》丝织银币封（乙种-三人运动员）

规格：230 mm×120 mm；珍稀度：★★★★★

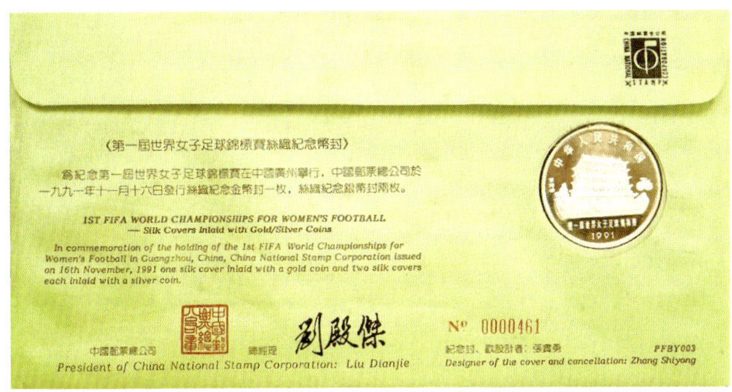

图GJ3-3-2《第一届世界女子足球锦标赛》丝织银币封（乙种–三人运动员）背面

图GJ3-3-3《第一届世界女子足球锦标赛》丝织银币封　原装盒

行文字资料，每一枚有流水编号，带邮总原装盒，其他描述同上。此枚金币封发行量约300枚，系发行量最少的珍稀邮币封品种之一，目前市场极为罕见，珍稀度为五星级，参考价18000元。

GJ3-2《第一届世界女子足球锦标赛》丝织银币封（甲种－双人运动员）

此银币封镶嵌一枚1991年“第一届世界女子足球锦标赛－女子双人运动员”纪念银币，银币实际铸造量2804枚，直径38.6 mm，面额10元，纯度92.5%，重量27克；其他描述同GJ3-1。此枚银币封发行量600多枚，系发行量最少的珍稀邮币封品种之一，目前市场极为稀少，珍稀度为五星级，参考价2500元。

GJ3-3《第一届世界女子足球锦标赛》丝织纪念银币封（乙种－三人运动员）

此银币封镶嵌一枚1991年“第一届世界女子足球锦标赛－女子三人运动员”纪念银币，其他描述同GJ3-2。珍稀度为五星级，参考价2500元。

4. GJ4《第二十五届奥林匹克运动会》丝织金银币封（GJ4-1—GJ4-5）

第25届夏季奥林匹克运动会，于1992年7月25日至8月9日在时任国际奥委会主席萨马兰奇先生的故乡、西班牙的巴塞罗那举行。巴塞罗那于1986年10月17日在瑞士洛桑举行的国际奥委会第91次全会上获选为主办地。为庆祝第25届夏季奥运会的举办，中国邮票总公司特联合中国金币总公司发行《第二十五届奥林匹克运动会》丝织金币封一套一枚（编号PFBJ-004）和丝织银币封一套四枚（编号PFBY-004）以便珍藏。

币封规格：230 mm×120 mm；封、卡、戳设计者：卢天骄；发行者：中国邮票总公司；发行量：金币封200枚，发行定价2100元；银币封300套（枚），发行定价1400元一套；目前市场极为稀少，珍稀度均为五星级；参考价：金币封15000元，银币封10000元一套，2500元一枚。

GJ4-1《第二十五届奥林匹克运动会》丝织金币封

此金币封简称“奥运金币封”，于1992年7月25日发行，镶嵌一枚1990年“第25届奥运会1992-篮球”纪念金币，金币发行量1万枚，直径23 mm，面额100元，成色91.6%，重量1/3盎司。贴1992-8M“第二十五届奥林匹克运动会”小型张1枚，加盖“第二十五届奥

图GJ4-1-1《第二十五届奥林匹克运动会》丝织金币封

规格：230 mm×120 mm；珍稀度：★★★★★

图GJ4-1-2《第二十五届奥林匹克运动会》丝织金币封　背面

林匹克运动会－北京1992.7.25”首日纪念邮戳。其他描述同上，市场极为罕见，珍稀度为五星级，参考价15000元。

图GJ4-1-3《第二十五届奥林匹克运动会》丝织金币封 原装盒

GJ4-2《第二十五届奥林匹克运动会》丝织银币封（甲种：跳水）

此银币封简称“奥运银币封（跳水）”，系《第二十五届奥林匹克运动会》丝织银币封全套四枚中的第一枚，镶嵌一枚1990年“第25届奥运会1992－跳水”纪念银币，银币发行量3万枚，直径38.6 mm，面额10元，成色92.5%，重量27克；贴1992-8J《第二十五届奥运会》全套4枚邮票，加盖“第二十五届奥林匹克运动会－北京1992.7.25”首日纪念邮戳。其他描述同上，

图GJ4-2-1《第二十五届奥林匹克运动会》丝织银币封（甲种：跳水）

规格：230 mm×120 mm；珍稀度：★★★★★

图GJ4-2-2《第二十五届奥林匹克运动会》丝织银币封（甲种：跳水）背面

市场极为稀少，珍稀度为五星级，参考价2500元。

GJ4-3《第二十五届奥林匹克运动会》丝织银币封（乙种：乒乓球）

此银币封为《第二十五届奥林匹克运动会》丝织银币封全套四枚中的第二枚，镶嵌一枚1990年“第25届奥运会1992－乒乓球”纪念银币，其他描述同GJ4-2，市场极为稀少，珍稀度为五星级，参考价2500元。

图GJ4-3-1《第二十五届奥林匹克运动会》丝织银币封（乙种：乒乓球）

规格：230 mm×120 mm；珍稀度：★★★★★

图GJ4-3-2《第二十五届奥林匹克运动会》丝织银币封（乙种：乒乓球）背面

GJ4-4《第二十五届奥林匹克运动会》丝织银币封（丙种：跳高）

此银币封为《第二十五届奥林匹克运动会》丝织银币封全套四枚中的第三枚，镶嵌一枚1990年“第25届奥运会1992－跳高”纪念银币，其他描述同

图GJ4-4-1《第二十五届奥林匹克运动会》丝织银币封（丙种：跳高）

规格：230 mm×120 mm；珍稀度：★★★★★

GJ4-2。市场极为稀少，珍稀度为五星级，参考价2500元。

GJ4-5《第二十五届奥林匹克运动会》丝织银币封（丁种：自行车）

此银币封为《第二十五届奥林匹克运动会》丝织银币封全套四枚中的第四枚，镶嵌一枚1990年“第25届奥运会1992－自行车”纪念银币，其他描述同GJ4-2。市场极为稀少，珍稀度为五星级，参考价2500元。

以上五种奥运丝织金银币封均带邮总原装盒和金银币鉴定证书（图GJ4-1-3、图GJ4-5-3）。

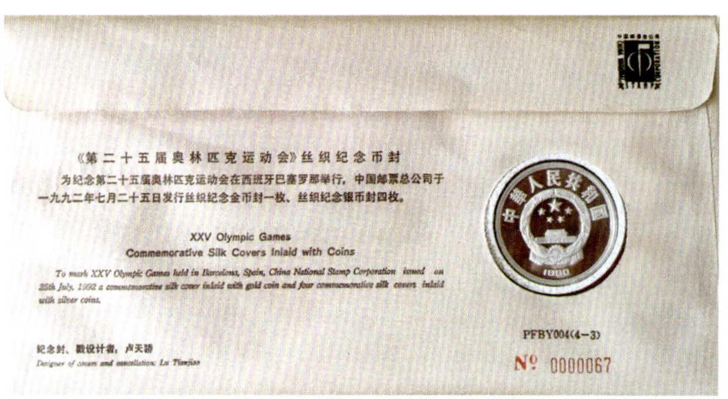

图GJ4-4-2《第二十五届奥林匹克运动会》丝织银币封（丙种：跳高）背面

图GJ4-5-1《第二十五届奥林匹克运动会》丝织银币封（丁种：自行车）

规格：230 mm×120 mm；珍稀度：★★★★★

图GJ4-5-2《第二十五届奥林匹克运动会》丝织银币封（丁种：自行车）背面

5. GJ5《毛泽东同志诞生一百周年》丝织金银币封（GJ5-1—GJ5-2）

毛泽东主席是伟大的无产阶级革命家、政治家、军事家，中华人民共和

图GJ4-5-3《第二十五届奥林匹克运动会》丝织银币封 原装盒

图GJ5-1-1《毛泽东同志诞生一百周年》丝织金币封

规格：230 mm×120 mm； 珍稀度：★★★★★

图GJ5-1-2《毛泽东同志诞生一百周年》丝织金币封 背面

国的开国领袖，是中国共产党和中华人民共和国的最主要缔造者。1993年12月26日是毛主席诞辰一百周年纪念日，在民间“12.26”现已被全国人民普遍尊崇为“中华伟人节”“人民节”。为纪念这一重大节日，中国邮票总公司联合中国金币总公司特发行《毛泽东同志诞生一百周年》丝织金币封一套一枚（编号PFBJ-005），和丝织银币封一套一枚（编号PFBJ-005），以便珍藏。

金银币封规格：230 mm×120 mm；发行者：中国邮票总公司；发行量：金币封150枚，银币封300枚；封、卡、戳设计者：张实勇；发行定价金币封2200元，银币封400元。系邮总发行量最少的品种，加之喜爱者众，现市场极为罕见，珍稀度均为五星级，参考价：金币封50000元，银币封6800

元。

GJ5-1《毛泽东同志诞生一百周年》丝织金币封

此金币封简称“主席金币封”，1993年12月26日发行，镶嵌一枚“中国杰出历史人物（第10组）·毛泽东”纪念金币，金币实际铸造量4503枚，直径23 mm，面额100元，成色91.6%，重量1/3盎司；贴1993-17J“毛泽东同志诞生一百周年”邮票一套二枚，加盖“毛泽东同志诞生一百周年－北京1993.12.26”首日纪念邮戳。内卡上有中国邮票总公司全息防伪标识和流水编号，带邮总原装盒（GJ5-1-3）和金币鉴定证书，其他描述同上。市场极为罕见，为中国邮币封中顶级大珍之一，珍稀度为五星级，参考价50000元。

图GJ5-1-3《毛泽东同志诞生一百周年》丝织金币封　原装盒

图GJ5-2-1《毛泽东同志诞生一百周年》丝织银币封

规格：230 mm×120 mm；　珍稀度：★★★★★

图GJ5-2-2《毛泽东同志诞生一百周年》丝织银币封　背面

GJ5-2《毛泽东同志诞生一百周年》丝织银币封

图GJ5-2-3《毛泽东同志诞生一百周年》丝织银币封 原装盒

此银币封简称“主席银币封”，镶嵌一枚“毛泽东诞辰100周年”纪念银币，银币发行量5万枚，直径40 mm，面额10元，成色99.9%，重量1盎司。带邮总原装盒（GJ5-2-3）和银币鉴定证书，其他描述同GJ5-1，市场极为稀少，珍稀度为五星级，参考价6800元。

6. GJ6《1995北京国际邮票钱币博览会》银币封（GJ6-1）

1995年9月14日至18日，经文化部、邮电部和中国人民银行批准，由中国集邮总公司和中国金币总公司联合主办的第一届国际邮票钱币博览会在北京中国国际贸易中心隆重举行。这是新中国成立以来首次举办的集邮票与钱币、展览和销售于一体的大型邮票钱币博览会。为纪念博览会胜利举办，中国集邮总公司特联合中国金币总公司发行《1995北京国际邮票钱币博览会》纪念银币封一套一枚（编号PFBY-006），以便珍藏。

此银币封简称“95钱博会银币封”，于1995年9月14日发行，镶嵌一枚1995年“’95北京国际邮票钱币博览会纪念”加字熊猫纪念银币，银币发行量1.8万枚，直径40 mm，面额10元，成色99.9%，重量1盎司；贴1995-19M《桂花》无齿小型张一枚，加盖“国际邮票钱币博览会.北京 · 1995-北京.1995.9.14”首日纪念邮戳。每一枚有流水编号，带邮总原装纸盒外套和塑料礼盒（图GJ6-1-3、GJ6-1-4）。

银币封规格：230 mm×120 mm；发行者：中国集邮总公司；发行量：5000枚；设计者：刘敦；发行价：280元。目前市场甚为稀少，珍稀度为四星

图GJ6-1-1《1995北京国际邮票钱币博览会》银币封

规格：230 mm×120 mm； 珍稀度：★★★★

图GJ6-1-2《1995北京国际邮票钱币博览会》银币封 背面

图GJ6-1-3《1995北京国际邮票钱币博览会》银币封 原装纸盒封套

图GJ6-1-4《1995北京国际邮票钱币博览会》银币封 原装盒

图GJ6-1-5《1995北京国际邮票钱币博览会》银币封 实寄封

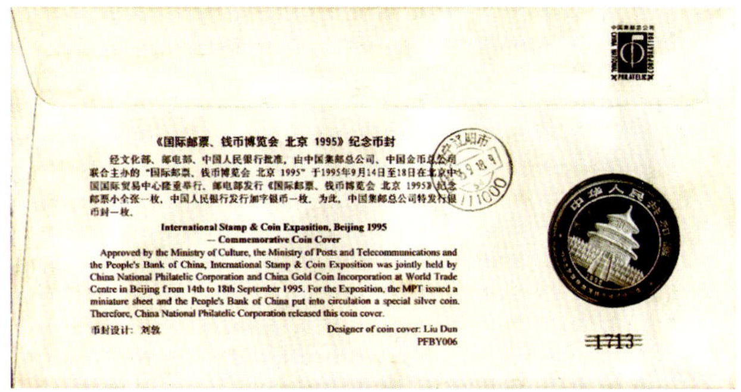

图GJ6-1-6《1995北京国际邮票钱币博览会》银币封 实寄封 背面

级；参考价2000元。

市场尚见此银币封之首日挂号实寄者，殊珍贵也（图GJ6-1-5、GJ6-1-6）。

图GJ7-1-1《香港回归祖国纪念》银币封

规格：230 mm×120 mm；珍稀度：★★★★

7. GJ7《香港回归祖国纪念》银币封（GJ7-1）

1997年7月1日我国政府对香港恢复行使主权，自此被英帝国主义殖民统治达150多年的东方明珠——香港终于回到了祖国母亲的怀抱，由此吹响了中华民族伟大复兴的号角。为了庆祝香港回归祖国这一重大的历史时刻，邮电部于1995年11月28日发行《香港风光名胜》特种邮票一套四枚，中国人民银行发行1995“香港回归祖国（第1组）－邓小平像”纪念银币一枚。为此，中国集邮总公司、中国金币总公司特联合制作发行《香港回归祖国纪念》银币封一套一枚，编号PFBY · HK-1。

图GJ7-1-2《香港回归祖国纪念》银币封　背面

图GJ7-1-3《香港回归祖国纪念》银币封　纸盒封套

此银币封简称“香港回归银币封”，镶嵌一枚1995年“香港回归祖国（第1组）－邓小平像”纪念银币，银币发行量8.8万枚，直径40 mm，面额10元，成色99.9%，重量1盎司；贴1995－25《香港风光名胜》邮票全套四枚，加盖“香港风光名胜－北京1995.11.28”邮票发行纪念邮戳。每一枚有银币鉴定证书，有流水编号，带纸盒封套（GJ7－1－3）。

银币封规格：230 mm×120 mm；发行者：中国集邮总公司和中国金币总公司联合发行；发行量：5000枚，币封设计：刘敦、张诩，封套设计者：邹建军；发行价：580元。现市场甚为稀少，珍稀度为四星级，参考价900元。

8. GJ8《中国邮政开办一百周年》金银币封（GJ8－1—GJ8－2）

1896年3月20日清朝光绪皇帝批准开办大清邮政官局，标志着我国国家邮政业务正式开始。为纪念中国邮政开办一百周年，中国集邮总公司特联合中国金币总公司制作发行《中国邮政开办一百周年》金币封一套一枚（编号PFBJ－006），和银币封一套一枚（编号PFBY－007），以便珍藏。每一枚有金银币鉴定证书，有流水编号，带纸盒封套（图GJ8－1－3、GJ8－2－3），很少有带礼盒者（图GJ8－2－4）。需要特别说明的是关于此套金银币封的实际发行量问题，人民邮电出版社出版的中国集邮总公司编《集邮品目录（1992—1997）》记载的发行量，金币封是3000枚，银币封是3万枚显然是错误的，因为这是两种金银币的最大发行量，不会全装帧成邮币封，而市场经常见到有原封金、银币也印证了这一点，另外目前所见金币封的最大编号是1705号而从未见2000以上编号者，而银币封最大编号是8144号从未见到过10000以上的编号；因此根据市场进行宽松的估算，金币封实际发行量应在2000枚之内，银币封应在10000枚—15000枚。

金银币封规格：230 mm×120 mm；币封设计者：邹建军；发行者：中国集邮总公司和中国金币总公司联合发行；发行量：不详，根据市场估算金币封在2000左右，银币封在1万—1.5万枚；金币封发行价1800元，银币封发行价300元。目前金币封市场甚少见，珍稀度为四星级＋；银币封较少见，珍

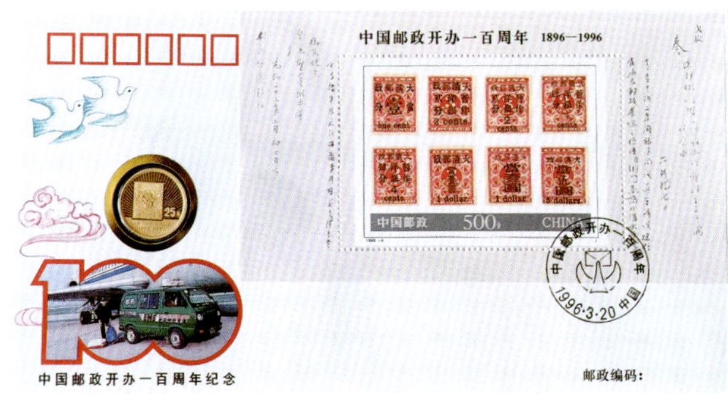

图GJ8-1-1《中国邮政开办一百周年纪念》金币封
规格：230 mm×120 mm；珍稀度：★★★★☆

图GJ8-1-2《中国邮政开办一百周年纪念》金币封　背面

图GJ8-1-3《中国邮政开办一百周年纪念》金币封　纸盒封套

稀度为三星级+；参考价：金币封10000元，银币封450元。

GJ8-1《中国邮政开办一百周年》金币封

此金币封简称“邮政百年金币封”，于1996年3月20日发行，镶嵌一枚1996年“中国邮政一百周年纪念”纪念金币，金币发行量3000枚，直径22 mm，面额25元，成色99.9%，重1/4盎司；贴1996-4M《中国邮政开办一百周年》500分邮票小型张一枚，加盖“中国邮政开办一百周年—中国1996.3.20”首日纪念邮戳。其他描述同上，市场甚稀少，珍稀度为四星级+，参考价10000元。

GJ8-2《中国邮政开办一百周年》银

币封

此银币封简称“邮政百年银币封”，于1996年3月20日发行，镶嵌一枚1996年“中国邮政一百周年纪念”纪念银币，银币发行量3万枚，直径40 mm，面额10元，成色99.9%，重量1盎司；贴1996-4J《中国邮政开办一百周年》邮票一套四枚，加盖“中国邮政开办一百周年—中国1996.3.20”首日纪念邮戳两枚。其他描述同上，市场较少见，珍稀度为三星级+，参考价450元。

图GJ8-2-1《中国邮政开办一百周年纪念》银币封

规格：230 mm×120 mm；珍稀度：★★★☆

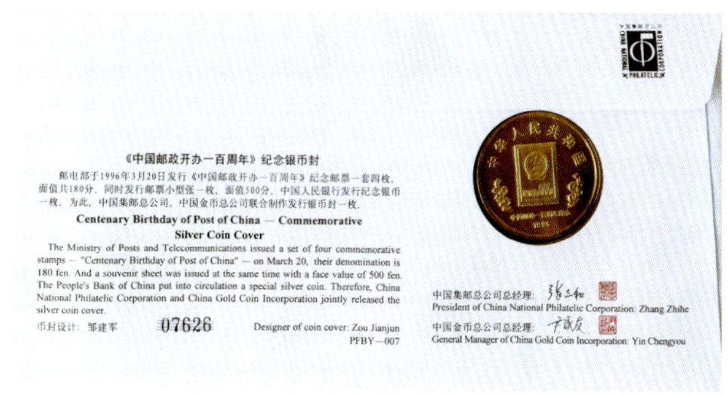

图GJ8-2-2《中国邮政开办一百周年纪念》银币封 背面

9. GJ9《1996中国·第九届亚洲国际集邮展览》银币封（GJ9-1）

为纪念第九届亚洲国际集邮展览会在北京胜利举办，中国集邮总

图GJ8-2-3《中国邮政开办一百周年纪念》银币封 纸盒封套

图GJ8-2-4《中国邮政开办一百周年纪念》金、银币封　礼盒

图GJ9-1-1《1996中国 · 第九届亚洲国际集邮展览》银币封
规格：230 mm×160 mm；珍稀度：★★★☆

图GJ9-1-2《1996中国 · 第九届亚洲国际集邮展览》银币封　背面

公司特联合中国金币总公司制作发行《1996中国－第九届亚洲国际集邮展览》纪念银币封一枚（编号PFBY-008），以便珍藏。

图GJ9-1-3《1996中国·第九届亚洲国际集邮展览》银币封 纸盒封套

此银币封简称“96亚洲邮展银币封”，于1996年5月18日发行，镶嵌一枚1996年《中国邮政一百周年纪念—’96中国－第九届亚洲国际集邮展览纪念》加字纪念银币，银币发行量2万枚，直径40 mm，面额10元，成色99.9%，重量1盎司；贴1996-11M《1996中国－第九届亚洲国际集邮展览》小型张一枚，加盖“1996中国－第九届亚洲国际集邮展览1996.5.18”首日纪念邮戳。带有银币鉴定证书，币封编号与证书号码相同，有纸质封套（图GJ9-1-3）。

银币封规格：230 mm × 160 mm；发行者：中国集邮总公司和中国金币总公司联合发行；发行量：8000枚；设计者：刘敦、张诩；发行价350元；现市场较少见，珍稀度为三星级+，参考价650元。

10. GJ10《中国1999世界集邮展览纪念》银币封（GJ10-1）

世界集邮展览是国际集邮联合会（FIP）为推动全球集邮事业发展而组织开展的竞技性集邮展览，是各会员组织广泛参与的一项综合性集邮文化活动。国际集邮联合会成立于1926年，是非营利性世界集邮组织，总部设在瑞士苏黎世，目前有成员国83个，我国于1983年加入成为会员国。世界集邮展览一般每年举办一次，国际集邮联合会成立80多年来，已在50多个国家和地区举办过邮展。在新中国成立50周年时，北京成功申办了1999年的世界邮展，由

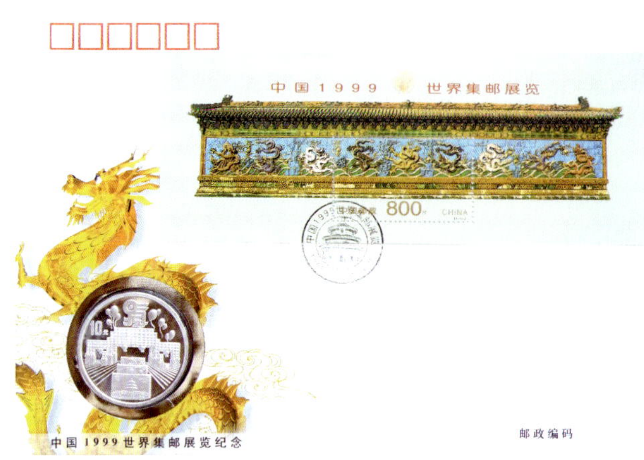

图GJ10-1-1《中国1999世界集邮展览纪念》银币封

规格：230 mm×160 mm； 珍稀度：★★★

图GJ10-1-2《中国1999世界集邮展览纪念》银币封 背面

时任国务院副总理吴邦国同志担任组委会主席。为迎接“中国1999世界集邮展览”这一盛会，中国集邮总公司特联合中国金币总公司制作发行《中国1999世界集邮展览纪念》银币封一套一枚（编号PFBY-011），以便珍藏。

此银币封简称为“99邮展银币封”，于1999年8月21日发行，镶嵌一枚1999年“中国1999世界集邮展览”纪念银币，银币发行量5万枚，直径40 mm，面额10元，成色99.9%，重量1盎司；贴1999-7M“中国1999世界集邮展览”邮票小型张一枚，加盖“中国1999-世界集邮展览1999.8.21中国”首日纪念邮戳；每一枚币封带有金币总公司的银币鉴定证书，背面有币封编号，鉴定证书和币封的号码一致，并带有纸质封套（图GJ10-1-3）。

尚见有此银币封首日实寄者，甚珍贵也（图GJ10-1-4、GJ10-1-5）。

银币封规格：230 mm×160 mm；发行者：中国集邮总公司和中国金

币总公司联合发行；发行量：1.8万枚；设计者：刘敦、张诩；发行价：400元；目前市场已较少见，珍稀度为三星级，参考价为450元。

图GJ10-1-3《中国1999世界集邮展览纪念》银币封 纸盒封套

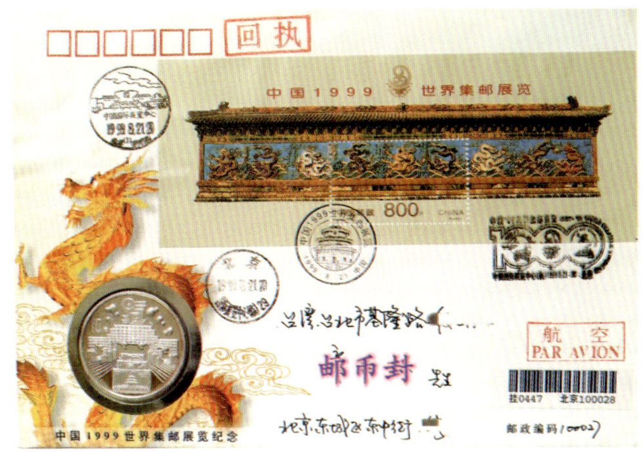

图GJ10-1-4《中国1999世界集邮展览纪念》银币封 实寄封

11．GJ11《第二十二届万国邮政联盟大会》银币封（GJ11-1）

万国邮政联盟是商定邮政事务的政府间国际组织，成立于1874年10月9日，简称“邮联”。1948年7月成为联合国负责国际邮政事务的专门机构，总部设在瑞士伯尔尼。至1997年，邮联共有89个会员国，万国邮联大会，是邮联最高权力机构，由各会员国的全权代表组成，简称“邮联大会”，一般每5年举行一届。1994年1月，经国务院批准，我国向万国邮联正式提出申办1999年第22届万国邮政联盟大会。同年9月，在汉城举行的第21届邮联大会一致同意第22届万国邮联大会定于1999年8月23日至9月15日在北京举行。第22届万国邮政联盟大会是万国邮联成立125周年、中国加入万国邮联85年来首次在中国召开的全权代表大会。为纪念“第22届万国邮联大会”这一盛会，中国集邮总公司特联合中国金币总公司制

图GJ10-1-5《中国1999世界集邮展览纪念》银币封　实寄封　背面

图GJ11-1-1《第二十二届万国邮政联盟大会纪念》银币封

规格：230 mm×160 mm；　珍稀度：★★★

作发行《第二十二届万国邮政联盟大会纪念》银币封一套一枚（编号PFBY-012），以便珍藏。

此银币封简称“万国邮联银币封”，于1999年8月23日发行，镶嵌1999年“第二十二届万国邮政联盟大会”纪念银币，银币发行量5万枚，直径40 mm，面额10元，成色99.9%，重量1盎司；贴1999-9M“第二十二届万国邮联大会”邮票小型张一枚，加盖“第二十二届万国邮政联盟大会-中国1999.8.23”首日纪念邮戳；每枚币封带有金币总公司的银币鉴定证书，背面有币封编号，鉴定证书和币封的号码一致，并带有纸盒封套（图GJ11-1-3）。

银币封规格：230 mm×160 mm；发行者：中国集邮总公司和中国金币总公司联合发行；发行量：1.8万枚；设计者：刘敦、张诩；发行价：400元。现市场已较少见，珍稀度为三星级，参考价为450元。

图GJ11-1-2《第二十二届万国邮政联盟大会纪念》银币封 背面

12. GJ12《成都’97国际熊猫节》银币封（GJ12-1—GJ12-2）

图GJ11-1-3《第二十二届万国邮政联盟大会纪念》银币封 纸盒封套

1997年9月24日至28日四川省和成都市人民政府、中华人民共和国林业部、建设部、文化部、国务院新闻办、国家环保局、国家旅游局在成都共同举办以“生命·环境·发展”为主题的“中国四川成都’97国际熊猫节”。为此，中国集邮总公司特发行《成都’97国际熊猫节》纪念银币封一套一枚，以资纪念。

此熊猫银币封简称“熊猫节银币封”，正面有“中国四川成都’97国际熊猫节”主题字样，和国宝熊猫亲子图；镶嵌一枚1997年版熊猫银币，包括小字版和大字版两种，总铸造量约38万枚，面值10元，直径40 mm，成色99%，重量1盎司；贴T106《熊猫》邮票一套四枚，面值分别为8分、20

图GJ12-1-1《成都’97国际熊猫节》银币封（甲种）

规格：230 mm×120 mm；珍稀度：★★★★

图GJ12-1-2《成都’97国际熊猫节》银币封（甲种） 背面

图GJ12-2-1《成都’97国际熊猫节》银币封（乙种）

规格：230 mm×120 mm；珍稀度：★★★★☆

分、50分和80分，加盖“中国四川’97国际熊猫节－成都1997.9.24”首日纪念邮戳，有流水编号，带银币鉴定证书并带原装盒（图GJ12-2-3）。

银币封规格：230 mm×120 mm；设计者：张石奇；发行者：中国集邮总公司；发行日期：1997年9月24日；发行量：未知，根据出现的编号估算应在数千枚至1万枚之间；目前市场所见甚少，两种版别的珍稀度分别为四星级和四星级+，参考价为800—900元。

GJ12-1《成都’97国际熊猫节》银币封（甲种）

此币封镶嵌1997年小字版1盎司熊猫银币一枚，其他描述同上。市场所见甚少，珍稀度四星级，参考价

800元。

GJ12-2《成都’97国际熊猫节》银币封（乙种）

此币封镶嵌1997年大字版1盎司熊猫银币一枚，其他描述同上。市场所见甚少，珍稀度四星级+，参考价900元。

图GJ12-2-2《成都’97国际熊猫节》银币封（乙种） 背面

图GJ12-2-3《成都’97国际熊猫节》银币封 原装盒

13. GJ13《2017南京-中国国际集藏文化博览会》银币封（GJ13-1）

中国国际集藏文化博览会于2017年9月8日至11日在南京国际展览中心举办。本届博览会由中国商务部批准，中国集邮总公司、中国国际贸易股份有限公司主办，中国邮政集团江苏省分公司协办，以“传承、交流、合作、发展”为主题，突出“文化宣传、艺术鉴

图GJ13-1-1《2017南京-中国国际集藏文化博览会》银币封
规格：230 mm×160 mm； 珍稀度：★★★☆

图GJ13-1-2《2017南京-中国国际集藏文化博览会》银币封　背面

图GJ13-1-3《2017南京-中国国际集藏文化博览会》银币封　原装盒

赏、投资收藏”概念，积极构建文化交流展示平台。

为配合本届博览会的举办，中国邮政特采用“春和景明”和“富贵吉祥”邮票印制绢质小全张一枚，中国人民银行为博览会发行熊猫加字银质纪念币一枚。为此，中国集邮总公司特制作发行《2017南京-中国国际集藏文化博览会》银币票币纪念封（邮币封）一枚，采用全新编号PNC系列，编号PNC-1。

此银币封简称“集藏博览会银币封”，镶嵌一枚2017年“2017中国国际集藏文化博览会”熊猫加字银币，银币发行量5万枚，直径40 mm，面额10元，重量30克；贴“春和景明-花开富贵”邮票小全张一枚；加印“2017中国国际集藏文化博览会-北京2017.9.8-11”纪念邮戳，此处“北京”应为错印，应印“南京”。每一枚币封带有流水编号和银币鉴定证书，并带原装盒（图GJ13-1-3），装帧非常高档精美，系邮总PNC系列邮币封之首枚。

银币封规格：230 mm×160 mm；设计者：赵恩重；发行者：中国集邮总公司；发行日期：2017年9月8日；发行量：1万枚；目前市场已较少见，珍稀度为三星级+，参考价为600元。

图GJ14-1-1《戊戌（狗）年》生肖银币封

规格：230 mm×160 mm； 珍稀度：★★★☆

14. GJ14《戊戌（狗）年》银币封（GJ14-1）

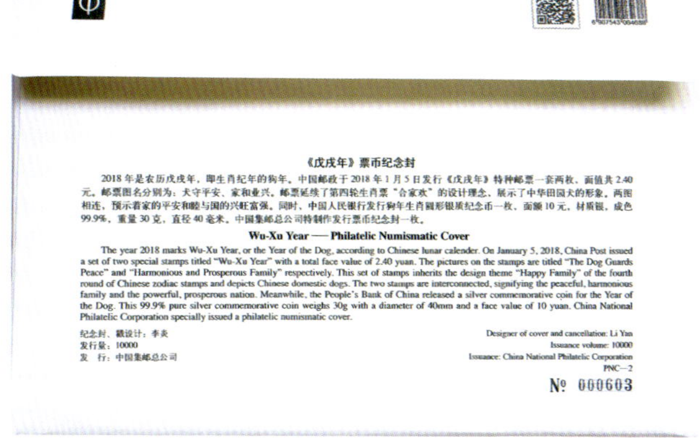

《戊戌年》票币纪念封

2018 年是农历戊戌年，即生肖纪年的狗年。中国邮政于 2018 年 1 月 5 日发行《戊戌年》特种邮票一套两枚，面值共 2.40 元。邮票图名分别为：犬守平安、家和业兴。邮票延续了第四轮生肖票“合家欢”的设计理念，展示了中华田园犬的形象，两图相连，预示着家的平安和睦与国的兴旺富强。同时，中国人民银行发行狗年生肖圆形银质纪念币一枚，面额 10 元，材质银，成色 99.9%，重量 30 克，直径 40 毫米。中国集邮总公司特制作发行票币纪念封一枚。

Wu-Xu Year — Philatelic Numismatic Cover

The year 2018 marks Wu-Xu Year, or the Year of the Dog, according to Chinese lunar calender. On January 5, 2018, China Post issued a set of two special stamps titled “Wu-Xu Year” with a total face value of 2.40 yuan. The pictures on the stamps are titled “The Dog Guards Peace” and “Harmonious and Prosperous Family” respectively. This set of stamps inherits the design theme “Happy Family” of the fourth round of Chinese zodiac stamps and depicts Chinese domestic dogs. The two stamps are interconnected, signifying the peaceful, harmonious family and the powerful, prosperous nation. Meanwhile, the People’s Bank of China released a silver commemorative coin for the Year of the Dog. This 99.9% pure silver commemorative coin weighs 30g with a diameter of 40mm and a face value of 10 yuan. China National Philatelic Corporation specially issued a philatelic numismatic cover.

纪念封、戳设计：李炎
发行量：10000
发　行：中国集邮总公司

Designer of cover and cancellation: Li Yan
Issuance volume: 10000
Issuance: China National Philatelic Corporation
PNC—2

№ 000603

图GJ14-1-2《戊戌（狗）年》生肖银币封 背面

2018年是农历戊戌年，即生肖纪年的狗年。中国邮政于2018年1月5日发行《戊戌年》特种邮票一套两枚，每枚邮票面值1.2元，邮票图名分别为“犬守平安”“家和业兴”，展示了中华田园犬的形象，两图相连，象征着家庭的平安和睦与国家的兴旺富强；同时，中国人民银行发行了“戊戌狗年”银质生肖纪念币一枚，银币发行量30万枚，面额10元，直径40 mm，成色99%，重量30克；为此中国集邮总公司特制作发行《戊戌（狗）年》纪念银币封一套一枚，编号PNC-2。

此银币封简称“戊戌狗年银币封”，镶嵌一枚2018年“戊戌（狗）年”

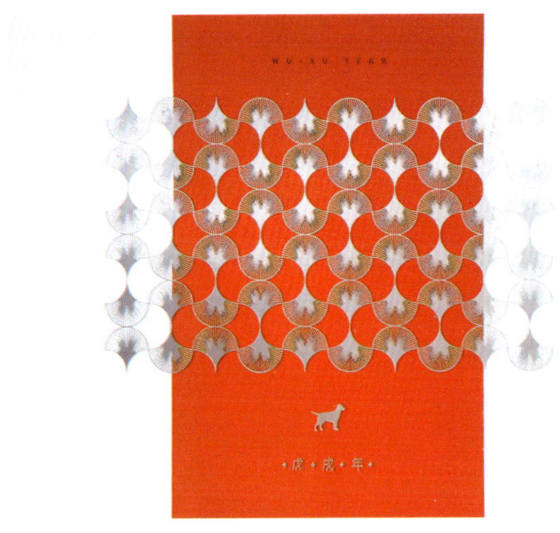

图GJ14-1-3《戊戌（狗）年》生肖银币封　原装盒

纪念银币；贴《戊戌年》特种邮票一套二枚；加印“戊戌年-北京2018.1.5”纪念邮戳，系邮总PNC系列邮币封之第二枚。每一枚币封带有流水编号和银币鉴定证书，并带原装盒（图GJ14-1-3），装帧非常高档精美。

银币封规格：230 mm×160 mm；设计者：李炎；发行者：中国集邮总公司；发行日期：2018年1月5日；发行量：1万枚；目前市场已较少见，珍稀度为三星级+，参考价为800元。

图GJ15-1-1《拜年》福字银币封

规格：230 mm×160 mm；　珍稀度：★★★★

15. GJ15《拜年》福字银币封（GJ15-1）

春节是中华民族盛大的传统节日，辞旧和迎新是传统春节的两大主题，拜年是春节和岁首迎新的主要活动，人们在迎接新年之际，互相庆贺、互道吉祥。中国邮政于2018年1月10日发行《拜年》特种邮票一枚，面值1.2元，邮票名为“拜年”，表达了全国各族人民在党的领导下，幸福生活、共筑中国梦的美好寓意；同时，中国人民银行发行2018年“贺岁福字”纪念银币一枚，银币发行量270万枚，面额3元，直径25 mm，成色99%，重量8克；为此，中国集邮总公司特制作发行《拜年》福字银币封一套一枚，编号PNC-3。

《拜年》票币纪念封

春节是中华民族盛大的传统节日。以岁首为线，辞旧与迎新是传统春节的两大主题。拜年是岁首迎新的主要活动，人们在度过旧岁迎来新年之际，互相庆贺，以祝新生。中国邮政于2018年1月10日发行《拜年》特种邮票一套一枚，面值1.20元。邮票图名为：拜年。此套邮票是《拜年》系列第四套，在设计上采用了与少数民族（壮族）元素相结合的风格和形式，着力营造出欢快、热烈的节日气氛，表达了全国各族人民在党的领导下，幸福生活，共筑中国梦的美好寓意。同时，中国人民银行发行2018年贺岁银质纪念币一枚，面额3元，圆形，直径25毫米，含纯银8克，成色99.9%。

中国集邮总公司特制作发行票币纪念封一枚。

New Year Greeting — Philatelic Numismatic Cover

The Spring Festival is one of the most important traditional festivals of the Chinese nation. Marking the beginning of a new year, it is celebrated around two key themes: bidding farewell to the past year and embracing the new year. Exchanging New Year greetings is a major activity to celebrate the Chinese New Year. Upon the arrival of the Chinese New Year's Day, people greet each other to wish for a happy new year. On January 10, 2018, China Post issued a set of one special stamp titled "New Year Greeting" with a face value of 1.20 yuan. The picture on the stamp is titled "New Year Greeting". This stamp set is the fourth of the "New Year Greeting" series. The design of this stamp set incorporates cultural elements of Chinese ethnic minorities (the zhuang ethnic group) and creates a cheerful and festive atmosphere, conveying the good wish that under the leadership of the Communist Party of China, people of all ethnic groups around the country lead happy lives and work together to realize the Chinese Dream. Meanwhile, the People's Bank of China released a silver commemorative coin for the new year. This 99.9% pure silver commemorative coin weighs 8g with a face value of 3 yuan and a diameter of 25mm.

China National Philatelic Corporation specially issued a philatelic numismatic cover.

纪念封、戳设计：李炎
发行量：6000
发　行：中国集邮总公司

Designer of cover and cancellation: Li Yan
Issuance volume: 6000
Issuance: China National Philatelic Corporation
PNC—3

№ 001553

图GJ15-1-2《拜年》福字银币封　背面

图GJ15-1-3《拜年》福字银币封　原装盒

此银币封简称为“拜年银币封”，镶嵌一枚2018年“福字贺岁”纪念银币；贴《拜年》特种邮票一枚；加印“拜年-北京2018.1.10”纪念邮戳，系邮总PNC系列邮币封之第三枚。每一枚带有流水编号和银币鉴定证书，并带原装盒（图GJ15-1-3），装帧非常高档、精美。

银币封规格：230 mm×160 mm；设计者：李炎；发行者：中国集邮

总公司；发行日期：2018年1月10日；发行量：6000枚；市场所见甚少，珍稀度为四星级，参考价480元。

图GJ16-1-1《珠联璧合》心形银币封

规格：230 mm×160 mm；珍稀度：★★★★★

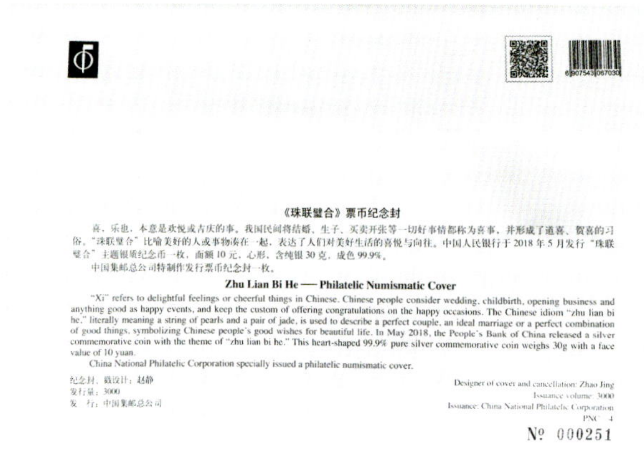

《珠联璧合》票币纪念封

喜，乐也，本意是欢悦或吉庆的事。我国民间将结婚、生子、买卖开张等一切好事情都称为喜事，并形成了道喜、贺喜的习俗。“珠联璧合”比喻美好的人或事物凑在一起，表达了人们对美好生活的喜悦与向往。中国人民银行于2018年5月发行“珠联璧合”主题银质纪念币一枚，面额10元，心形，含纯银30克，成色99.9%。

中国集邮总公司特制作发行票币纪念封一枚。

Zhu Lian Bi He — Philatelic Numismatic Cover

"Xi" refers to delightful feelings or cheerful things in Chinese. Chinese people consider wedding, childbirth, opening business and anything good as happy events, and keep the custom of offering congratulations on the happy occasions. The Chinese idiom "zhu lian bi he," literally meaning a string of pearls and a pair of jade, is used to describe a perfect couple, an ideal marriage or a perfect combination of good things, symbolizing Chinese people's good wishes for beautiful life. In May 2018, the People's Bank of China released a silver commemorative coin with the theme of "zhu lian bi he." This heart-shaped 99.9% pure silver commemorative coin weighs 30g with a face value of 10 yuan.

China National Philatelic Corporation specially issued a philatelic numismatic cover.

纪念封、戳设计：赵静
发行量：3000
发　行：中国集邮总公司

Designer of cover and cancellation: Zhao Jing
Issuance volume: 3000
Issuance: China National Philatelic Corporation
PNC-4

№ 000251

图GJ16-1-2《珠联璧合》心形银币封　背面

16. GJ16《珠联璧合》心形银币封（GJ16-1）

我国民族传统中将结婚、生子、开业等一切美好事情均称为喜事，并形成了道喜、贺喜的习俗；喜，乐也，本意系指欢悦或喜庆的事。“珠联璧合”这一成语比喻美好的人物或事情聚合在一起，表达了人们对美好生活的向往和喜悦之情。中国人民银行于2018年5月发行“珠联璧合”心形纪念银币一枚，银币实铸量4.2万枚，面额10元，成色99%，重量30克；为此，中国集邮总公司特制作发行《珠联璧合》纪念银币封一枚，编号PNC-4。

此银币封简称“心形银币封”，镶嵌一枚2018年“珠联璧合”心形纪念银币；贴中国邮政《喜》字1.2元邮票一枚；加印“珠联璧合-北京2018.5”

纪念邮戳，系邮总PNC系列邮币封之第四枚。每一枚带有流水编号和银币鉴定证书，并带原装盒（图GJ16-1-3），设计和装帧非常高档精美，被誉为“中国最美邮币封”。

图GJ16-1-3《珠联璧合》心形银币封 原装盒

银币封规格：230 mm×160 mm；设计者：赵静；发行者：中国集邮总公司；发行日期：2018年5月；发行量：计划发行量3000枚，但经笔者和几位藏友进行市场调查和统计，并到印制单位考证，其实际印制量仅有300枚，实属大珍银币封；目前市场极为稀少，珍稀度五星级，参考价3200元。

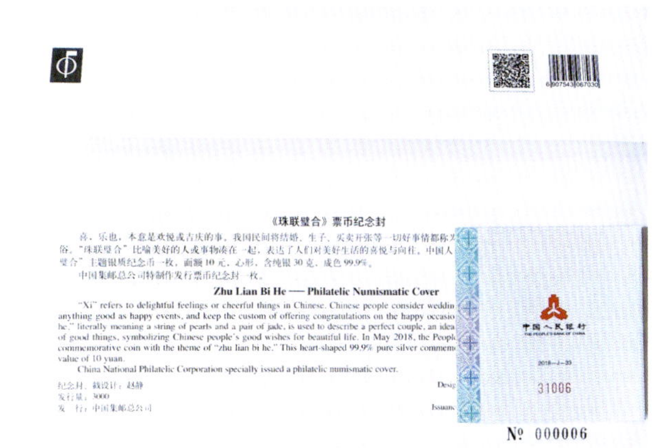

图GJ16-1-4《珠联璧合》心形银币封 封证同号 006号

图GJ16-1-4、GJ16-1-5为笔者所珍藏封证同号006者，和5.20实寄封，殊珍贵也。

邮总发行的编号PNC系列邮币封，除上述PNC-1—PNC-4四种银币封之外，尚于2023年6月22日发行了《敦煌藏经洞发现123周年纪念》邮币封，

图GJ16-1-5《珠联璧合》心形银币封　5.20　实寄封

图GJ16-1-6《珠联璧合》心形银币封　5.20实寄封　背面

简称“邮总版《敦煌》邮币封”，镶嵌一枚《敦煌》普通纪念币，编号PNC-5，系邮总PNC系列邮币封之第五枚（图见下册封面图）。

第三节 地方集邮公司和外国发行的贵金属币邮币封（GJ）

除了中国集邮总公司（原中国邮票总公司）官方发行的上述16个品种或系列、33种版别的贵金属币封外，国内地方邮票公司或集邮公司只有北京市邮票公司和广东省集邮公司等很少的地方集邮公司发行过贵金属币封，国内也仅见发行了2个品种或系列、4种版别的正宗贵金属币封。相对来说，外国发行的中国贵金属币封品种要多些，但因缺乏资料，只有按回流的实物收集来研究，目前仅收集或见到12个品种或系列、22种版别。

17. GJ17《联合国第四次世界妇女大会》金银币封（GJ17-1—GJ17-2）

1992年3月，联合国妇女地位委员会第36届会议决定：感谢并接受中国政府的邀请，联合国第四次世界妇女大会定于1995年9月4日至15日在北京召开。本次大会的主题为：以行动谋求平等、发展与和平。为纪念大会的召开，邮电部发行《联合国第四次世界妇女大会》纪念邮票一套四枚；中国人民银行发行“联合国第四次世界妇女大会”金银双金属纪念币、纪念银币和流通纪念币各一枚。

为此，北京市邮票公司特发行《联合国第四次世界妇女大会》邮币封一套三枚，编号为B-PNC.1995-18，金银双金属币封和银币封均带鉴定证书和礼盒。其中普通纪念币封已在第四章第三节中介绍，此处不再赘述（见图LJ16-1）。

金银币封规格：208 mm×110 mm；设计者：陈华忠；发行者：北京市邮票公司；发行日期：1995年9月4日；发行量：金银双金属币封200枚、银币封2000枚；目前市场甚为稀少，珍稀度：金银双金属币封为五星级，银

图GJ17-1-1《联合国第四次世界妇女大会》金银双金属币封

规格：208 mm×110 mm； 珍稀度：★★★★★

图GJ17-1-2《联合国第四次世界妇女大会》金银双金属币封 背面

币封为四星级+；参考价：金银双金属币封38000元，银币封3000元。

GJ17-1《联合国第四次世界妇女大会》金银双金属币封

此邮币封简称“妇女大会金银双金属币封”，编号B-PNC（J）.1995-18，镶嵌一枚1995年“联合国第四次世界妇女大会纪念”金银双金属纪念币，双金属币发行量3000枚，面额50元，直径30 mm，成色99%，重量为金1/3盎司、银1/6盎司；贴有当日发行的1995-18《联合国第四次世界妇女大会》纪念邮票一套四枚，加盖“联合国第四次世界妇女大会-中国北京1995.9.4”邮票发行纪念邮戳。其他描述同上。市场极为稀少，珍稀度为五星级，参考价为38000元。

GJ17-2《联合国第四次世界妇女大会》银币封

此邮币封简称“妇女大会银币封”，编号B-PNC（Y）.1995-18，镶嵌一枚1995年“联合国第四次世界妇女大会纪念”银币，银币发行量为3万枚，面额10元，直径40 mm，成色99%，重量1盎司；其他描述同GJ17-1。市场甚为稀少，珍稀度为四星级+，参考价3000元。

图GJ17-2-1《联合国第四次世界妇女大会》银币封

规格：208 mm×110 mm； 珍稀度：★★★★☆

图GJ17-2-2《联合国第四次世界妇女大会》银币封 背面

图GJ18-1-1《中国珍稀野生动物—“熊猫”》彩色银币封（甲种）

规格：230 mm×120 mm； 珍稀度：★★★★☆

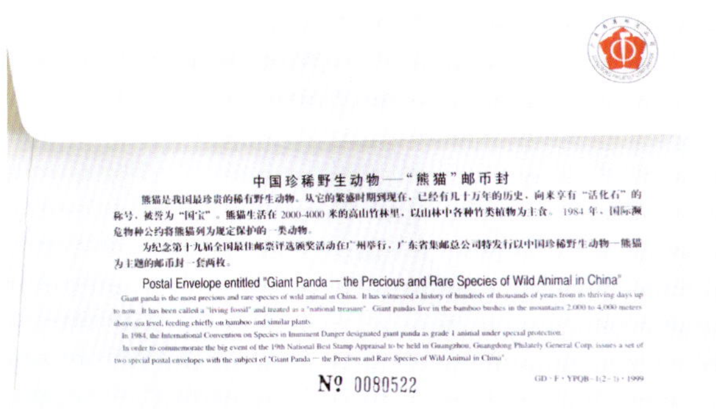

图GJ18-1-2《中国珍稀野生动物—“熊猫”》彩色银币封（甲种） 背面

图GJ18-2-1《中国珍稀野生动物—“熊猫”》彩色银币封（乙种）

规格：230 mm×120 mm； 珍稀度：★★★★☆

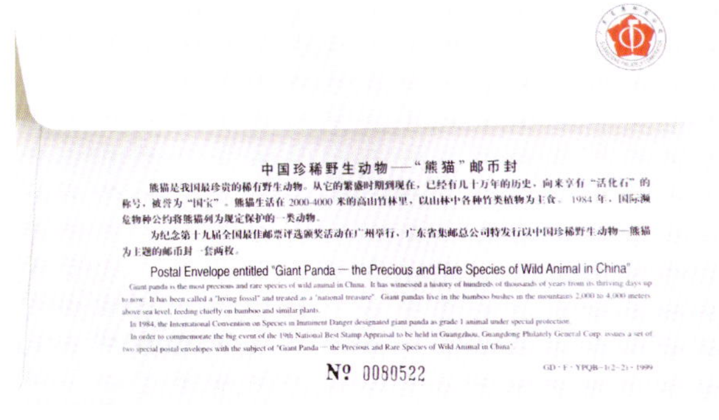

图GJ18-2-2《中国珍稀野生动物—“熊猫”》彩色银币封（乙种） 背面

18. GJ18《中国珍稀野生动物—“熊猫”》彩色银币封（GJ18-1—GJ18-2）

大熊猫是我国最珍贵的稀有野生动物，从它的繁盛时期到现在，已有几十万年的历史，向来享有“活化石”的称号，被誉为“国宝”。1984年，国际濒危物种公约将大熊猫列为规定保护的一类动物。

为纪念十九届全国最佳邮票评选颁奖活动在广州举行，广东省集邮总公司特发行以《中国珍稀野生动物—“熊猫”》为主题的彩色银币封一套二枚，编号GD · F · YPQB-1，封背带有编号，与银币鉴定证书号码一致，并带有原装礼盒（图GJ18-2-3）。

彩色银币封规格：230 mm × 120 mm；发行者：广东省集邮公司；发行日

期：1999年5月21日；发行量：不详；目前市场甚为稀少，珍稀度为四星级+；参考价为1600—1800元一枚，3500元一套。

图GJ18-2-3《中国珍稀野生动物—“熊猫”》彩色银币封 原装盒

GJ18-1《中国珍稀野生动物—“熊猫”》彩色银币封（甲种）

此银币封简称“5元彩色熊猫银币封”，镶嵌一枚1998年5元“熊猫”彩色银币，银币发行量10万枚，直径36 mm，成色99.9%，重量1/2盎司；贴1985年T106《熊猫》（4-1）、（4-4）邮票二枚，加盖“中国珍稀野生动物—熊猫—中国广州1999.5.21”首日纪念邮戳。其他描述如上。市场甚为稀少，珍稀度为四星级+，参考价为1600元。

GJ18-2《中国珍稀野生动物—“熊猫”》彩色银币封（乙种）

此银币封简称“10元彩色熊猫银币封”，镶嵌一枚1998年10元“熊猫”彩色银币，银币发行量10万枚，直径40 mm，成色99.9%，重量1盎司；贴1985年T106《熊猫》（4-2）、（4-3）邮票二枚；其他描述同GJ18-1。市场甚为稀少，珍稀度为四星级+，参考价为1800元。

另外，近年来还有外国发行的中国贵金属币封流入我国，目前共见有12个品种或系列、22种版别，详述如下。

图GJ19-1-1《第十三届冬季奥运会》银币封（甲种）

规格：220 mm×145 mm； 珍稀度：★★★★★

图GJ19-1-2《第十三届冬季奥运会》银币封（甲种） 背面

19. GJ19《第十三届冬季奥运会》银币封（GJ19-1—GJ19-2）

1980年2月1日，第十三届冬季奥运会在美国纽约州的普莱西德湖举办。本次运动会是中国奥委会自1979年在国际奥委会的合法席位得到恢复以后首次参加冬季奥运会，共派出28名运动员，参加了滑冰、滑雪、现代冬季两项的十八个单项比赛项目。首次参赛的我国选手与世界先进水平有较大差距，无一人进入前六名。

美国为此次体育盛会特发行了《美国奥林匹克运动会1980》纪念邮票一套四枚，并装帧发行了镶嵌“中国奥林匹克委员会”纪念银币的邮币封。

币封规格：220 mm

×145 mm；目前市场极为少见，珍稀度为五星级；参考价1500元一枚。

GJ19-1《第十三届冬季奥运会》银币封（甲种）

此邮币封简称“冬奥会蹴鞠银币封”，镶嵌一枚1980年“中国奥林匹克委员会-蹴鞠”纪念银币，银币发行量4万枚，面额30元，直径32 mm，成色80%，重量15克；贴《美国奥林匹克运动会1980》纪念邮票一套四枚，加盖“普莱西德湖-纽约1980.2.1”纪念邮戳和“首日戳”。其他描述同上。目前市场极为稀少，珍稀度为五星级，参考价为1500元。

GJ19-2《第十三届冬季奥运会》银币封（乙种）

图GJ19-2-1《第十三届冬季奥运会》银币封（乙种）
规格：220 mm×145 mm； 珍稀度：★★★★★

图GJ19-2-2《第十三届冬季奥运会》银币封（乙种） 背面

图GJ20-1-1《中国熊猫》银币封

规格：263 mm×179 mm； 珍稀度：★★★★

图GJ20-1-2《中国熊猫》银币封 背面

此邮币封简称“冬奥会骑术银币封”，镶嵌一枚1980年“中国奥林匹克委员会-骑术”纪念银币。其他描述同GJ19-1。目前市场极为稀少，珍稀度为五星级，参考价为1500元。

20. GJ20《中国熊猫》银币封（GJ20-1）

此邮币封由瑞士Phillswiss公司于1992年7月发行，镶嵌一枚1989年“熊猫”银币，银币发行量25万枚，面额10元，直径40 mm，成色99.9%，重量1盎司；贴中国邮政T106《熊猫》邮票一套四枚，加盖“北京1992.7.10”邮政日戳，带德文说明卡（图GJ20-1-3）。

银币封规格：263

mm×179 mm，系大型邮币封，发行者：瑞士Phillswiss公司；发行量：不详；市场甚为稀少，珍稀度为四星级；参考价为850元。

21. GJ21《大熊猫》银币封（GJ21-1）

此邮币封简称“大熊猫银币封”，是1992年10月1日美国富丽沃公司（Fleetwood）为美国发行《大熊猫》纪念邮票而特别发行的。镶嵌一枚1992年“熊猫”银币，银币发行量10万枚，面额10元，直径40 mm，成色99.9%，重量1盎司；贴美国新版《大熊猫》29美分纪念邮票一枚；加盖“大熊猫-新奥尔良1992.10.1”首日纪念邮戳，背面有富丽沃公司总裁詹姆斯·赫尔兹签字的鉴定证明书。带有说明卡和原装册（图GJ21-1-3、GJ21-1-4）。

币封规格：192 mm×98 mm；发行者：美国富丽沃公司（Fleetwood）；发行量：不详；市场所见极为稀少，珍稀度为五星级，参考价为1500元。

China-Panda

Nationaltier als Münzenmotiv

«Großer Panda», «Riesenpanda» oder «Bambusbär»: Der drollige Geselle aus den Bambuswäldern Zentralchinas hat viele Namen – und noch mehr Fans ...

Er stellt für die Chinesen wirklich ein allgemein beliebtes Nationaltier dar, und als am 9. September 1963 im Zoo von Peking erstmals ein Panda in Gefangenschaft geboren wurde, kam dies einer Sensation gleich. Die wunderschönen Sondermünzen von China brachten dem Großen Panda, diesem seltenen Bewohner der nebeligen Bambuswälder, seit 1983 auch bei den Numismatikern weltweite Beliebtheit. Was aber steckt hinter dem tolpatschigen Kerl, der uns Menschen auf Anhieb so sympathisch ist?

In erster Linie handelt es sich – so traurig dies tönen mag – um eine der gefährdetsten Tierarten der Welt! Der WWF, dessen wichtigstes Anliegen der Schutz bedrohter Pflanzen und Tiere ist, wählte den Panda nicht ohne Grund für sein Signet. Tatsächlich existieren heute nach Meinung der Forscher nur noch 500 bis 1000 Große Pandas, die auf sechs verschiedene Gebiete in Zentralchina verteilt sind. Die beinahe endlos weiten Bambuswälder (der Große Panda ernährt sich praktisch nur von Bambus) sind durch den Einfluß des Menschen auf ein paar einzelne «Inseln» zusammengeschrumpft, die den Lebensraum der Pandas stark einengen. Die verbliebenen Kolonien haben untereinander keine direkte Verbindung mehr, und so wurden die Tiere immer weiter in die entlegenen Bergwälder gedrängt. Zwar führten die drastischen Schutzmaßnahmen der chinesischen Regierung zu ersten Erfolgen, aber noch ist der Weiterbestand der gutmütigen Gesellen keineswegs gesichert ...

Hinter seinem teddybär-ähnlichen Aussehen hält der Große Panda selbst für eingeweihte Naturwissenschaftler viele erstaunliche Geheimnisse bereit. Weshalb er – obwohl sein Magen der eines Fleischfressers ist – nur gerade Bambus frißt, vermag noch immer niemand hinreichend zu erklären. Ist es, weil ihm dieses Futter kein anderes Tier streitig macht? Oder weil es das ganze Jahr über genügend Blätter, Sprosse und Stengel der Bambuspflanze gibt? Egal, wie die Erklärung lauten mag, der Panda hat sich mit dieser für ihn fremdartigen Kost angefreundet, obwohl er dadurch gezwungen wird, fast den ganzen Tag lang zu fressen! Ungefähr 14 Stunden täglich kaut er mit seinem kräftigen Gebiß genießerisch an den zähen Pflanzen. Nur so kann er zehn bis zwanzig Kilogramm davon verzehren – und erst aus dieser Menge gewinnt sein Verdauungssystem die nötigen Nährstoffe. Den Rest des Tages verbringt der Bambusbär mit Schlafen. Sein dichter, eingefetteter und somit wasserfester Pelz hält ihn selbst bei Schnee und Regen mollig warm. Das erlaubt ihm, sich aufs Ohr zu legen, wo immer er mag. Feinde braucht er höchstens als Jungtier zu fürchten. Später jagt er Angreifer mit seinen kräftigen Klauen in die Flucht, wenn sie nicht schon beim Anblick seines auffällig gefärbten Felles unsicher werden und verschwinden. Die charakteristische Zeichnung bewirkt übrigens, daß sich die Pandas im Unterholz gegenseitig früh erkennen. Sie sind absolute Einzelgänger, und sogar in der Paarungszeit dauert der nähere Kontakt nur einige Tage. Das Weibchen bringt das Junge (mehrere sind sehr selten) alleine zur Welt, sorgt jedoch monatelang intensiv für das kleine, zunächst nackte und blinde Wesen. Während Wochen trägt die Mutter es im Arm mit sich. Weil die Aufzucht eines Jungtieres beim Großen Panda mehr als ein Jahr lang dauert, ist gesunder Nachwuchs für das Überleben der ganzen Art von entscheidender Bedeutung.

图GJ20-1-3《中国熊猫》银币封　德文说明卡

图GJ21-1-1《大熊猫》银币封

规格：192 mm×98 mm；珍稀度：★★★★★

CERTIFICATE OF AUTHENTICITY

I, the undersigned, hereby certify that the *Giant Panda* Coin First Day Cover includes one genuine China Panda Ten Yuan coin, issued in one troy ounce of pure silver by the People's Republic of China. Also featured on the *Giant Panda* Coin First Day Cover is America's new *Giant Panda* 29¢ postage stamp, issued on October 1, 1992. The official First Day of Issue Postmark of New Orleans, Louisiana, forever certifies this limited edition and pays tribute to one of the most captivating inhabitants of the wildlife kingdom — the Giant Panda.

James A. Helzer, President
Fleetwood

图GJ21-1-2《大熊猫》银币封　背面

Giant
Panda

Zoos fortunate enough to have these intriguing creatures rarely worry about attendance — Giant Pandas always draw large crowds. Densely furred in creamy white and inky ebony, these irresistible animals have been sources of scientific curiosity and wonder for nearly a century. Are they truly bears? Can they really be related to raccoons? The correct answer to these questions is "yes." Some authorities group Giant Pandas with bears; others advocate that Pandas belong to the raccoon clan. All agree that these rare and cuddly creatures have a unique place in the hearts of animal-lovers the world over. Before the late 1860s, Europeans had never known that such a creature existed. But in 1869, a Jesuit missionary to the Orient discovered some panda pelts, although more than forty years passed before a European actually observed the animal in the wild. In 1972, America received a remarkable gift from the People's Republic of China — a Giant Panda named Ling-Ling. At the National Zoo in Washington, D.C., Ling-Ling captured the hearts of a nation and broadened its citizens' appreciation of the world of wild animals. Once roaming freely over large portions of China and Burma, the Giant Panda is now an endangered species. Fewer than 1,000 remain outside captivity.

图GJ21-1-3《大熊猫》银币封　英文说明卡

图GJ21-1-4《大熊猫》银币封　原装册

22. GJ22《1992年国际奥林匹克运动会》系列银币封（GJ22-1—GJ22-2）

此系列邮币封简称“92奥运银币封”，均为德国发行。1992年7月25日第二十五届奥运会于西班牙巴塞罗那开幕，本届奥运会的口号是“永远的朋友（Friends for Life）”，中国派出250多名运动员参加了本次体育盛会。为了纪念本届奥运会，德国特别发行了镶嵌中国奥运题材纪念银币的系列邮币封。

银币封规格：176 mm×125 mm；发行者：德国；发行量：每种5000枚；目前市场已甚少见，珍稀度为四星级，参考价为650元一枚。

GJ22-1《1992年奥林匹克运动会》银币封（甲种-跳高）

此银币封镶嵌一枚1990年“第25届奥运会-跳高”纪念银币，银币发行量3万枚，面额10元，直径38.6 mm，成色92.5%，重量27克；贴1992-8《第二十五届奥林匹克运动会-体操》（4-2）J25分邮票一枚，加盖两枚“第二十五届奥林匹克运动会-北京1992.7.25”首日纪念邮戳；封面有流水编号，其他描述如上。目前市场甚少见，珍稀度为四星级，参考价为650元。

图GJ22-1-1《1992年国际奥林匹克运动会》银币封（甲种）

规格：176 mm×125 mm； 珍稀度：★★★★

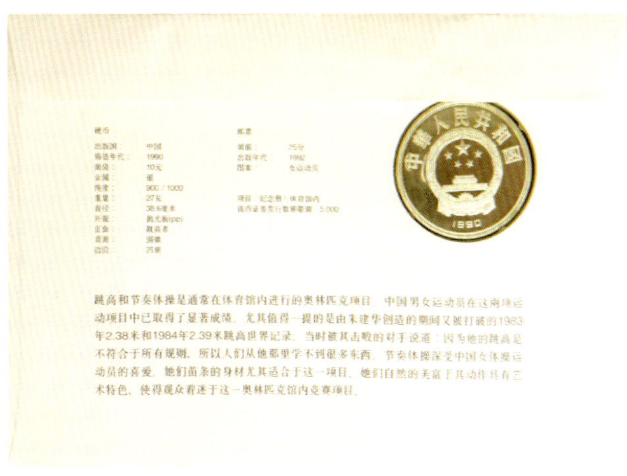

图GJ22-1-2《1992年国际奥林匹克运动会》银币封（甲种） 背面

GJ22-2《1992年国际奥林匹克运动会》银币封（乙种-跳水）

此银币封镶嵌一枚1990年“第25届奥运会-跳水”纪念银币，

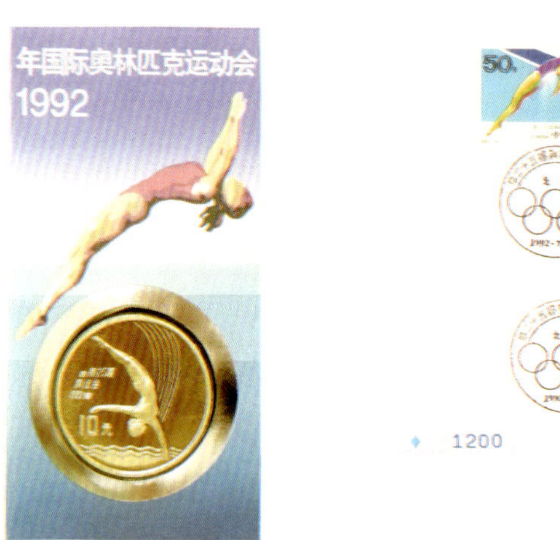

图GJ22-2-1《1992年国际奥林匹克运动会》银币封（乙种）

规格：176 mm×125 mm；珍稀度：★★★★

贴1992-8《第二十五届奥林匹克运动会-跳水》（4-3）J50分邮票一枚，其他描述如GJ22-1。目前市场甚少见，珍稀度为四星级，参考价为650元。

图GJ22-2-2《1992年国际奥林匹克运动会》（乙种） 背面

23. GJ23《1996年国际奥林匹克运动会》系列银币封（GJ23-1—GJ23-4）

此系列邮币封简称“96奥运银币封”，均为德国发行。1996年是奥运百年诞辰，7月19日至8月4日在美国亚特兰大举行的第二十六届奥运会实现了奥运家庭的大团圆。本届奥运会设26个大项和271个小项，共有来自世界197个国家和地区的10788名运动员参加了各项比赛。中国代表团团结拼搏，获得了16金22银和12铜的可喜成绩，金牌、奖牌榜均列世界第四名。为了纪念奥运百年华诞和第二十六届奥运会的盛大举办，德国特装帧发行了镶嵌中国奥运题材纪念银币的系列邮币封。

银币封规格：176 mm×125 mm；发行者：德国；发行量：每种7000枚—9500枚；目前市场已甚少见，珍稀度为四星级到四星级+，参考价为

650—850元一枚。

GJ23-1《1996年国际奥林匹克运动会》银币封（甲种-击剑）

此银币封镶嵌一枚1993年“国际奥林匹克运动一百周年-击剑”纪念银币，银币发行量3万枚，面额10元，直径38.6 mm，成色90%，重量27克；贴1994-7《国际奥林匹克委员会成立一百周年》（1-1）J20分邮票一枚，加盖两枚“国际奥林匹克委员会成立一百周年-北京1994.6.23”首日纪念邮戳；封面有流水编号，其他描述如上。发行量7000枚，目前市场甚少见，珍稀度为四星级，参考价为650元。

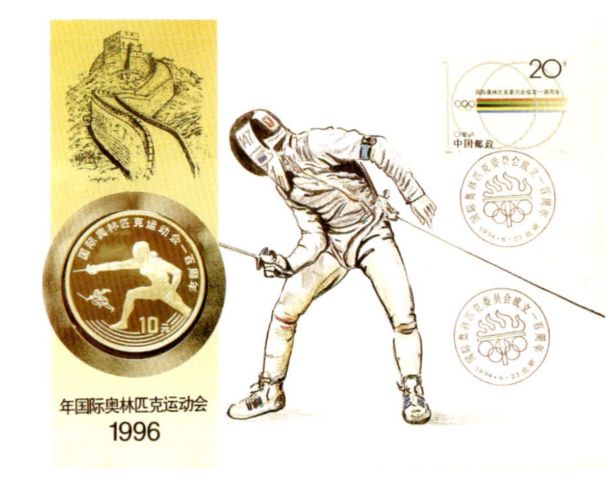

图GJ23-1-1《1996年国际奥林匹克运动会》银币封（甲种）
规格：176 mm×125 mm； 珍稀度：★★★★

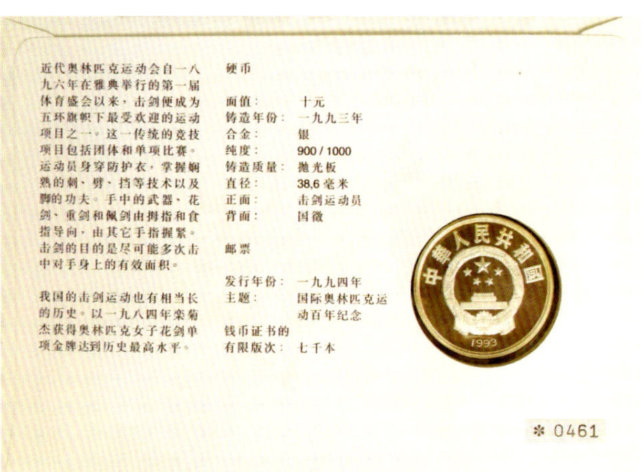

图GJ23-1-2《1996年国际奥林匹克运动会》银币封（甲种） 背面

GJ23-2《1996年国际奥林匹克运动会》银币封（乙种-射箭）

此银币封镶嵌一枚1994年“国际奥林匹克运动一百周年-射箭”纪念银币；其他描述如GJ23-1。封背记载发行量9500枚，但目前市场甚稀见，珍稀度为四星级+，参考价为850元。

GJ23-3《1996年国际奥林匹克运动会》银币封（丙种-赛

图GJ23-2-1《1996年国际奥林匹克运动会》银币封（乙种）

规格：176 mm×125 mm； 珍稀度：★★★★☆

这枚银质钱币上的图案是“拉弓射箭”，用来纪念最古老的打猎武器，同时也是最古老的体育器材之一。箭和弓大约发明于公元前一万年，在古代就有射箭的比赛。在中国，射箭有着悠久的传统历史。公园前两千年曾经有个这样的风俗：生了一个南孩，就在大门口挂一张弓和六支箭。这意思就是：这个男孩应该成为好猎手。我们的哲学家孔夫子本人就是一个出色的弓箭手，他把射箭列入六项技能之一，其它还有礼节，音乐，驾车，书写和计算。直至今日我们中国人仍然把射箭当作是一门高雅的艺术。很多男女在练习使用这种体育器材。在亚特兰大奥林匹克运动会上各国健将将汇聚一堂，为争夺世界上最佳射击手金牌而拼博。

纪念币
铸造年限：一九九四年
价值：十元
金属：银
纯度：900 / 1000
铸造质量：抛光板 (PP)
直径：38.61 厘米
图案：拉弓射箭

邮票
发行年限：一九九四年
图案：奥林匹克运动一百周年
银币封有限发行量：9500

图GJ23-2-2《1996年国际奥林匹克运动会》银币封（乙种） 背面

跑）

此银币封镶嵌一枚1993年“国际奥林匹克运动一百周年-赛跑”纪念银币；贴1992-8M《第二十五届奥林匹克运动会-马拉松》5元邮票一枚，加盖“国际奥林匹克委员会成立一百周年-北京1994.6.23”首日纪念邮戳；封面有流水编号，带说明卡，其他描述如GJ23-1。发行量不详，目前市场甚少见，珍稀度为四星级，参考价为650元。

GJ23-4《1996年国际奥林匹克运动会》银币封（丁种-跆拳道）

此银币封镶嵌一枚1995年“1996奥林匹克运动会纪念-跆拳道”

图GJ23-3-1《1996年国际奥林匹克运动会》银币封（丙种）

规格：176 mm×125 mm；珍稀度：★★★★

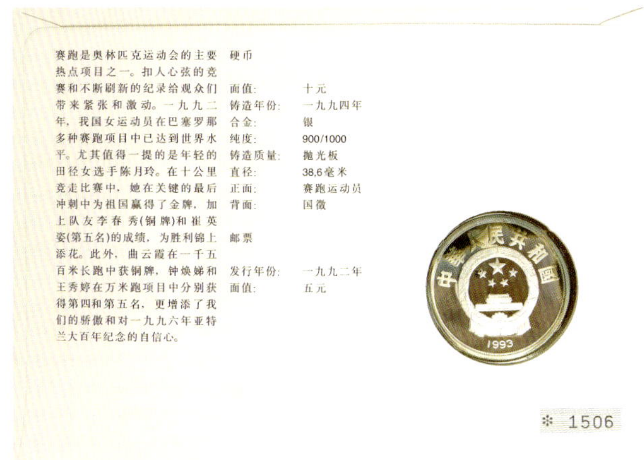

图GJ23-3-2《1996年国际奥林匹克运动会》银币封（丙种） 背面

Seit den ersten Olympischen Spielen der Neuzeit 1896 in Athen gehört das Fechten zu den beliebtesten sportlichen Disziplinen im Zeichen der fünf Ringe. Dabei werden Einzel- und Mannschaftswettkämpfe in dieser traditionsreichen Sportart ausgetragen. Sie verlangen von den schutzkleidungtragenden Athleten die perfekte Beherrschung der Stoß-, Hieb-, Parade- und Beintechnik. Die Waffen – Florett, Degen und Säbel – werden mit Daumen und Zeigefinger geführt und mit den anderen Fingern gehalten. Ziel des Fechtens ist das Anbringen gültiger Treffer auf der Treff-Fläche des Gegners, ohne selbst getroffen zu werden.
Das Fechten kann auch in unserem Lande auf eine sehr lange Geschichte zurückblicken. Sie gipfelte zuletzt 1984 in der olympischen Goldmedaille für Luan Jujie im Einzel-Florettfechten der Damen.

Münze

Nominal:	10 Yuan
Prägejahr:	1993
Legierung:	Silber
Feingehalt:	900/1000
Prägequalität:	Polierte Platte (PP)
Durchmesser:	38,6 mm
Vorderseite:	Fechterin
Rückseite:	Staatswappen

Briefmarke

Ausgabejahr:	1994
Motiv:	100 Jahre IOC

37 256-128

图GJ23-3-3《1996年国际奥林匹克运动会》银币封（丙种） 德文说明卡

图GJ23-4-1《1996年国际奥林匹克运动会》银币封（丁种）
规格：176 mm×125 mm； 珍稀度：★★★★☆

纪念银币；贴1996-13《奥运百年暨第二十六届奥运会-掷铁饼者》（1-1）J20分邮票一枚，加盖两枚“北京1997.6.2”邮政日戳；封面有流水编号，带说明卡，其他描述同GJ23-1。发行量7000枚，目前市场甚稀少，珍稀度为四星级+，参考价为850元。

24. GJ24《一九九四年世界足球冠军赛》银币封（GJ24-1）

此银币封镶嵌一枚1994年“1994世界杯足球赛-角球”纪念银币，银币发行量典雅美观的腿拳道纪念封是专为这一引人注目的体育竞技项目而设计的。腿拳道将作为奥林匹克运动项目将进入二〇〇〇年悉尼奥运会。这种亚洲自卫健身运动在韩国广受欢迎，发展很快，影响较大。在比赛过程中通过对腿拳击打以及跳跃翻转等闪电式快速进攻的评判来记分。腿拳道一词正是由韩文的腿拳构成。我国运动员在柔道项目成果辉煌，为我国运动员在腿拳道项目摘金取银奠定了很好的基础。纪念封选用北京天坛祈年殿为背景意味着希望：我们的运动员积极准备二〇〇〇年奥运会腿拳道项目，必将取得丰硕的成果。

纪念币

铸造年份： 一九九五年
面值： 十元
金属： 银 (925/1000)
铸造质量： 抛光板 (PP)
直径： 38.61 厘米
正面图案： 腿拳道
背面图案： 国徽

邮票

发行年份： 一九九六年
面值： 十元
图案： 古代投掷铁饼

纪念封有限发行量：7000

图GJ23-4-2《1996年国际奥林匹克运动会》银币封（丁种） 背面

Die Laufwettbewerbe gehören zu den Hauptattraktionen der Olympischen Spiele. Atemberaubende Duelle und immer neue Rekordzeiten sorgen beim Publikum für Spannung und Begeisterung. So war es auch 1992 in Barcelona, wo Sportlerinnen unseres Landes ihr Weltklasse-Niveau in einigen Laufdisziplinen unter Beweis stellten. Hier ist in erster Linie die junge Leichtathletin Yueling Chen zu nennen. Sie errang über 10 km Gehen in einem dramatischen Finale die Goldmedaille für ihr Heimatland. Dieser Triumph wurde von ihren Teamkolleginnen Chunxiu Li (Bronze) und Yingzi Cui (Platz 5) noch eindrucksvoll ergänzt. Doch auch die Bronzemedaille für Yunxia Qu im 1500-m-Lauf sowie die Plätze 4 und 6 für Huandi Zhong und Xiuting Wang über die 10000-m-Distanz erfüllen uns mit Stolz und berechtigten Hoffnungen für die Jubiläumsspiele 1996 in Atlanta.

Münze

Nominal: 10 Yuan
Prägejahr: 1994
Legierung: Silber
Feingehalt: 900/1000
Prägequalität: Polierte Platte (PP)
Durchmesser: 38,6 mm
Vorderseite: Läufer
Rückseite: Staatswappen

Briefmarke

Ausgabejahr: 1992
Nennwert: 5 Yuan

图GJ23-4-3《1996年国际奥林匹克运动会》银币封（丁种） 德文说明卡

图GJ24-1-1《一九九四年世界足球冠军赛》银币封

规格：176 mm×125 mm； 珍稀度：★★★★

中国人很乐意回想起一九九四年在美国举行的世界杯足球赛。我们的足球健儿虽然没有进入决赛，但在九四年六月十七日至七月十七日的一个月时间内，足球是国人的头号话题。众多热心人士以很高的专家水平评解各场球赛和球星们的表现。特别是扣人心弦的决赛、巴西和意大利以点球决出雌雄，把当时的足球热潮推向颠峰。我们推出此纪念币发行证书，回首世界最优秀足球队精湛的球技和辉煌的成就。同时也强调我国人民对足球的热心和对世界冠军巴西的赞赏。希望中国足球队以巴西为榜样，在下一届世界杯足球赛创造优异成绩，打入决赛圈。

硬币

发行时间:	一九九四年
面值:	十元
金属成分:	银 925/1000
铸造质量:	抛光板 (PP)
重量:	27.0 克
直径:	38.61 毫米
正面:	角球
背面:	国徽

邮票

发行时间:	一九九五年
面值:	五十分
主题:	体育场

钱币证书的有限发行量: 9500

中华人民共和国

图GJ24-1-2《一九九四年世界足球冠军赛》银币封 背面

3万枚，面额10元，直径38.6 mm，成色92.5%，重量27克；贴1995-7《第43届世界乒乓球锦标赛》（2-2）J50分邮票一枚，加盖两枚“第43届世界乒乓球锦标赛-北京1995.5.1”纪念邮戳；封面有流水编号。

银币封规格：176 mm×125 mm；发行者：德国；发行量：9500枚；目前市场已甚少见，珍稀度为四星级，参考价为700元。

25. GJ25《柏林熊猫特别版本》系列金银币封（GJ25-1—GJ25-3）

为了加强中国与德国的合作与交流，增进两国人民的友谊，中国政府曾在1980年赠送给德国一对大熊猫“天天”和“宝宝”，2012年雄性熊猫“宝宝”以当时最长寿之34岁高龄去世。另外，自雌性熊猫“天天”去世之后，1995年中国政府同意德国柏林动物园的申请，又借给该动物园一只雌性大熊猫。为纪念中国赠送给德国柏林动物园“中国国宝大熊猫”这一事件，德国特装帧发行了一套《柏林熊猫特别版本》金银纪念币邮币封，一套三枚。

金银币封规格：176 mm×125 mm；发行者：德国；发行量：不详；目前市场甚少见，珍稀度为四星级到五星级；参考价为金币封2000元，10元银币封650元，5元银币封450元。

图GJ25-1-1《柏林熊猫特别版本》金币封

规格：176 mm×125 mm；珍稀度：★★★★★

GJ25-1《柏林熊猫特别版本》金币封

熊猫币		熊猫邮票		柏林邮票	
面值:	5元	发行国:	中国	发行国:	德国
材质:	金 999/1000	面值:	80分	面值:	200芬尼
重量:	1/20盎司	图案:	一对熊猫	图案:	动物园动物 柏林动物园 大门
发行年:	1996				
直径:	14毫米				

(3-3) ✻ 0324

图GJ25-1-2《柏林熊猫特别版本》金币封　背面

此金币封镶嵌一枚1996年“熊猫”纪念金币，金币实铸量12.6万枚，面额5元，直径14 mm，成色99.9%，重量1/20盎司；贴中国邮政1985年T106《熊猫-小伙伴》80分邮票，和德国《柏林动物园》200芬尼邮票各一枚，分别加盖“北京1996.9.26”和“柏林1996.9.27”邮政日戳；封背有流水编号，其他描述如上。根据流水号估算发行量约500枚，目前市场极少见，珍稀度为五星级，参考价为2000元。

尚见此金币封设计者签名款，甚珍贵也（GJ25-1-3— GJ25-1-4）。

GJ25-2《柏林熊猫特别版本》银币封（甲种）

此银币封镶嵌一枚1996年5元“熊猫”纪念银币，直径33 mm，成色

图GJ25-1-3《柏林熊猫特别版本》金币封　签名版

熊猫币		熊猫邮票		柏林邮票	
面值:	5 元	发行国:	中国	发行国:	德国
材质:	金 999/1000	面值:	80 分	面值:	200 芬尼
重量:	1/20 盎司	图案:	一对熊猫	图案:	动物园动物 柏林动物园 大门
发行年:	1996				
直径:	14 毫米				

(3－3)

＊ 0445

图GJ25-1-4《柏林熊猫特别版本》金币封　签名版　背面

99.9%，重量1/2盎司；贴中国邮政1985年T106《熊猫-嬉戏》8分邮票，和德国《柏林动物园》200芬尼邮票各一枚；其他描述如GJ25-1。发行量不详，目前见到的最大流水编号在2000左右；市场甚少见，珍稀度为四星级，参考价为450元。

图GJ25-2-1《柏林熊猫特别版本》银币封（甲种）

规格：176 mm×125 mm；珍稀度：★★★★

GJ25-3《柏林熊猫特别版本》银币封（乙种）

此银币封镶嵌一枚1996年10元“熊猫”纪念银币，直径40 mm，成色99.9%，重量1盎司；贴中国邮政1985年T106《熊猫-天趣》50分邮票和德国《柏林动物园》200芬尼邮票各一枚；其他描述如GJ25-1。发行量不详，目前见到的最大流水编号在1500左右；市场甚少见，珍稀度为四星级，参考价为650元。

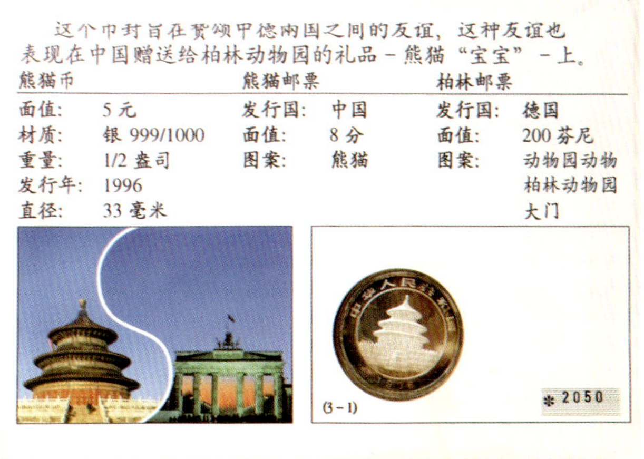

图GJ25-2-2《柏林熊猫特别版本》银币封（甲种） 背面

除此之外，还特别发行了一枚《北京熊猫特别版本》银质纪念章封，镶嵌一枚特制的20克熊猫银质纪念章，镌刻“1995北京国际钱币展销会”，发行量5000枚（图GJ25-3-3、GJ25-3-4）。

图GJ25-3-1《柏林熊猫特别版本》银币封（乙种）

规格：176 mm×125 mm； 珍稀度：★★★★

这个币封旨在赞颂中德两国之间的友谊，这种友谊也表现在中国赠送给柏林动物园的礼品－熊猫“宝宝”－上。

熊猫币		熊猫邮票		柏林邮票	
面值:	10 元	发行国:	中国	发行国:	德国
材质:	银 999/1000	面值:	20 分	面值:	200 芬尼
重量:	1 盎司	图案:	熊猫	图案:	动物园动物 柏林动物园大门
发行年:	1996				
直径:	40 毫米				

图GJ25-3-2《柏林熊猫特别版本》银币封（乙种） 背面

图GJ25-3-3《北京熊猫特别版本》银质纪念章封

图GJ25-3-4《北京熊猫特别版本》银质纪念章封 背面

26. GJ26《中国与瑞士联合发行》系列银币封（GJ26-1—GJ26-2）

此系列邮币封简称“中瑞联合银币封”，1999年由瑞士Philswiss公司发行，镶嵌中国1997年版5元熊猫银币和瑞士1994年版2法郎硬币各一枚，贴中瑞联合发行《瘦西湖与莱芒湖》邮票小型张一枚，加盖“中瑞联合发行”纪念邮戳。

币封规格：263 mm×179 mm，系大型邮币封；发行者：瑞士Philswiss公司；发行量：不详；市场甚为稀少，珍稀度为四星级，参考价为800—900元。

图GJ26-1-1《中国与瑞士瑞联合发行》银币封（甲种）

规格：263 mm×179 mm； 珍稀度：★★★★

图GJ26-1-2《中国与瑞士瑞联合发行》银币封（甲种） 背面

GJ26-1《中国与瑞士联合发行》银币封（甲种）

此银币封镶嵌1997年“熊猫-'97香港国

图GJ26-2-1《中国与瑞士瑞联合发行》银币封（乙种）
规格：263 mm×179 mm； 珍稀度：★★★★

图GJ26-2-2《中国与瑞士瑞联合发行》银币封（乙种） 背面

际钱币展销会纪念”5元加字纪念银币和2法郎硬币各一枚，银币发行量3万枚，直径33 mm，成色99.9%，重量1/2盎司；其他描述同上，市场甚为稀少，珍稀度为四星级，参考价为900元。

GJ26-2《中国与瑞士联合发行》银币封（乙种）

此银币封镶嵌1997年“熊猫”5元纪念银币和2法郎硬币各一枚，银币直径33 mm，成色99.9%，重量1/2盎司；带德文说明卡（图GJ26-2-3）；其他描述同上，市场甚为稀少，珍稀度为四星级，参考价为800元。

Schweiz/China

I. Gemeinschaftsausgabe

Gemeinschaftsausgaben erfreuen sich in den letzten Jahren steigender Beliebtheit bei den Sammlern. Die Schweizer Post steht dabei auch nicht abseits.

Seit einigen Jahren sind Gemeinschaftsausgaben mit Postverwaltungen anderer Länder fester Bestandteil der jährlichen Markenausgaben der Schweizerischen Post. So sind in enger Zusammenarbeit mit der chinesischen Post zwei Sondermarken zum Thema «Seenlandschaften» entstanden. Abgesehen von der Landesbezeichnung und dem Markenwert sind die chinesische und die schweizerische Ausgabe völlig identisch. Als Motive wurden der Schmale West-See mit der Brücke 24 bei Yangzhou und der Genfersee mit dem Schloss Chillon in der Nähe von Montreux gewählt. Besonders interessant ist aber, dass die beiden Motive in einem Sonderblock vereinigt wurden, der nun diesen Numisbrief schmückt. Die zwei Bauwerke sind darauf übers Kreuz angeordnet, wobei sie sich ebenfalls übers Kreuz im Wasser spiegeln. Die legendäre Brücke 24 bildet dabei das verbindende Element. Weil in China Sonderblocks mit großen Marken äußerst beliebt sind, wurde hier ein für schweizerische Verhältnisse eher unüblich großes Format gewählt, das aber seinen Eindruck durchaus nicht verfehlt.

Der Schmale West-See liegt an der Ostküste Chinas und entstand durch die Erweiterung mehrerer kleiner Bäche. Entlang seines Ufers wurden zahlreiche Gärten mit Brücken, Pavillons, Tempeln und Pagoden angelegt. Diese einzigartigen Anlagen prägen seit Jahrhunderten das Landschaftsbild. Die Brücke 24 ist 24 Meter lang, 2,4 Meter breit und mit 24 kleinen Jadesäulen verziert. 24 Stufen führen von beiden Seiten hinauf. In der Nähe befinden sich Wasserfälle, Alleen und verschlungene Wege sowie mehrere Pagoden – ein wahres Paradies also für Verliebte und Romantiker!

Die auf einer Insel im Genfersee gelegene Wasserburg Chillon gehört zu den schönsten und berühmtesten Schlössern der Schweiz. Im 11. Jahrhundert entstand auf der Felseninsel von Chillon eine erste Steinburg, bestehend aus einem Wohnturm mit Nebengebäuden und einem kleinen Hof. Eine Ringmauer umschloss die Anlage. Diese war im Besitz der Bischöfe von Sitten und ging im 12. Jahrhundert als Lehen an die Grafen von Savoyen über. Chillon entwickelte sich zu deren beliebtestem Aufenthaltsort. In jener Zeit wurde die Burg auf ihren heutigen Umfang erweitert. Durch innere Ausbauten entstand schließlich eine repräsentative Residenz. Das Äußere wurde danach nur noch wenig verändert, das Innere dagegen noch mehrmals umgestaltet.

Das Schloss Chillon liegt an der historischen Straße, die über den Großen Sankt Bernhard nach Italien führt und stetig ausgebaut wurde. Erbaut wurde die Burg, um diese Route zu überwachen und auch zu sperren, um Zölle einzutreiben und den Verkehr zwischen den Bergen und dem See zu kontrollieren. Die Anlage kam 1536 in den Besitz von Bern und war bis 1733 Sitz der Landvogtei. Nach dem Sturz des Regimes in Bern fiel sie 1798 an die Waadt; dazwischen diente sie vorübergehend als Invalidenspital.

Heute ist das Schloss Chillon mit über 300 000 Besuchern pro Jahr das meistbesuchte Baudenkmal der Schweiz. Wenn auch nicht ganz alle Räumlichkeiten begehbar sind, erhalten die Besucher doch einen interessanten Einblick in das private Leben der einstigen Herrscher.

图GJ26-2-3《中国与瑞士瑞联合发行》银币封（乙种） 德文说明卡

27. GJ27《中国1999世界集邮展览会》银币封（GJ27-1）

1999年8月21日至31日，中国1999世界集邮展览会于北京举办。德国特为此次集邮盛会装帧发行了一枚纪念银币邮币封，简称“邮展修长城银币封”。币封正面是雄伟的长城八达岭图案和中国1999邮展会徽，镶嵌一枚1995年“中国传统文化-长城的修建”3元纪念银币，银币发行量1万枚，直径30 mm，成色90%，重量15克；贴两枚德国邮票，加盖德国邮政“中国（北京）1999世界集邮展览会”纪念邮戳和首日邮戳。

币封规格：152 mm × 108 mm；发行量不详，市场所见极为稀

图GJ27-1-1《中国1999世界集邮展览会》银币封

规格：152 mm×108 mm； 珍稀度：★★★★★

少，珍稀度为五星级，参考价为1800元。

图GJ27-1-2《中国1999世界集邮展览会》银币封 背面

28. GJ28《从北京到伦敦奖牌获得者》纪念银币封（GJ28-1）

2008年8月8日，举世瞩目的中国北京第29届奥运会即将盛大开幕，中华民族的百年奥运梦终于实现，而此时2012年第30届奥运会的举办城市也早已花落英国伦敦，这更加强了北京和伦敦两个奥运主办城市的交流与合作，为此，英国特发行《从北京到伦敦奖牌获得者》纪念银币封以示纪念，此银币封简称“北京到伦敦银币封”；币封镶嵌2008年“熊猫”10元纪念银币和英国2英镑硬币各一枚；

图GJ28-1-1《从北京到伦敦奖牌获得者》纪念银币封
规格：240 mm×172 mm； 珍稀度：★★★★★

图GJ28-1-2《从北京到伦敦奖牌获得者》纪念银币封 背面

贴中国和英国邮政发行的两组邮票，并分别加盖两国纪念邮戳。

银币封规格：规格240 mm×172 mm；发行国：英国；发行量：不详，市场所见极为稀少，珍稀度为五星级；参考价为1200元。

29. GJ29《北京2008奥林匹克运动会》系列银币封（GJ29-1—GJ29-2）

2008年8月8日，举世瞩目第29届奥运会在中国北京盛大开幕，中华民族实现了的百年奥运梦，对我国的政治、经济、科技等产生了重大而深远的影响，从此我国的经济、科技、产业迅速腾飞，经济实力迅速跻身世界强国之列。为纪念此次体育盛会，挪威王国特发行《北京2008奥林匹克运动会》系列彩色银币封，此银币封简称“北京奥运银币封”；镶嵌一枚2008年“第29届奥林匹克运动会”10元彩色纪念银币；贴挪威邮政《2008年北京奥运会》纪念邮票一组两枚，并加盖挪威邮政“第29届奥林匹克夏季运动会2008.8.8”纪念邮戳，

图GJ29-1-1《北京2008奥林匹克运动会》银币封（甲种）

规格：172 mm×120 mm； 珍稀度：★★★★☆

封面带流水编号。

彩色银币封规格：172 mm×120 mm；发行量共5000枚，市场所见甚为稀少，珍稀度为四星级+，参考价为1000元一枚。

图GJ29-1-2《北京2008奥林匹克运动会》银币封（甲种） 背面

GJ29-1《北京2008奥林匹克运动会》银币封（甲种）

此银币封镶嵌一枚2008年“第29届奥林匹克运动会-颐和园·如意”彩色纪念银币（第二组），银币发行量16万枚，直径40 mm，成色99.9%，重量1盎司；其他描述同上，市场甚为稀少，珍稀度为四星级+，参考价为1000元。

GJ29-2《北京2008奥林匹克运动会》银币封（乙种）

此银币封镶嵌一枚2008年“第29届奥林匹克运动会-舞狮”彩色

图GJ29-2-1《北京2008奥林匹克运动会》银币封（乙种）
规格：172 mm×120 mm； 珍稀度：★★★★☆

图GJ29-2-2《北京2008奥林匹克运动会》银币封（乙种） 背面

图GJ30-1-1《联合国日·濒危物种大熊猫》银币封（甲种）
规格：175 mm×133 mm；珍稀度：★★★★★

纪念银币（第三组）；其他描述同GJ29-1，市场甚为稀少，珍稀度为四星级+，参考价为1000元。

30. GJ30《联合国日·濒危物种大熊猫》系列银币封（GJ30-1—GJ30-2）

该系列熊猫银币封于2014年10月24日由PlilaGlobe 公司发行，分别镶嵌一枚2014年1盎司熊猫银币，贴联合国发行的《大熊猫》45美分邮票一枚，加盖“联合国2014.10.24纽约”邮戳。图案系大熊猫与竹林图。发行量极少，限量编号发行，仅有150套。每枚均带原装纸套（图GJ30-2-3—GJ30-2-5）

币封规格：175 mm × 133 mm；市场所见

极为稀少，珍稀度为五星级，参考价1300元一枚。

GJ30-1《联合国日·濒危物种大熊猫》银币封（甲种）

此币封图案系熊猫母子与竹林图，其他描述如上，珍稀度为五星级，参考价1300元。

GJ30-2《联合国日·濒危物种大熊猫》银币封（乙种）

此币封图案系熊猫与竹林图，其他描述如上，珍稀度为五星级，参考价1300元。

图GJ30-1-2《联合国日·濒危物种大熊猫》银币封（甲种） 背面

图GJ30-2-1《联合国日·濒危物种大熊猫》银币封（乙种）
规格：175 mm×133 mm；珍稀度 ★★★★★

图GJ30-2-2《联合国日 · 濒危物种大熊猫》银币封（乙种） 背面

图GJ30-2-3《联合国日 · 濒危物种大熊猫》银币封 原装纸套之1

图GJ30-2-4《联合国日·濒危物种大熊猫》银币封　原装纸套之2

图GJ30-2-5《联合国日·濒危物种大熊猫》银币封　原装纸套　内页

第六章 纸币邮币封收藏与鉴赏

第一节　概述

我国是世界上最早印制和使用官方纸币——交子的国家。北宋仁宗天圣元年（公元1023年），我们先贤即发明了世界上最早的纸币——交子（“官交子”），政府设益州交子务，以36万贯本钱作为准备金，首届发行了“官交子”126万贯，是为国家正式发行的纸质信用货币——交子，距今已千年。中华人民共和国成立之后，迄今为止我国共发行了五套人民币，均以纸币为主，在国家金融流通领域担任着广泛而重要的货币流通职能。自20世纪80年代开始至今的四十余年里，中国纸币特别是人民币纸币的收藏甚是兴盛，但史上发行的纸币邮币封品种却很少，国内基本没有发行过正宗的纸币邮币封，只见装帧了很少的纸币邮币折，国外集邮及钱币机构也仅装帧发行了少量的中国纸币邮币封。截至目前中国纸币邮币封仅见9个品种或系列、10种版别，现介绍如下以供泉友、邮友和读者们鉴赏。

第二节　纸币邮币封（ZB）

1. ZB1《世界各国纸币》系列贰分纸币封（ZB1-1）

图ZB1-1-1《世界各国纸币》贰分纸币封
规格：288 mm×152 mm；珍稀度：★★★☆

此邮币封简称“贰分纸币封”，1982年由美国富兰克林造币厂装帧发行，镶嵌第二套人民币1953年版无号贰分纸币（俗称“飞机”）一枚，贴普21长城8分邮票，加盖“北京1982.5.20”邮

图ZB1-1-2《世界各国纸币》贰分纸币封 背面

图ZB1-1-3《世界各国纸币》贰分纸币封 倒装

图ZB1-1-4《世界各国纸币》贰分纸币封 倒装 背面

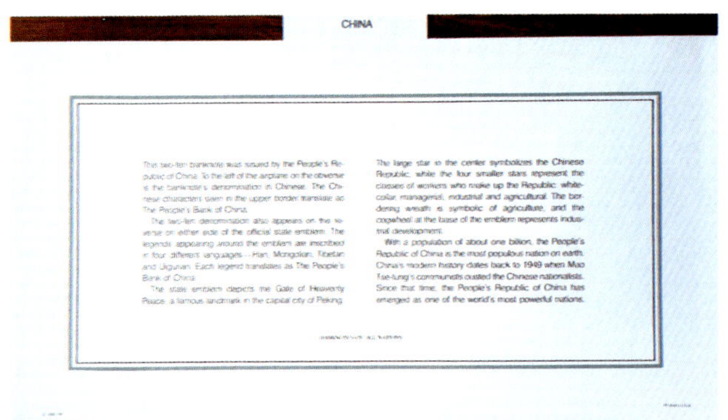
CHINA

This two-fen banknote was issued by the People's Republic of China. To the left of the airplane on the obverse is the banknote's denomination in Chinese. The Chinese characters seen in the upper border translate as The People's Bank of China.

The two-fen denomination also appears on the reverse on either side of the official state emblem. The legends appearing around the emblem are inscribed in four different languages—Han, Mongolian, Tibetan and Uiguran. Each legend translates as The People's Bank of China.

The state emblem depicts the Gate of Heavenly Peace, a famous landmark in the capital city of Peking.

The large star in the center symbolizes the Chinese Republic, while the four smaller stars represent the classes of workers who make up the Republic: white-collar, managerial, industrial and agricultural. The bordering wreath is symbolic of agriculture, and the cogwheel at the base of the emblem represents industrial development.

With a population of about one billion, the People's Republic of China is the most populous nation on earth. China's modern history dates back to 1949 when Mao Tse-tung's communists ousted the Chinese nationalists. Since that time, the People's Republic of China has emerged as one of the world's most powerful nations.

图ZB1-1-5《世界各国纸币》贰分纸币封　英文说明卡

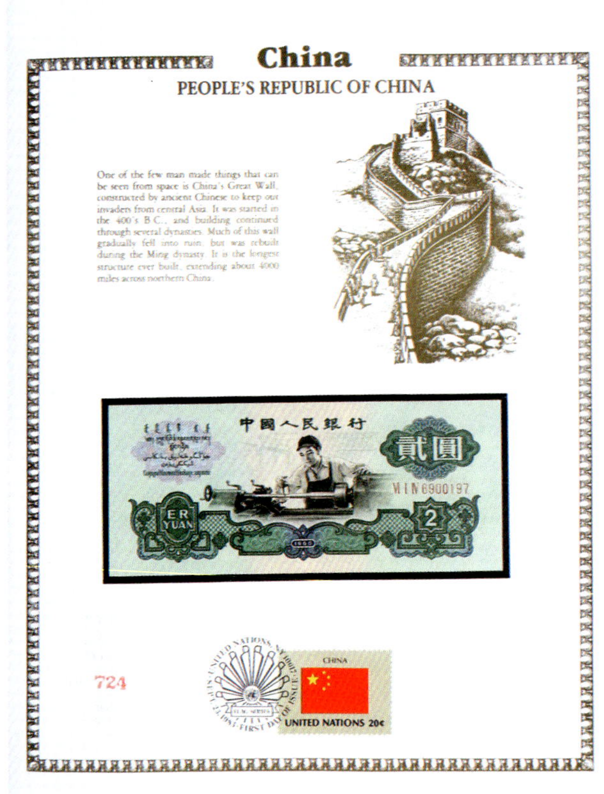

图ZB2-1-1《世界各国国旗》贰元纸币封

规格：216 mm×280 mm；珍稀度：★★★★☆

政日戳。此邮币封设计简洁大方，纪念封为密封设计，纸币不可拆出，附带一张说明卡，用以介绍贰分纸币相关知识和中国概况（图ZB1-1-5）。

纸币封规格：288 mm×152 mm，系大型币封；发行者：富兰克林（Franklin）造币厂；发行量：不详。现市场已较少，珍稀度为三星级+，参考价格为180元。

此种贰分纸币邮币封市场尚见有贰分纸币倒装者，甚少见（图ZB1-1-3、ZB1-1-4）。

2. ZB2《世界各国国旗》系列贰元纸币封（ZB2-1）

此邮币封系一种邮币装帧卡，简称“车工邮币封”，1983年

9月由美国普罗维登斯（Providence）造币公司制作发行，镶嵌一枚第三套人民币贰元纸币（俗称“车工”），贴有《联合国国旗系列–中国国旗》20美分邮票，加盖“联合国国旗系列–纽约1983.9.23”首日纪念邮戳。

此贰元邮币封设计精美大器，图文并茂，赏心悦目，为大型邮币封。贰元纸币镶嵌于透明塑料卡内，仅见三罗五星水印者，品相绝美，可拆出；币封纸卡正背面有中国概况、万里长城等图片和资料。

纸币封规格：216 mm×280 mm，系大型邮币封；发行者：美国普罗维登斯（Providence）造币厂；发行量：不详；现市场甚为稀少，珍稀度

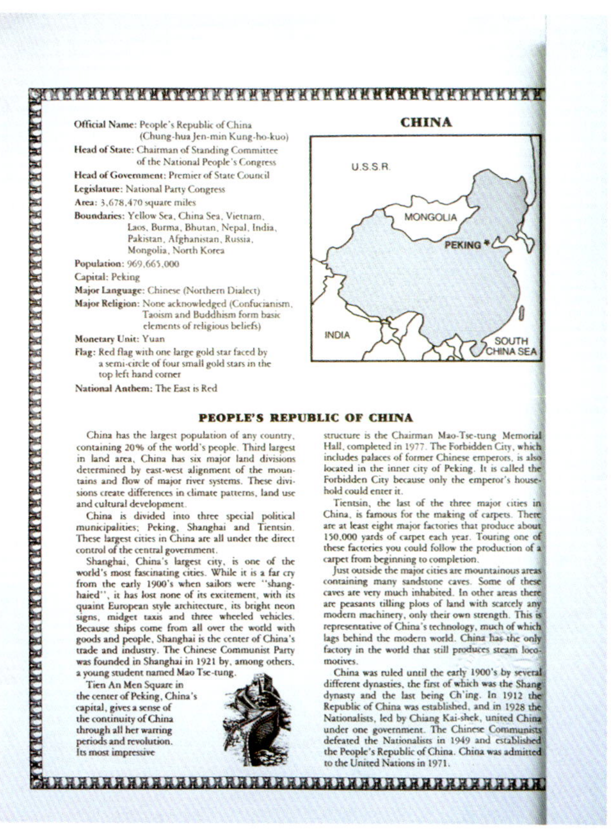

Official Name: People's Republic of China (Chung-hua Jen-min Kung-ho-kuo)
Head of State: Chairman of Standing Committee of the National People's Congress
Head of Government: Premier of State Council
Legislature: National Party Congress
Area: 3,678,470 square miles
Boundaries: Yellow Sea, China Sea, Vietnam, Laos, Burma, Bhutan, Nepal, India, Pakistan, Afghanistan, Russia, Mongolia, North Korea
Population: 969,665,000
Capital: Peking
Major Language: Chinese (Northern Dialect)
Major Religion: None acknowledged (Confucianism, Taoism and Buddhism form basic elements of religious beliefs)
Monetary Unit: Yuan
Flag: Red flag with one large gold star faced by a semi-circle of four small gold stars in the top left hand corner
National Anthem: The East is Red

CHINA

PEOPLE'S REPUBLIC OF CHINA

China has the largest population of any country, containing 20% of the world's people. Third largest in land area, China has six major land divisions determined by east-west alignment of the mountains and flow of major river systems. These divisions create differences in climate patterns, land use and cultural development.

China is divided into three special political municipalities; Peking, Shanghai and Tientsin. These largest cities in China are all under the direct control of the central government.

Shanghai, China's largest city, is one of the world's most fascinating cities. While it is a far cry from the early 1900's when sailors were "shanghaied", it has lost none of its excitement, with its quaint European style architecture, its bright neon signs, midget taxis and three wheeled vehicles. Because ships come from all over the world with goods and people, Shanghai is the center of China's trade and industry. The Chinese Communist Party was founded in Shanghai in 1921 by, among others, a young student named Mao Tse-tung.

Tien An Men Square in the center of Peking, China's capital, gives a sense of the continuity of China through all her warring periods and revolution. Its most impressive structure is the Chairman Mao-Tse-tung Memorial Hall, completed in 1977. The Forbidden City, which includes palaces of former Chinese emperors, is also located in the inner city of Peking. It is called the Forbidden City because only the emperor's household could enter it.

Tientsin, the last of the three major cities in China, is famous for the making of carpets. There are at least eight major factories that produce about 150,000 yards of carpet each year. Touring one of these factories you could follow the production of a carpet from beginning to completion.

Just outside the major cities are mountainous areas containing many sandstone caves. Some of these caves are very much inhabited. In other areas there are peasants tilling plots of land with scarcely any modern machinery, only their own strength. This is representative of China's technology, much of which lags behind the modern world. China has the only factory in the world that still produces steam locomotives.

China was ruled until the early 1900's by several different dynasties, the first of which was the Shang dynasty and the last being Ch'ing. In 1912 the Republic of China was established, and in 1928 the Nationalists, led by Chiang Kai-shek, united China under one government. The Chinese Communists defeated the Nationalists in 1949 and established the People's Republic of China. China was admitted to the United Nations in 1971.

图ZB2–1–2《世界各国国旗》贰元纸币封 背面

为四星级+，参考价为3000元。

图ZB3-1-1《世界各地纸币》壹元纸币封

规格：251 mm×229 mm；珍稀度：★★★★☆

3. ZB3《世界各地纸币》系列壹元纸币封（ZB3-1）

此币封简称“拖拉机邮币封”，于1985年9月发行，镶嵌第三套人民币1960年版壹元纸币（俗称“拖拉机”），贴普21长城8分邮票，加盖“北京1985.9.21”北京邮政日戳。

此壹元邮币卡设计精美巧妙，古朴典雅，赏心悦目。壹元纸币镶嵌于透明塑料卡内，仅见三罗五星水印者，品相绝美，可拆出；币封纸卡正面有中国概况简介资料。

纸币封规格：251 mm×229 mm；发行量：不详；现市场甚为稀少，珍稀度为四星级+，参考价为900元。

图ZB5-1-1《世界纸币封》壹角纸币封

规格：263 mm×179 mm；珍稀度：★★★☆

4. ZB4《各国硬币与纸币》系列贰角硬币与纸币邮币折（ZB4-1）

此邮币封见第三章第三节LYC14之介绍。

图ZB5-1-2《世界各地纸币》壹角纸币封 背面

5. ZB5《世界纸币封》系列壹角纸币封（ZB5-1）

此邮币封简称“名楼大生产纸币封”，属于德国MDM公司发行的“世界纸币封”系列中的中国篇，于1988年11月发行，镶嵌第三套人民币1962年版壹角纸币（俗称“大生产”），贴T121M《中国历代名楼》小型张一枚，加盖“北京-6（支）1988.11.29”邮政日戳。

纸币封规格：263 mm×179 mm，系大型邮币封；发行者：德国MDM公司；发行量：不详；市场所见较少，珍稀度为三星级+，参考价为450元。

图ZB6-1-1《各国官方纸币》壹角纸币封

规格：232 mm×295 mm；珍稀度：★★★★☆

图ZB6-1-2《各国官方纸币》壹角纸币封　背面

6. ZB6《各国官方纸币》系列壹角纸币封（ZB6-1）

此币封为大型邮币封，简称“地图版大生产纸币封”，镶嵌一枚第三套人民币1962年版1角纸币（俗称“大生产”），贴T133《己巳（蛇）年》邮票，加盖“北京1989.6.1”邮政日戳。

此壹角邮币封设计精美大器，图文并茂，赏心悦目。壹角纸币镶嵌于透明塑料卡内，品相绝佳，密封不可拆出；币封正背面有中国概况、中国地图等图片和资料，和中国纸币的简单介绍。

纸币封规格：232 mm×295 mm，系大型邮币封；发行量：不详；现市场甚为稀少，珍稀度为四星级+，参考价为800元。

7. ZB7《中国-长城》壹圆长城币和纸币封

此邮币封见第三章第三节LYC5之介绍。

8. ZB8《珍稀纸币-庆祝香港回归日》壹元纸币封（ZB8-1）

1997年11月由德国装帧，镶嵌第四套人民币1990年版壹元纸币，纸币背面贴普29《长城（古北口长城）》50分邮票一枚，加盖“97上海国际邮票、钱币博览会-庆祝香港回归日1997.11.21”纪念邮戳。

此邮币封系97上海国际邮票钱币展览会期间德国装帧的中国纪念品，正面有展览会概况介绍，邮票直接贴于纸币上并加盖邮戳，制作不是很规范，不排除是二次加工而成，需要进一步研究论证，因此纸币封设计和形制独特，本书暂予收录。

Souvenir aus China – mehr als ein Zahlungsmittel

«Zweckentfremden» nennen es die einen despektierlich, «eine einmalige Sache» ist es dagegen für andere: Die Rede ist von der Kombination Banknote/Briefmarke, an der sich deutlich zeigt, wie unterschiedlich das Verhältnis der Menschen – also auch der Sammler – zum Geld sein kann. Warum aber sollte man nicht gerade als Kenner und Liebhaber von Geldscheinen eines der sonst so unberührt wie nur möglich ins Album gelegten Zahlungsmittel als Dokumentation für eine besondere Konstellation verwenden? Genau diesen Zweck erfüllt die hier vorgestellte 1-Yuan-Note aus China mit einer reizvollen, auf das bekannte Motiv «Große Mauer» bezogenen Kombination. Erreicht wurde diese «Veredelung» durch das Aufkleben der passenden amtlichen Briefmarke der chinesischen Post auf einen Geldschein aus der Serie von 1990. Dadurch ergibt sich eine zweifache Ansicht des größten Bauwerks der Erde – als Beispiel für Chinas viele Jahrtausende alte Kultur, die schon bedeutend früher als in Europa zu hoher Blüte gebracht wurde. Doch das Ensemble wäre nicht komplett ohne den roten Poststempel vom 21. November 1997. Als Kontrast zu den beiden Bildern der historischen Mauer erzählt er eine interessante, geopolitisch bedeutsame Episode aus der neueren Geschichte der Volksrepublik China, denn er dokumentiert einen frühen Einsatz der seit Juli 1997 wieder zu China (genauer: zur Sonderverwaltungsregion SAR) gehörenden Post von Hongkong. Die 99 Jahre lang vertragsgemäß durch Großbritannien verwaltete Kolonie kehrte im Sommer 1997 zum Mutterland zurück. Damit wurde auch deren Poststempel, neu mit einem stilisierten Blumenmotiv geschmückt, wieder für chinesische Briefmarken verwendbar. Das Stempelmotiv «Bauhinia» ist Hongkongs Nationalblume, die auch im Staatswappen die früheren britischen Insignien ersetzt.

So ist dieser Geldschein tatsächlich mehr als ein bloßes Zahlungsmittel. Er zeigt, daß die «Kuriosität» nicht immer in der Bahnknote selber liegen muß, sondern auch in der besonderen Behandlung bestehen kann, die man ihr angedeihen läßt. Der Anlaß für die Abstempelung hatte zudem sowohl mit Philatelie als auch mit Numismatik zu tun: Es handelte sich um eine Aktion an der vom 19.–23. November 1997 in Shanghai abgehaltenen «International Stamp & Coin Expo», einer weltweit bedeutenden und mit über 100000 Eintritten sehr gut besuchten Sammler- und Händlermesse.

Das ist also die Geschichte dieses außergewöhnlichen Souvenirs aus China. Bei eigenen Versuchen sollte man allerdings bedenken, daß in den meisten Ländern Poststempel auf Geldscheinen nicht zugelassen sind – nicht einmal für Sammler…

图ZB8-1-1《珍稀纸币-庆祝香港回归日》壹元纸币封

规格：190 mm×266 mm；珍稀度：★★★★☆

币封规格：190 mm×266 mm；发行量：不详；市场甚为稀少，珍稀度为四星级+，参考价为450元。

9. ZB9《万里长城》壹圆长城币和纸币邮币折（ZB9-1—ZB9-2）

此种邮币折目前发现两种：ZB9-1（甲种-中国龙）和ZB9-2（乙种-万里长城），见第三章第三节LYC9-1、LYC9-2之介绍。

第七章 中国港澳台地区钱币邮币封

第一节　概述

严格地讲，我国港澳台地区钱币不属于我们国家官方所发行的法定货币。香港和澳门1997年回归前的地方钱币具有一定的殖民地性质，是殖民统治国英国和葡萄牙的法定货币；而台湾省作为至今尚未统一、尚未回归祖国的特殊省份和地区，其发行的货币只具有地方钱币性质。这些都是我们国家完成统一大业以前的历史遗留问题，期待未来能够彻底解决。收藏市场所见的镶嵌港澳台地区钱币的邮币封多为外国发行的，香港也发行了部分邮币封，而澳门和台湾发行的邮币封则很少。现笔者就目前收集到或发现的港澳台地区邮币封共计41个品种或系列、73种版别和3种趣味品分述如下。

第二节　香港地区钱币邮币封（XG）

截至目前，发现或收集到的香港地区或外国发行的香港钱币邮币封有22个品种（系列）、44种版别，现按照发行年代顺序或钱币、邮票的品种详述之。

1. XG1《世界各国硬币》中国香港贰圆硬币封（XG1-1）

此邮币封系1979年美国富兰克林造币厂装帧发行的《世界各国硬币》系列邮币封，镶嵌一枚1975年香港“女王-狮子”贰圆硬币，贴香港肆角邮票一枚，加盖“香港79.7.4”邮政日戳，封背是鉴定证明书，带有英文说明卡。

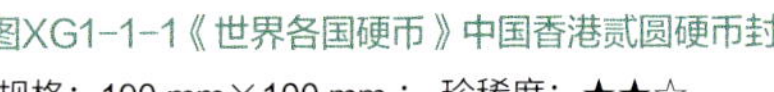

图XG1-1-1《世界各国硬币》中国香港贰圆硬币封

规格：190 mm×100 mm；珍稀度：★★☆

邮币封规格：190 mm×100 mm；发行

者：美国富兰克林造币厂；发行量：不详；市场所见较少，珍稀度为二星级+；参考价为150元。

图XG1-1-2《世界各国硬币》香港贰圆硬币封 背面

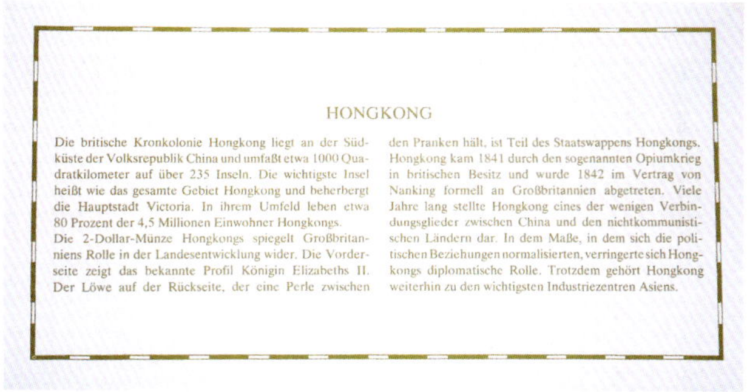

HONGKONG

Die britische Kronkolonie Hongkong liegt an der Südküste der Volksrepublik China und umfaßt etwa 1000 Quadratkilometer auf über 235 Inseln. Die wichtigste Insel heißt wie das gesamte Gebiet Hongkong und beherbergt die Hauptstadt Victoria. In ihrem Umfeld leben etwa 80 Prozent der 4,5 Millionen Einwohner Hongkongs.
Die 2-Dollar-Münze Hongkongs spiegelt Großbritanniens Rolle in der Landesentwicklung wider. Die Vorderseite zeigt das bekannte Profil Königin Elizabeths II. Der Löwe auf der Rückseite, der eine Perle zwischen den Pranken hält, ist Teil des Staatswappens Hongkongs. Hongkong kam 1841 durch den sogenannten Opiumkrieg in britischen Besitz und wurde 1842 im Vertrag von Nanking formell an Großbritannien abgetreten. Viele Jahre lang stellte Hongkong eines der wenigen Verbindungsglieder zwischen China und den nichtkommunistischen Ländern dar. In dem Maße, in dem sich die politischen Beziehungen normalisierten, verringerte sich Hongkongs diplomatische Rolle. Trotzdem gehört Hongkong weiterhin zu den wichtigsten Industriezentren Asiens.

图XG1-1-3《世界各国硬币》香港贰圆邮币封 说明卡

2. XG2《香港风光-人力车夫图案》系列香港硬币封（XG2-1—XG2-6）

此系列邮币封是瑞士Philswiss公司装帧发行的，分别镶嵌一枚香港流通硬币，币封正面图案为香港全貌风光和旧时代人力车夫形象图案，爱好者称“人力车夫币封”。目前已发现贴有六种不同邮票、镶嵌三种硬币的六种版别，加盖不同日期的“香港”邮政日戳，附带德文说明卡（图XG2-1-3、XG2-1-4）。

硬币封规格：175 mm×127 mm；发行

图XG2-1-1《香港风光-人力车夫图像》贰圆硬币封（甲种）
规格：175 mm×127 mm；珍稀度：★★★

图XG2-1-2《香港风光-人力车夫图案》贰圆硬币封（甲种） 背面

Hongkong

Geschichte/Politik

Im 18. Jahrhundert wurde England zur stärksten Handels- und Seemacht im Südchinesischen Meer. China selbst schloß sich jedoch gegen alle fremden Einflüsse weitgehend ab. England begann daher, Opium ins Land einzuschleusen, welches mit Silber bezahlt wurde. Dies schädigte nicht nur die Gesundheit der chinesischen Bevölkerung, sondern zerrüttete auch die Finanzen Chinas. 1839 verbot der chinesische Kaiser den Opiumhandel und ließ zirka 1000 Tonnen vernichten, was zum ersten Opiumkrieg führte, den China verlor. Im Frieden von Nangking verpflichtete sich China unter anderem zur Abtretung der Insel Hongkong an England, welches darauf einen Freihafen errichtete. 1841 wurde Hongkong britische Kronkolonie. Mit der wachsenden Emigration von Chinesen nach Amerika und Australien wurde sie zu einem Zentrum im Passagierverkehr und zu einem wichtigen Umschlagplatz für europäische und amerikanische Handelsgüter. 1860 pachtete England den Naturhafen Kaulun – und 1898 die ganze Halbinsel nördlich davon bis zum Sham-Chun-Fluß, die «New Territories». Wegen der ständig wachsenden Einwanderung von Festlandchinesen entwickelte sich Hongkong rasch und wurde zu einem wichtigen Handels- und Produktionszentrum im ostasiatischen Raum.

图XG2-1-3《香港风光-人力车夫图案》贰圆硬币封 说明卡

者：瑞士Philswiss公司；发行量：不详；大多品种目前市场已少见，珍稀度为三星级到三星级+；参考价为250—300元。

XG2-1《香港风光-人力车夫图案》贰圆硬币封（甲种）

此币封镶嵌一枚香港“女王-狮子”贰圆流通硬币，贴香港《香港之夜》1元邮票一枚，加盖“香港84.7.26”邮政日戳。市场较少见，珍稀度为三星级；参考价为250元。

XG2-2《香港风光-人力车夫图案》贰圆硬币封（乙种）

此币封贴香港《香港地图》40分邮票一枚，其他描述同XG2-1。市场较少见，珍稀度为三星级；参考价为250元。

XG2-3《香港风光-人力车夫图案》贰圆硬币封（丙种）

此币封贴香港《香港地图》1港元邮票一枚，其他描述同XG2-1。市场较少见，珍稀度为三星级；参考价为250元。

Die Regierungsgeschäfte führt, stellvertretend für die britische Königin, ein Gouverneur. Da der Pachtvertrag für die «New Territories» 1997 abläuft, haben bereits Verhandlungen zwischen China und Großbritannien über die Zukunft Hongkongs stattgefunden. China beansprucht die volle Souveränität über das Gebiet, will es aber als «besondere Verwaltungszone» behandeln.

Bevölkerung / Kultur

Die Bevölkerung Hongkongs besteht zu etwa 98% aus Chinesen. Der freie Zugang und die nach und nach entstehenden Erwerbs- und Ausbildungsmöglichkeiten ließen die Bevölkerungszahl gegen Ende des 19. Jahrhunderts sprunghaft anwachsen. Dazu kamen nach verschiedenen Rebellionen und Revolutionen in China große Flüchtlingswellen. Zwischen 1900 und 1930 stieg die Einwohnerzahl von 280000 auf 1,2 Millionen. Während der japanischen Besetzung im Zweiten Weltkrieg sank sie vorübergehend auf 600000, stieg aber anschließend im Verlaufe zweier Jahre wieder auf 1,8 Millionen an. 1950 mußte die Regierung Einwanderungsbeschränkungen einführen, welche aber von Zehntausenden umgangen wurden. Wem es gelang, die Grenze zu überschreiten, durfte bleiben. Erst seit 1980 werden illegale Einwanderer wieder abgeschoben, und das ständige Mitführen von Identitätskarten ist obligatorisch. In Hongkong hat sich die chinesische Kultur mit starken westlichen Einflüssen vermischt. Da die Insel vor 1840 bedeutungslos und wenig besiedelt war, findet man kaum historische Kulturerzeugnisse. Hingegen werden im Verlauf des Jahres einige Feste gefeiert, die auf alte chinesische Traditionen zurückgehen. In den Städten kann man Konzerte, Museen und – in Victoria – das Weltraumtheater besuchen, besonders aber ein brodelndes Nachtleben genießen.

Hongkong

Offizielle Bezeichnung	Hongkong
Politische Zugehörigkeit	Großbritannien
Lage	Ostasien 22,3° N/114,2° O
Nachbarstaat	China
Fläche	1045 km²
Einwohnerzahl	1984: 5287000 Einw.
Sprachen	Englisch Chinesich
Hauptstadt	Victoria (1 Mio. Einw.)
Weitere Städte	Kaulun (1,5 Mio. Einw.) N. Kaulun (700000 Einw.)
Währung	Hongkong-Dollar (1 HK-$ = 100 Cents)

Geographie / Wirtschaft

Hongkong liegt an der Südküste Chinas in der Provinz Kwangtung. Es besteht aus der Insel Hongkong – mit der Hauptstadt Victoria – und den «New Territories», die ihrerseits aus einer hügeligen, stark gegliederten Halbinsel und etwa 240 Inseln bestehen und etwa 90% des ganzen Gebietes ausmachen. Victoria und Kaulun bilden einen der größten Naturhäfen der Welt. Beide Städte sind mit ihren Wolkenkratzern und Neonlichtern Weltstädte westlicher Prägung. Nachdem die Bedeutung Hongkongs als Handels- und Freihafen – als «Warenhaus Chinas» – wegen kriegerischer Ereignisse wie kommunistische Revolution und Koreakrieg stark abgenommen hatte, nahm die industrielle Produktion von Konsumgütern rasch zu. Westliche Firmen produzierten mit billigen Arbeitskräften zuerst Textilien, Kleider und Billigwaren, dann aber auch Uhren, Fotoapparate, optische Geräte und elektronische Apparate. Hongkong wurde auch zu einem bedeutenden internationalen Finanzplatz. Die zweitgrößte Einnahmequelle ist der Tourismus: Jährlich besuchen gegen 2,5 Millionen Südostasiaten, Amerikaner und Europäer die brodelnde Stadt.

图XG2-1-4《香港风光-人力车夫图案》贰圆硬币封　说明卡　背面

XG2-4《香港风光-人力车夫图案》贰圆硬币封（丁种）

此币封贴香港《香港地图》1.3港元邮票一枚，其他描述同XG2-1。市场较少见，珍稀度为三星级；参考价为250元。

图XG2-2-1《香港风光-人力车夫图案》贰圆硬币封（乙种）　背同图XG2-1-2

规格：175 mm×127 mm　珍稀度：★★★

XG2-5《香港风光-人力车夫图案》壹圆硬币封（戊种）

此币封镶嵌一枚香港“女王-狮子”壹圆流通硬币，贴三枚香港邮票，面值1.3元、20分和10分各一枚，和两枚中国邮政50分《长城》普票，后者应系集邮爱好者个人所为；加盖“香港97.6.30”邮政日戳两枚和“庆祝香港回归日-中国上海1997.11.24”纪念邮戳。市场较少见，珍稀度为三星级+；参考价为300元。

图XG2-3-1《香港风光-人力车夫图案》贰圆硬币封（丙种） 背同图XG2-1-2

规格：175 mm×127 mm； 珍稀度：★★★

图XG2-4-1《香港风光-人力车夫图案》贰圆硬币封（丁种） 背同图XG2-1-2

规格：175 mm×127 mm； 珍稀度：★★★

图XG2-5-1《香港风光-人力车夫图案》壹圆硬币封（戊种）

规格：175 mm×127 mm； 珍稀度：★★★☆

图XG2-5-2《香港风光-人力车夫图案》壹圆硬币封（戊种） 背面

图XG2-6-1《香港风光-人力车夫图案》壹毫硬币封（己种）
规格：175 mm×127 mm； 珍稀度：★★★☆

图XG2-6-2《香港风光-人力车夫图案》壹毫硬币封（己种） 背面

XG2-6《香港风光-人力车夫图案》壹毫硬币封（己种）

此币封镶嵌一枚香港1998“紫荆花”壹毫流通硬币，贴香港《鸟》2.4港元邮票一枚，加盖“P.B集邮组-香港2003.6.17”纪念邮戳。市场较少见，珍稀度为三星级+；参考价为300元。

3. XG3《世界伟大的历史硬币》系列壹圆站洋银币封（XG3-1—XG3-4）

该系列邮币封和第二章JZ1—JZ7一样属于世界各国和地区的同系列邮币封，简称“伟大系列”邮币封，20世纪70到90年代由美国富兰克林造币厂制作，国际钱币学会发行。按照镶嵌壹圆站洋银币的年版号和邮票不同可以分多种版别。根据市场情况估算每种发行量在数百枚以内，目前市场甚为稀见，加之品相好的站洋邮币封很多已被搞评级的币商或个人破坏拆解而存世量更加稀少。

银币封规格：195 mm×100 mm；发行者：国际钱币学会；发行量：不详；珍稀度为四星级至四星级+；市场参考价为1200—1500元一枚。

图XG3-1-1《世界伟大的历史硬币》壹圆站洋银币封（甲种）
规格：195 mm×100 mm；珍稀度：★★★★☆

图XG3-1-2《世界伟大的历史硬币》壹圆站洋银币封（甲种） 背面

XG3-1《世界伟大的历史硬币》壹圆站洋银币封（甲种）

此邮币封镶嵌一枚1889年英国壹圆“站人”银币（俗称“站洋”），贴香港《女王像》1.80港元邮票，加盖“香港1990.11.1”邮政日戳。其他描述同上。市场甚为稀见，珍稀度为四星级+；参考

图XG3-2-1《世界伟大的历史硬币》壹圆站洋银币封（乙种）
规格：195 mm×100 mm；珍稀度：★★★★

图XG3-2-2《世界伟大的历史硬币》壹圆站洋银币封（乙种） 背面

图XG3-3-1《世界伟大的历史硬币》壹圆站洋银币封（丙种）
规格：195 mm×100 mm；珍稀度：★★★★

图XG3-3-2《世界伟大的历史硬币》壹圆站洋银币封（丙种） 背面

价为1500元。

XG3-2《世界伟大的历史硬币》壹圆站洋银币封（乙种）

此邮币封镶嵌一枚1901年英国壹圆“站人”银币，其他描述同XG3-1。市场甚为稀见，珍稀度为四星级；参考价为1200元。

XG3-3《世界伟大的历史硬币》壹圆站洋银币封（丙种）

此邮币封镶嵌一枚1911年英国壹圆“站人”银币，其他描述同XG3-1。市场甚少见，珍稀度为四星级；参考价为1200元。

XG3-4《世界伟大的历史硬币》壹圆站洋银币封（丁种）

此邮币封镶嵌一枚1911年英国壹圆“站人”银币，贴香港《女王像》80分邮票，加盖“香港1992.10.24”

邮政日戳。其他描述同XG3-1。市场甚少见，珍稀度为四星级；参考价为1200元。

图XG3-4-1《世界伟大的历史硬币》壹圆站洋银币封（丁种）
规格：195 mm×100 mm；珍稀度：★★★★

4. XG4《香港参加一九九五年新加坡国际邮展》香港拾圆、新加坡壹圆硬币封（XG4-1）

1995年9月1日至10日新加坡国际邮展举办，为此，中国香港与新加坡联合发行钱币纪念封一枚，分别镶嵌香港拾圆和新加坡壹圆流通硬币各一枚，贴新加坡1元和香港10元邮票各一枚；发行量：500枚，珍稀度为四星级+；参考价为500元。

图XG3-4-2《世界伟大的历史硬币》壹圆站洋银币封（丁种） 背面

图XG4-1-1《香港参加一九九五年新加坡国际邮展》香港拾圆、新加坡壹圆硬币封
规格：220 mm×110 mm；珍稀度：★★★★☆

图XG4-1-2《香港参加一九九五年新加坡国际邮展》 香港拾圆、新加坡壹圆硬币封 背面

图XG5-1-1《香港经济建设》贰毫硬币封（甲种）

规格：220 mm×110 mm； 珍稀度：★★

香港回歸系列郵品第二套——嵌幣封

Coin-Inlaid Envelopes Second Set of Philatelic Items on Return of Hong Kong

Bank of China Tower, Hong Kong

图XG5-1-2《香港经济建设》贰毫硬币封（甲种） 背面

5. XG5《香港经济建设》系列香港硬币封（XG5-1—XG5-4）

为了迎接香港回归祖国，中国邮政于1996年12月19日发行1996-31T《香港经济建设》邮票一套四枚。为此，人民邮电出版社《集邮》杂志和香港中国旅游出版社联合制作发行了《香港经济建设》首日嵌币纪念封一套四枚以资纪念，编号CHJ-2（4-1—4-4）。

此套邮币封分别镶嵌香港贰毫、伍毫、壹圆和贰圆流通硬币各一枚，贴1996-31《香港经济建设》不同邮票各一枚，全套四枚带纸盒封套（图XG5-4-3、XG5-4-4）。

硬币封规格：220 mm×110 mm；发行者：人民邮电出版社

《集邮》杂志和香港中国旅游出版社联合发行；发行日期：1996年12月19日；发行量：不详，从外纸盒编号看应在1万至1.5万枚；珍稀度为二星级；参考价为120元一套，30元一枚。

图XG5-2-1《香港经济建设》伍毫硬币封（乙种）

规格：220 mm×110 mm； 珍稀度：★★

图XG5-2-2《香港经济建设》伍毫硬币封（乙种） 背面

XG5-1《香港经济建设》贰毫硬币封（甲种）

此币封镶嵌一枚1983年香港贰毫流通硬币，贴中国邮政《安徽民居》30分邮票和1996-31《香港经济建设-香港中银大厦》（4-1）T20分邮票各一枚。市场较常见，珍稀度为二星级；参考价为30元。

图XG5-2-3《香港经济建设》伍毫硬币封（乙种） 签名款

XG5-2《香港经济建设》伍毫硬币封（乙种）

此币封镶嵌一枚1980年香港伍毫流通硬币，贴中国邮政《云南民居》10分邮票和1996-31《香港经济建设-香港集装箱码头》（4-2）T40分邮票一

图XG5-3-1《香港经济建设》壹圆硬币封（丙种）
规格：220 mm×110 mm； 珍稀度：★★

香港回歸系列郵品第二套——嵌幣封

Coin-Inlaid Envelopes Second Set of Philatelic Items on Return of Hong Kong

Kai Tak International Airport, Hong Kong

图XG5-3-2《香港经济建设》壹圆硬币封（丙种） 背面

图XG5-3-3《香港经济建设》壹圆硬币封（丙种） 签名款

枚。市场较常见，珍稀度为二星级；参考价为30元一枚。

尚见邮票设计者阎炳武先生签字钤印款，甚少见（图XG5-2-3）。

XG5-3《香港经济建设》壹圆硬币封（丙种）

此币封镶嵌一枚1978年香港壹圆流通硬币，贴中国邮政1996-31《香港经济建设-香港启德机场》（4-3）T60分邮票一枚。市场较常见，珍稀度为二星级；参考价为30元一枚。

尚见邮票设计者黄里先生签字钤印款，甚少见（图XG5-3-3）。

XG5-4《香港经济建设》贰圆硬币封（丁种）

图XG5-4-1《香港经济建设》贰圆硬币封（丁种）

规格：220 mm×110 mm； 珍稀度：★★

此币封镶嵌一枚1984年香港贰圆流通硬币，贴中国邮政1996-31《香港经济建设-香港联合交易所》（4-4）T290分邮票一枚。市场较常见，珍稀度为二星级；参考价为30元一枚。

香港回歸系列郵品第二套——嵌幣封

香港聯合交易所

Coin-Inlaid Envelopes Second Set of Philatelic Items on Return of Hong Kong

Union Securities Co., Hong Kong

Jointly issued by Hong Kong China Tourism Press and Department of Philately Magazine of the People's Posts and Telecommunications Publishing house

北京市郵政管理局監制

Under Supervision of the Beijing Postal Administration Bureau

图XG5-4-2《香港经济建设》贰圆硬币封（丁种） 背面

图XG5-4-3《香港经济建设》贰圆硬币封 纸盒封套

6. XG6《香港流通硬币》系列香港硬币封（XG6-1—XG6-7）

为满足广大钱币和集邮爱好者的需要，福建省邮资票品局特制作发行《香港流通硬币》镶嵌封一套七枚，分别镶嵌面值为拾圆、伍圆、贰圆、壹元、伍毫、贰毫和壹毫的七种香港流通硬币各一枚；贴1997-10《香港回归祖国》（2-1）50分邮票一枚；每一枚都有流水编号，全套带纸盒封套（图XG6-7-2、XG6-7-3）。需要特别说明的是，此套邮币封为错版，币封背面文字说明“50毫、20毫、10毫”错误，应为“5毫、2毫、1毫”，特此勘正。

硬币封规格：230 mm×120 mm；设计者：李庆发、姜伟杰；发行者：福建省邮资票品局；发行量：5000套；市场较为少见，珍稀度为三星级+；参考价为1000元一套，120—150元一枚。

XG6-1《香港流通硬币》拾圆硬币封（甲种）

此币封镶嵌一枚1995年香港“紫荆花”拾圆流通硬币，其他描述如上；现市场已较为少见，珍稀度为三星级+；参考价为150元。

本书展示的此套邮币封编号为5000号，系发行量5000套的此套币封最大关门号，殊珍贵也（XG6-1-2）。

XG6-2《香港流通硬币》伍圆硬币封（乙种）

图XG5-4-4《香港经济建设》硬币封 纸盒封套 背面

图XG6-1-1《香港流通硬币》拾圆硬币封（甲种）

规格：230 mm×120 mm；珍稀度：★★★☆

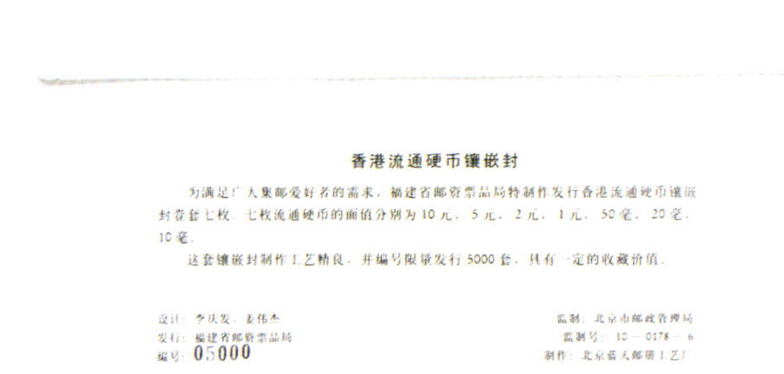

图XG6-1-2《香港流通硬币》拾圆硬币封（甲种） 背面

此币封镶嵌一枚1993年香港“紫荆花”伍圆流通硬币一枚，其他描述如上；市场已较为少见，珍稀度为三星级+；参考价为150元。

图XG6-2-1《香港流通硬币》伍圆硬币封（乙种） 背同图XG6-1-2

规格：230 mm×120 mm； 珍稀度：★★★☆

XG6-3《香港流通硬币》贰圆硬币封（丙种）

此币封镶嵌一枚1997年香港“紫荆花”贰圆流通硬币一枚，其他描述如上；市场已较为少见，珍稀度为三星级+；参考价为150元。

图XG6-3-1《香港流通硬币》贰圆硬币封（丙种） 背同图XG6-1-2

规格：230 mm×120 mm； 珍稀度：★★★☆

XG6-4《香港流通硬币》壹圆硬币封（丁种）

此币封镶嵌一枚1997年香港“紫荆花”壹圆流通硬币一枚，其他描述如上；市场较为少见，珍稀度为三星级+；参考价为150元。

图XG6-4-1《香港流通硬币》壹圆硬币封（丁种） 背同图XG6-1-2

规格：230 mm×120 mm； 珍稀度：★★★☆

图XG6-5-1《香港流通硬币》伍毫硬币封（戊种）　背同图XG6-1-2

规格：230 mm×120 mm； 珍稀度：★★★☆

XG6-5《香港流通硬币》伍毫硬币封（戊种）

此币封镶嵌一枚1994年香港“紫荆花”伍毫流通硬币一枚，其他描述如上；市场较为少见，珍稀度为三星级+；参考价为120元。

图XG6-6-1《香港流通硬币》贰毫硬币封（己种）　背同图XG6-1-2

规格：230 mm×120 mm； 珍稀度：★★★☆

XG6-6《香港流通硬币》贰毫硬币封（己种）

此币封镶嵌一枚1998年香港“紫荆花”贰毫流通硬币一枚，其他描述如上；市场较为少见，珍稀度为三星级；参考价为120元。

图XG6-7-1《香港流通硬币》壹毫硬币封（庚种）　背同图XG6-1-2

规格：230 mm×120 mm； 珍稀度：★★★☆

XG6-7《香港流通硬币》壹毫硬币封（庚种）

此币封镶嵌一枚1996年香港“紫荆花”壹毫流通硬币一枚，其他描述如上；市场较为少见，珍稀度为三星级+；参考价为120元。

图XG6-7-2《香港流通硬币》香港硬币封 纸盒封套

图XG6-7-3《香港流通硬币》香港硬币封 纸盒封套 背面

7. XG7《第十一届亚洲国际邮票展览会》系列邮币封（XG7-1）

第十一届亚洲国际邮票展览会于1997年2月12日至16日在香港举行。为了纪念此次展览会，香港东生邮票公司特发行《第十一届亚洲国际邮票展览会》镶嵌邮币封一套三枚。其中前两种币封系中国牡丹币邮币封，描述见第三章第三节LYM3-1、LYM3-2《第十一届亚洲国际邮票展览会》牡丹币封，不再赘述；本节仅介绍香港硬币封。

XG7-1《第十一届亚洲国际邮票展览会》香港壹圆硬币封

此币封镶嵌一枚香

图XG7-1-1《第十一届亚洲国际邮票展览会》香港壹圆硬币封
规格：230 mm×120 mm；珍稀度：★★★★

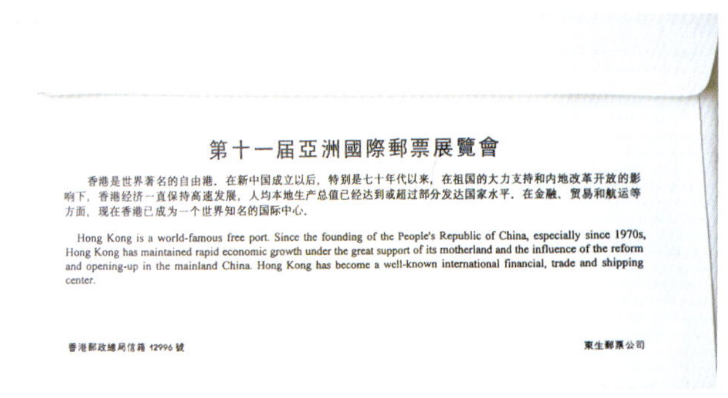

图XG7-1-2《第十一届亚洲国际邮票展览会》香港壹圆硬币封 背面

港1995年“紫荆花”壹圆流通硬币，贴香港10分邮票一枚，加盖“第十一届亚洲国际邮票展览纪念-香港1997.2.12-16”纪念邮戳。

硬币封规格：230 mm×120 mm；发行者：香港东生邮票公司；发行量：未知；市场甚少见，珍稀度为四星级，参考价为450元。

图XG8-1-1《庆祝青屿干线启用》香港拾圆纪念币封

规格：220 mm×110 mm； 珍稀度：★★★

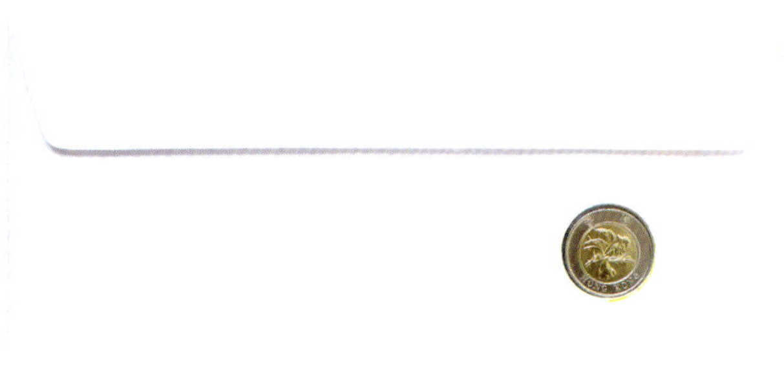

图XG8-1-2《庆祝青屿干线启用》香港拾圆纪念币封 背面

8. XG8《庆祝青屿干线启用》香港拾圆纪念币封（XG8-1）

青屿干线是香港8号干线的一部分，连接大屿山及青衣岛，是1997年香港当时唯一连接大屿山和香港其他地区之陆路通道，由青马大桥（连接青衣与马湾）、马湾高架路及汲水门大桥（连接马湾与大屿山）组成，干线全长3.5千米，分上下两层行车。两座桥的露天上层均为三线双程分隔快速公路，下层则为两条地铁机场铁路的路轨，和两条供紧急时使用的单线行车道路。青屿干线于1997年5月22日正式通车。

图XG8-1-3《庆祝青屿干线启用》香港拾圆纪念币封 内卡

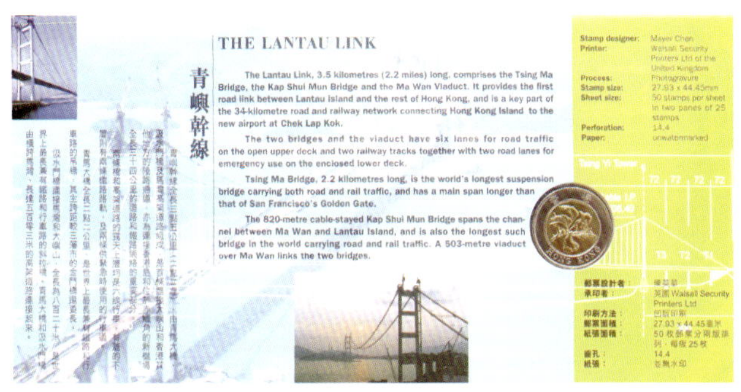

图XG8-1-4《庆祝青屿干线启用》香港拾圆纪念币封 内卡 背面

为纪念青屿干线正式通车，香港邮政发行《庆祝青屿干线启用》5圆纪念邮票一枚，香港金融管理局发行“庆祝青屿干线启用”拾圆流通纪念币一枚，并利用上述邮票和纪念币，制作发行《庆祝青屿干线启用》镶嵌邮币封一枚。

此币封镶嵌一枚香港1997年“庆祝青屿干线启用”拾圆纪念币，贴香港《现代建设–青屿干线》5圆邮票一枚，加盖“青屿干线–香港1997.5.18”纪念邮戳。此枚邮币封是香港首次发行纪念币首日封，具有一定的收藏价值和纪念意义。

硬币封规格：220 mm×110 mm；发行者：香港金融管理局；发行量：未知；市场较少见，珍稀度为三星级；参考价为250元。

图XG9-1-1《世界各国硬币收藏》香港伍仙硬币封

规格：190 mm×100 mm；珍稀度：★★★☆

图XG9-1-2《世界各国硬币收藏》香港伍仙硬币封 背面

9. XG9《世界各国硬币收藏》中国香港伍仙硬币封（XG9-1）

此邮币封由美国富兰克林造币厂制作发行，是《世界各国硬币收藏》系列邮币封的中国香港篇，镶嵌香港伍仙硬币一枚，贴香港3.1元邮票，并加盖“香港98.6.30”邮政日戳。

硬币封规格：190 mm×100 mm；发行者：美国富兰克林造币厂；发行量：不详；市场较为稀少，珍稀度为三星级+；参考价为350元。

图XG10-3-1《庆祝中华人民共和国香港特别行政区成立纪念》壹毫硬币封

规格：220 mm×110 mm；珍稀度：★★★☆

10. XG10《香港回归祖国纪念》系列香港硬币封（XG10-1—XG10-3）

XG10-1《迎接香港回归祖国纪念》古

币、港币邮币封

XG10-2《庆祝香港回归祖国纪念》牡丹币、港币邮币封

此套邮币封前两种币封XG10-1和XG10-2与下述两种币封是同一种，请参阅第二章第二节GB6-1《迎接香港回归祖国纪念》古币、港币邮币封，和第三章第三节LYM4-1《庆祝香港回归祖国纪念》牡丹币、港币邮币封相关描述，在此不再赘述。

XG10-3《庆祝中华人民共和国香港特别行政区成立纪念》壹毫硬币封

此币封封面除题述主题之外，尚注明“振兴中华　繁荣香港”副标题，镶嵌香港“紫荆花”壹毫流通硬币二枚，贴香港《维多利亚湾风光》1.3元邮票一枚，加盖1997年7月1

图XG10-3-2《庆祝中华人民共和国香港特别行政区成立纪念》壹毫硬币封背面

图XG10-3-3《庆祝中华人民共和国香港特别行政区成立纪念》壹毫硬币封内卡

图XG10-3-4《庆祝中华人民共和国香港特别行政区成立纪念》壹毫硬币封内卡　背面

日“中华人民共和国香港特别行政区成立纪念-香港1997.7.1”纪念邮戳。

硬币封规格：220 mm×110 mm；每枚带有流水编号；发行日期：1997年7月1日；发行者：中国艺术学会（香港）和香港美术家出版社有限公司联合发行；设计者：邵柏林；关于发行量描述同GB6-1，应为1997枚。市场较少见，珍稀度为三星级+；参考价为250元。

图XG11-1-1《香港主权移交纪念》伍圆纪念币封

规格：220 mm×110 mm； 珍稀度：★☆

图XG11-1-2《香港主权移交纪念》伍圆纪念币封 背面

11. XG11《香港主权移交纪念》伍圆纪念币封（XG11-1）

此邮币封是英国为纪念1997年6月30日英国政府向中国政府移交香港主权而特别发行的纪念币封。镶嵌一枚英国造币厂铸造

图XG11-1-3《香港主权移交纪念》伍圆纪念币封 内卡

的香港“紫荆花-五福献寿”伍圆纪念币一枚，贴英国邮政四枚1便士邮票，加盖“伦敦1997.6.30”香港主权移交纪念日邮戳。内卡印制精美，其铭文对此重大历史事件和纪念封的发行情况作了说明。

币封规格：220 mm×110 mm；发行国：英国；发行量不详，从币封流水编号看应为3万—5万枚，市场较常见，珍稀度为一星级+；参考价为100元。

图XG11-1-4《香港主权移交纪念》伍圆纪念币封 内卡 背面

图XG12-1-1《告别香港纪念》拾圆硬币封

珍稀度：★★★☆

12. XG12《告别香港纪念》拾圆硬币封（XG12-1）

此邮币封是英国为1997年6月30日纪念香港归还中国而特别发行的《告别香港》纪念邮币封，镶嵌一枚香港“紫荆花”拾圆流通硬币，贴两枚英国邮政

图XG12-1-2《告别香港纪念》拾圆硬币封 背面

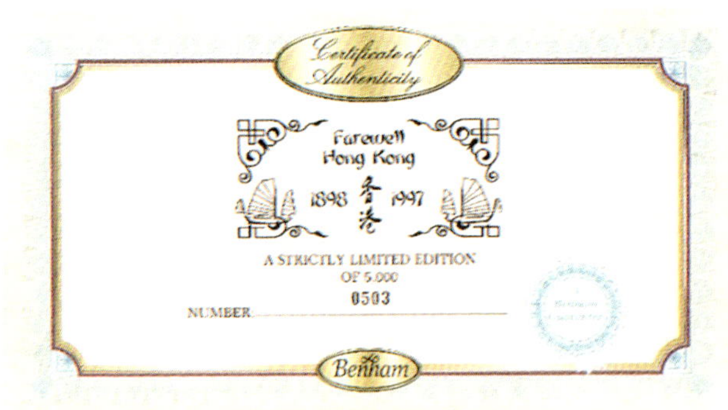

图XG12-1-3《告别香港纪念》拾圆硬币封 说明卡

HONG KONG 香港

Hong Kong Island (Xiang Gang, fragrant harbour) was ceded to Britain in 1841, followed by the southern part of the Kowloon peninsula and the New Territories, which were leased from China for a period of 99 years in 1898. It was important because of its magnificent natural harbour, and during the 19th century it was the main link for Western commerce with China. When first acquired Hong Kong was little more than a barren rock occupied by a few communities of fishermen, but commercial development soon attracted thousands of migrants from the mainland, an influx which has continued ever since.

During World War II Hong Kong was invaded by the Japanese who occupied it until the end of the war, when British colonial rule was restored. Communist armies reached the frontier in 1949 after their victory in the Chinese civil war, but made no attempt to invade. Apart from serious riots in 1967 inspired by the Cultural Revolution in China, the Chinese government left the colony undisturbed.

Hong Kong has one of the highest population densities in the world with about 6,000 persons per square kilometre. About 98% of a population of about 6 million are Chinese, most of whom have their family origins in Kwangtung province. English is the principal language of government, but the main language to be heard in the streets is Cantonese.

In 1982 negotiations commenced on Hong Kong's future, and in 1984 China and Britain signed a joint declaration under which China would resume sovereignty over the whole colony in 1997, promising to grant Hong Kong a high degree of autonomy, allowing capitalism and the inhabitants' lifestyle to continue undisturbed for 50 years. In 1990 China declared a Basic Law for the Hong Kong Special Administrative Region after 1997. This provided that one-third of the members of the legislature would be directly elected, and that the Chief Executive (to be appointed by Beijing) would have greater powers than the existing British governor. A 1992 British plan to extend democracy before 1997 sparked tensions with China, which in 1993 approved the formation of a special Chinese advisory committee to prepare for Hong Kong's return.

Benham

图XG12-1-4《告别香港纪念》拾圆硬币封 说明卡 背面

图XG13-1-1《香港回归中国》壹圆硬币封

珍稀度：★★★☆

发行的1便士邮票，加盖告别香港主题的伦敦1997.6.30和1997.7.1纪念邮戳。内卡印制精美典雅，记载了此邮币封的发行主题与概况，并带英文说明卡（图XG12-1-3、XG12-1-4），记载了从1842年英国租占香港到1997年归还我国的简单历史历程。发行量为5000枚，市场较少，珍稀度为三星级+；参考价为250元。

13. XG13《香港回归中国》壹圆硬币封（XG13-1）

此邮币封镶嵌香港“紫荆花”壹圆流通硬币一枚，贴香港1.3元邮票，并加盖“香港1997.6.30”邮政日戳，带德文说明卡（图XG13-1-3—XG13-1-4）。市场较为稀

图XG13-1-2《香港回归中国》壹圆硬币封 背面

Hongkong

Geschichte / Politik

Im 18. Jahrhundert wurde England zur stärksten Handels- und Seemacht im Südchinesischen Meer. China selbst schloß sich jedoch gegen alle fremden Einflüsse weitgehend ab. England begann daher, Opium ins Land einzuschleusen, welches mit Silber bezahlt wurde. Dies schädigte nicht nur die Gesundheit der chinesischen Bevölkerung, sondern zerrüttete auch die Finanzen Chinas. 1839 verbot der chinesische Kaiser den Opiumhandel und ließ zirka 1000 Tonnen vernichten, was zum ersten Opiumkrieg führte, den China verlor. Im Frieden von Nangking verpflichtete sich China unter anderem zur Abtretung der Insel Hongkong an England, welches darauf einen Freihafen errichtete. 1841 wurde Hongkong britische Kronkolonie. Mit der wachsenden Emigration von Chinesen nach Amerika und Australien wurde sie zu einem Zentrum im Passagierverkehr und zu einem wichtigen Umschlagplatz für europäische und amerikanische Handelsgüter. 1860 pachtete England den Naturhafen Kaulun – und 1898 die ganze Halbinsel nördlich davon bis zum Sham-Chun-Fluß, die «New Territories». Wegen der ständig wachsenden Einwanderung von Festlandchinesen entwickelte sich Hongkong rasch und wurde zu einem wichtigen Handels- und Produktionszentrum im ostasiatischen Raum.

图XG13-1-3《香港回归中国》壹圆硬币封 德文说明卡 正面

少，珍稀度为三星级+；参考价为280元。

Die Regierungsgeschäfte führt, stellvertretend für die britische Königin, ein Gouverneur. Da der Pachtvertrag für die «New Territories» 1997 abläuft, haben bereits Verhandlungen zwischen China und Großbritannien über die Zukunft Hongkongs stattgefunden. China beansprucht die volle Souveränität über das Gebiet, will es aber als «besondere Verwaltungszone» behandeln.

Bevölkerung/Kultur

Die Bevölkerung Hongkongs besteht zu etwa 98% aus Chinesen. Der freie Zugang und die nach und nach entstehenden Erwerbs- und Ausbildungsmöglichkeiten ließen die Bevölkerungszahl gegen Ende des 19. Jahrhunderts sprunghaft anwachsen. Dazu kamen nach verschiedenen Rebellionen und Revolutionen in China große Flüchtlingswellen. Zwischen 1900 und 1930 stieg die Einwohnerzahl von 280000 auf 1,2 Millionen. Während der japanischen Besetzung im Zweiten Weltkrieg sank sie vorübergehend auf 600000, stieg aber anschließend im Verlaufe zweier Jahre wieder auf 1,8 Millionen an. 1950 mußte die Regierung Einwanderungsbeschränkungen einführen, welche aber von Zehntausenden umgangen wurden. Wem es gelang, die Grenze zu überschreiten, durfte bleiben. Erst seit 1980 werden illegale Einwanderer wieder abgeschoben, und das ständige Mitführen von Identitätskarten ist obligatorisch. In Hongkong hat sich die chinesische Kultur mit starken westlichen Einflüssen vermischt. Da die Insel vor 1840 bedeutungslos und wenig besiedelt war, findet man kaum historische Kulturerzeugnisse. Hingegen werden im Verlauf des Jahres einige Feste gefeiert, die auf alte chinesische Traditionen zurückgehen. In den Städten kann man Konzerte, Museen und – in Victoria – das Weltraumtheater besuchen, besonders aber ein brodelndes Nachtleben genießen.

Hongkong

Offizielle Bezeichnung	Hongkong
Politische Zugehörigkeit	Großbritannien
Lage	Ostasien 22,3° N/114,2° O
Nachbarstaat	China
Fläche	1045 km²
Einwohnerzahl	1984: 5287000 Einw.
Sprachen	Englisch Chinesich
Hauptstadt	Victoria (1 Mio. Einw.)
Weitere Städte	Kaulun (1,5 Mio. Einw.) N. Kaulun (700000 Einw.)
Währung	Hongkong-Dollar (1 HK-$ = 100 Cents)

Geographie/Wirtschaft

Hongkong liegt an der Südküste Chinas in der Provinz Kwangtung. Es besteht aus der Insel Hongkong – mit der Hauptstadt Victoria – und den «New Territories», die ihrerseits aus einer hügeligen, stark gegliederten Halbinsel und etwa 240 Inseln bestehen und etwa 90% des ganzen Gebietes ausmachen. Victoria und Kaulun bilden einen der größten Naturhäfen der Welt. Beide Städte sind mit ihren Wolkenkratzern und Neonlichtern Weltstädte westlicher Prägung. Nachdem die Bedeutung Hongkongs als Handels- und Freihafen – als «Warenhaus Chinas» – wegen kriegerischer Ereignisse wie kommunistische Revolution und Koreakrieg stark abgenommen hatte, nahm die industrielle Produktion von Konsumgütern rasch zu. Westliche Firmen produzierten mit billigen Arbeitskräften zuerst Textilien, Kleider- und Billigwaren, dann aber auch Uhren, Fotoapparate, optische Geräte und elektronische Apparate. Hongkong wurde auch zu einem bedeutenden internationalen Finanzplatz. Die zweitgrößte Einnahmequelle ist der Tourismus: Jährlich besuchen gegen 2,5 Millionen Südostasiaten, Amerikaner und Europäer die brodelnde Stadt.

图XG13-1-4《香港回归中国》壹圆硬币封 德文说明卡　背面

14. XG14《庆祝香港回归祖国纪念》古币、牡丹币和港币木简明信片（XG14-1）

此木简明信片同第二章第二节GB7-1，描述和图片均相同。此木简明信片为目前唯一的中国钱币镶嵌木简明信片，市场甚为稀见，珍稀度为四星级+；参考价为1000元。

图XG15-1-1《世界伟大的历史硬币》一仙硬币封

规格：195 mm×100 mm；珍稀度：★★★☆

15. XG15《世界伟大的历史硬币》香港一仙硬币封（XG15-1）

此邮币封于1997年由美国富兰克林造币厂制作，国际钱币学会发行，和第二章JZ8—JZ10一样属于世界各国同系列邮币封，简称“伟大系列”邮币封。

图XG15-1-2《世界伟大的历史硬币》一仙硬币封　背面

图XG16-1-1《 '97上海邮票钱币博览会-中国集邮日》五仙硬币封
规格：230 mm×120 mm； 珍稀度：★★★☆

图XG16-1-2《 '97上海邮票钱币博览会-中国集邮日》五仙硬币封 背面

镶嵌一枚香港1933年版一仙流通硬币，贴香港《维多利亚风景》3.1元邮票一枚，加盖“香港97.6.23”邮戳。规格：195 mm×100 mm，发行量不详，市场较为少见，珍稀度为三星级+；参考价为380元。

16. XG16《 '97上海邮票钱币博览会-中国集邮日》香港五仙硬币封（XG16-1）

此邮币封为上海市集邮总公司为纪念97上海邮票钱币博览会，于1997年11月19日-“中国集邮日”而特别发行的，编号S.J.F（97）20/1（纪念封统一编号），镶嵌香港1967年“女王像”五仙流通硬币一枚，贴中国邮政《长城》50分普通邮票一枚，加盖“中国集邮日-中国上海1997.11.19”纪念邮戳。

币封规格：230 mm×120 mm；设计者：刘详群；发行者：上海市集邮总公司；发行量：不详，封背标注的印量6万枚是纪念封和邮币封的总发行量；纪念封市场常见而币封较为少见，珍稀度为三星级+；参考价为280元。

17. XG17《香港-紫荆花》贰圆硬币和贰拾圆纸币封（XG17-1）

此邮币封简称“紫荆花硬币纸币封”，1998年由Philswiss公司发行，封面有此邮币封的主题—“《Hong Kong-Bauhinia》（香港紫荆花）”字样，正面主图是香港市花紫荆花，镶嵌香港1995年贰圆流通硬币和渣打银行贰拾圆纸币各一枚，贴香港《中华人民共和国香港特别行政区成立纪念》5圆邮票小型张一枚，加盖两枚“香港1997.12.31”邮戳。

币封规格：263 mm×179 mm，系大型邮币封；发行者：瑞士Philswiss公司；发行量：未知；市场甚为少见，珍稀度为四星级；参考价为350元。

图XG17-1-1《香港-紫荆花》贰圆硬币和贰拾圆纸币封

规格：263 mm×179 mm； 珍稀度：★★★★

图XG17-1-2《香港-紫荆花》贰圆硬币和贰拾圆纸币封　背面

18. XG18《所有国家硬币套装》系列中国香港硬币套装邮币卡（XG18-1—XG18-4）

此系列邮币卡简称“富版港币邮币卡”，根据镶嵌硬币和所贴邮票不同又分为多种版式。由美国富兰克林造币厂制作发行，镶嵌香港硬币数枚一套，年号有多种；贴多种香港邮票。

邮币卡规格：292 mm×203 mm；发行者：富兰克林造币厂；发行量：不详；市场所见较少，珍稀度为三星级；参考价为200—300元。

XG18-1《所有国家硬币套装》中国香港硬币套装邮币卡（甲种）

此邮币卡镶嵌一套七枚香港“女王像”流通硬币，面额分别为伍圆、贰圆、壹圆、伍毫、贰毫、一毫、五仙；贴香港1.3元邮票一枚，加盖“香港83.8.17”邮政日戳。市场所见较少，珍稀度为三星级；参考价为250元。

图XG18-1-1《所有国家硬币套装》中国香港硬币套装邮币卡（甲种）
规格：292 mm×203 mm； 珍稀度：★★★

XG18-2《所有国家硬币套装》中国香港硬币套装邮币卡（乙种）

此邮币卡贴香港《紫荆花》1.7元邮票一枚，加盖“香港86.2.26”邮政日戳，其他描述同XG18-1。市场所见较少，珍稀度三星级；参考价300元。

XG18-3《所有国家硬币套装》中国香港硬币套装邮币卡（丙种）

此邮币卡贴香港《鸟》邮票一枚，加盖“香港86.4.20”邮政日戳，其他描述同XG18-1。市场所见较少，珍稀度为三星级；参考价为300元。

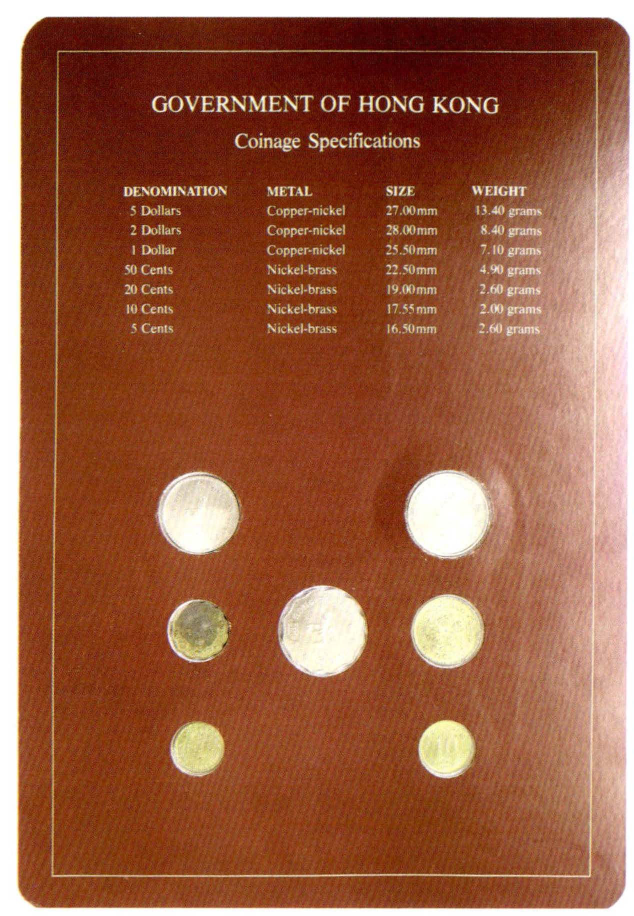

图XG18-1-2《所有国家硬币套装》中国香港硬币套装邮币卡（甲种） 背面

图XG18-2-1《所有国家硬币套装》中国香港硬币套装邮币卡（乙种）

背同图XG18-1-2

规格：292 mm×203 mm；珍稀度：★★★

图XG18-3-1《所有国家硬币套装》中国香港硬币套装邮币卡（丙种）
背同图XG18-1-2

规格：292 mm×203 mm；珍稀度：★★★

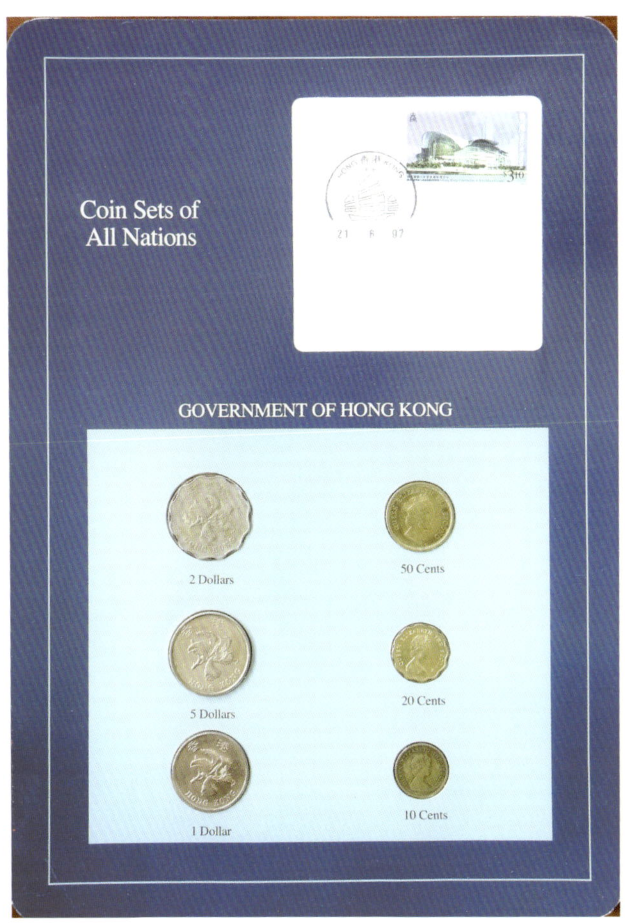

图XG18-4-1《所有国家硬币套装》中国香港硬币套装邮币卡（丁种）

规格：292 mm×203 mm； 珍稀度：★★★

XG18-4《所有国家硬币套装》中国香港硬币套装邮币卡（丁种）

此邮币卡镶嵌一套六枚香港“紫荆花”和“女王像”流通硬币，面额分别为伍圆、贰圆、壹圆、伍毫、贰毫、一毫；贴香港3.1元邮票一枚，加盖“香港97.6.21”邮政日戳。市场所见较少，珍稀度为三星级；参考价为300元。

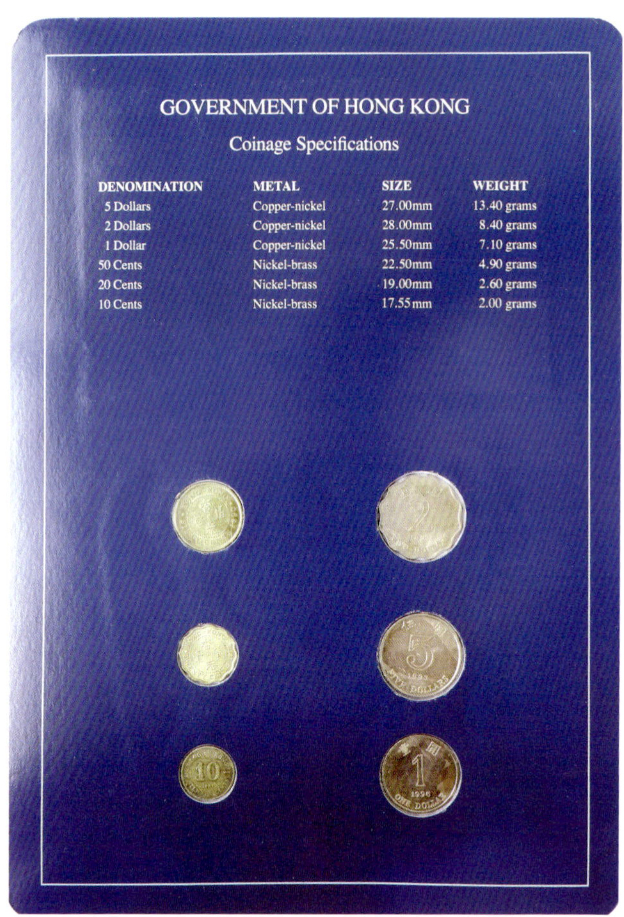

图XG18-4-2《所有国家硬币套装》中国香港硬币套装邮币卡（丁种） 背面

图XG19-1-1《世界各国纸币》中国香港拾圆纸币封

规格：288 mm×152 mm； 珍稀度：★★★

图XG19-1-2《世界各国纸币》中国香港拾圆纸币封 背面

19. XG19《世界各国纸币》中国香港拾圆纸币封（XG19-1）

此邮币封简称“富版香港拾圆纸币封”，于1985年由美国富兰克林造币厂装帧发行，镶嵌香港汇丰银行1978版拾圆纸币一枚，贴香港《女王像》壹圆邮票，加盖“香港81.7.15”邮政日戳。

纸币封规格：288 mm×152 mm；发行者：富兰克林（Franklin）造币厂；发行量：不详。现市场已较少，珍稀度为三星级；参考价为250元。

图XG20-1-1《中国古代服饰》香港拾圆纸币封

规格：263 mm×179 mm； 珍稀度：★★★

20. XG20《中国古代服饰》拾圆港币纸币封（XG20-1）

此邮币封于1988年发行，简称“香港古代服饰拾圆纸币封”，镶嵌香港汇丰银

图XG20-1-2《中国古代服饰》拾圆港币纸币封　背面

行1986版拾圆纸币一枚，贴香港《中国古代服饰》邮票一套四枚，加盖两枚“香港集邮88.4.20”邮戳。

纸币封规格：263 mm×179 mm，系大型邮币封；发行量：未知；市场较少见，珍稀度为三星级；参考价为250元。

图XG21-1-1《各国官方纸币》中国香港拾圆纸币封

规格：232 mm×295 mm；珍稀度：★★★☆

21. XG21《各国官方纸币》中国香港拾圆纸币封

此币封为大型邮币封，简称“地图版香港拾圆纸币封”，镶嵌一枚1987年版香港汇丰银行拾圆纸币，贴香港《白胸渔郎》50分邮票一枚，加盖“香港1988.8.4”邮政日戳。币封正背面有香港地区概况、香港地图等图片和资料及香港钱币的简单介绍。带有英文说明卡（图XG21-1-

Hong Kong

Hong Kong is a British Crown Colony, as is indicated by the royal arms of the United Kingdom above the shipping scene on the $10 banknote of the Hong Kong and Shanghai Banking Corporation. Likewise, the fierce lions on the back of this banknote are symbols not only of Great Britain but also of the bank, as these two sculptured lions crouch near the bank's entrance.

Hong Kong was ceded to the British in 1842 following a war over opium smuggling. Additional territory was acquired in 1860 and 1898, but it still covers only 403 square miles. Hong Kong is a major trading and banking center, and China has indicated its intention to reclaim the colony when the British lease expires in 1997. Should that happen, it would not mean the end of the Hong Kong and Shanghai Banking Corporation, which was established in 1865. Although the headquarters of the bank is in Hong Kong, the firm has widespread interests including ownership of several other major banks. Together with its subsidiaries, the company has more than 1000 offices world-wide.

OFFICIAL BANKNOTES OF EVERY NATION

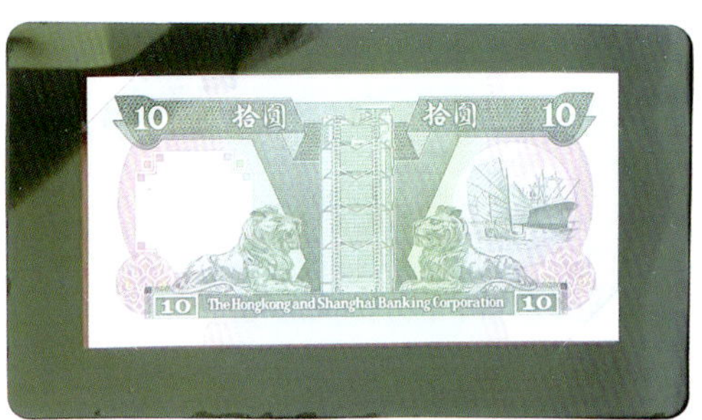

图XG21-1-2《各国官方纸币》中国香港拾圆纸币封　背面

3）。

纸币封规格：232 mm×295 mm，系大型邮币封；发行量：不详；现市场较为稀少，珍稀度为三星级+；参考价为350元。

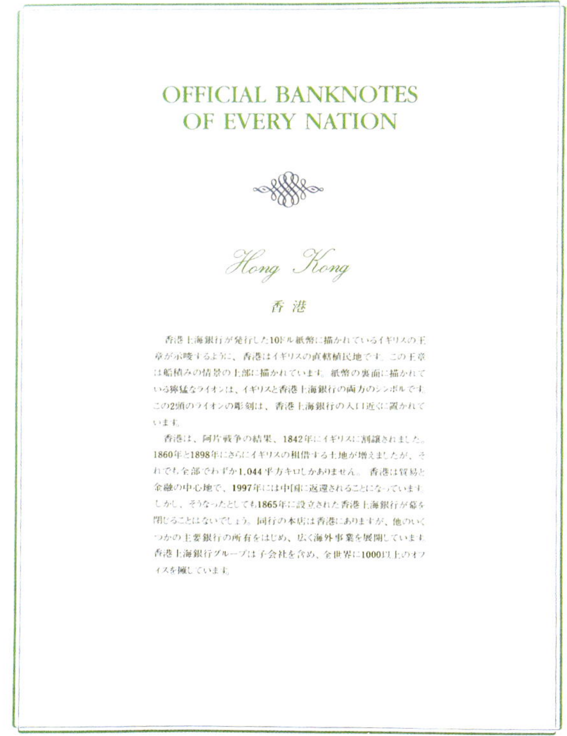

OFFICIAL BANKNOTES
OF EVERY NATION

Hong Kong

香港

香港上海銀行が発行した10ドル紙幣に描かれているイギリスの王章が示唆するように、香港はイギリスの直轄植民地です。この王章は船積みの情景の上部に描かれています。紙幣の裏面に描かれている獰猛なライオンは、イギリスと香港上海銀行の両方のシンボルです。この2頭のライオンの彫刻は、香港上海銀行の入口近くに置かれています。

香港は、阿片戦争の結果、1842年にイギリスに割譲されました。1860年と1898年にさらにイギリスの租借する土地が増えましたが、それでも全部でわずか1,044平方キロしかありません。香港は貿易と金融の中心地で、1997年には中国に返還されることになっています。しかし、そうなったとしても1865年に設立された香港上海銀行が幕を閉じることはないでしょう。同行の本店は香港にありますが、他のいくつかの主要銀行の所有をはじめ、広く海外事業を展開しています。香港上海銀行グループは子会社を含め、全世界に1000以上のオフィスを擁しています。

图XG21-1-3《各国官方纸币》中国香港拾圆纸币封 日文说明卡

22. XG22《各国硬币和纸币》中国香港硬币和纸币邮币折

此邮币折简称“港币和纸币邮币折”，由美国于1988年4月发行，镶嵌香港上海汇丰银行发行的1988年版拾圆纸币和1984年版贰圆流通硬币各一枚，贴香港50分《白胸渔郎》邮票一枚，加盖“香港88.4.20”邮政日戳。

此邮币折设计巧妙，打开欣赏和折叠存放方便，纸币镶嵌于透明塑卡内，品相绝美，可拆出；贰圆硬币为塑封密封设计不可拆出，为原卷拆出全新品相；附有英文说明，介绍了硬币和纸币的相关知识。

币封规格：展开197 mm×255 mm；发行量：不详；现市场甚为稀少，珍稀度为四星级；参考价：400元。

图XG22-1-1《各国硬币和纸币》中国香港硬币和纸币邮币折

规格：197 mm×255 mm；珍稀度：★★★★

图XG22-1-2《各国硬币和纸币》中国香港硬币和纸币邮币折 封面

第三节　澳门地区钱币邮币封（AM）

1. AM1《世界各国硬币》中国澳门壹毫硬币封（AM1-1）

此币封属于美国富兰克林造币厂装帧发行的《世界各国硬币》系列邮币封，镶嵌一枚1975年澳门壹毫流通硬币，贴澳门《大桥》20分邮票一枚，加盖“澳门82.2.10”邮政日戳，封背是鉴定证明书，带有英文说明卡。

硬币封规格：190 mm×100 mm；发行者：美国富兰克林造币厂；发行量：不详，市场所见较少，珍稀度为三星级+；参考价为250元。

2. AM2《澳门风光-帆船图案》系列澳门双鱼壹圆硬币封（AM2-1—AM2-2）

图AM1-1-1《世界各国硬币》中国澳门壹毫硬币封

规格：190 mm×100 mm；珍稀度：★★★☆

图AM1-1-2《世界各国硬币》中国澳门壹毫硬币封　背面

此系列邮币封是瑞士Philswiss公司于1984年至2005年期间装帧发行的，镶嵌一枚澳门流通硬币，币封正面图案为香港风光和帆船图案，爱好者称为“澳门帆船币封”，目前已发现镶嵌两种硬币和贴有六种邮票的不同版别（含AM3），加盖不同日期的“澳门”邮戳，附带德文说明卡。

硬币封规格：175

mm×127 mm；发行者：瑞士Philswiss公司；发行量：不详；珍稀度为二星级+；参考价为150元。

图AM2-1-1《澳门风光-帆船图案》澳门双鱼壹圆硬币封（甲种）
规格：175 mm×127 mm； 珍稀度：★★☆

AM2-1《澳门风光-帆船图案》澳门双鱼壹圆硬币封（甲种）

此币封镶嵌一枚1983年澳门双鱼壹圆流通硬币，贴澳门《帆船》2圆和20分邮票各一枚，加盖“澳门1984.10.22”纪念邮戳，带有德文说明卡（图AM2-1-3、AM2-1-4），其他描述同上。珍稀度为二星级+；参考价为150元。

图AM2-1-2《澳门风光-帆船图案》澳门双鱼壹圆硬币封（甲种） 背面

AM2-2《澳门风光-帆船图案》澳门双鱼壹圆硬币封（乙种）

此币封贴澳门《帆船》2圆和60分邮票各一枚，加盖“澳门1984.10.22”纪念邮戳，带有德文说明卡，其他描述同AM2-1。珍稀度为二星级+；参考价为150元。

Macao

Geschichte/Politik

Vor der chinesischen Südküste tanzt eine Dschunke im Taifun. Eine Frau – erst im letzten Augenblick an Bord gekommen – steht auf und befiehlt den Elementen, sich zu beruhigen. Ohne weiteren Zwischenfall macht die Dschunke an der Küste fest, die Frau geht an Land und schwebt zum Himmel. Der Tempel aus dem frühen 14. Jahrhundert wird ihr zu Ehren A-Ma-Tempel getauft. Als die Portugiesen im 16. Jahrhundert hier landeten und nach dem Namen des Gebietes fragten, erhielten sie zur Antwort: «A-Ma-Gao» – die Bucht der A-Ma. Daraus ist dann Macao geworden. 1557 verpachtete der Kaiser von China das Gebiet den Portugiesen, weil diese ihm beim Kampf gegen die Seeräuber geholfen hatten. Bis 1685 blieb Macao der einzige chinesische Außenhandelsposten und wurde zum Zentrum der politisch-diplomatischen Wirtschaftsaktivitäten zwischen China und dem Ausland. Ab 1845 nahm seine Bedeutung aber immer mehr ab. Gründe waren der wachsende Einfluß der Englisch-Ostindischen Kompanie, das Aufblühen der britischen Kolonie Hongkong und die fortschreitende Versandung des Hafens. Macao galt immer mehr als Schmugglernest und Glücksspielparadies. Das Gebiet hat seit 1976 die volle innere Souveränität unter portugiesischer Oberhoheit und heißt offiziell «Chinesisches Territorium unter portugiesischer Verwaltung».

图AM2-1-3《澳门风光-帆船图案》澳门双鱼壹圆硬币封（甲种）德文说明卡

Portugal möchte allerdings seine letzte Überseeprovinz gerne loswerden, doch die Volksrepublik China hat kein Interesse, da die politische und wirtschaftliche Macht ohnehin vorwiegend in den Händen pekingfreundlicher Chinesen liegt. So dämmert Macao als ein vom Verfall gekennzeichneter, doch idyllischer Anachronismus dahin.

Bevölkerung/Kultur

Macao ist mit seinen 300000 Einwohnern, die auf einer Fläche von 16 km² leben, völlig überbevölkert. Nur etwa 8000 sind Portugiesen und Eurasier, die überwältigende Mehrheit besteht aus Chinesen. Der Bevölkerungsstruktur entsprechend gehören die meisten Macanesen dem Buddhismus an. Nur etwa 10% sind Katholiken, wobei sich die beiden Religionen allerdings zum Teil sehr stark vermischt haben. Die Macanesen sind sehr wundergläubig. Über geschichtliche Ereignisse existieren eine große Zahl von Wundergeschichten. Die offizielle Amtssprache ist Portugiesisch, die Umgangssprache jedoch weitgehend Chinesisch. Als Handelssprache dient Englisch. Aus der Blütezeit Macaos sind noch einige prachtvolle Barockvillen und Regierungspaläste einigermaßen erhalten geblieben, die auf den damaligen Glanz der Hauptstadt hinweisen. Wahrzeichen ist die Paulskirche, von welcher aber nur noch die Fassade steht: eine phantastische Mischung aus europäischem Barock und chinesisch-japanischen Ornamenten.

Geographie/Wirtschaft

Macao liegt an der Südküste Chinas, etwas westlich von Hongkong an der Mündung des Perl-Flusses. Es besteht aus einer Halbinsel, auf welcher die Hauptstadt «Ciudade do Santo Nome de Deus de Macau» und der Hafen liegen und die mit einer schmalen Landbrücke – dem «Grenz-Tor» – mit dem chinesischen Festland verbunden ist, sowie den beiden Inseln Taipa und Coloane, welche über eine Brücke beziehungsweise einen Fahrdamm erreicht werden können. Macao lebt heute hauptsächlich von Glücksspiel und Tourismus. Beides wird organisiert von der «Gesellschaft für Tourismus und Unterhaltung» – einer Gruppe pekingfreundlicher chinesischer Millionäre aus Hongkong – auch das «Syndikat» genannt. Dem Syndikat gehören die Tragflügelboote, die täglich etwa 6000 Glücksspieler aus Hongkong bringen, die legalen Casinos, das sagenhafte 600-Zimmer-Hotel «Lisboa» und ein Helikopter-Service. Es bezahlt der Regierung dafür, daß es den Spielern das Geld aus der Tasche holen darf, 6 Millionen Dollars pro Jahr und führt weitere 10–12 Millionen an Wohltätigkeitsorganisationen ab, zu welchen merkwürdigerweise auch die staatliche Elektrizitätsgesellschaft gehört. Eine weitere Erwerbsquelle ist die «Schallplattenpiraterie»: das Anfertigen von Raubschnitten – illegale Kopien von Schallplatten und Kassetten – welche dann in ganz Asien verkauft werden.

Macao

Offizielle Bezeichnung	Macao Macau
Politische Zugehörigkeit	Chinesisches Territorium unter portugiesischer Verwaltung
Lage	Ostasien 22,3° N/113,0° O
Fläche	16 km²
Einwohnerzahl	zirka 300000 Einw.
Sprachen	Portugiesisch, Chinesisch, Englisch
Hauptstadt	Macao (zirka 270000 Einw.) «Ciudade do Santo Nome de Deus de Macau»
Gliederung	Halbinsel Macao Inseln Taipa und Coloane
Währung	Pataca (1 Pataca = 100 Avos)

图AM2-1-4《澳门风光-帆船图案》澳门双鱼壹圆硬币封（甲种）德文说明卡　背面

3. AM3《澳门风光-帆船图案》系列澳门壹毫硬币封（AM3-1—AM3-4）

此系列澳门硬币邮币封描述如AM2，因发行年代相隔较远，硬币和邮票亦均不同，故单独列为一个品种系列。

图AM2-2-1《澳门风光-帆船图案》澳门双鱼壹圆硬币封（乙种）背同图AM2-1-2

规格：175 mm×127 mm； 珍稀度：★★☆

AM3-1《澳门风光-帆船图案》澳门壹毫硬币封（甲种）

此币封镶嵌一枚1996年澳门壹毫流通硬币，贴澳门《传说与神话（六）梁山伯与祝英台-三载同窗》3.5圆邮票一枚，加盖“集邮-澳门2005.03.08”纪念邮戳，带有德文说明卡，其他描述同上。珍稀度为三星级；参考价为200元。

图AM3-1-1《澳门风光-帆船图案》澳门壹毫硬币封（甲种）

规格：175 mm×127 mm； 珍稀度：★★★

AM3-2《澳门风光-帆船图案》澳门壹毫硬币封（乙种）

此币封贴澳门《传

图AM3-1-2《澳门风光-帆船图案》澳门壹毫硬币封（甲种） 背面

图AM3-2-1《澳门风光-帆船图案》澳门壹毫硬币封（乙种）
背同图AM3-1-2
规格：175 mm×127 mm； 珍稀度：★★★

说与神话（六）梁山伯与祝英台-十八相送》3.5圆邮票一枚，其他描述同AM3-1。珍稀度为三星级；参考价为200元。

AM3-3《澳门风光-帆船图案》澳门壹毫硬币封（丙种）

此币封贴澳门《传说与神话（六）梁山伯与祝英台-楼台会访英台》3.5圆邮票一枚，其他描述同AM3-1。珍稀度为三星级；参考价为200元。

AM3-4《澳门风光-帆船图案》澳门壹毫硬币封（丁种）

此币封贴澳门《传说与神话（六）梁山伯与祝英台-马家逼婚》3.5圆邮票一枚，其他描述同AM3-1。珍稀度为三星级；参考价为200元。

图AM3-3-1《澳门风光-帆船图案》澳门壹毫硬币封（丙种）
背同图AM3-1-2
规格：175 mm×127 mm ； 珍稀度：★★★

图AM3-4-1《澳门风光-帆船图案》澳门壹毫硬币封（丁种）
背同图AM3-1-2
规格：175 mm×127 mm ； 珍稀度：★★★

图AM4-1-1《世界伟大的历史银币》澳门伍圆银币封（甲种）
规格：195 mm×100 mm；珍稀度：★★★★

图AM4-1-2《世界伟大的历史银币》澳门伍圆银币封（甲种）　背面

Macao　　GREAT HISTORIC SILVER COINS OF THE WORLD

5 Patacas

Macao is one of the last vestiges of Portugal's world-wide empire which was established in the 16th century and once included portions of India, South America and Africa. Located on the south coast of China only about 40 miles from Hong Kong, Macao has a total area of about six square miles. After being visited by Vasco de Gama in 1497, Macao became a Portuguese trade port in 1557. In 1849, Portugal decided that it should be a free port, but this was not confirmed by China until 1887.

As a free port, Macao gained a reputation as a smuggling oasis and until the 1970's, it was a center for gold trading. Today, the major sources of income are tourism, gambling, and light industry. While these would seemingly make Macao financially independent, money alone never solved its dependence on China for food, water and electricity. Consequently, Great Britain and Portugal had little choice but to return Macao and Hong Kong to China in 1999. They are the last territories held by European countries.

Interestingly, Portugal did not produce distinctive coins for Macao until nearly four centuries after opening the port. Dated 1952, the highest denomination is the silver 5 patacas which bears the arms of Portugal above the date while the arms of Macao appear on the reverse together with the denomination and the name of the possession which is also stated in Chinese. It will be noted that the arms include a Chinese dragon on the shield.

D1F7809

图AM4-1-3《世界伟大的历史银币》澳门伍圆银币封　英文说明卡

4. AM4《世界伟大的历史银币》系列澳门伍圆银币封（AM4-1—AM4-3）

该系列和第二章JZ4—JZ7一样属于世界各国的同系列邮币封，简称“伟大系列”邮币封，由美国富兰克林造币厂制作，国际钱币学会发行，带英文说明卡（图AM4-1-3）。

银币封规格：195 mm×100 mm；发行量不详，目前市场甚为少见，珍稀度为四星级；参考价为450元。

AM4-1《世界伟大的历史银币》澳门伍圆银币封（甲种）

此银币封镶嵌一枚1952年澳门伍圆银币，贴澳门1.5元普通邮票一枚，加盖“集邮-澳门1992.9.15”纪念邮戳。其他描述同上。

市场甚为少见，珍稀度为四星级，参考价为450元。

AM4-2《世界伟大的历史银币》澳门伍圆银币封（乙种）

此银币封镶嵌一枚1952年澳门伍圆银币，贴澳门1元普通邮票一枚，加盖“澳门1993.5.18”邮政日戳。其他描述同上。市场甚少见，珍稀度为四星级；参考价为450元。

图AM4-2-1《世界伟大的历史银币》澳门伍圆银币封（乙种）
规格：195 mm×100 mm；珍稀度：★★★★

图AM4-2-2《世界伟大的历史银币》澳门伍圆银币封（乙种） 背面

AM4-3《世界伟大的历史银币》澳门伍圆银币封（丙种）

此银币封镶嵌一枚1952年澳门伍圆银币，贴澳门《环保-鸟》1元邮票一枚，加盖“集邮-澳门1996.4.13”邮政日戳。其他描述同上。市场甚少见，珍稀度为四星级；参考价为450元。

图AM4-3-1《世界伟大的历史银币》澳门伍圆银币封（丙种）
背同图AM4-1-2
规格：195 mm×100 mm ；珍稀度：★★★★

图AM5-1-1《2000澳门千禧龙年纪念》伍毫硬币封
珍稀度：★★★☆

图AM5-1-2《2000澳门千禧龙年纪念》伍毫硬币封　内卡

图AM5-1-3《2000澳门千禧龙年纪念》伍毫硬币封　内卡　背面

5. AM5《2000澳门千禧龙年纪念》伍毫硬币封（AM5-1）

2000年是千禧龙年，也是中国生肖龙年。为了纪念世纪交替，澳门二十一世纪邮币卡中心特制作发行《2000澳门千禧龙年纪念》邮币封一枚以资纪念。镶嵌澳门1993年版“舞龙”伍毫铜币一枚，贴澳门1997年《醉龙节》3元邮票一枚。发行量不详，市场所见甚少，珍稀度为三星级+；参考价为280元。

6. AM6《亚洲龙》澳门贰毫和不丹龙钞邮币封（AM6-1）

此硬币纸币邮币封由瑞士Philswiss公司于2003年发行，镶嵌澳门93版“划龙舟”贰毫流通币和不丹1努尔特鲁姆龙钞各一枚，贴中国

2001-10《端午-划龙舟》80分邮票一枚，加盖“黑龙江齐齐哈尔2003.10.29”邮政日戳。发行量不详，市场所见甚少，珍稀度为三星级+；参考价为250元。

图AM6-1-1《亚洲龙》澳门贰毫和不丹龙钞邮币封

珍稀度：★★★☆

7. AM7《所有国家硬币套装》中国澳门硬币套装邮币卡（AM7-1—AM7-4）

图AM6-1-2《亚洲龙》澳门贰毫和不丹龙钞邮币封 背面

此邮币卡简称“富版澳门硬币邮币卡”，由美国富兰克林造币厂制作发行，镶嵌1982-1983年澳门硬币，包括“福、禄、寿”壹、贰、伍毫硬币和“龙、鱼”伍圆、壹圆硬币；贴不同邮票，加盖“集邮-澳门”邮戳。

邮币卡规格：292 mm × 203 mm；发行者：富兰克林公司；发行量：不详；市场所见较少，珍稀度为三星级；参考价为300元。

AM7-1《所有国家硬币套装》中国澳门硬币套装邮币卡（甲种）

此邮币卡贴澳门2.2元邮票一枚，加盖“集邮-澳门84.3.22”邮戳。其他描述如上，珍稀度为三星级；参考价为300元。

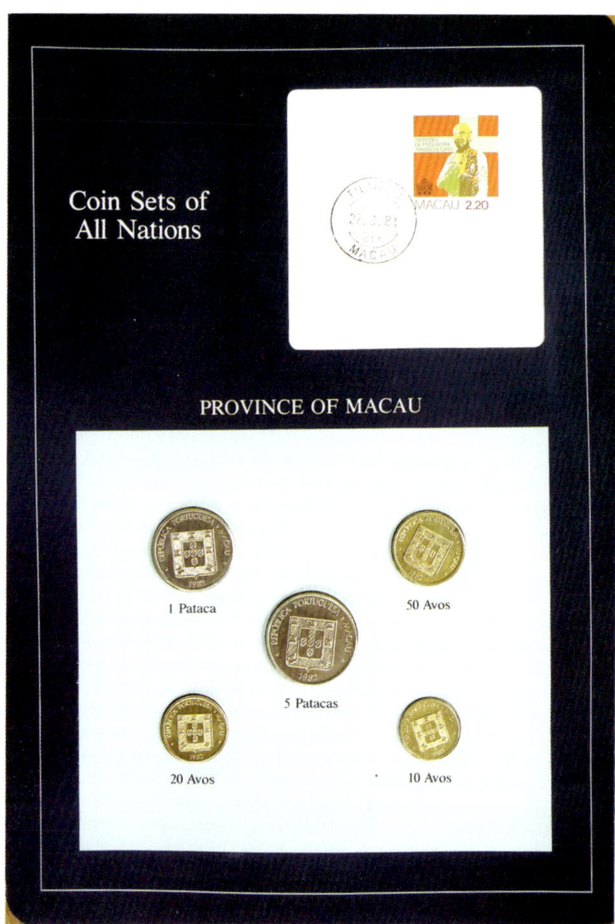

图AM7-1-1《所有国家硬币套装》中国澳门硬币套装邮币卡（甲种）

规格：292 mm×203 mm； 珍稀度：★★★

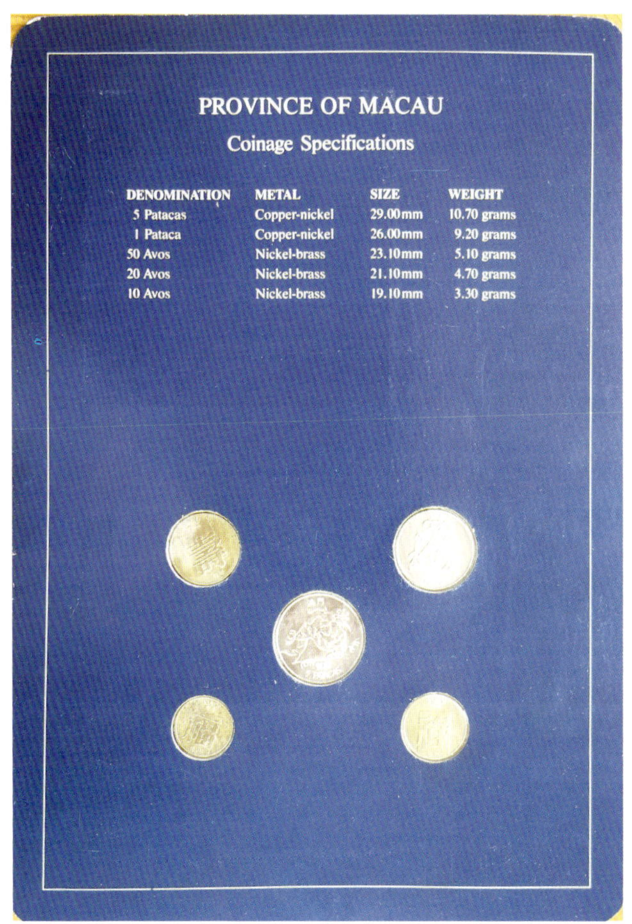

图AM7-1-2《所有国家硬币套装》中国澳门硬币套装邮币卡（甲种） 背面

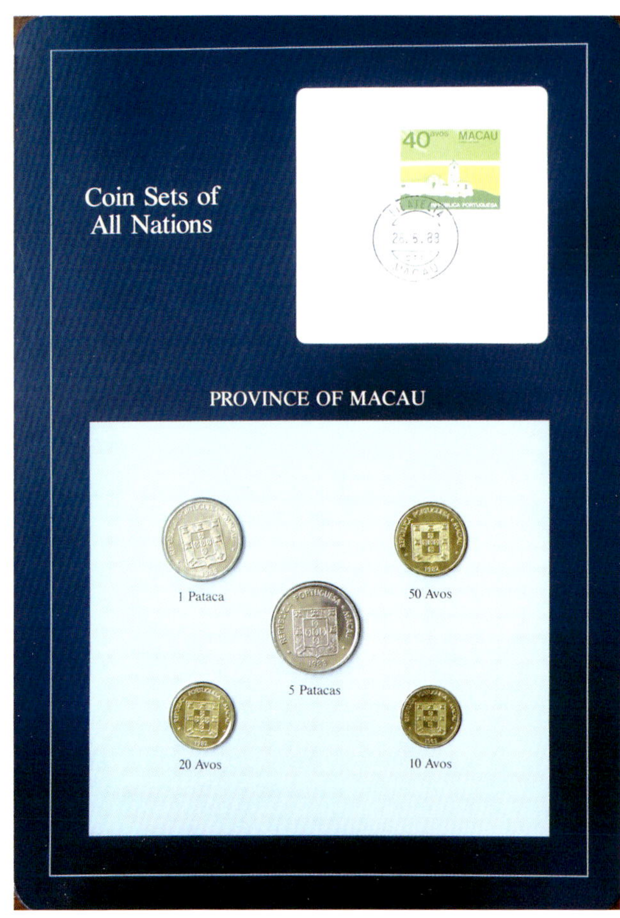

图AM7-2-1《所有国家硬币套装》中国澳门硬币套装邮币卡（乙种）
背同图AM7-1-2
规格：292 mm×203 mm； 珍稀度：★★★

AM7-2《所有国家硬币套装》中国澳门硬币套装邮币卡（乙种）

此邮币卡贴澳门《灯塔》40分邮票一枚，加盖“集邮-澳门88.6.28”邮戳。其他描述如上，珍稀度为三星级；参考价为300元。

AM7-3《所有国家硬币套装》中国澳门硬币套装邮币卡（丙种）

此邮币卡贴澳门邮票一枚，加盖“集邮-澳门88.6.28”邮戳。其他描述如上，珍稀度为三星级；参考价为300元。

AM7-4《所有国家硬币套装》中国澳门硬币套装邮币卡（丁种）

此邮币卡贴澳门《笙》50分邮票一枚，加盖“集邮-澳门87.1.2”邮戳。其他描述如上，珍稀度为三星级；参考价为300元。

图AM7-3-1《所有国家硬币套装》中国澳门硬币套装邮币卡（丙种）
背同图AM7-1-2

规格：292 mm×203 mm；珍稀度：★★★

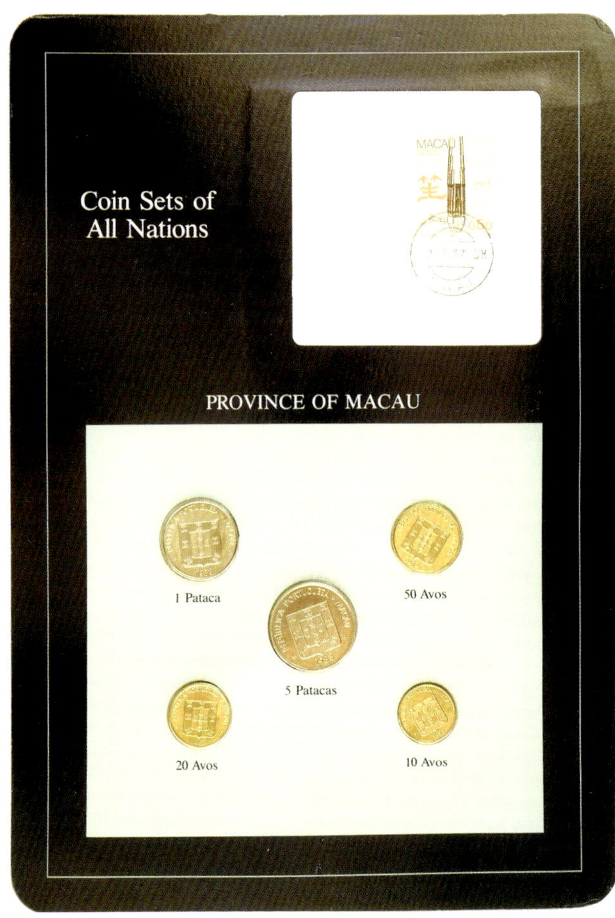

图AM7-4-1《所有国家硬币套装》中国澳门硬币套装邮币卡（丁种）
背同图AM7-1-2
规格：292 mm×203 mm；珍稀度：★★★

图AM8-1-1《世界各国纸币》中国澳门伍圆纸币封
规格：288 mm×152 mm；珍稀度：★★★

8. AM8《世界各国纸币》中国澳门伍圆纸币封（AM8-1）

此邮币封简称“富版澳门伍圆纸币封”，于1983年由美国富兰克林造币厂装帧发行，镶嵌澳门大西洋银行1981版伍圆纸币一枚，贴澳门《名胜古迹（二）》80分邮票一枚，加盖“集邮-澳门83.9.1”邮戳。

纸币封规格：288 mm×152 mm，系大型邮币封；发行者：富兰克林（Franklin）造币厂；发行量不详，现市场已较少，珍稀度为三星级；参考价为300元。

9. AM9《孙逸仙先生诞生120周年纪念》澳门拾圆纸币封（AM9-1）

1986年11月12日

是孙中山先生诞生120周年纪念日，为此澳门邮政特别发行《孙逸仙先生诞生120周年纪念》邮票小型张一枚，镶嵌大西洋银行拾圆纸币，以此制作发行了纸币邮币封，加盖“孙逸仙先生诞生120周年纪念-澳门1986.11.12”首日纪念邮戳。

纸币封规格：263 mm×179 mm，系大型邮币封，发行量不详，市场所见较为稀少，珍稀度为三星级；参考价为300元。

图AM8-1-2《世界各国纸币》中国澳门伍圆纸币封 背面

图AM9-1-1《孙逸仙先生诞生120周年纪念》澳门拾圆纸币封

规格：263 mm×179 mm； 珍稀度：★★★

10. AM10《各国硬币和纸币》中国澳门硬币和纸币邮币折

此邮币折简称“澳门硬币和纸币邮币折”，1988年6月由美国发行，镶嵌大西洋银行发行的1984年版拾圆纸币和1983年版

图AM9-1-2《孙逸仙先生诞生120周年纪念》澳门拾圆纸币封 背面

图AM10-1-1《各国硬币和纸币》中国澳门硬币和纸币邮币折

规格：197 mm×255 mm；珍稀度：★★★★

图AM10-1-2《各国硬币和纸币》中国澳门硬币和纸币邮币折　封面

澳门壹圆双鱼流通硬币各一枚，贴澳门40分邮票一枚，加盖“澳门88.6.28集邮”邮戳。

此邮币折设计巧妙，打开欣赏和折叠存放方便，纸币镶嵌于透明塑卡内，品相绝美，可拆出；壹圆硬币为塑封密封设计不可拆出，为原卷拆出全新品相；附有英文说明，介绍了澳门硬币和纸币的相关知识。

币封规格：展开197 mm×255 mm；发行量不详；现市场甚为稀少，珍稀度为四星级；参考价为400元。

第四节　台湾地区钱币邮币封（TW）

1. TW1《恭祝蒋中正八秩华诞》台湾壹圆纪念币封（TW1-1）

此纪念币封系最早镶嵌有中国台湾省钱币的邮币封，是1966年10月31日为庆祝蒋中正先生八秩华诞而特别制作发行的，发行者是美国99公司，镶嵌台湾省1966年“蒋中正八秩华诞”纪念币一枚，贴台湾省1966年《蒋介石像》壹圆邮票一枚，并加盖邮政日戳，和“寿字”首日纪念邮戳。

币封规格：125 mm×90 mm；发行者：美国99公司；发行量：不详；市场所见甚稀少，珍稀度为四星级+；参考价为680元。

图TW1-1-1《恭祝蒋中正八秩华诞》台湾壹圆纪念币封

规格：125 mm×90 mm；珍稀度：★★★★☆

图TW1-1-2《恭祝蒋中正八秩华诞》台湾壹圆纪念币封　背面

图TW2-1-1《世界各国硬币》中国台湾壹圆硬币封

规格：190 mm×100 mm； 珍稀度：★★★

图TW2-1-2《世界各国硬币》中国台湾壹圆邮币封 背面

2. TW2《世界各国硬币》中国台湾壹圆硬币封（TW2-1）

此币封属于美国富兰克林造币厂装帧发行的《世界各国硬币》系列邮币封，镶嵌一枚台湾省银行壹圆流通硬币，贴台湾省《投笔从戎》2元邮票一枚，加盖“台北78.11.27”邮政日戳，封背是鉴定证明书。

币封规格：190 mm×100 mm；发行者：美国富兰克林造币厂；发行量：不详，市场所见较少，珍稀度为三星级；参考价为200元。

3. TW3《世界伟大的历史硬币》系列台湾伍角硬币封（TW3-1—TW3-2）

此币封属于美国富兰克林造币厂装帧，国际钱币学会发行的《世界伟大的历史硬币》系列邮币封，镶嵌一枚台湾省地图版伍角流通硬币，贴台湾省不同邮票一枚，加盖台北邮政日戳。

币封规格：195 mm×100 mm；发行量不详，市场所见较少，珍稀度为三星级至三星级+；参考价为300—350元。

TW3-1《世界伟大的历史硬币》台湾伍角硬币封（甲种）

此邮币封贴台湾省《松树》3元邮票一枚，加盖“台北91.1.9”邮政日戳。其他描述同上。市场所见较少，珍稀度为三星级；参考价为300元。

市场尚见硬币反装者，加盖“台北90.8.1”邮政日戳，其他描述同上，甚少见也（图TW3-1-3、TW3-1-4）。

TW3-2《世界伟大的历史硬币》台湾伍角硬币封（乙种）

此邮币封贴台湾省《富贵角灯塔》5元邮票一枚，加盖“台北92.8.31”邮政日戳。其他描述同上。市场所见甚少，珍稀度为三星级+；参考价为350元。

图TW3-1-1《世界伟大的历史硬币》台湾伍角硬币封（甲种）

规格：195 mm×100 mm； 珍稀度：★★★

图TW3-1-2《世界伟大的历史硬币》台湾伍角硬币封（甲种） 背面

图TW3-1-3《世界伟大的历史硬币》台湾伍角硬币封（甲种）反装

图TW3-1-4《世界伟大的历史硬币》台湾伍角硬币封（甲种） 反装 背面

图TW3-2-1《世界伟大的历史硬币》台湾伍角硬币封（乙种）背同图TW3-1-2

规格：195 mm×100 mm；珍稀度：★★★☆

图TW4-1-1《台湾风光-铁路工人图案》台湾伍角硬币封

规格：175 mm×127 mm；珍稀度：★★★

4. TW4《台湾风光-铁路工人图案》台湾伍角硬币封（TW4-1）

此系列邮币封是瑞士Philswiss公司装帧发行的，镶嵌一枚台湾伍角流 通硬币，币封正面图案为台湾风光和铁路工人形象图案，爱好者称“铁路工人币封”，贴台湾《鹅銮鼻-灯笼草》3.5元邮票，加盖“台北92.4.17”邮政日戳，附带德文说明卡（图TW4-1-3、TW4-1-4）。

币封规格：175 mm×127mm；发行者：瑞士Philswiss公司；发行量不详，市场少见，珍稀度为三星级；参考价为250元。

图TW4-1-2《台湾风光-铁路工人图案》台湾伍角硬币封 背面

Taiwan

Geschichte / Politik

Ursprünglich lebte auf Taiwan eine malayisch-polynesische Urbevölkerung, deren Reste heute in die abgeschiedenen Gebirge verdrängt sind. Mehrere Versuche der Kolonialmächte, Formosa – «die schöne Insel» – in Besitz zu nehmen, scheiterten. 1683 eroberten die chinesischen Mandschu Taiwan und gliederten es der Festlandprovinz Fu-jian an. Nun setzte eine lebhafte Zuwanderung durch Chinesen ein. Als Folge des chinesisch-japanischen Krieges wurde 1895 Taiwan an Japan abgetreten, unter dessen Herrschaft es bis 1945 blieb. Damals wurde der Grundstein für den wirtschaftlichen Aufschwung nach dem Zweiten Weltkrieg gelegt. Unter japanischer Leitung entstand eine Infrastruktur, der Anbau von Agrarprodukten wurde intensiviert und die positive Einstellung der Bevölkerung zur Marktwirtschaft gebildet. 1949 kam es zu einer tiefgreifenden Veränderung. Die chinesische Partei der Kuomintang unter ihrem Führer Tschiang Kai-schek unterlag im Bürgerkrieg auf dem Festland den Truppen der von Mao Tse-tung geführten Roten Armee der Kommunisten. Tschiang Kai-schek, seine nationalistische Regierung und rund zwei Millionen Anhänger wurden vom Festland vertrieben und siedelten sich in Taiwan an. Die Nationalchinesen übernahmen sogleich die Führung auf der Insel und nahmen weiterhin in Anspruch, die einzig legitime Regierung Chinas zu sein.

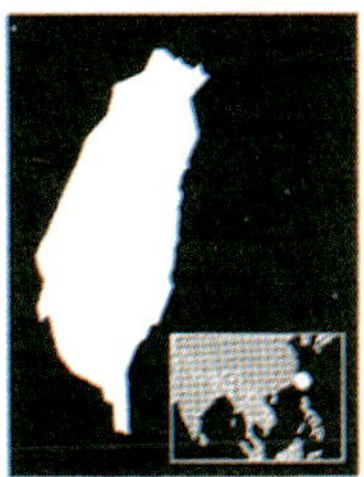

图TW4-1-3《台湾风光-铁路工人图案》台湾伍角硬币封 德文说明卡

Die nichtkommunistischen Staaten erkannten auch dies an: Taiwan war bis 1971 die alleinige Vertretung Chinas. Mit der Unterstützung der USA wurde Taiwan zum militärischen und wirtschaftlichen Stützpunkt ausgebaut. Durch eine tiefgreifende Agrarreform sicherten sich die Nationalchinesen die Unterstützung der einheimischen Taiwanesen. 1971 brachen die USA nach dem Besuch Nixons in der Volksrepublik China die diplomatischen Beziehungen zu Taiwan ab. Dieses mußte zudem seinen Sitz in der UNO an die Volksrepublik China abtreten und wurde aussenpolitisch immer stärker isoliert. Heute unterhalten nur noch 22 Staaten diplomatische Beziehungen zur Inselrepublik.

Bevölkerung / Kultur

Auf Taiwan gibt es hauptsächlich drei Bevölkerungsgruppen, die das Leben auf der Insel bestimmen. Die malayisch-polynesischen Ureinwohner leben als Jäger, Sammler und Wanderhackbauern in den Bergwäldern. Die Mehrheit der Einwohner stellen die Taiwaner. Sie sind die Nachkommen der früheren chinesischen Siedler und leben als Bauern am Gebirgsfuß oder als Bauern, Fischer und Kaufleute in den Küstenebenen. Als dritte Gruppe kamen 1949 die nationalchinesischen Flüchtlinge, welche sich vor allem in den Städten niederließen. Taiwan gehört heute zu den Staaten Asiens mit dem höchsten Lebensstandard. Eine Ursache dafür ist das gut ausgebaute Bildungswesen. Viele hunderttausend Besucher kommen jedes Jahr nach Taiwan, um dort chinesische Tradition zu erleben, chinesische Kunst zu bewundern oder die Besonderheiten der Landschaft zu genießen. Wirtschaftliches und kulturelles Zentrum ist die Hauptstadt Taipeh. Mehrere sehenswerte Tempelanlagen und Schreine, vor allem aber das National Palace Museum, das die wertvollste Sammlung chinesischer Kunst beherbergt, können hier besichtigt werden.

Taiwan

Offizielle Bezeichnung	Republik China/RC Taiwan/Formosa/ Nationalchina
Lage	Ostasien/Pazifik
Fläche	36 179 km²
Einwohnerzahl	1990: 20 260 000
Sprachen	Chinesisch (Staatssprache) Fukien-(Amoy-)Dialekt
Hauptstadt	Taipeh (2 640 000 Einw.)
Weitere Städte	Kaohsiung (1 345 000 Einw.) Taichung (715 000 Einw.) Tainan (657 000 Einw.)
Staatsform	Republik
Währung	Neuer Taiwan-Dollar 1 NT$ = 100 Cents

Geografie / Wirtschaft

Taiwan, ostasiatischer Inselstaat vor der Küste des südchinesischen Festlandes, besteht aus fast 80 Inseln, die durch die 130 km breite Meerenge von Formosa vom Festland getrennt sind. Zum Staatsgebiet gehören die vulkanischen Pescadores-Inseln sowie die direkt vor dem Festland gelegenen Inseln Quemoy und Ma-zu-dao. Die klimatischen Bedingungen werden im wesentlichen bestimmt durch die halbjährlich wechselnden Monsunwinde. In den tiefer gelegenen Gebieten ist die Temperatur ganzjährig hoch, dies bei einer ebenfalls hohen Luftfeuchtigkeit. Durchschnittlich zwei Taifune jährlich richten mehr oder weniger starke Verheerungen an. Üppige Vegetation bedeckt die Hauptinsel, etwa 65 Prozent der Fläche sind bewaldet. In den unzugänglichen Waldgebieten leben noch Wildtiere wie Hirscharten, Wildschweine, Makaken-Affen und Wildkatzen. Früher als Agrarland bekannt, ist Taiwan in den letzten Jahrzehnten zu einem kapitalistischen Industriestaat geworden. Elektrogeräte, Transistorradios, Möbel, Schuhe und Erzeugnisse der chemischen Industrie tragen das Markenzeichen [illegible]

图TW4-1-4《台湾风光-铁路工人图案》台湾伍角硬币封　德文说明卡　背面

5. TW5《所有国家硬币套装》中国台湾硬币套装邮币卡（TW5-1）

此系列邮币卡简称“富版台币邮币卡”，由美国富兰克林造币厂制作发行，镶嵌台湾硬币四枚一套，面额分别为拾圆、伍圆、壹圆和伍角；贴台湾2元邮票一枚，加盖“台北82.10.10”邮政日戳。

邮币卡规格：292 mm×203 mm；发行者：富兰克林造币厂；发行量不详；市场较少见，珍稀度为三星级；参考价为250元。

图TW5-1-1《所有国家硬币套装》中国台湾硬币套装邮币卡
规格：292 mm×203 mm； 珍稀度：★★★

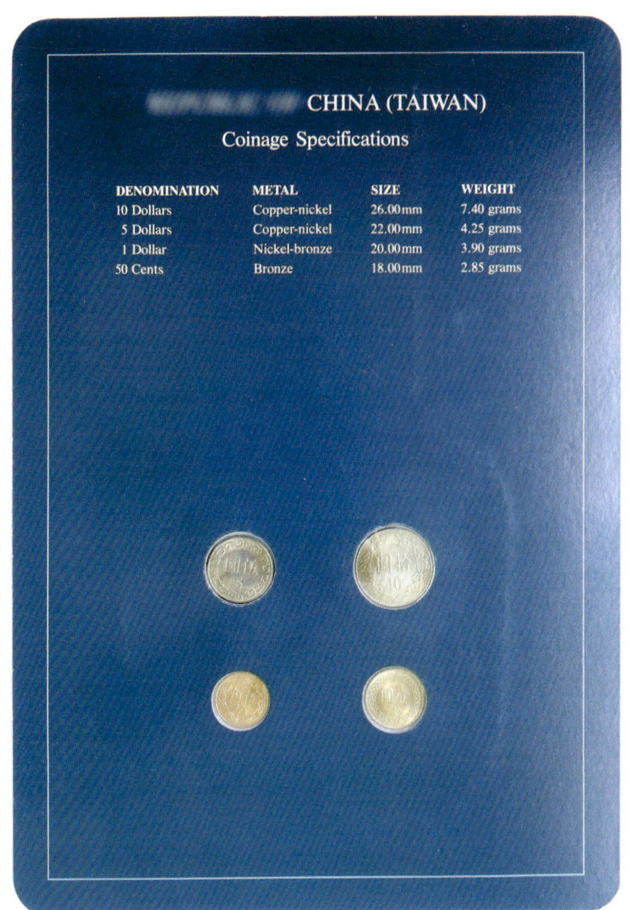

图TW5-1-2《所有国家硬币套装》中国台湾硬币套装邮币卡 背面

6. TW6《世界各国纸币》中国台湾拾圆纸币封（TW6-1）

此邮币封简称“富版台湾拾圆纸币封”，于1981年由美国富兰克林造币厂装帧发行，镶嵌一枚台湾银行拾圆纸币，贴台湾省2元邮票一枚，加盖“台北81.12.28”邮政日戳，带英文说明卡（图TW6-1-3）。

币封规格：288 mm × 152 mm，系大型邮币封；发行者：富兰克林（Franklin）造币厂；发行量不详。现市场已较少，珍稀度为三星级；参考价为200元。

BANKNOTES OF ALL NATIONS

图TW6-1-1《世界各国纸币》中国台湾拾圆纸币封
规格：288 mm×152 mm； 珍稀度：★★★

图TW6-1-2《世界各国纸币》中国台湾拾圆纸币封 背面

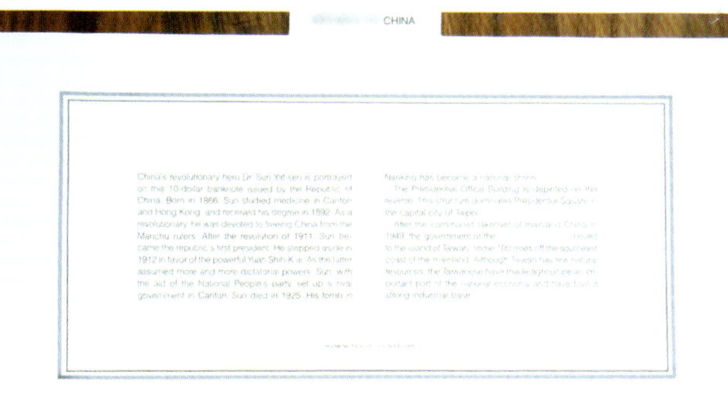

图TW6-1-3《世界各国纸币》中国台湾拾圆纸币封 英文说明卡

7. TW7《世界各地纸币》中国台湾伍角纸币封（TW7-1）

此币封简称“台湾伍角纸币封”，于

图TW7-1-1《世界各地纸币》中国台湾伍角纸币封

规格：251 mm×229 mm； 珍稀度：★★★☆

1986年10月发行，镶嵌台湾省伍角纸币一枚，贴台湾省邮政《松树》2元邮票，加盖“台北86.10.11”邮政日戳，正面有台湾省概况简介资料。

币封规格：251 mm×229 mm；发行量不详；现市场较为稀少，珍稀度为三星级+；参考价为300元。

8．TW8《各国官方纸币》中国台湾拾圆纸币封（TW8-1）

此币封为大型邮币封，简称“地图版台湾拾圆纸币封”，镶嵌一枚台湾省拾圆纸币，贴台湾省2元邮票一枚，加盖“台北88.4.4”邮政日戳。币封正背面有台湾地区概况、台湾地图等图片和资料，和台湾钱币的简单介绍。

币封规格：232 mm×295 mm，系大型邮币封；发行量：不详；现市场甚为稀少，珍稀度为四星级；参考价为450元。

图TW8-1-1《各国官方纸币》中国台湾拾圆纸币封

规格：232 mm×295 mm； 珍稀度：★★★★

Taiwan came under Chinese control during the 17th century and was held until 1895, when the island was ceded to Japan at the conclusion of the Sino-Japanese War. In 1945, at the end of World War II, Taiwan was returned to China and four years later it became the nucleus of the when Chiang Kai-shek and his government were forced from the mainland by the communists. Two million Nationalist supporters followed. The rest of the nearly 20 million population is Taiwanese.

The Republic of China was established in 1911 by Sun Yat-sen (1866–1925) when the empire was overthrown. His portrait, which appears on the 10-yuan banknote of Taiwan, ranks among the most widely used on 20th-century currency. The back of this banknote depicts the Presidential Palace and government building at the capital in Taipei. National Day (Double Ten Day) is celebrated here in the Presidential Square each year on October 10th, in observance of the Revolution of 1911. This huge celebration attracts thousands of Chinese from around the world.

OFFICIAL BANKNOTES OF EVERY NATION

图TW8-1-2《各国官方纸币》中国台湾拾圆纸币封　背面

9. TW9《台湾-故宫缂丝》台湾伍拾圆纸币封（TW9-1）

此邮币封由瑞士Philswiss公司于1995年发行，简称“台湾伍拾圆纸币封”，镶嵌台湾省拾圆纸币一枚，贴台湾省《故宫缂丝》邮票小全张一枚，加盖“台北94.8.23”邮戳。

币封规格：263 mm×179 mm，系大型邮币封；发行量：未知；市场较少见，珍稀度为三星级+；参考价为300元。

图TW9-1-1《台湾-故宫缂丝》台湾伍拾圆纸币封

规格：263 mm×179 mm； 珍稀度：★★★☆

图TW9-1-2《台湾-故宫缂丝》台湾伍拾圆纸币封 背面

第八章 中国邮币封评级珍品鉴赏

对于广大邮币封爱好者而言，较为稀有的邮币封，有两种保存保护方法。第一种用自封护邮袋封装后放入专用集藏册或塑料盒里；第二种可以采取评级封装的形式保存。一般来说我国正规的评级公司如北京公博、中钞鉴定、中金国衡等鉴定评级公司的钱币、邮币封、纪念封评级封装业务比较专业，可以达到密封保存并防霉变、防变形的目的，这点对于南方地区尤为重要。由于评级封装费较高，此种方法仅适合封装较为珍稀或高档的邮币封，或者需要交易的价值较高的邮币封。笔者为了方便在展会上展示之用，并保护十几年来已收集的珍稀邮币封，在已集藏的400余种版别和趣味品邮币封中精选了50枚珍稀品种，送到我国首家钱币鉴定评级公司——北京公博古钱币艺术品鉴定有限公司进行评级封装，现择优与大家一起分享鉴赏。

第一节　古币邮币封评级珍品鉴赏

1. 《中国-东盟商务与投资峰会》五周年纪念系列古币封（GB12-6—GB12-10）

此套古币封是中国集邮总公司发行的唯一一套镶嵌古钱币真币的官方邮币封，也是我国政府唯一一款作为国礼赠予参加国际会议中外嘉宾的一套邮币封。该套古币封装帧了我国古代富有代表性的古钱币，包括唐代开元通宝和清代康熙、乾隆、嘉庆和道光通宝五种古钱币；纪念封设计美观典雅而不失现代新颖；所贴《中国鸟》系列一套六枚邮票也颇具中国特色；制作精美大器，实为古币邮币封中的精典之作。因该套古币封本来发行量很少，而且大都作为国礼赠予了中外嘉宾，现场销售和流入市场的很少，因此目前市场存量甚是稀少，其中贴《中国鸟-红腹锦鸡》邮票的乙种版别更加稀少，珍稀度四星级+，具有较高的收藏和史料价值。如图为公博鉴定封装的此套古币封（乙种），纪念封85—90分，古币上品到美品（图801—805）。

图801-1《第一届中国-东盟商务与投资峰会》乾隆通宝邮币封(乙种)

珍稀度：★★★★☆ 公博评级 邮封90 古币美品

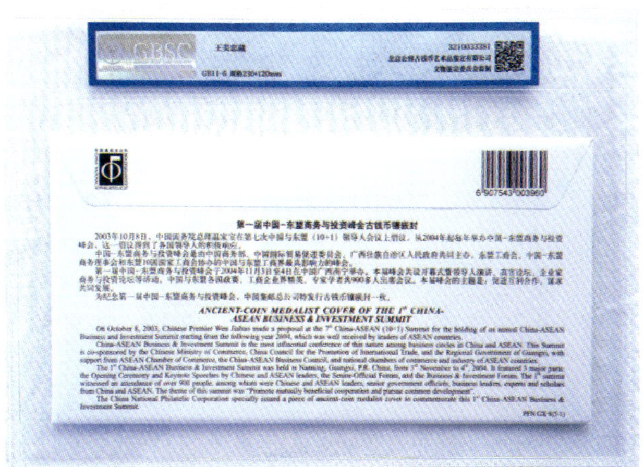

图801-2《第一届中国-东盟商务与投资峰会》乾隆通宝邮币封(乙种)

公博评级 背面

图802《第二届中国-东盟商务与投资峰会》康熙通宝邮币封（乙种）

珍稀度：★★★★☆　公博评级　邮封90　古币美品

图803《第三届中国-东盟商务与投资峰会》道光通宝邮币封（乙种）

珍稀度：★★★★☆　公博评级　邮封92　古币美品

图804《第四届中国-东盟商务与投资峰会》嘉庆通宝邮币封（乙种）

珍稀度：★★★★☆ 公博评级 邮封92 古币美品

图805《第五届中国-东盟商务与投资峰会》开元通宝邮币封（乙种）

珍稀度：★★★★☆ 公博评级 邮封90 古币美品

2.《香港回归祖国-历史屈辱》道光通宝邮币封（GB5-1）

1997年7月1日，中国对香港恢复行使主权，这一伟大的历史事件，将深深镌刻在中国和世界的史册上。这是世界中华儿女普天同庆、激动人心的历史性时刻，庆祝香港回归祖国—这一中国人民期盼了一个半世纪的宏伟宿愿终得实现。此套古币封是为了纪念香港回归而特别发行的，发行日期为1996年8月29日，这是我国自行发行的镶嵌古币真币的首枚邮币封，四个联合发行单位是中国革命博物馆（现中国国家博物馆）、故宫博物院、中国邮票博物馆、商务印书馆，均为我国文博系统的权威机构。本来计划发行一套五枚，但由于各种原因仅发行了首枚古币封，其他四枚因故未发行，加之只有1842枚的发行量，更增加了此枚币封的珍稀性。市场甚为稀少，珍稀度四星级+。此币封由我国第一位邮票总设计师邵柏林大师亲自设计，主题突出、构思奇妙、古朴典雅，具有重要的历史见证史料价值。如图为公博鉴定

图806-1《香港回归祖国-历史屈辱》道光通宝邮币封　1842号

珍稀度：★★★★☆　公博评级　邮封85　古币上品

图806-2《香港回归祖国-历史屈辱》道光通宝邮币封　背面

封装的此枚古币封（图806），系1842关门号。

3.《迎接香港回归祖国纪念》古币、港币封（GB6-1）

此枚古币封与上述《香港回归祖国-历史屈辱》道光通宝邮币封设计风格一样，亦由邵柏林大师设计，中国艺术学会（香港）和香港美术家出版社有限公司联合发行，发行量为1997枚（见第二章相关论述），市场甚为稀少，珍稀度四星级。如图为公博鉴定封装的此枚古币封（图807）。

图807-1《迎接香港回归祖国纪念》古币、港币封
珍稀度：★★★★ 公博评级 邮封90 古币上品 港币XF45

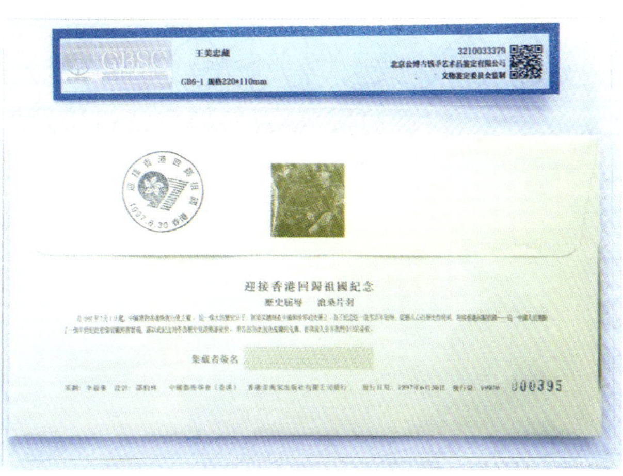

图807-2《迎接香港回归祖国纪念》古币、港币封 背面

4.《世界伟大的历史硬币》元祐通宝邮币封（篆书铁钱）（GB2-1）

该系列邮币封于20世纪90年代初发行，系世界上外国最早

图808-1《世界伟大的历史硬币》元祐通宝邮币封（篆书铁钱）
珍稀度：★★★★☆ 公博评级 邮封85 古币美品

图808-2《世界伟大的历史硬币》元祐通宝邮币封（篆书铁线） 背面

发行的中国古币邮币封，简称“伟大系列”邮币封。由美国富兰克林造币厂制作，国际钱币学会发行。该系列古币封设计古朴典雅，制作端庄精美，发行量甚少，市场甚稀见，为中国古币邮币封经典代表作之一。如图为公博鉴定封装的一枚元祐通宝篆书铁钱古币封（图808）。

5.《长江三峡工程淹没区》系列古币镶嵌封（GB4-1—GB4-3）

这套古币邮币封荣获1997年度湖北省邮品最佳设计奖，堪称古币封设计之典范。20世纪90年代，随着三峡移民迁建工程的全面展开和考古工作的进一步发展，在三峡地区出土和发现了大量的古钱币，1997年湖北省巴东县邮电局利用这些三峡地区出土的古钱币制作发行了此套古币镶嵌封一套三枚，因设计经典，深受邮币封爱好者推崇，现市场已难觅踪迹，特别珍稀。如图为公博鉴定封装的此套古币封（图809－图811）。

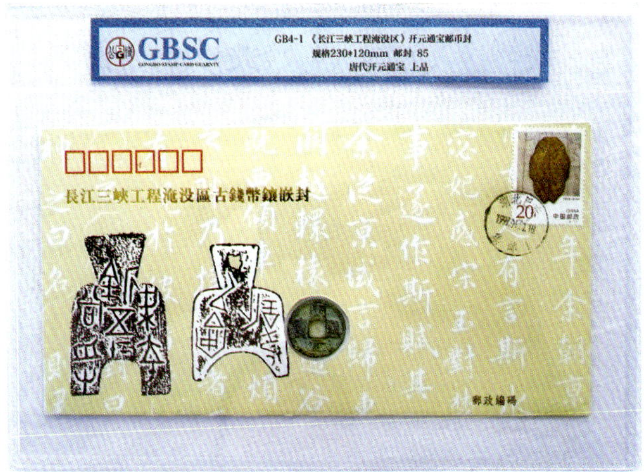

图809-1《长江三峡工程淹没区》古钱币镶嵌封（甲种）

珍稀度：★★★★ 公博评级 邮封85 古币上品

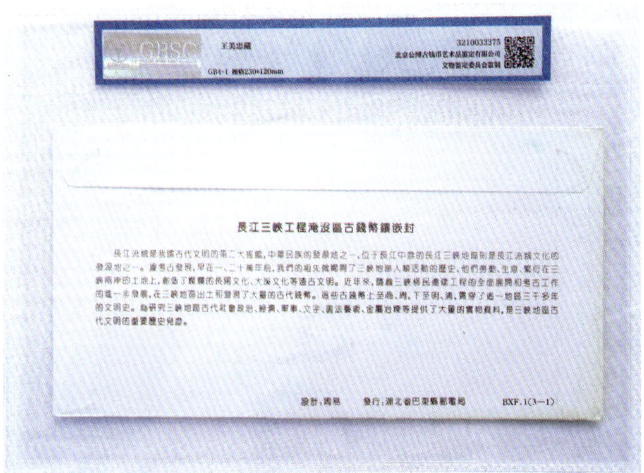

图809-2《长江三峡工程淹没区》古钱币镶嵌封（甲种） 背面

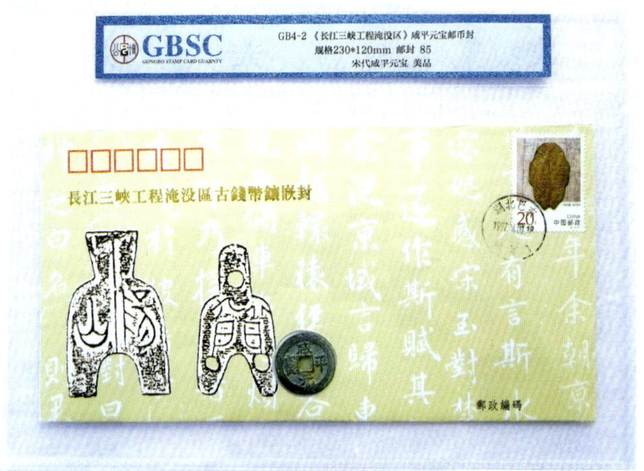

图810《长江三峡工程淹没区》古钱币镶嵌封（乙种之一）

珍稀度：★★★★ 公博评级 邮封85 古币美品

图811《长江三峡工程淹没区》古钱币镶嵌封（丙种之一）

珍稀度：★★★★ 公博评级 邮封80 古币上品

6. 《长江三峡库区大溪文化遗址》古币镶嵌封（GB8-1）

大溪文化遗址位于瞿塘峡东口，长江南岸巫山大溪镇三级台地上，距巫山县城45公里处。大溪文化是长江中游新石器时代早期较为典型的古文化形态，弥补了三峡地区史前文化的空白，对于了解这一地区人类文明的起源具有十分重要的意义。长江三峡工程库区蓄水后，大溪文化遗址被全部淹没，同时遗址也出土了大量古钱币。为此，巫山县邮电局为纪念被淹没的大溪文化遗址，利用这些出土的古钱币特制作发行《长江三峡库区大溪文化遗址》系列古币镶嵌邮币封。该古币封设计典雅美观、颇具特色。尤其是早期发行的小型版古币封，更是特别珍稀，如图为公博鉴定评级的此枚古币封（图812）。

图812-1 《长江三峡库区大溪文化遗址》古币封（甲种之一）

珍稀度：★★★★ 公博评级 邮封90 古币美品

图812-2 《长江三峡库区大溪文化遗址》古币封（甲种之一） 背面

第二节　机制币邮币封评级珍品鉴赏

1.《世界伟大的历史银币》民国二十三年孙像壹圆银币封（甲种）（JZ4-1）

如前所述该系列邮币封简称“伟大系列”邮币封，由美国富兰克林造币厂制作，国际钱币学会发行，是外国早期发行的中国钱币镶嵌邮币封之一。发行量不详，根据市场情况估算每种在几百枚以内，目前市场甚为稀见，加之价值较高的民国三年、九年、十年袁像和二十三年孙像帆船银元邮币封大都已被搞评级的币商或个人破坏拆解而致存世量更加稀少，珍稀度均为五星级。如图为公博鉴定评级的此枚银币封，银元爆款老包浆，韵味厚重（图813）。

图813-1《世界伟大的历史银币》民国二十三年孙像壹圆银币封（甲种）
珍稀度：★★★★★　公博评级　邮封85　银币XF45

图813-2《世界伟大的历史银币》民国二十三年孙像壹圆邮币封（甲种）背面

2.《世界伟大的历史银币》民国二十三年孙像壹圆银币封（乙种）（JZ4-2）

此为本系列银币封的第二种，其他描述如上；如图为公博鉴定评级的此枚银币封（图814）。

图814《世界伟大的历史银币》民国二十三年孙像壹圆银币封（乙种）
珍稀度：★★★★★ 公博评级 邮封85 银币XF45

3.《世界伟大的历史硬币》民国三年袁像壹圆银币封（甲种）（JZ1-1）

此为本系列银币封的第一种，其他描述如1；如图为公博鉴定评级的此枚银币封，可惜因美国人不懂老银元的包浆之美，20世纪90年代初制作银元币封时把银元清洗了，从而失去了部分历史厚重之美（图815）。

图815-1《世界伟大的历史硬币》民国三年袁像壹圆银币封（甲种）
珍稀度：★★★★★ 公博评级 邮封85 银币XF02

图815-2《世界伟大的历史硬币》民国三年袁像壹圆银币封（甲种） 背面

4.《世界伟大的历史硬币》民国十年袁像壹圆银币封（乙种）（JZ3-2）

此为本系列银币封的第二种，其他描述如1；如图为公博鉴定评级的此枚银币封（图816）。

图816《世界伟大的历史硬币》民国十年袁像壹圆银币封（乙种）

珍稀度：★★★★★ 公博评级 邮封90 银币XF02

5.《世界伟大的历史银币》民国黄花岗20分银币封（丙种）（JZ6-3）

此为本系列银币封的第三种，市场甚为稀少，其他描述如1；如图为公博鉴定评级的此枚银币封（图817）。

6.《长江三峡库区大溪文化遗址》四川铜币封（JZ11-3）

此枚铜币封与第一节之6属于同一系列，描述如前。但贴《西夏陵-陵台》邮票者甚少见，系本系列币封中的珍稀品种。如图为公博鉴定评级的此枚铜币封，古色古香，韵味十足（图818）。

图817-1《世界伟大的历史银币》民国黄花岗20分银币封（丙种）

珍稀度：★★★★☆ 公博评级 邮封80 银币XF01

图817-2《世界伟大的历史银币》民国黄花岗20分银币封（丙种） 背面

图818-1《长江三峡库区大溪文化遗址》四川铜币封（丙种）

珍稀度：★★★★　公博评级　邮封85　铜币XF01

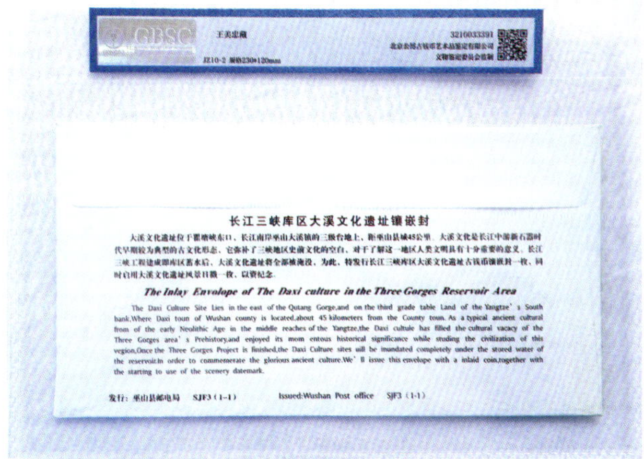

图818-2《长江三峡库区大溪文化遗址》四川铜币封（丙种）　背面

第三节 流通硬币邮币封评级珍品鉴赏

1. 《T119邮政储蓄邮票发行纪念》三枚分币封（乙种）（LYF4-2）

此系列分币邮币封是为纪念中国邮电部发行T119《邮政储蓄》邮票，广东省汕头市邮票公司和汕头市集邮协会特别联合发行的。这是我国自行发行的最早的分币邮币封，也是我国发行量极少的分币封之一。设计简洁独特，三枚分币齐全，发行量只有500枚，甚为珍稀，实属最为稀少的中国邮币封珍品之一。如图为公博鉴定评级的此分币封系列之乙种（图819）。

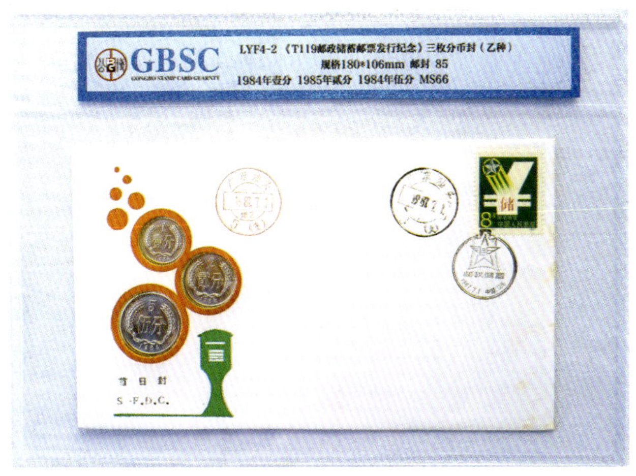

图819-1《T119邮政储蓄邮票发行纪念》三枚分币封（乙种）
珍稀度：★★★★★ 公博评级 邮封85 分币MS66

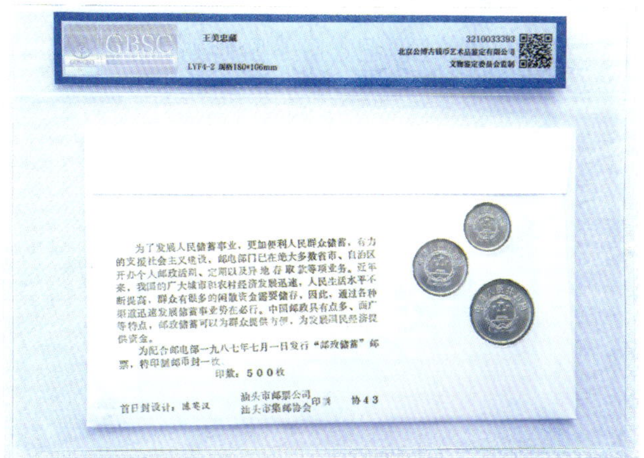

图819-2《T119邮政储蓄邮票发行纪念》三枚分币封（乙种） 背面

图820-1《中国印象-骑车图案》伍分邮币封（甲种）
珍稀度：★★★★　公博评级　邮封90　分币MS67

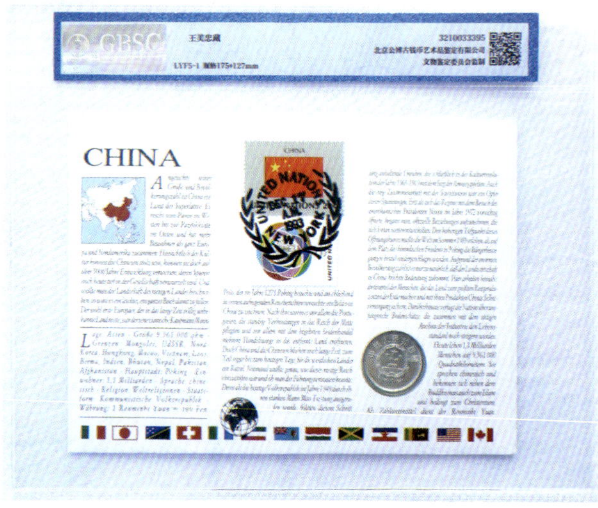

图820-2《中国印象-骑车图案》伍分邮币封（甲种）　背面

2.《中国印象-骑车图案》伍分邮币封（甲种）（LYF5-1）

此系列分币封是德国早期发行的中国分币邮币封经典品种。

该币封设计视角独特，由于正面图案有一家五口人骑自行车图，加之20世纪80年代特殊历史时期的原因，被邮币封爱好者爱称为“骑车分币封”或“超生游击队分币封”，目前市场所见伪品较多（伪品大多系贴宪法邮票者），真品已甚少见。如图为公博鉴定评级的此分币封系列之甲种，镶嵌一枚1986年5分币，甚为少见（图820）。

3.《庆祝中华人民共和国成立三十五周年》83年壹圆长城币封（丙种）（LYC1-3）

此套币封简称为“上海版建国三 十五周年长城币封”，是迄今发现的唯一一套1983年长城币邮币封。为庆祝中华人民共和国成立三十五周年这一重大节日，并祝贺上海市职工集邮爱好者协会第一次代表大会胜利召开，上海市职工集邮爱好者协会特制作发行了长城币封一套五枚，镶嵌1983年壹圆长城币一枚，正面图案为五星红旗和《国歌》乐谱，设计简洁大器、经典威严，深受邮币封和长城币爱好者喜爱和追崇。如图为公博鉴定评级的此套长城币封系列之丙种（图821）。

图821-1《庆祝中华人民共和国成立三十五周年》83年壹圆长城币封（丙种）

珍稀度：★★★★★ 公博评级 邮封85 长城币MS65

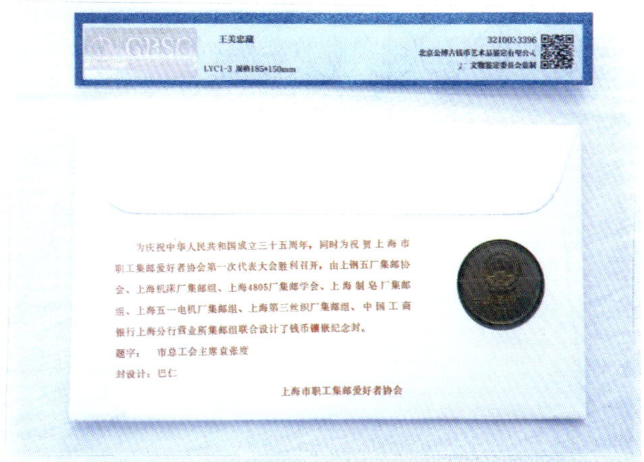

图821-2《庆祝中华人民共和国成立三十五周年》83年壹圆长城币封（丙种） 背面

图822-1《庆祝中华人民共和国成立三十五周年》83年伍角邮币封

珍稀度：★★★★★　公博评级　邮封85　伍角MS65

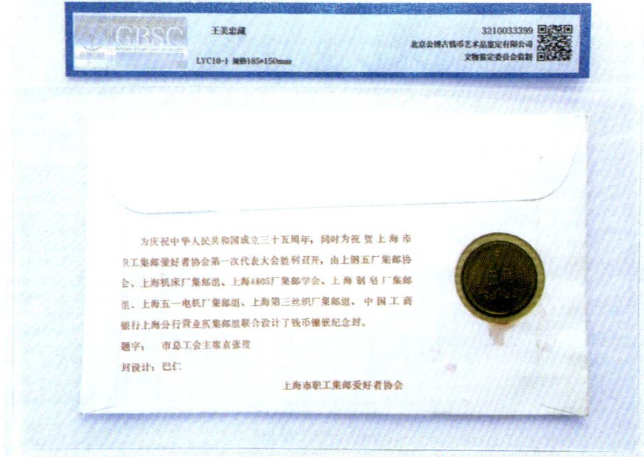

图822-2《庆祝中华人民共和国成立三十五周年》83年伍角邮币封　背面

4. 《庆祝中华人民共和国成立三十五周年》83年伍角邮币封（LYC10-1）

此枚币封系上海市职工集邮爱好者协会制作发行《庆祝中华人民共和国成立三十五周年》1983年长城币邮币封时，因1983年壹元长城币数量不足，又少量装帧1983年伍角而成，市场甚为稀少（图822）。

5. 《永远的长城、永远的美国-2012休斯顿钱币展览会》85年长城币封（甲种）（LYC6-1）

此系列邮币封简称“休斯顿币展”85长城币封。2012年8月25日，得克萨斯州休斯顿市举办了“2012钱币展览会”，为了纪念这一钱币展览会展会组委会特别制作发行了《永远的长城、永远的美国》主题长城币邮币封一套四枚。币封正面主图为美国得克萨斯州旗帜和棉花种植园图景，背面主图为雄伟的万里长城；分别贴美国邮政“自由、民主、平等、正义”无面值邮票各一枚。该套邮币封因时尚的中西结合设计，主题鲜明的构图，深得邮币封和长城币爱好者喜爱。加之每种只有250枚的特别稀少的发行量，流入国内更加珍稀，愈发显得珍贵。值得警惕的是，目前市场已有赝品。如图为公博评级的贴“自由”邮票的此系列邮币封之甲种版别（图823）。

图823-1《永远的长城、永远的美国-2012休斯顿钱币展览会》85年长城币封（甲种）

珍稀度：★★★★★ 公博评级 邮封90 长城币MS66

图823-2《永远的长城、永远的美国-2012休斯顿钱币展览会》85年长城币封（甲种） 背面

图824-1《世界硬币封》81年贰角邮币封（庚种）

珍稀度：★★★★★　公博评级　邮封90　贰角MS67

图824-2《世界硬币封》81年贰角邮币封（庚种）　背面

6. 《世界硬币封》81年贰角邮币封（庚种）（LYC12-7）

此系列邮币封简称“世界硬币封”812角币封，1984年11月由瑞士Philswiss公司发行。正面主图为中国万里长城和桂林山水图案，设计典雅优美，加之这是为数不多的早期经典2角长城币邮币封而深得泉友邮友喜爱。如图为公博评级的贴《朱鹮》邮票特别稀少的庚种版别，甚是珍稀（图824）。

7. 《给您拜年-福字》牡丹币拜年封（LYM1-1）

此邮币封简称“牡丹币拜年封”。邮币封正面是金光灿灿的大“福”字，中间镶嵌一枚银光闪闪的牡丹币，全封为中国红设计，具有浓郁的中国传统节日风格，祥和喜庆，深受广大邮币封爱好者追崇，目前市场已鲜见（图825）。

图825-1《给您拜年-福字》牡丹币拜年封

珍稀度：★★★★ 公博评级 邮封85 牡丹币MS67

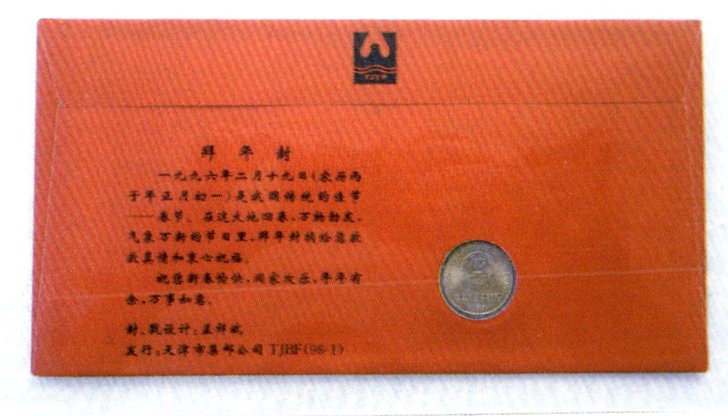

图825-2《给您拜年-福字》牡丹币拜年封 背面

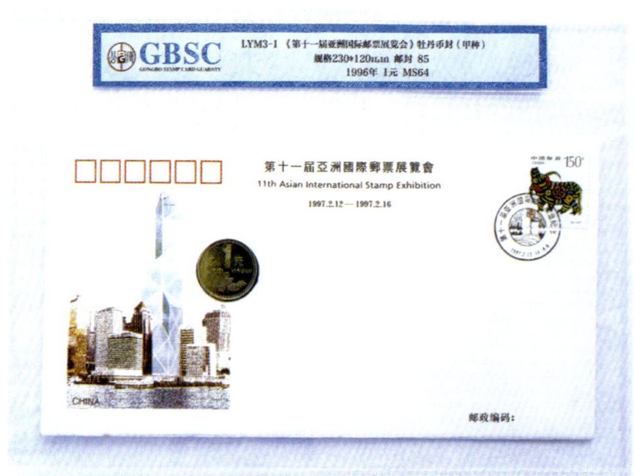

图826-1《第十一届亚洲国际邮票展览会》牡丹币封（甲种）

珍稀度：★★★★★ 公博评级 邮封85 牡丹币MS64

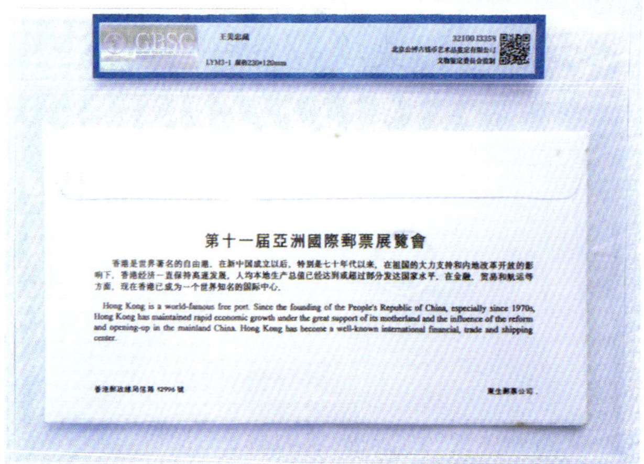

图826-2《第十一届亚洲国际邮票展览会》牡丹币封（甲种） 背面

8.《第十一届亚洲国际邮票展览会》牡丹币封（甲种）（LYM3-1）

该系列牡丹币封简称“亚洲邮展牡丹封”。为了纪念于1997年2月12日至16日在香港举办的第十一届亚洲国际邮票展览会，香港东生邮票公司特发行此系列邮币封一套三枚。发行量未知，一说因此种牡丹币封违规而被禁止，市场极为罕见。如图为公博评级的此种币封系列之甲种版别（图826）。

9. 《庆祝香港回归祖国纪念》牡丹币、港币封（LYM4-1）

此邮币封和第一节之3的古币封GB6-1属于一套邮币封，系《香港回归》系列邮币封的第二枚，主题为“祥瑞吉年 九州同庆”，发行量仅1997枚，珍稀度四星级（图827）。

图827-1《庆祝香港回归祖国纪念》牡丹币、港币封
珍稀度：★★★★ 公博评级 邮封90 牡丹币MS67

10. 《给您拜年》双梅花币拜年封（LYM8-1）

此枚梅花币封简称“双梅拜年封”，和本节之7属于一个系列。设计祥和喜庆，镶嵌双梅花币，甚是独特，市场已甚为少见（图828）。

图827-2《庆祝香港回归祖国纪念》牡丹币、港币封 背面

图828-1《给您拜年》双梅花币拜年封

珍稀度：★★★★ 公博评级 邮封85 梅花币MS67

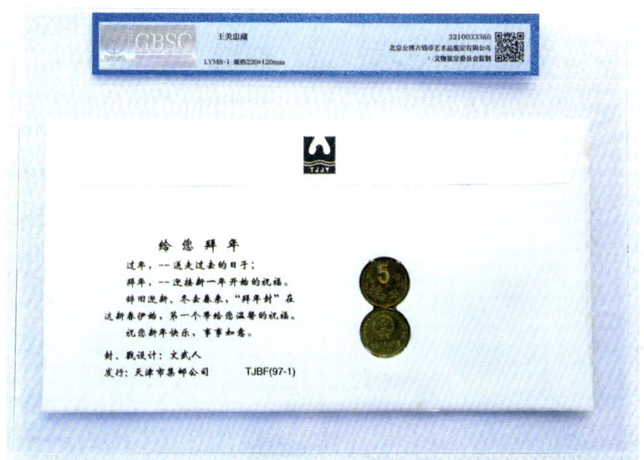

图828-2《给您拜年》双梅花币拜年封 背面

第四节 普通纪念币邮币封评级珍品鉴赏

1.《纪念毛泽东诞辰100周年》纪念币封（包头版）（LJ8-1）

此币封简称“包头版主席币封”，设计雍容华贵、典雅精美，彰显了中华伟人的高风亮节和博大气度，并具有鲜明的蒙古地方民族特色，广受邮币封和纪念币爱好者尊崇。发行量虽标注2000枚，但市场甚为稀少，珍稀度四星级+，属于最稀少的普通纪念币邮币封珍品之一（图829）。

图829-1《纪念毛泽东诞辰100周年》纪念币封（包头版）
珍稀度：★★★★☆ 公博评级 邮封85 纪念币MS67

2.《’96唐山邮票钱币展览纪念》华南虎纪念币封（甲种）（LJ21-1）

此套普通纪念币邮币封是河北省唐山市邮票公司为纪念“’96唐山邮票钱币展览”而特别制作发行的。按镶嵌纪念币和所贴邮票不

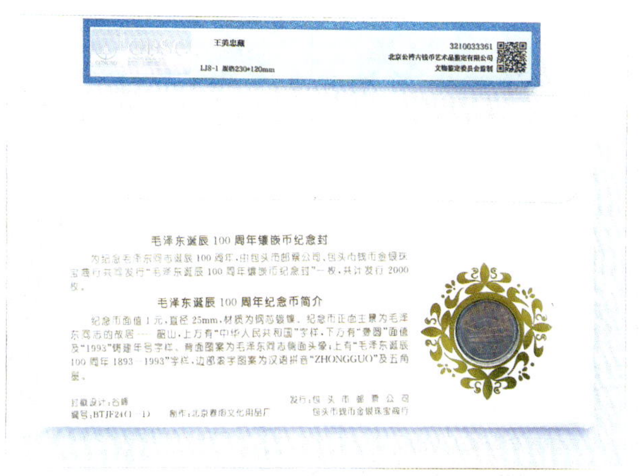

图829-2 图LJ8-1《纪念毛泽东诞辰100周年》纪念币封（包头版） 背面

图830-1《' 96唐山邮票钱币展览纪念》华南虎纪念币封（甲种）

珍稀度：★★★★☆ 公博评级 邮封90 纪念币MS67RD

图830-2《' 96唐山邮票钱币展览纪念》华南虎纪念币封（甲种） 背面

同，此套邮币封又分四种版别。由于珍稀动物普通纪念币特别受纪念币爱好者的喜爱，加之此套币封设计优美，发行量只有2000套，又被拆解破坏很多，导致市场上甚为少见，而成为普通纪念币邮币封珍品之一（图830）。

3.《' 96唐山邮票钱币展览纪念》白鳍豚纪念币封（甲种）（LJ21-3）

此邮币封和本节之2属于同一套，描述如上（图831）。

4.《首届天津集邮钱币品鉴会纪念》纪念币封（加盖纪念戳）（LJ28-1）

此币封系天津市集邮公司为纪念“首届天津集邮品鉴会”而特别制作发行的。目前市场甚少见，一说仅发行200枚，是普通纪念币邮币封珍稀品种之一。如图为公博评级的此种邮币封之加盖纪念戳款，尤为珍稀（图832）。

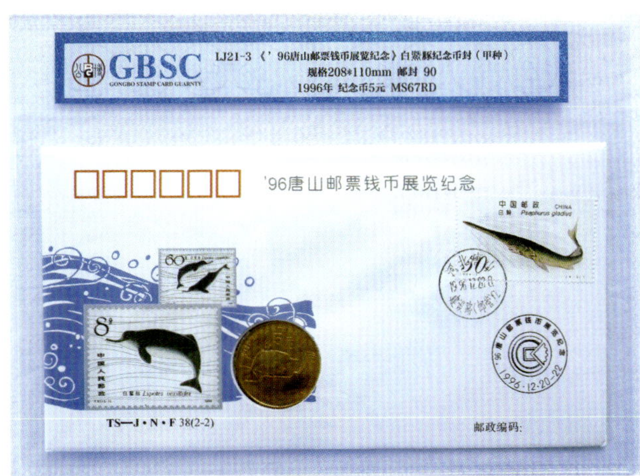

图831《'96唐山邮票钱币展览纪念》白鳍豚纪念币封（甲种）

珍稀度：★★★★☆ 公博评级 邮封90 纪念币MS67RD

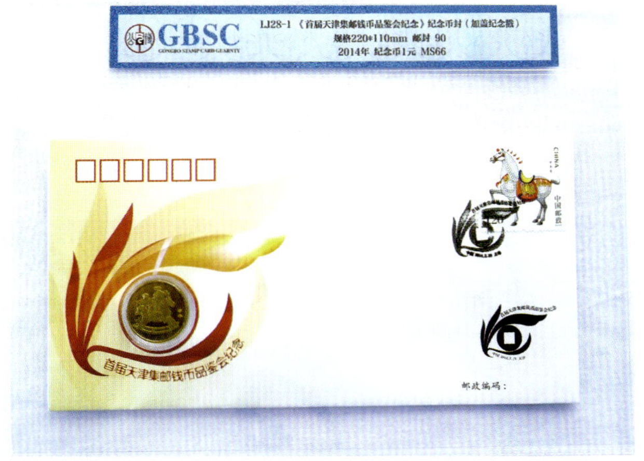

图832-1《首届天津集邮钱币品鉴会纪念》纪念币封（加盖纪念戳）

珍稀度：★★★★☆ 公博评级 邮封90 纪念币MS66

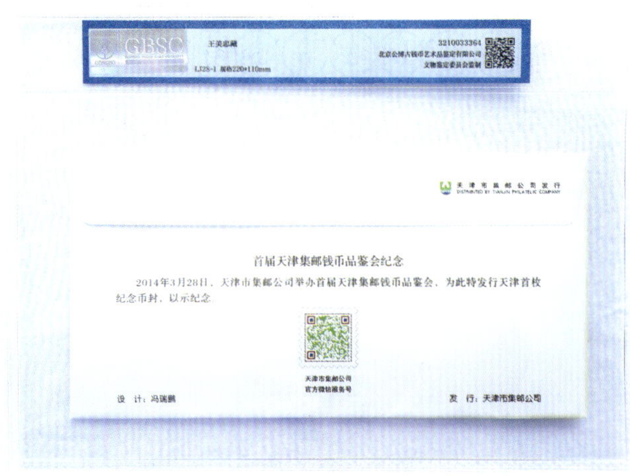

图832-2《首届天津集邮钱币品鉴会纪念》纪念币封（加盖纪念戳） 背面

5.《丙申（猴）年》贺岁纪念币封（LJ29-1）

此枚邮币封属天津市集邮公司发行的《剪纸生肖》系列贺岁纪念币封，是目前市场发现的此系列之首枚。该币封设计简洁大方、典雅精美，制作精良，富有浓郁的民族传统文化风格，深受纪念封、邮币封和纪念币爱好者喜爱。一说此系列纪念币封为天津邮政系统内部制作和发放，并未公开发行，制作量很少，主要用于天津邮政系统内部职工春节贺岁馈赠礼品，尚待于更进一步研究论证。此系列纪念币封市场罕见，实属普通纪念币邮币封之珍品也（图833）。

图833-1《丙申（猴）年》贺岁纪念币封

珍稀度：★★★★★ 公博评级 邮封90 纪念币MS67

6.《丁酉（鸡）年》贺岁纪念币封（L J29-2）

此邮币封和本节之5属于同一系列纪念币封，描述如前，但市场所见更加珍稀（图834）。

图833-2《丙申（猴）年》贺岁纪念币封 背面

7.《欧洲足球联赛.德国1988》82年世界杯足球赛精制纪念币封（甲种）（PJ2-1）

此邮币封是德国为纪念1988欧洲足球联赛而发行的，镶嵌一枚1982年“第十二届世界杯足球赛”铜质足球精制纪念币，按照足球铜币的版别不同，此种邮币封又可分为镶嵌沈阳版和上海版足球铜币的两种版别；发行量甚少，珍稀度四星级+，其中的沈阳版更加珍稀（图835）。

图834《丁酉（鸡）年》贺岁纪念币封

珍稀度：★★★★★ 公博评级 邮封90 纪念币MS67

图835-1《欧洲足球联赛.德国1988》82年世界杯足球赛精制纪念币封（甲种）

珍稀度：★★★★☆　公博评级　邮封90　纪念币PF64

图835-2《欧洲足球联赛.德国1988》82年世界杯足球赛精制纪念币封（甲种） 背面

第五节　贵金属纪念币邮币封评级珍品鉴赏

1. 《毛泽东同志诞生一百周年》丝织金币封（GJ5-1）

中华伟人毛泽东是中华人民共和国开国领袖和中国共产党的主要缔造者，毛主席诞辰“12.26”现已被全国人民普遍尊崇为“中华伟人节”或“人民节”。此枚丝织金币封就是中国邮票总公司为纪念毛主席诞辰100周年而特别制作发行的。镶嵌一枚发行量只有4500枚的“中国杰出历史人物·毛泽东”纪念金币，币封设计高贵庄重、精美典雅，象征着中华伟人伟大而光辉的一生、博大宽广的胸怀和与日月同辉的丰功伟绩。“主席金币封”是史上发行量最少

图836-1《毛泽东同志诞生一百周年》丝织金币封

珍稀度：★★★★★　公博评级　邮封85　金币PF68

图836-2《毛泽东同志诞生一百周年》丝织金币封　背面

图837-1《毛泽东同志诞生一百周年》丝织银币封

珍稀度：★★★★★　公博评级　邮封90　银币MS67

图837-2《毛泽东同志诞生一百周年》丝织银币封　背面

的官方邮币封，仅发行了150枚，加之一部分被拆解破坏，估算存世量不足百枚，市场极为罕见，是中国邮币封大珍之首也，深得邮币封和贵金属币爱好者的尊崇。如图为评级封装的129号主席金币封（图836）。

2.《毛泽东同志诞生一百周年》丝织银币封（GJ5-2）

此枚银币封简称“主席银币封”，和本节之“主席金币封”系一套邮币封，描述如前。此丝织银币封发行量只有300枚，是发行量最少的官方邮币封之一，亦属大珍之品。如图为评级封装的122号主席银币封（图837）。

3.《1990 · 北京第十一届亚洲运动会》丝织金币封（第二组-女子游泳）（GJ2-1）

此金币封简称“亚运二组金币封”，镶嵌一枚发行量仅有1万枚的“第十一届亚洲运动会-女子游泳”纪念金币，币封发行量仅300枚，是发行量最少的大珍级官方邮币封之一，目前市场极为稀少。如图为评级封装的亚运二组金币封（图838）。

图838-1《1990 · 北京第十一届亚洲运动会》丝织金币封（第二组-女子游泳）

珍稀度：★★★★★ 公博评级 邮封85 金币PF66

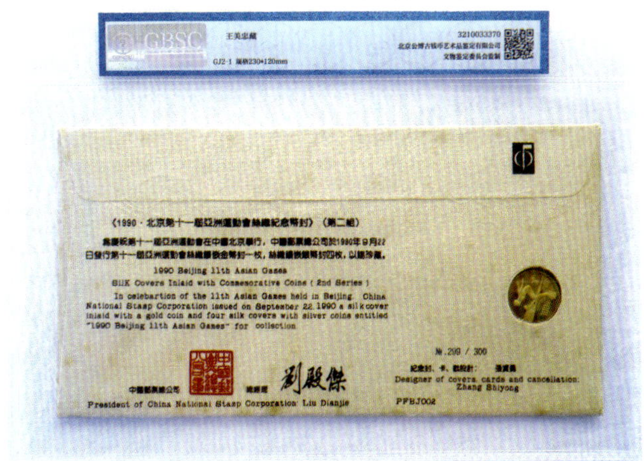

图838-2《1990 · 北京第十一届亚洲运动会》丝织金币封（第二组-女子游泳） 背面

图839-1《1990 · 北京第十一届亚洲运动会》丝织银币封（第二组-甲种：吊环）

珍稀度：★★★★★　公博评级　邮封90　银币PF67

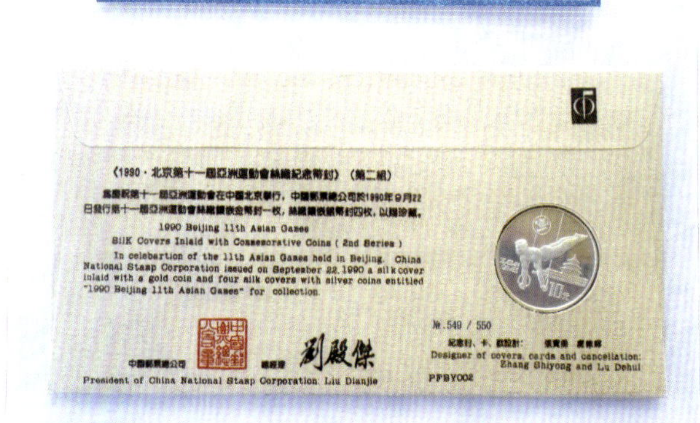

图839-2《1990 · 北京第十一届亚洲运动会》丝织银币封（第二组-甲种：吊环）　背面

4.《1990 · 北京第十一届亚洲运动会》丝织银币封（第二组）（GJ2-2—GJ2-5）

此套银币封简称“亚运二组银币封”，是中国邮票总公司早期发行的官方邮币封珍品之一，发行量只有550枚，目前市场极为稀少，均为珍品。如图为评级封装的全套四枚二组亚运银币封（图839-图842）。

综上，在贵金属纪念币邮币封板块中，中国集邮总公司早期发行的20种官方丝织金银币封发行量极少，仅150枚到600枚之间，可谓枚枚珍品，如“主席金币封”“女足金币封”“主席银币封”“心形银币封”等，均属大珍之品也，系集藏官方邮币封系列的瓶颈和龙头品种，目前收藏市场早已踪迹难觅。

图840《1990 · 北京第十一届亚洲运动会》丝织银币封

（第二组-乙种：垒球）

珍稀度：★★★★★　公博评级　邮封85　银币PF68

图841-1《1990 · 北京第十一届亚洲运动会》丝织银币封

（第二组-丙种：足球）

珍稀度：★★★★★　公博评级　邮封85　银币PF68

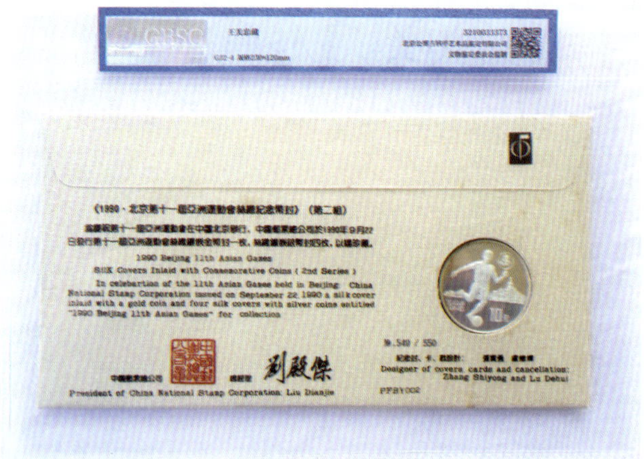

图841-2《1990·北京第十一届亚洲运动会》丝织银币封

（第二组-丙种：足球） 背面

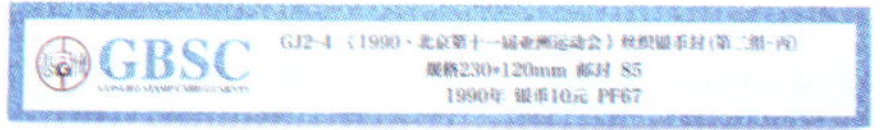

图842《1990·北京第十一届亚洲运动会》丝织银币封

（第二组-丁种：标枪）

珍稀度：★★★★★ 公博评级 邮封85 银币PF67

第九章 邮币封的集藏与保存方法

第一节　邮币封的集藏方法

一、学习基本知识、夯实基础

收藏鉴赏邮币封首先要学习中国邮币封的品种与版别知识，包括按照钱币类型划分的邮币封的各种系列、品种与版别，诸如中国古代钱币、近代机制币、现代流通硬币、普通纪念币、贵金属纪念币、纸币和中国港澳台地区钱币邮币封等板块都有哪些系列或品种，每种邮币封又有哪些版别；可以按照上述七大种类选择自己喜爱的板块进行专题收藏；也可以按照发行单位、发行地区来集藏，诸如中国集邮总公司发行的官方币封、各省市邮票（集邮）公司发行的地方币封、港澳台地区发行的地区邮币封，以及外国发行的中国钱币邮币封等。只有认真学习这些邮币封的基础知识，才能在收藏实践中做到系统化、条理化，避免盲人摸象、一叶障目的盲目性。

收藏鉴赏邮币封其次要学习中国邮币封背景资料和发行数量知识。只有对邮币封各品种、各版别发行的背景资料和发行数量，以及市场珍稀度有一定的认识之后，才能明晰邮币封各品种、各版别的收藏价值和市场情况，便于在机会来临时迅速抓住珍品、精品，而尽快丰富自己的邮币封收藏品类，提升邮币封的收藏层次。

二、明确收藏体系、确立专题

邮币封的收藏体系可以按照不同的方法划分和确立。包括钱币类型收藏体系、邮票收藏体系和发行机构收藏体系等。后两者系指不区分钱币类型，而按照不同邮票进行集藏的收藏体系，和按照邮币封发行机构进行集藏的收藏体系，笔者认为此两种收藏体系中前者比较繁杂无序，缺乏系统性，而后者只注重发行机构，不仅比较杂乱无章，而且忽视了邮币封收藏的体系化。笔者根据中国邮币封的发展历史和分类体系，认为其中最根本、最基础的应是按照镶嵌中国钱币的类型确立的钱币类型收藏体系，在钱币类型收藏体系的基本框架下，再以邮票收藏体系和发行机构收藏体系为有益的补充，才能构成较为完善而又系统化的邮币封收藏体系。

邮币封的钱币类型收藏体系是按照中国历代钱币的类型和种类划分来确立邮币封的收藏体系和收藏专题的，系按照中国钱币发行的先后和板块类型来进行划分确立的。三千年的中国钱币史，截至目前中国历代钱币共可以概括为七大板块和类型，即古代钱币、近代机制币、现代流通硬币、普通纪念币、贵金属纪念币、纸币和港澳台钱币。邮币封爱好者按照钱币类型收藏体系集藏邮币封则体例系统、脉络清晰、版块明确、专题鲜明，亦便于确定收藏方向、明确收藏目标、把握收藏进度；投资者按照这种体系选择品种投资则较易把握市场脉搏，紧追市场行情，以期获取较高利润。爱好者可根据自己的兴趣爱好按上述三种收藏体系确立自己的收藏专题，如古钱币邮币封专题、贵金属纪念币封专题、邮总官方邮币封专题等。

三、循序渐进、重点突破、努力进阶

中国邮币封的钱币类型收藏体系确立之后，在钱币类型收藏体系的基本框架下，爱好者收藏邮币封要理清思路，循序渐进、重点突破。比如收藏普通纪念币邮币封专题，为取得经验先从易开始，先收集较为容易集藏的中国集邮总公司官方发行的PFB1-18编号（注意其中PFB2-PFB7为纪念章封）的普通纪念币邮币封，再由易到难扩展到其他版块如各种地方版纪念币封、外国发行的中国纪念币封、港澳台地区邮币封等。爱好者沿着邮币封收藏进阶之路，最后要尽力收集全各板块邮币封最珍稀的“600枚俱乐部”成员，诸如邮总早期丝织金银币封、地方版珍稀邮币封，还有其他珍稀邮币封如外国发行的伟大系列银元封和富版精制长城币邮币卡等。如此坚持不懈、日积月累，从而形成具有自己独特风格的收藏专题与体系，并努力收藏老精稀珍品，逐步登入邮币封收藏的辉煌殿堂。

第二节　邮币封的保存方法

一、邮币封保存保护常用工具

对于邮币封爱好者来说，收藏和保存邮币封要必备一些基本的收藏工具，常见的邮币封保存保护方面的工具有如下五类。

1. 吹气球、邮票镊子、专用手套

鉴赏把玩和研究观察邮币封，手套、镊子和吹气球是必不可少的基本工具。干净的纯棉手套用来隔离手指上的油污，避免污染币封；镊子用以避免用手直接接触币封和钱币时夹住币封和钱币；吹气球用来吹净币封或钱币表面灰尘和杂质，避免沾染在其表面形成污垢和氧化斑、霉斑。（图901、图902、图903）

图901

图902

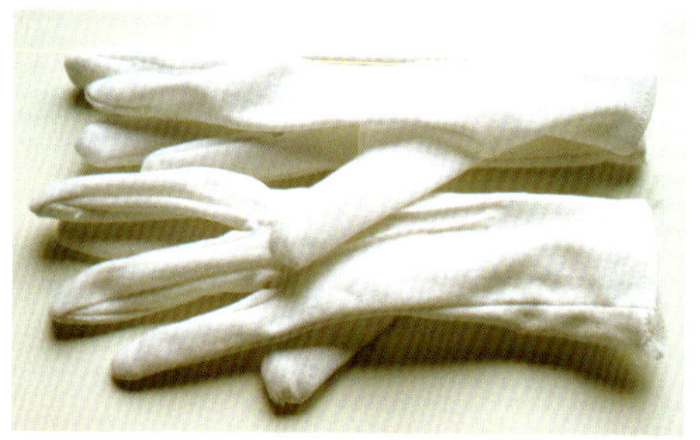

图903

2. 护邮袋、集藏册

护邮袋一般是自封塑料袋，是用来保护和收集普通邮币封的常用塑料包装袋，普通品种邮币封可以用自封袋封装后存放在集藏册里。集藏册用以分门别类存放邮币封，邮币封用护邮袋封装后一般都集中存放在集藏册里。（图904、图905）

3. 塑料盒、小圆盒、纸币保护袋

塑料盒用来存放和保护比较珍

图904

图905

图906

图907

稀的邮币封，可以有效防止邮币封老化、发霉和变形，又便于分门别类的存放；小圆盒用来存放和保护部分硬币可拆出内卡式邮币封拆出的硬币，市场上常见的塑料小圆盒有无内垫和有内垫两种类型，根据硬币的直径大小有各种规格。纸币保护袋则用以保存邮币封拆出的纸币。（图906、图907）

4. 真空封装机和真空塑封袋

邮币封爱好者购买普通的家用真空封装机即可，用来更好地保存保护较为珍贵的邮币封，真空塑封袋则是与真空机配套的用以封装抽真空的塑料保护袋。（图908、图909）

5. 干燥箱和保险柜

收集的邮币封数量多了之后，为了更好地隔绝空气和潮湿以保护邮币封镶嵌硬币的品相，并防止邮币封污染霉变，爱好者可以购买干燥箱保存邮币封。当然集藏邮币封数量和价值达到一定程度之后，为了防盗防火则保险柜必不可少。

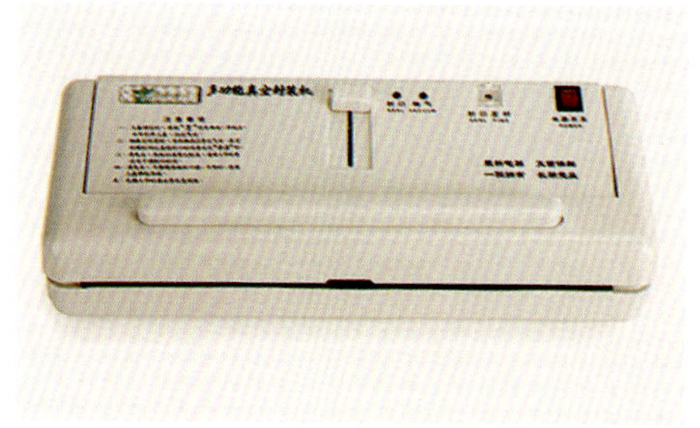
图908

图909

二、邮币封保存保养基本要点

硬币与纸币、邮票、纪念封的天然属性截然不同，硬币是金属制品，纸币、邮票、纪念封是木浆制品，因此硬币的耐腐、耐潮、耐火性远高于后三者。硬币只要保存方法得当，保存数百上千年以流传后世是没有问题的，但对纸币、邮票和纪念封来说，无论怎样保存保护，三十年褪色、一百年风化几乎不可阻挡，这是业界普遍的看法。试想，一场水灾或者火灾之后，硬币收藏家和纸币、邮票收藏家的处境结果会截然不同，前者大多还会较为欣慰并依然会坚守收藏，后者则大多会永远地离开收藏业。因此，笔者一直的看法是硬币的天然收藏属性要远高于纸币和邮票，这是由其材质性质的根本不同造成的。绝大多数品种的邮币封镶嵌硬币，是硬币、邮票和纪念封的集合体，兼有硬币和邮票、纪念封的共同属性，邮币封要持久地保持其完美品相，其保存保护方法也要得当而且非常重要。

邮币封保存保养基本要点和基本原则是：避免脏污、隔离空气、隔离潮湿和避免光照，这是保存邮币封的基本要求。隔断空气和潮湿是保护邮币封所镶嵌的硬币避免氧化点、氧化斑形成的最根本的方法，避免并隔离、除去脏污灰尘是防止邮币封污染的行之有效的最佳方法。上述常用工具就是围绕这三个基本要点而使用的。

三、邮币封保存保养基本方法

1. 一般邮币封和流通品相硬币

为了利于鉴赏把玩和集藏，对于普通邮币封和拆出的流通品相的硬币，可以在不破坏纪念封本身和硬币底板，不导致品相进一步下降的情况下，用适当方法进行除污和清洗，对硬币一般选择弱酸溶液浸泡清洗，然后用镊子夹住漂洗，再用纯净水漂洗干净后晾干。对于顽固的脏污锈斑可以用市场上出售的橡皮擦擦除。流通品硬币一般清洗擦拭干净或者用吹气球吹净之后，放入小圆盒内，再存放到集藏册保存即可。普通邮币封一般装入自封护邮袋，再放入专用集藏册即可。

2. 好品邮币封和上佳品相硬币

对于全新品相的邮币封和纸币，或者品相上佳及较为珍贵的硬币，则不要清洗或擦拭，最好把邮币封用护邮袋或塑料盒封装，有的尚需抽真空封存。对于内卡非密封型的邮币封，可拆出的全新或上佳品硬币，则要放入小圆盒封存；具体方法是，戴着手套用手指捏住边齿或者用镊子夹着币边，用吹气球吹净币面和小圆盒内盒里的灰尘杂质之后，再放进小圆盒，盖紧盒盖，装入集藏册保存。对于长期不需要研究把玩的较珍贵邮币封和较珍贵易氧化的硬币，如长城麦穗角币等最好再用真空仪抽真空封存。

3. 珍稀邮币封

对于较为珍稀的邮币封，有两种保存保护方法。第一种，如上述用自封护邮袋封装后放入专用集藏塑料盒里再进行密封或抽真空，或放入专用集藏册里再密封；第二种，对于评级币爱好者可以采取评级封装的形式保存，一般来说我国国内正规的评级公司，如北京公博、中钞鉴定、中金国衡等鉴定评级公司的钱币、邮币封评级封装业务比较专业，可以达到密封保存并防霉变、防变形的目的；但由于评级封装费用较高，一枚邮币封的评级封装费用一般要几十元到上百元，此种方法只适合封装较为珍稀或高档的邮币封，或者短期内需要交易的价值较高的邮币封（见第八章图801–图842）。

附录一　中国邮币封“王谱”编码总表

品种 编码 系列	版别编码	邮币封名称	珍稀度	备注
古代钱币邮币封（GB）				
W.GB1	W.GB1-1	《中国古代钱币》 商代铜贝币封	★★★	
	W.GB1-2	《中国古代钱币》 晋国空首布币封	★★★	
	W.GB1-3	《中国古代钱币》 东周布币封	★★★	
	W.GB1-4	《中国古代钱币》 魏国布币封	★★★	
	W.GB1-5	《中国古代钱币》 齐国刀币封（三字）	★★★	
	W.GB1-6	《中国古代钱币》 齐国刀币封（五字）	★★★	
	W.GB1-7	《中国古代钱币》 赵国刀币封（成白刀）	★★★	
	W.GB1-8	《中国古代钱币》 魏国圜钱币封	★★★	
	W.GB1-9	《中国古代钱币》 楚国鬼脸钱币封	★★★	
	W.GB1-10	《中国古代钱币》 楚国布币封	★★★	

	W.GB1-11	《中国古代钱币》 秦国布币封	★★★	
	W.GB1-12	《中国古代钱币》 赵国布币封	★★★	
	W.GB1-13	《中国古代钱币》 燕国刀币封（尖首刀）	★★★	
	W.GB1-14	《中国古代钱币》 燕国刀币封（明刀）	★★★	
	W.GB1-15	《中国古代钱币》 赵国刀币封（晋化刀）	★★★	
	W.GB1-16	《中国古代钱币》 齐国方孔圜钱币封（賹六化）	★★★	
W.GB2	W.GB2-1-1	《世界伟大的历史硬币》 元祐通宝邮币封（篆书铁钱）	★★★★☆	
	W.GB2-1-2	《世界伟大的历史硬币》 元祐通宝邮币封（行书）	★★★★	
	W.GB2-1-3	《世界伟大的历史硬币》 元祐通宝邮币封（篆书）	★★★★	
	W.GB2-1-4	《世界伟大的历史硬币》 景祐元宝邮币封	★★★★	
	W.GB2-1-5	《世界伟大的历史硬币》 咸平元宝邮币封	★★★★	
	W.GB2-1-6	《世界伟大的历史硬币》 洪武通宝邮币封	★★★★	
	W.GB2-2-1	《世界伟大的历史硬币》 元丰通宝邮币封	★★★★☆	
W.GB3	W.GB3-1	《西夏文古钱币》 福圣宝钱邮币封	★★★★	

	W. GB3-2	《西夏文古钱币》 大安宝钱邮币封	★★★★	
	W. GB3-3	《西夏文古钱币》 乾祐宝钱邮币封	★★★★	
	W. GB3-4	《西夏文古钱币》 天庆宝钱邮币封	★★★★	
W. GB4	W. GB4-1-1	《长江三峡工程淹没区》 古钱币镶嵌封（甲种）	★★★★	
	W. GB4-2-1	《长江三峡工程淹没区》 古钱币镶嵌封（乙种之一）	★★★★	
	W. GB4-2-2	《长江三峡工程淹没区》 古钱币镶嵌封（乙种之二）	★★★★	
	W. GB4-3-1	《长江三峡工程淹没区》 古钱币镶嵌封（丙种之一）	★★★★	
	W. GB4-3-2	《长江三峡工程淹没区》 古钱币镶嵌封（丙种之二）	★★★★	
W. GB5	W. GB5-1	《香港回归祖国-历史屈辱》 道光通宝邮币封	★★★★☆	
W. GB6	W. GB6-1	《迎接香港回归祖国纪念》 古币、港币封	★★★★	
W. GB7	W. GB7-1	《庆祝香港回归祖国纪念》 古币、牡丹币和港币木简明信片	★★★★☆	
W. GB8	W. GB8-1-1	《长江三峡库区大溪文化遗址》 古币邮币封（甲种之一）	★★★★	
	W. GB8-1-2	《长江三峡库区大溪文化遗址》 古币邮币封（甲种之二）	★★★★	
	W. GB8-1-3	《长江三峡库区大溪文化遗址》 古币邮币封（甲种之三）	★★★★	

	W. GB8-2-1	《长江三峡库区大溪文化遗址》古币邮币封（乙种之一）	★★★☆	
	W. GB8-2-2	《长江三峡库区大溪文化遗址》古币邮币封（乙种之二）	★★★☆	
	W. GB8-3-1	《长江三峡库区大溪文化遗址》古币邮币封（丙种之一）	★★★☆	
	W. GB8-3-2	《长江三峡库区大溪文化遗址》古币邮币封（丙种之二）	★★★☆	
	W. GB8-4-1	《长江三峡库区大溪文化遗址》古币邮币封（丁种）	★★★☆	
	W. GB8-5-1	《长江三峡库区大溪文化遗址》古币邮币封（戊种）	★★★☆	
	W. GB8-6-1	《长江三峡库区大溪文化遗址》古币邮币封（己种之一）	★★★☆	
	W. GB8-6-2	《长江三峡库区大溪文化遗址》古币邮币封（己种之二）	★★★☆	
	W. GB8-6-3	《长江三峡库区大溪文化遗址》古币邮币封（己种之三）	★★★☆	
W. GB9	W. GB9-1-1	《古都西安旅游古钱币镶嵌封》系列古币封（甲种之一）	★★★★	
	W. GB9-1-2	《古都西安旅游古钱币镶嵌封》系列古币封（甲种之二）	★★★★	
	W. GB9-1-3	《古都西安旅游古钱币镶嵌封》系列古币封（甲种之三）	★★★★	
	W. GB9-2-1	《古都西安旅游古钱币镶嵌封》系列古币封（乙种之一）	★★★★	
	W. GB9-2-2	《古都西安旅游古钱币镶嵌封》系列古币封（乙种之二）	★★★★	

	W. GB9-2-3	《古都西安旅游古钱币镶嵌封》 系列古币封（乙种之三）	★★★★	
	W. GB9-3-1	《古都西安旅游古钱币镶嵌封》 系列古币封（丙种）	★★★★☆	
W. GB10	W. GB10-1-1	《中国古泉系列》 开元通宝邮币封（甲种之一）	★★★★	
	W. GB10-1-2	《中国古泉系列》 开元通宝邮币封（甲种之二）	★★★★	
	W. GB10-2-1	《中国古泉系列》 崇宁通宝邮币封（乙种之一）	★★★★	
	W. GB10-2-2	《中国古泉系列》 崇宁通宝邮币封（乙种之二）	★★★★	
	W. GB10-2-3	《中国古泉系列》 崇宁通宝邮币封（乙种之三）	★★★★	
	W. GB10-3-1	《中国古泉系列》 正隆通宝邮币封（丙种之一）	★★★★	
	W. GB10-3-2	《中国古泉系列》 正隆通宝邮币封（丙种之二）	★★★★	
	W. GB10-3-3	《中国古泉系列》 正隆通宝邮币封（丙种之三）	★★★★	
W. GB11	W. GB11-1	《纪念郑和下西洋600周年》 永乐通宝邮币封	★★★★★	
W. GB12	W. GB12-1	《第一届中国-东盟商务与投资峰会》 乾隆通宝邮币封（甲种）	★★★★	
	W. GB12-2	《第二届中国-东盟商务与投资峰会》 康熙通宝邮币封（甲种）	★★★★	
	W. GB12-3	《第三届中国-东盟商务与投资峰会》 道光通宝邮币封（甲种）	★★★★	

	W. GB12-4	《第四届中国-东盟商务与投资峰会》嘉庆通宝邮币封（甲种）	★★★★	
	W. GB12-5	《第五届中国-东盟商务与投资峰会》开元通宝邮币封（甲种）	★★★★	
	W. GB12-6	《第一届中国-东盟商务与投资峰会》乾隆通宝邮币封（乙种）	★★★★☆	
	W. GB12-7	《第二届中国-东盟商务与投资峰会》康熙通宝邮币封（乙种）	★★★★☆	
	W. GB12-8	《第三届中国-东盟商务与投资峰会》道光通宝邮币封（乙种）	★★★★☆	
	W. GB12-9	《第四届中国-东盟商务与投资峰会》嘉庆通宝邮币封（乙种）	★★★★☆	
	W. GB12-10	《第五届中国-东盟商务与投资峰会》开元通宝邮币封（乙种）	★★★★☆	
W. GB13	W. GB13-1	《2000千禧年倒计时》天圣元宝邮币封	★★★★☆	
	W. GB13-2	《2000千禧年倒计时》永乐通宝邮币封	★★★★☆	
近代机制币邮币封（JZ）				
W. JZ1	W. JZ1-1	《世界伟大的历史硬币》民国三年袁像壹圆银币封（甲种）	★★★★★	
	W. JZ1-2	《世界伟大的历史硬币》民国三年袁像壹圆邮币封（乙种）	★★★★★	
	W. JZ1-3	《世界伟大的历史硬币》民国三年袁像壹圆银币封（丙种）	★★★★★	
	W. JZ1-4	《世界伟大的历史硬币》民国三年袁像壹圆银币封（丁种）	★★★★★	

W.JZ2	W.JZ2-1	《世界伟大的历史硬币》 民国九年袁像壹圆银币封（甲种）	★★★★★	
W.JZ3	W.JZ3-1	《世界伟大的历史硬币》 民国十年袁像壹圆银币封（甲种）	★★★★★	
	W.JZ3-2	《世界伟大的历史硬币》 民国十年袁像壹圆银币封（乙种）	★★★★★	
W.JZ4	W.JZ4-1	《世界伟大的历史银币》 民国二十三年孙像壹圆银币封（甲种）	★★★★★	
	W.JZ4-2	《世界伟大的历史银币》 民国二十三年孙像壹圆银币封（乙种）	★★★★★	
	W.JZ4-3	《世界伟大的历史银币》 民国二十三年孙像壹圆银币封（丙种）	★★★★★	
	W.JZ4-4	《世界伟大的历史银币》 民国二十三年孙像壹圆银币封（丁种）	★★★★★	
	W.JZ4-5	《世界伟大的历史银币》 民国二十三年孙像壹圆银币封（戊种）	★★★★★	
W.JZ5	W.JZ5-1	《世界伟大的历史银币》 清代云南光绪元宝半圆银币封（甲种）	★★★★	
	W.JZ5-2	《世界伟大的历史银币》 清代云南光绪元宝半圆银币封（乙种）	★★★★	
	W.JZ5-3	《世界伟大的历史银币》 清代云南光绪元宝半圆银币封（丙种）	★★★★	
	W.JZ5-4	《世界伟大的历史银币》 清代云南光绪元宝半圆银币封（丁种）	★★★★	
W.JZ6	W.JZ6-1	《世界伟大的历史银币》 民国黄花岗20分银币封（甲种）	★★★★☆	
	W.JZ6-2	《世界伟大的历史银币》 民国黄花岗20分银币封（乙种）	★★★★☆	

	W.JZ6-3	《世界伟大的历史银币》 民国黄花岗20分银币封（丙种）	★★★★☆	
	W.JZ6-4	《世界伟大的历史银币》 民国黄花岗20分银币封（丁种）	★★★★☆	
W.JZ7	W.JZ7-1	《世界伟大的历史银币》 云南胜利堂贰角银币封	★★★★★	
W.JZ8	W.JZ8-1	《世界伟大的历史硬币》 民国二十九年孙像10分镍币封（甲种）	★★★★	
	W.JZ8-2	《世界伟大的历史硬币》 民国二十九年孙像10分镍币封（乙种）	★★★★	
W.JZ9	W.JZ9-1	《世界伟大的历史硬币》 民国三十年孙像10分镍币封（甲种）	★★★★	
	W.JZ9-2	《世界伟大的历史硬币》 民国三十年孙像10分镍币封（乙种）	★★★★	
W.JZ10	W.JZ10-1-1	《世界伟大的历史硬币》 西藏雪康铜币封（甲种之一）	★★★★	
	W.JZ10-1-2	《世界伟大的历史硬币》 西藏雪康铜币封（甲种之二）	★★★★	
	W.JZ10-2	《世界伟大的历史硬币》 西藏雪康铜币封（乙种）	★★★★	
W.JZ11	W.JZ11-1	《长江三峡库区大溪文化遗址》 铜币封（甲种）	★★★☆	
	W.JZ11-2	《长江三峡库区大溪文化遗址》 铜币封（乙种）	★★★☆	
	W.JZ11-3	《长江三峡库区大溪文化遗址》 铜币封（丙种）	★★★★	

第一套流通硬币硬分币邮币封（LYF）				
W.LYF1	W.LYF1-1	《尼克松总统访华纪念》 分币、美分邮币封	★★★★☆	
W.LYF2	W.LYF2-1	《尼克松总统访华纪念》 贰分邮币封（甲种）	★★★★★	
	W.LYF2-2	《尼克松总统访华纪念》 贰分邮币封（乙种）	★★★★★	
W.LYF3	W.LYF3-1	《世界各国硬币》 伍分邮币封	★★★★☆	
W.LYF4	W.LYF4-1	《T119邮政储蓄邮票发行纪念》 三枚分币封（甲种）	★★★★★	
	W.LYF4-2	《T119邮政储蓄邮票发行纪念》 三枚分币封（乙种）	★★★★★	
W.LYF5	W.LYF5-1	《中国印象-骑车图案》 伍分邮币封（甲种）	★★★★	
	W.LYF5-2	《中国印象-骑车图案》 伍分邮币封（乙种）	★★★★	
	W.LYF5-3	《中国印象-骑车图案》 伍分邮币封（丙种）	★★★★	
	W.LYF5-4	《中国印象-骑车图案》 伍分邮币封（丁种）	★★★★	
	W.LYF5-5	《中国印象-骑车图案》 伍分邮币封（戊种）	★★★★	
	W.LYF5-6	《中国印象-骑车图案》 伍分邮币封（己种）	★★★★	
	W.LYF5-7	《中国印象-骑车图案》 伍分邮币封（庚种）	★★★★	

	W. LYF5-8	《中国印象-骑车图案》 伍分邮币封（辛种）	★★★★	
	W. LYF5-9	《中国印象-骑车图案》 伍分邮币封（壬种）	★★★★	
	W. LYF5-10	《中国印象-骑车图案》 伍分邮币封（癸种）	★★★★	
W. LYF6	W. LYF6-1	《熊猫 · 长城图案》 伍分邮币封（甲种）	★★★★☆	
	W. LYF6-2	《熊猫 · 长城图案》 伍分邮币封（乙种）	★★★★☆	
W. LYF7	W. LYF7-1	《中国与瑞士联合发行》 伍分和5法郎邮币封	★★★★★	
	W. LYF7-2	《中国与瑞士联合发行》 伍分邮币封	★★★★★	
W. LYF8	W. LYF8-1	《庆祝上海市钱币学会成立三十五周年纪念》伍分邮币封	★★★★	
第二套流通硬币长城币邮币封（LYC）				
W. LYC1	W. LYC1-1	《庆祝中华人民共和国成立三十五周年》83年壹圆长城币封（甲种）	★★★★★	
	W. LYC1-2	《庆祝中华人民共和国成立三十五周年》83年壹圆长城币封（乙种）	★★★★★	
	W. LYC1-3	《庆祝中华人民共和国成立三十五周年》83年壹圆长城币封（丙种）	★★★★★	
	W. LYC1-4	《庆祝中华人民共和国成立三十五周年》83年壹圆长城币封（丁种）	★★★★★	
	W. LYC1-5	《庆祝中华人民共和国成立三十五周年》83年壹圆长城币封（戊种）	★★★★★	

W. LYC2	W. LYC2-1	《北京首日封邮折展览》 81年壹圆长城币封	★★★☆	
W. LYC3	W. LYC3-1	《中国北京市经济贸易展览会》 81年壹圆长城币封	★★★☆	
W. LYC4	W. LYC4-1	《中华人民共和国成立四十年周年-祖国万岁》85年长城币封	★★★★★	
W. LYC5	W. LYC5-1	《中国-长城》 壹圆长城币和纸币封	★★★★	
W. LYC6	W. LYC6-1	《永远的长城、永远的美国-2012休斯顿钱币展览会》85年长城币封（甲种）	★★★★★	
	W. LYC6-2	《永远的长城、永远的美国-2012休斯顿钱币展览会》85年长城币封（乙种）	★★★★★	
	W. LYC6-3	《永远的长城、永远的美国-2012休斯顿钱币展览会》85年长城币封（丙种）	★★★★★	
	W. LYC6-4	《永远的长城、永远的美国-2012休斯顿钱币展览会》85年长城币封（丁种）	★★★★★	
W. LYC7	W. LYC7-1	《’93中华全国集邮展览—纪念毛泽东同志诞辰100周年》 81年长城币明信片（甲种）	★★★☆	
	W. LYC7-2	《’93中华全国集邮展览—纪念毛泽东同志诞辰100周年》 81年长城币明信片（乙种）	★★★★	
W. LYC8	W. LYC8-1	《毛泽东诞辰一百周年》 81年长城币邮币折（甲种）	★★★★	
	W. LYC8-2	《毛泽东诞辰一百周年》 81年长城币邮币折（乙种）	★★★★	
W. LYC9	W. LYC9-1	《万里长城》 壹圆长城币和纸币邮币折（甲种）	★★★★	

	W.LYC9-2	《万里长城》 壹圆长城币和纸币邮币折（乙种）	★★★★	
W.LYC10	W.LYC10-1	《庆祝中华人民共和国成立三十五周年》83年伍角邮币封	★★★★★	
W.LYC11	W.LYC11-1	《第十七个“世界邮政日”纪念》 81年伍角邮币封	★★★☆	
W.LYC12	W.LYC12-1	《世界硬币封》 81年贰角邮币封（甲种）	★★★★	
	W.LYC12-2	《世界硬币封》 81年贰角邮币封（乙种）	★★★★	
	W.LYC12-3	《世界硬币封》 81年贰角邮币封（丙种）	★★★★	
	W.LYC12-4	《世界硬币封》 81年贰角邮币封（丁种）	★★★★	
	W.LYC12-5	《世界硬币封》 81年贰角邮币封（戊种）	★★★★☆	
	W.LYC12-6	《世界硬币封》 81年贰角邮币封（己种）	★★★★☆	
	W.LYC12-7	《世界硬币封》 81年贰角邮币封（庚种）	★★★★★	
	W.LYC12-8	《世界硬币封》 81年贰角邮币封（辛种）	★★★★★	
W.LYC13	W.LYC13-1	《T119邮政储蓄》 81年贰角邮币封	★★★☆	
W.LYC14	W.LYC14-1	《各国硬币与纸币》 贰角硬币和纸币邮币折	★★★★	
W.LYC15	W.LYC15-1	《所有国家硬币套装》 81年沈阳版长城币分币邮币卡（甲种）	★★★☆	

	W.LYC15-2	《所有国家硬币套装》 81年沈阳版长城币分币邮币卡（乙种）	★★★☆	
	W.LYC15-3	《所有国家硬币套装》 81年沈阳版长城币分币邮币卡（丙种）	★★★★	
	W.LYC15-4	《所有国家硬币套装》 81年沈阳版长城币分币邮币卡（丁种）	★★★☆	
	W.LYC15-5	《所有国家硬币套装》 81年沈阳版长城币分币邮币卡（戊种）	★★★☆	
	W.LYC15-6	《所有国家硬币套装》 81年沈阳版长城币分币邮币卡（己种）	★★★★	
	W.LYC15-7	《所有国家硬币套装》 81年沈阳版长城币分币邮币卡（庚种）	★★★★	
W.LYC16	W.LYC16-1	《所有国家硬币套装》 81年上海版长城币分币邮币卡	★★★★★	
W.LYC17	W.LYC17-1	《所有国家硬币套装》 82年长城币分币邮币卡（甲种）	★★★★★	
	W.LYC17-2	《所有国家硬币套装》 82年长城币分币邮币卡（乙种）	★★★★★	
	W.LYC17-3	《所有国家硬币套装》 82年长城币分币邮币卡（丙种）	★★★★★	
W.LYC18	W.LYC18-1	《所有国家硬币套装》 83年精制长城币分币邮币卡（甲种）	★★★★★	
	W.LYC18-2	《所有国家硬币套装》 83年精制长城币分币邮币卡（乙种）	★★★★★	
	W.LYC18-3	《所有国家硬币套装》 83年精制长城币分币邮币卡（丙种）	★★★★★	

第三套流通硬币三花币邮币封（LYM）				
W. LYM1	W. YM1-1	《给您拜年-福字》 牡丹币拜年封	★★★★	
W. LYM2	W. LYM2-1	《中国-圣马力诺建交25周年》 牡丹币封	★★★★★	
W. LYM3	W. LYM3-1	《第十一届亚洲国际邮票展览会》 牡丹币封（甲种）	★★★★★	
	W. LYM3-2	《第十一届亚洲国际邮票展览会》 牡丹币封（乙种）	★★★★★	
W. LYM4	W. LYM4-1	《庆祝香港回归祖国纪念》 牡丹币、港币封	★★★★	
W. LYM5	W. LYM5-1	《庆祝香港回归祖国纪念》 古币、牡丹币和港币木简明信片	★★★★☆	
W. LYM6	W. LYM6-1	《97上海邮票钱币博览会》 牡丹币比索硬币封	★★★★	
W. LYM7	W. LYM7-1	《世界各国硬币收藏》 牡丹币封（甲种）	★★★★	
	W. LYM7-2	《世界各国硬币收藏》 牡丹币封（乙种）	★★★★	
W. LYM8	W. LYM8-1	《给您拜年》 双梅花币拜年封	★★★★	
W. LYM9	W. LYM9-1	《梅花》 梅花币封	★★★★	
W. LYM10	W. LYM10-1	《所有国家硬币套装》 三花币分币邮币卡（甲种）	★★★★★	
	W. LYM10-2	《所有国家硬币套装》 三花币分币邮币卡（乙种）	★★★★★	

普通精制纪念币邮币封（PJ）				
W. PJ1	W. PJ1-1	《第十三届冬季奥林匹克运动会》80年冬奥精制纪念币封（甲种）	★★★★★	
	W. PJ1-2	《第十三届冬季奥林匹克运动会》80年冬奥精制纪念币封（乙种）	★★★★★	
	W. PJ1-3	《第十三届冬季奥林匹克运动会》80年冬奥精制纪念币封（丙种）	★★★★★	
	W. PJ1-4	《第十三届冬季奥林匹克运动会》80年冬奥精制纪念币封（丁种）	★★★★★	
W. PJ2	W. PJ2-1	《欧洲足球联赛·德国1988》82年世界杯足球赛精制纪念币封（甲种）	★★★★☆	
	W. PJ2-2	《欧洲足球联赛. 德国1988》82年世界杯足球赛精制纪念币封（乙种）	★★★★☆	
W. PJ3	W. PJ3-1	《世界硬币封》82年世界杯足球赛精制纪念币封（甲种）	★★★★☆	
	W. PJ3-2	《世界硬币封》82年世界杯足球赛精制纪念币封（乙种）	★★★★	
W. PJ4	W. PJ4-1	《荷兰世界自然基金会》83年铜质熊猫精制纪念币封	★★★★★	
W. PJ5	W. PJ5-1	《中华人民共和国成立三十五周年》精制纪念币封（甲种）	★★★★	
	W. PJ5-2	《中华人民共和国成立三十五周年》精制纪念币封（乙种）	★★★★	
	W. PJ5-3	《中华人民共和国成立三十五周年》精制纪念币封（丙种）	★★★★	

普通流通纪念币邮币封（LJ）				
W. LJ1	W. LJ1-1	《中华人民共和国成立四十周年》 纪念币封	★★★☆	
W. LJ2	W. LJ2-1	《1990. 北京第十一届亚洲运动会》 纪念币封（邮总版甲种）	★★	
	W. LJ2-2	《1990. 北京第十一届亚洲运动会》 纪念币封（邮总版乙种）	★★	
W. LJ3	W. LJ3-1	《1990. 北京第十一届亚洲运动会》 纪念币封（北邮版甲种）	★★★	
	W. LJ3-2	《1990. 北京第十一届亚洲运动会》 纪念币封（北邮版乙种）	★★★	
W. LJ4	W. LJ4-1	《1990. 北京第十一届亚洲运动会》 纪念币封（泉州版甲种）	★★★★★	
	W. LJ4-2	《1990. 北京第十一届亚洲运动会》 纪念币封（泉州版乙种）	★★★★★	
W. LJ5	W. LJ5-1	《91’内蒙古自治区那达慕大会》 纪念币封	★★★★☆	
W. LJ6	W. LJ6-1	《第一届世界女子足球锦标赛》 纪念币封（甲种）	★★☆	
	W. LJ6-2	《第一届世界女子足球锦标赛》 纪念币封（乙种）	★★☆	
W. LJ7	W. LJ7-1	《毛泽东同志诞生一百周年》 纪念币封（邮总版）	★★★	
W. LJ8	W. LJ8-1	《纪念毛泽东诞辰100周年》 纪念币封（包头版）	★★★★☆	
W. LJ9	W. LJ9-1	《中国熊猫》 纪念币封（美国版）	★★★★	

W.LJ10	W.LJ10-1	《澳大利亚邮票展览》 纪念币封（邮总版）	★★★☆	
W.LJ11	W.LJ11-1	《〈武陵源〉邮票发行》 纪念币封（甲种）	★★★★	
	W.LJ11-2	《〈武陵源〉邮票发行》 纪念币封（乙种）	★★★★	
	W.LJ11-3	《〈武陵源〉邮票发行》 纪念币封（丙种）	★★★★	
W.LJ12	W.LJ12-1	《希望工程纪念》 纪念币封	★☆	
W.LJ13	W.LJ13-1	《第43届世界乒乓球锦标赛》 纪念币封	★★☆	
W.LJ14	W.LJ14-1	《抗日战争及世界反法西斯战争胜利五十周年》纪念币封	★★★	
	W.LJ14-2	《抗日战争及世界反法西斯战争胜利五十周年》纪念币封	★★★	
W.LJ15	W.LJ15-1	《联合国第四次世界妇女大会纪念》 纪念币封（邮总版）	★★	
W.LJ16	W.LJ16-1	《联合国第四次世界妇女大会纪念》 纪念币封（北邮版）	★★★	
W.LJ17	W.LJ17-1	《联合国成立五十周年纪念》 纪念币封	★★	
W.LJ18	W.LJ18-1	《金丝猴》纪念币封	★★★☆	
W.LJ19	W.LJ19-1	《'96国际自行车环中赛》 纪念币封	★★★★★	
W.LJ20	W.LJ20-1	《纪念朱德同志诞辰一百一十周年》 纪念币封	★★★★★	

W. LJ21	W. LJ21-1	《’96唐山邮票钱币展览纪念》华南虎纪念币封（甲种）	★★★★☆	
	W. LJ21-2	《’96唐山邮票钱币展览纪念》华南虎纪念币封（乙种）	★★★★☆	
	W. LJ21-3	《’96唐山邮票钱币展览纪念》白鳍豚纪念币封（甲种）	★★★★☆	
	W. LJ21-4	《’96唐山邮票钱币展览纪念》白鳍豚纪念币封（乙种）	★★★★☆	
W. LJ22	W. LJ22-1	《纪念刘少奇同志诞生一百周年》纪念币封	★★★★	
W. LJ23	W. LJ23-1	《中国-瑞士联合发行》纪念币封	★★★★★	
W. LJ24	W. LJ24-1	《中国人民政治协商会议成立五十周年》纪念币封（邮总版）	★★★☆	
W. LJ25	W. LJ25-1	《庆祝政协北京市委员会成立五十周年》纪念币封（北京版）	★★★★☆	
W. LJ26	W. LJ26-1	《中国人民政治协商会议第十一届全国委员会第一次会议纪念》纪念币封（丝织版）	★★★★★	
W. LJ27	W. LJ27-1	《甘肃省钱币学会成立十五周年纪念》纪念币封（甲种）	★★★★☆	
	W. LJ27-2	《甘肃省钱币学会成立十五周年纪念》纪念币封（乙种）	★★★★☆	
	W. LJ27-3	《甘肃省钱币学会成立十五周年纪念》纪念币封（丙种）	★★★★☆	
	W. LJ27-4	《甘肃省钱币学会成立十五周年纪念》纪念币封（丁种）	★★★★☆	
	W. LJ27-5	《甘肃省钱币学会成立十五周年纪念》纪念币封（戊种）	★★★★☆	

	W.LJ27-6	《甘肃省钱币学会成立十五周年纪念》纪念币封（己种）	★★★★☆	
	W.LJ27-7	《甘肃省钱币学会成立十五周年纪念》纪念币封（庚种）	★★★★☆	
	W.LJ27-8	《甘肃省钱币学会成立十五周年纪念》纪念币封（辛种）	★★★★☆	
	W.LJ27-9	《甘肃省钱币学会成立十五周年纪念》纪念币封（壬种）	★★★★☆	
	W.LJ27-10	《甘肃省钱币学会成立十五周年纪念》纪念币封（癸种）	★★★★☆	
	W.LJ27-11	《甘肃省钱币学会成立十五周年纪念》纪念币封（子种）	★★★★☆	
	W.LJ27-12	《甘肃省钱币学会成立十五周年纪念》纪念币封（丑种）	★★★★☆	
W.LJ28	W.LJ28-1	《首届天津集邮钱币品鉴会纪念》纪念币封	★★★★☆	
W.LJ29	W.LJ29-1	《丙申（猴）年》贺岁纪念币封	★★★★★	
	W.LJ29-2	《丁酉（鸡）年》贺岁纪念币封	★★★★★	
W.LJ30	W.LJ30-1	《毛泽东诞辰一百周年》纪念币邮币折	★★★★	
W.LJ31	W.LJ31-1	《1996中国-第九届亚洲国际集邮展览》纪念币邮币折	★★★★	
中国集邮总公司发行的贵金属币邮币封（GJ）				
W.GJ1	W.GJ1-1	《1990·北京第十一届亚洲运动会》丝织金币封（第一组-艺术体操）	★★★★★	

	W. GJ1-2	《1990 · 北京第十一届亚洲运动会》 丝织银币封（第一组-甲种：羽毛球）	★★★★★	
	W. GJ1-3	《1990 · 北京第十一届亚洲运动会》 丝织银币封（第一组-乙种：跳水）	★★★★★	
	W. GJ1-4	《1990 · 北京第十一届亚洲运动会》 丝织银币封（第一组-丙种：举重）	★★★★★	
	W. GJ1-5	《1990 · 北京第十一届亚洲运动会》 丝织银币封（第一组-丁种：自行车）	★★★★★	
W. GJ2	W. GJ2-1	《1990 · 北京第十一届亚洲运动会》 丝织金币封（第二组-女子游泳）	★★★★★	
	W. GJ2-2	《1990 · 北京第十一届亚洲运动会》 丝织银币封（第二组-甲种：吊环）	★★★★★	
	W. GJ2-3	《1990 · 北京第十一届亚洲运动会》 丝织银币封（第二组-乙种：垒球）	★★★★★	
	W. GJ2-4	《1990 · 北京第十一届亚洲运动会》 丝织银币封（第二组-丙种：足球）	★★★★★	
	W. GJ2-5	《1990 · 北京第十一届亚洲运动会》 丝织银币封（第二组-丁种：标枪）	★★★★★	
W. GJ3	W. GJ3-1	《第一届世界女子足球锦标赛》 丝织金币封	★★★★★	
	W. GJ3-2	《第一届世界女子足球锦标赛》 丝织银币封（甲种-双人运动员）	★★★★★	
	W. GJ3-3	《第一届世界女子足球锦标赛》 丝织银币封（甲种-三人运动员）	★★★★★	
W. GJ4	W. GJ4-1	《第二十五届奥林匹克运动会》 丝织金币封	★★★★★	
	W. GJ4-2	《第二十五届奥林匹克运动会》 丝织银币封（甲种：跳水）	★★★★★	

	W.GJ4-3	《第二十五届奥林匹克运动会》丝织银币封（乙种：乒乓球）	★★★★★	
	W.GJ4-4	《第二十五届奥林匹克运动会》丝织银币封（丙种：跳高）	★★★★★	
	W.GJ4-5	《第二十五届奥林匹克运动会》丝织银币封（丁种：自行车）	★★★★★	
W.GJ5	W.GJ5-1	《毛泽东同志诞生一百周年》丝织金币封	★★★★★	
	W.GJ5-2	《毛泽东同志诞生一百周年》丝织银币封	★★★★★	
W.GJ6	W.GJ6-1	《1995北京国际邮票钱币博览会》银币封	★★★★	
W.GJ7	W.GJ7-1	《香港回归祖国纪念》银币封	★★★★	
W.GJ8	W.GJ8-1	《中国邮政开办一百周年》金币封	★★★★☆	
	W.GJ8-2	《中国邮政开办一百周年》银币封	★★★☆	
W.GJ9	W.GJ9-1	《1996中国.第九届亚州国际集邮展览》银币封	★★★☆	
W.GJ10	W.GJ10-1	《中国1999世界集邮展览纪念》银币封	★★★	
W.GJ11	W.GJ11-1	《第二十二届万国政联盟大会纪念》银币封	★★★	
W.GJ12	W.GJ12-1	《成都’97国际熊猫节》银币封（甲种）	★★★★	
	W.GJ12-2	《成都’97国际熊猫节》银币封（乙种）	★★★★☆	

W. GJ13	W. GJ13-1	《2017南京-中国国际集藏文化博览会》银币封	★★★☆	
W. GJ14	W. GJ14-1	《戊戌（狗）年》 生肖银币封	★★★☆	
W. GJ15	W. GJ15-1	《拜年》 福字银币封	★★★★	
W. GJ16	W. GJ16-1	《珠联璧合》 心形银币封	★★★★★	
地方集邮公司和外国发行的贵金属币邮币封（GJ）				
W. GJ17	W. GJ17-1	《联合国第四次世界妇女大会》 金银双金属币封	★★★★★	
	W. GJ17-2	《联合国第四次世界妇女大会》 银币封	★★★★☆	
W. GJ18	W. GJ18-1	《中国珍稀野生动物—“熊猫”》 彩色银币封（甲种）	★★★★☆	
	W. GJ18-2	《中国珍稀野生动物—“熊猫”》 彩色银币封（乙种）	★★★★☆	
W. GJ19	W. GJ19-1	《第十三届冬季奥运会》 银币封（甲种）	★★★★★	
	W. GJ19-2	《第十三届冬季奥运会》 银币封（乙种）	★★★★★	
W. GJ20	W. GJ20-1	《中国熊猫》 银币封	★★★★	
W. GJ21	W. GJ21-1	《大熊猫》 银币封	★★★★★	
W. GJ22	W. GJ22-1	《1992年国际奥林匹克运动会》 银币封（甲种）	★★★★	

	W. GJ22-2	《1992年国际奥林匹克运动会》 银币封（乙种）	★★★★	
W. GJ23	W. GJ23-1	《1996年国际奥林匹克运动会》 银币封（甲种）	★★★★	
	W. GJ23-2	《1996年国际奥林匹克运动会》 银币封（乙种）	★★★★☆	
	W. GJ23-3	《1996年国际奥林匹克运动会》 银币封（丙种）	★★★★	
	W. GJ23-4	《1996年国际奥林匹克运动会》 银币封（丁种）	★★★★☆	
W. GJ24	W. GJ24-1	《一九九四年世界足球冠军赛》 银币封	★★★★	
W. GJ25	W. GJ25-1	《柏林熊猫特别版本》 金币封	★★★★★	
	W. GJ25-2	《柏林熊猫特别版本》 银币封（甲种）	★★★★	
	W. GJ25-3	《柏林熊猫特别版本》 银币封（乙种）	★★★★	
W. GJ26	W. GJ26-1	《中国与瑞士瑞联合发行》 银币封（甲种）	★★★★	
	W. GJ26-2	《中国与瑞士瑞联合发行》 银币封（乙种）	★★★★	
W. GJ27	W. GJ27-1	《中国1999世界集邮展览会》 银币封	★★★★★	
W. GJ28	W. GJ28-1	《从北京到伦敦奖牌获得者》 银币封	★★★★★	
W. GJ29	W. GJ29-1	《北京2008奥林匹克运动会》 银币封（甲种）	★★★★☆	

	W. GJ29-2	《北京2008奥林匹克运动会》 银币封（乙种）	★★★★☆	
W. GJ30	W. GJ30-1	《联合国日·濒危物种大熊猫》 银币封（甲种）	★★★★★	
	W. GJ30-2	《联合国日·濒危物种大熊猫》 银币封（乙种）	★★★★★	
纸币邮币封（ZB）				
W. ZB1	W. ZB1-1	《世界各国纸币》 贰分纸币封	★★★☆	
W. ZB2	W. ZB2-1	《世界各国国旗》 贰元纸币封	★★★★☆	
W. ZB3	W. ZB3-1	《世界各地纸币》 壹元纸币封	★★★★☆	
W. ZB4	W. ZB4-1	《各国硬币与纸币》 系列贰角硬币与纸币邮币折	★★★★	
W. ZB5	W. ZB5-1	《世界纸币封》 壹角纸币封	★★★☆	
W. ZB6	W. ZB6-1	《各国官方纸币》 壹角纸币封	★★★★☆	
W. ZB7	W. ZB7-1	《中国-长城》 壹元长城币和纸币封	★★★★	
W. ZB8	W. ZB8-1	《珍稀纸币-庆祝香港回归日》 壹元纸币封	★★★★☆	
W. ZB9	W. ZB9-1	《万里长城》 壹圆长城币和纸币邮币折（甲种）	★★★★	
	W. ZB9-2	《万里长城》 壹圆长城币和纸币邮币折（乙种）	★★★★	

香港地区钱币邮币封（XG）				
W.XG1	W.XG1-1	《世界各国硬币》 中国香港贰圆硬币封	★★☆	
W.XG2	W.XG2-1	《香港风光-人力车夫图案》 贰圆硬币封（甲种）	★★★	
	W.XG2-2	《香港风光-人力车夫图案》 贰圆硬币封（乙种）	★★★	
	W.XG2-3	《香港风光-人力车夫图案》 贰圆硬币封（丙种）	★★★	
	W.XG2-4	《香港风光-人力车夫图案》 贰圆硬币封（丁种）	★★★	
	W.XG2-5	《香港风光-人力车夫图案》 壹圆硬币封（戊种）	★★★☆	
	W.XG2-6	《香港风光-人力车夫图案》 壹毫硬币封（己种）	★★★☆	
W.XG3	W.XG3-1	《世界伟大的历史硬币》 壹圆站洋银币封（甲种）	★★★★☆	
	W.XG3-2	《世界伟大的历史硬币》 壹圆站洋银币封（乙种）	★★★★	
	W.XG3-3	《世界伟大的历史硬币》 壹圆站洋银币封（丙种）	★★★★	
	W.XG3-4	《世界伟大的历史硬币》 壹圆站洋银币封（丁种）	★★★★	
W.XG4	W.XG4-1	《香港参加一九九五年新加坡国际邮展》香港拾圆、新加坡壹圆硬币封	★★★★☆	
W.XG5	W.XG5-1	《香港经济建设》 贰毫硬币封（甲种）	★★	

	W. XG5-2	《香港经济建设》 伍毫硬币封（乙种）	★★	
	W. XG5-3	《香港经济建设》 壹圆硬币封（丙种）	★★	
	W. XG5-4	《香港经济建设》 贰圆硬币封（丁种）	★★	
W. XG6	W. XG6-1	《香港流通硬币》 拾圆硬币封（甲种）	★★★☆	
	W. XG6-2	《香港流通硬币》 伍圆硬币封（乙种）	★★★☆	
	W. XG6-3	《香港流通硬币》 贰圆硬币封（丙种）	★★★☆	
	W. XG6-4	《香港流通硬币》 壹圆硬币封（丁种）	★★★☆	
	W. XG6-5	《香港流通硬币》 伍毫硬币封（戊种）	★★★☆	
	W. XG6-6	《香港流通硬币》 贰毫硬币封（己种）	★★★☆	
	W. XG6-7	《香港流通硬币》 壹毫硬币封（庚种）	★★★☆	
W. XG7	W. XG7-1	《第十一届亚洲国际邮票展览会》 香港壹圆硬币封	★★★★	
W. XG8	W. XG8-1	《庆祝青屿干线启用》 香港拾圆纪念币封	★★★	
W. XG9	W. XG9-1	《世界各国硬币收藏》 中国香港伍仙硬币封	★★★☆	
W. XG10	W. XG10-3	《庆祝中华人民共和国香港特别行政区成立纪念》壹毫硬币封	★★★☆	

W.XG11	W.XG11-1	《香港主权移交纪念》 伍圆纪念币封	★☆	
W.XG12	W.XG12-1	《告别香港纪念》 拾圆硬币封	★★★☆	
W.XG13	W.XG13-1	《香港回归中国》 壹圆硬币封	★★★☆	
W.XG14	W.XG14-1	《庆祝香港回归祖国纪念》 古币、牡丹币和港币木简明信片	★★★★☆	
W.XG15	W.XG15-1	《世界伟大的历史硬币》 一仙硬币封	★★★☆	
W.XG16	W.XG16-1	《 '97上海邮票钱币博览会-中国集邮日》五仙硬币封	★★★☆	
W.XG17	W.XG17-1	《香港-紫荆花》 贰圆硬币和贰拾圆纸币封	★★★★	
W.XG18	W.XG18-1	《所有国家硬币套装》 中国香港硬币套装邮币卡（甲种）	★★★	
	W.XG18-2	《所有国家硬币套装》 中国香港硬币套装邮币卡（乙种）	★★★	
	W.XG18-3	《所有国家硬币套装》 中国香港硬币套装邮币卡（丙种）	★★★	
	W.XG18-4	《所有国家硬币套装》 中国香港硬币套装邮币卡（丁种）	★★★	
W.XG19	W.XG19-1	《世界各国纸币》 中国香港拾圆纸币封	★★★	
W.XG20	W.XG20-1	《中国古代服饰》 中国香港拾圆纸币封	★★★	
W.XG21	W.XG21-1	《各国官方纸币》 中国香港拾圆纸币封	★★★☆	

W. XG22	W. XG22-1	《各国硬币和纸币》 中国香港硬币和纸币邮币折	★★★★	
澳门地区钱币邮币封（AM）				
W. AM1	W. AM1-1	《世界各国硬币》 中国澳门壹毫硬币封	★★★☆	
W. AM2	W. AM2-1	《澳门风光-帆船图案》 澳门双鱼壹圆硬币封（甲种）	★★☆	
	W. AM2-2	《澳门风光-帆船图案》 澳门双鱼壹圆硬币封（乙种）	★★☆	
W. AM3	W. AM3-1	《澳门风光-帆船图案》 澳门壹毫硬币封（甲种）	★★★	
	W. AM3-2	《澳门风光-帆船图案》 澳门壹毫硬币封（乙种）	★★★	
	W. AM3-3	《澳门风光-帆船图案》 澳门壹毫硬币封（丙种）	★★★	
	W. AM3-4	《澳门风光-帆船图案》 澳门壹毫硬币封（丁种）	★★★	
W. AM4	W. AM4-1	《世界伟大的历史银币》 澳门伍圆银币封（甲种）	★★★★	
	W. AM4-2	《世界伟大的历史银币》 澳门伍圆银币封（乙种）	★★★★	
	W. AM4-3	《世界伟大的历史银币》 澳门伍圆银币封（丙种）	★★★★	
W. AM5	W. AM5-1	《2000澳门千禧龙年纪念》 伍毫硬币封	★★★☆	
W. AM6	W. AM6-1	《亚洲龙》 澳门贰毫和不丹龙钞邮币封	★★★☆	

W. AM7	W. AM7-1	《所有国家硬币套装》 中国澳门硬币套装邮币卡（甲种）	★★★	
	W. AM7-2	《所有国家硬币套装》 中国澳门硬币套装邮币卡（乙种）	★★★	
	W. AM7-3	《所有国家硬币套装》 中国澳门硬币套装邮币卡（丙种）	★★★	
	W. AM7-4	《所有国家硬币套装》 中国澳门硬币套装邮币卡（丁种）	★★★	
W. AM8	W. AM8-1	《世界各国纸币》 中国澳门伍圆纸币封	★★★	
W. AM9	W. AM9-1	《孙逸仙先生诞生120周年纪念》 澳门拾圆纸币封	★★★	
W. AM10	W. AM10-1	《各国硬币和纸币》 中国澳门硬币和纸币邮币折	★★★★	
台湾地区钱币邮币封（TW）				
W. TW1	W. TW1-1	《恭祝蒋中正八秩华诞》 台湾壹圆纪念币封	★★★★☆	
W. TW2	W. TW2-1	《世界各国硬币》 中国台湾壹圆硬币封	★★★	
W. TW3	W. TW3-1	《世界伟大的历史硬币》 台湾伍角硬币封（甲种）	★★★	
	W. TW3-2	《世界伟大的历史硬币》 台湾伍角硬币封（乙种）	★★★☆	
W. TW4	W. TW4-1	《台湾风光-铁路工人图案》 台湾伍角硬币封	★★★	
W. TW5	W. TW5-1	《所有国家硬币套装》 中国台湾硬币套装邮币卡	★★★	

W.TW6	W.TW6-1	《世界各国纸币》 中国台湾拾圆纸币封	★★★	
W.TW7	W.TW7-1	《世界各地纸币》 中国台湾伍角纸币封	★★★☆	
W.TW8	W.TW8-1	《各国官方纸币》 中国台湾拾圆纸币封	★★★★	
W.TW9	W.TW9-1	《台湾-故宫缂丝》 台湾伍拾圆纸币封	★★★☆	

附录二　中国邮币封“五十珍”目录

（一）古币邮币封珍品目录

1.GB11《纪念郑和下西洋600周年》永乐通宝邮币封★★★★★

2.GB5《香港回归祖国–历史屈辱》道光通宝邮币封★★★★☆

3.GB7《庆祝香港回归祖国纪念》古币、牡丹币和港币木简明信片★★★★☆

4.GB12《中国–东盟商务与投资峰会》古币封（甲种、乙种）★★★★—★★★★☆

5.GB9《古都西安旅游古钱币镶嵌封》系列古币封（甲种、乙种、丙种）★★★★—★★★★☆

6.GB2《世界伟大的历史硬币》古币邮币封（甲种、乙种）★★★★—★★★★☆

（二）机制币邮币封珍品目录

1.JZ1《世界伟大的历史硬币》民国三年袁像壹圆银币封★★★★★

2.JZ2《世界伟大的历史硬币》民国九年袁像壹圆银币封★★★★★

3.JZ3《世界伟大的历史硬币》民国十年袁像壹圆银币封★★★★★

4.JZ4《世界伟大的历史银币》民国二十三年孙像壹圆银币封★★★★★

5.JZ7《世界伟大的历史银币》云南胜利堂贰角银币封★★★★★

6.JZ6《世界伟大的历史银币》民国黄花岗20分银币封★★★★☆

（三）　流通硬币邮币封珍品目录

1.LYF4《T119邮政储蓄邮票发行纪念》三枚分币封★★★★★

2.LYF2《尼克松总统访华纪念》贰分邮币封★★★★★

3.LYF7《中国与瑞士联合发行》流通硬币封★★★★★

4.LYC1《庆祝中华人民共和国成立三十五周年》83年壹圆长城币封★★★★★

5.LYC4《中华人民共和国成立四十年周年-祖国万岁》85年长城币封★★★★★

6. LYC6《永远的长城、永远的美国-2012休斯顿钱币展览会》85年长城币封 ★★★★★

7.LYC12《世界硬币封》81年贰角邮币封（庚、辛种）★★★★★

8.LYM3《第十一届亚洲国际邮票展览会》牡丹币封★★★★★

9.LYM2《中国-圣马力诺建交25周年》牡丹币封★★★★★

10.LYM10《所有国家硬币套装》三花币分币邮币卡★★★★★

（四） 普通纪念币邮币封珍品目录

1.PJ1《第十三届冬季奥林匹克运动会》80年冬奥纪念币封★★★★★

2.PJ4《荷兰世界自然基金会》83年铜质熊猫纪念币封 ★★★★★

3.LJ4《1990.北京第十一届亚洲运动会》纪念币封（泉州版）★★★★★

4.LJ20《纪念朱德同志诞辰一百一十周年》纪念币封 ★★★★★

5.LJ26《中国人民政治协商会议第十一届全国委员会第一次会议纪念》纪念币封（丝织版）★★★★★

6.LJ29《贺岁生肖系列》贺岁纪念币封（猴、鸡）★★★★★

7.LJ5《91’内蒙古自治区那达慕大会》纪念币封★★★★☆

8.LJ8《纪念毛泽东诞辰100周年》纪念币封（包头版）★★★★☆

9.LJ21《’96唐山邮票钱币展览纪念》纪念币封★★★★☆

10.LJ27《甘肃省钱币协会成立十五周年纪念》纪念币封★★★★☆

（五） 贵金属纪念币邮币封珍品目录

1.GJ5《毛泽东同志诞生一百周年》丝织金币封★★★★★

2.GJ4《第二十五届奥林匹克运动会》丝织金币封 ★★★★★

3.GJ3《第一届世界女子足球锦标赛》丝织金币封★★★★★

4.GJ2《1990 · 北京第十一届亚洲运动会》丝织金币封（第二组）★★★★★

5.GJ1《1990 · 北京第十一届亚洲运动会》丝织金币封（第一组）★★★★★

6.GJ5（Y）《毛泽东同志诞生一百周年》丝织银币封 ★★★★★

7.GJ4（Y）《第二十五届奥林匹克运动会》丝织银币封 ★★★★★

8.GJ16《珠联璧合》心形银币封★★★★★

9.GJ2（Y）《北京第十一届亚洲运动会》丝织银币封（第二组）★★★★★

10.GJ17《联合国第四次世界妇女大会》金银双金属币封★★★★★

11.GJ25（J）《柏林熊猫特别版本》金币封★★★★★

12.GJ30《联合国日·濒危物种大熊猫》银币封★★★★★

（六）纸币以及港澳台邮币封珍品目录

1.TW1《恭祝蒋中正八秩华诞》台湾壹圆纪念币封★★★★☆

2.XG3《世界伟大的历史硬币》壹圆站洋银币封★★★★☆

3.XG4《香港参加一九九五年新加坡国际邮展》香港拾圆、新加坡壹圆硬币封★★★★☆

4.AM4《世界伟大的历史银币》澳门伍圆银币封★★★★

5.ZB2《世界各国国旗》贰元纸币封★★★★☆

6.ZB3《世界各地纸币》壹元纸币封★★★★☆

附录三　中国邮币封名词术语

名词术语	章节	页码
1.人行版装帧套币	第一章第一节	P002页
2.印钞造币厂版装帧套币	第一章第一节	P004页
3.邮币封	第一章第二节	P009页
4.地方版装帧套币	第一章第一节	P007页
5.商业版装帧套币	第一章第一节	P007页
6.中国邮币封	第一章第二节	P009页
7.中国邮币封的编码	凡例	P1页
8.邮币封的珍稀度	凡例	P2页
9.自制邮币封	第一章第二节	P009页
10.加印邮币封	第一章第二节	P009页
11.邮币封的品种	第一章第二节	P010页
12.邮币封的版别	第一章第二节	P009页
13.邮币封的趣味品	第一章第二节	P009页
14.镶嵌纪念封	第一章第二节	P009页
15.古代钱币邮币封（GB）	第二章第二节	P022页
16.近代机制币邮币封（JZ）	第二章第三节	P091页
17.硬分币邮币封（LYF）	第三章第二节	P117页
18.长城币邮币封（LYC）	第三章第三节	P137页
19.三花币邮币封（LYM）	第三章第四节	P201页
20.普通精制纪念币邮币封（PJ）	第四章第二节	P221页
21.普通流通纪念币邮币封（LJ）	第四章第三节	P237页
22.贵金属币邮币封（GJ）	第五章第二节	P305页
23.纸币邮币封（ZB）	第六章第二节	P380页
24.香港地区钱币邮币封（XG）	第七章第二节	P390页
25.澳门地区钱币邮币封（AM）	第七章第三节	P430页
26.台湾地区钱币邮币封（TW）	第七章第四节	P447页

附录四　中国主要钱币邮票交易市场

1.北京，西城区德外黄寺大街23号马甸福利特玩家邮币卡市场、北三环大钟寺邮币市场

2.上海，黄埔区局门路600号卢工邮币卡市场、大木桥路88号云州商厦云洲古玩城邮币市场

3.广州，越秀区海珠中路288号纵原邮币卡收藏品市场、文昌路古币市场

4.南京，大方巷邮币卡市场、朝天宫古玩市场

5.武汉，崇仁路收藏品市场、航空路邮币市场

6.天津，第二工人文化宫邮币市场、文庙古玩城

7.济南，大观园对面齐鲁古玩城、工商河路宏济堂文化广场

8.郑州，大学路收藏品市场、淮河路古玩城

9.杭州，长明寺邮币市场、第二百货大楼收藏品市场

10.西安，万寿路八仙宫收藏品市场、解放路华山邮币市场

11.哈尔滨，海城街140号邮币卡市场、东大直街大世界商城收藏品市场

12.重庆，沙坪坝南开城步行街邮币卡市场、中兴路收藏品市场

13.成都，大发邮币卡市场、青华路文物古玩市场

14.沈阳，怀远门收藏品市场、太原街收藏品市场

15.长春，重庆路和平大世界收藏品市场

16.合肥，花冲公园附近收藏品市场

17.太原，文庙收藏品市场

18.南宁，工人文化宫收藏品市场

19.福州，六一路古玩收藏品市场

20.香港，摩罗街荷里活道古玩市场

附录五　中国主要钱币邮票交易网站

1. 中国投资资讯网（一尘网），网址www.xx007.com
2. 现代钱币网，网址www.coin001.com
3. 中国集币在线，网址www.jibi.net
4. 赵涌在线，网址www.zhaoonline.com
5. 钱币天堂网，网址www.coinsky.com

附录六　中国主要钱币邮票拍卖公司

1. 中国嘉德国际拍卖有限公司
2. 北京诚轩拍卖有限公司
3. 上海东方国际商品拍卖有限公司
4. 北京东西方国际拍卖有限责任公司
5. 香港冠军拍卖公司

附录七　中国主要钱币邮票评级公司

1. 北京公博古钱币艺术品鉴定有限公司
2. 北京中金国衡收藏品有限公司
3. 北京中钞钱币鉴定有限公司
4. 北京华夏古泉钱币艺术品鉴定有限公司
5. 上海源泰艺术品服务有限公司

附录八　主要参考文献

[1] 戴志强. 钱币（上卷、下卷）［M］. 长春：吉林出版集团有限责任公司，2008.

[2] 戴志强. 钱币学概述［J］. 齐鲁钱币，2011（1）P9-18

[3] 史松霖主编、上海市钱币学会编. 钱币学纲要［M］. 上海：上海古籍出版社，1995.

[4] 白秦川. 中国钱币学［M］. 郑州：河南大学出版社，2014.

[5] 华光谱. 中国古钱大集［M］. 长沙：湖南人民出版社，2006.

[6] 华光谱. 中国银币目录［M］. 长沙：湖南出版社，1995.

[7] 段洪刚. 中国铜元谱［M］. 北京：中华书局，2009.

[8] 段洪刚. 铜元收藏十讲［M］. 长沙：湖南美术出版社，2017.

[9] 葛祖康. 中国现代贵金属币章收藏与投资［M］. 北京：印刷工业出版社，2014.

[10] 王世洪主编. 中国现代贵金属币赏析（第1册）［M］. 北京：中国大百科全书出版社，2014.

[11] 汪洋、陈景林、刘振宇. 中国贵金属币目录［M］. 北京：中国大百科全书出版社，2014.

[12] 马德伦主编. 中国名片人民币［M］. 北京：中国金融出版社，2010.

[13] 杨子强主编. 漫谈人民币［M］. 青岛：青岛出版社，2010.

[14] 吴越. 第一、二、三套人民币（纸币）鉴藏与研究［M］. 上海：上海科学技术文献出版社，2014.

[15] 柳忠良著. 中国流通硬币［M］. 北京：北京出版社，2001.

[16] 王美忠. 硬币收藏十讲［M］. 长沙：湖南美术出版社，2017.

[17] 张瑜（汇编）、王美忠（主要作者）. 人民币收藏知识宝典-流通硬币及纪念币篇［M］. 北京：北京燕山出版社，2017.

[18] 王美忠. 人民币硬币版别分类的研究［J］. 中国钱币，2013（6）P72-74

[19] 王美忠. 第二套流通硬币“长城麦穗币”的版别分析［J］. 中国钱币，2016（2）P62-69

[20] 王美忠. 第二套流通硬币版别分类与大系研究［J］. 齐鲁钱币，2013（1）P46-49

[21] 王美忠. 透视79-86早期套装〈中国硬币〉的收藏价值［J］. 齐鲁钱币，2012（3）P40-46

[22] 葛祖康编. 中国现代贵金属币章2020年鉴［M］. 北京：印刷工业出版社，2021.

[23] 王美忠. 漫谈现代流通硬币的收藏与投资（二）［J］. 齐鲁钱币，2014（1）P46-54

[24] 中国人民银行货币发行司编. 中华人民共和国货币图录［M］. 北京：中国大百科全书出版社，1993.

[25] 当代中国印钞造币志编纂委员会. 当代中国印钞造币志1948-2000上册［M］. 北京：中国金融出版社，2006.

[26] 当代中国货币印制与铸造编委会. 当代中国货币印制与铸造［M］. 北京：中国金融出版社，1998.

[27] 吴振强. 人民币系列收藏漫谈（三）［J］. 中国钱币，2001（4）P54-58

[28] 王生龙主编. 沈阳造币厂图志（沈阳造币厂建厂一百周年1896-1996）［J］. 北京：中国金融出版社，1996.

[29] 王生龙主编. 沈阳造币厂图志（沈阳造币厂建厂一百零五周年1896-2001）［J］. 沈阳：沈阳出版社，2001.

[30]沈阳造币厂志编辑委员会. 沈阳造币厂志［M］. 北京：中国金融出版社，1993.

[31]上海造币厂志编辑委员会. 上海造币厂志［M］. 北京：中国金融出版社，1993.

[32] 张瑜汇编. 人民币收藏知识汇编［M］. 北京：北京艺术与科学电子出版社，2016.

[33] 张瑜汇编. 新中国金银币收藏知识汇编［M］. 成都：四川师范大学电子出版社，2018.

[34] 张瑜汇编. 新中国邮票目录［M］. 北京：北京燕山出版社，2020.

[35] 中国集邮总公司. 中国集邮总公司集邮品目录（1979-1991）［M］. 北京：人民邮电出版社，1999.

[36] 中国集邮总公司. 中国集邮总公司集邮品目录（1992-1997）［M］. 北京：人民邮电出版社，1998.

[37] 中国集邮总公司. 中国集邮总公司集邮品目录（1998-2006）［M］. 北京：人民邮电出版社，2007.

[38] 中国集邮总公司. 中国集邮总公司集邮品目录（2007-2014）［M］. 北京：人民邮电出版社，2015.

跋

庚子伊始，在挚友北京悦读无限文化发展有限公司谢宇总编的再三鼓励下，仓促接受了出版社的邀请，开始着手编写一部专门讲述《中国邮币封收藏与鉴赏》的书籍。寒冬季节，疫情紧迫，独居草庐，闭门谢客，开始了紧张有序的编写工作。在我国因邮币封著录全部为开创性工作，编著工作颇为劳神，一边收集整理中国邮币封实物，拍摄图片，一边查阅资料撰写文稿，历经三年多辛勤耕耘，汇集成一部几十万字上千张邮币封实物图片的书籍，《中国邮币封收藏与鉴赏》终于完整地摆在案头，算是笔者十数年来收藏和研究中国邮币封心得感悟的一个阶段性总结，并与同好和泉友邮友们进行一次完整的交流、切磋与分享。

笔者认为一部好的收藏类书籍要达到三个标准：首先在内容上要保证能够填补国内著录之空白，书中要集中体现著者全部最新研究和收藏成果；其次要保证资料素材条理清晰、详实完整，让读者和爱好者能从书中学习和吸收到有价值而丰富的营养，能对其收藏研究和市场投资起到指导或引领作用；再次要保证所有图片为清晰完整的收藏品实物图片，并能在版别区分中展示关键图文细节，拒绝谬误的电脑合成图片，并尽量避免引用网上不清晰图片以免误导读者。值得欣慰的是笔者十数年来一直潜心研究和收藏中国邮币封版别大系，并积累了诸多实物研究素材，常年在一线钱币邮票市场和互联网泉邮交易平台进行交流交易活动，熟悉邮币封交易流程和市场行情，迄今发现的邮币封实物的绝大部分品种和版别亦系统集藏，并保障了上佳的邮币封品相，使得币封图片清晰完整、宜于鉴赏。因此，本书的编写和图片的整理虽很繁杂但总体上能够达到上述三个基本要求，相信本书集中国邮币封版别研究、收藏鉴赏、标准图录三位于一体，能够作为收藏邮币封完整详实的必备工具书，对广大泉邮研究者、爱好者、收藏者和投资者的集藏活动起到重要的指导或引领作用。

通过本书，读者不仅可以明晰中国邮币封自20世纪60代伊始至今近一甲子漫漫岁月里的发展历程，更可以深切感悟到邮币封的学术研究价值、收藏鉴赏价值与文化艺术魅力，其绝不是以往人们所谬论的“币非币、邮非邮”或“简单邮币组合”的单调代名词，实乃版别众多、精彩纷呈、珍品荟萃、有待开垦的收藏领域处女地，更体现了“各类收藏、量少为王”的优秀品质。中国邮币封收藏板块可谓珍品如云，诸如“600枚俱乐部”中各板块的顶级成员，《毛泽东同志诞生一百周年》丝织金币和银币封、《世界伟大的历史硬币》民国袁像和孙像壹圆银币封、《T119邮政储蓄邮票发行纪念》三枚分币封、《庆祝中华人民共和国成立三十五周年》83年壹圆长城币封、《第十一届亚洲国际邮票展览会》牡丹币封、《纪念毛泽东诞辰100周年》纪念币封（包头版）、《纪念朱德同志诞辰一百一十周年》纪念币封 、《所有国家硬币套装》81年上海版、82年、83年精制长城币分币邮币卡等，以及诸多老精稀品种。通过收藏价值、珍稀度和目前价格的对比，我们发现邮币封的珍稀品种会愈来愈体现出极高的珍稀性、珍贵的收藏价值和良好的市场潜力。相信随着邮币封著录的问世和逐渐增多，中国邮币封的价值会被越来越多的泉邮爱好者所发现，随着钱币和邮票收藏投资热的兴起，爱好者对邮币封的收藏鉴赏价值一定会有全新的认识提升，泉邮爱好者研究、鉴藏与投资邮币封的热情将会愈加高涨。

所谓藏海无涯勤作舟，藏无止境，乐在耕耘。笔者限于泉识邮识的局限，加之精力和财力有限，不能也不可能将国内外发行的中国钱币镶嵌邮币封所有品种集全并研究透，本书所列中国邮币封的380余个品种、版别中360余品是笔者收集实物并亲自拍照而成，剩余20余种则系全国各地的藏友帮助提供的实物或图片。在本书的写作过程中更是得到了全国乃至世界各地许多泉友邮友的指导、帮助与支持，在此首先要特别感谢中国邮币封研究鉴赏家张民先生，作为良师益友，不仅经常给予笔者无私地指导和帮助，也提供了很多文字和实物资料；在此也谨向以下提供支持与帮助的藏界师友们表示诚挚的谢意（排名不分先后）：

张民（南京）、柳忠良（衡阳）、葛祖康（杭州）、段洪刚（红河）、谢宇（成都）、林文君（咸阳）、陶杰（西安）、陈浩敏（广州）、何国辉（鞍山）、胡学文（北京）、王刚（泰州）、刘龙官（上海）、陈勖（天津）、周进久（衡水）、徐弘（上海）、沈定纬（台湾）、雷霆（南通）、胡鹰（德国）、邢伟荣（长治）、胡子龙（西安）、杜爱国（武汉）、杨熙（无锡）、袁晓军（南昌）、费玥（天津）、乔冰（洛阳）、王金龙（上海）、韩树巍（哈尔滨）、安强威（邯郸）、王波涛（徐州）、陶莹（济南）、庞纪忠（济南）、郭涛（济南）、王奉天（济南）等

最后一并感谢学苑出版社同志们的辛勤编辑和付梓印刷，王奉天整理了图片与资料，王春艳女士和王奉天校对了文稿， 正是你们付出的辛勤汗水才使本书得以付诸出版并与读者见面，此书不仅是笔者的研究成果，更是大家集体智慧的结晶。

囿于笔者学识和编写水平有限，加之工作繁忙时间仓促，在浩瀚的中国邮币封发展史册上本书仅能起到提纲挈领和抛砖引玉的作用，疏漏失误在所难免，欢迎广大泉友、邮友和读者朋友们批评雅正。

王 美 忠（奉天收藏）

二〇二四年 甲辰仲夏

写于泉城济南 · 南山雲川 · 奉天草庐